文部科学省私立大学戦略的研究基盤形成支援事業
龍谷大学 人間・科学・宗教 オープン・リサーチ・センター研究叢書

東アジア思想における死生観と超越

林 智康
井上善幸
北岑大至
編

方丈堂出版／Octave

東アジア思想における死生観と超越

はじめに

　本書は文部科学省私立大学戦略的研究基盤形成支援事業（2010年度～2012年度）「死生観と超越―仏教と諸科学の学際的研究」のユニット３の研究成果報告書である。

　現代、死生観・死生学（thanatology）という言葉が注目されている。サナトロジー（タナトロジー）は死が根本にあって生を考える。死を見つめて生きる。死を覚悟して生きる。いかに生きるかを死のところまで深め、掘り下げて考える学問である。

　「特集　宗教が〈死〉を見つめ直す」（『中央公論』2013年１月号・中央公論新社刊）、「特集　〈死〉から学ぶ、生きる力」（『大法輪』2013年１月号、大法輪閣刊）、島薗進著『日本人の死生観を読む―明治武士道から〈おくりびと〉へ』（朝日選書885、2012年２月、朝日新聞出版刊）等の刊行からも、明らかである。

　この死生観が生命（いのち）の問題と密接に関わってくる。仏教では生と死を一緒にして生死（しょうじ）（迷い、saṃsāra）といい、また輪廻ともいう。

　現代は少子高齢化社会、無縁社会といわれ、生命の尊厳や生命倫理が重視されている。「生」の問題としては、人工授精、代理懐胎、出生前の診断、生殖補助医療などがあり、これらは遺伝子の問題と関わってくる。またクローン技術や人工妊娠中絶があり、現在、特にES細胞（胚性幹細胞）やiPS細胞（人工多能性幹細胞）が注目されている。

　「死」の問題として、末期医療の緩和ケア、ホスピスとビハーラ、従来の死の定義である「心臓停止、呼吸停止、瞳孔開き」の三兆候に対して、今日は脳死・臓器移植が問題となる。さらに植物人間や認知症、安楽死と尊厳死、自死（自殺）と他殺、いじめと虐待、体罰と指導、死刑制度、死の準備教育（デス・エデュケーション／デス・カウンセリング）、葬儀とグリーフ（悲歎）・ケア、被災と支援・ボランティア活動などが考えられる。

　源信和尚の『往生要集』上巻「厭離穢土」の章に『涅槃経』を引いて、

　　一切のもろもろの世間に、生ぜるものはみな死に帰す。寿命、無量なりと

いへども、かならず終尽(じゅうじん)することあり。それ盛りなるはかならず衰する
　　ことあり、合会(ごうえ)するは別離あり。壮年は久しく停(とど)まらず、盛りなる色(しき)は病
　　に侵(おか)さる。命は死のために呑まれ、法として常なるものあることなし。

と述べている。生命あるものは限りがあり、会うものは別れがある。仏教は転迷開悟を説き、仏の教えであるとともに、仏に成る教えでもある。平生から、六道輪廻の迷いの世界を離れて常住の悟りの世界を求めよと勧めている。
　親鸞聖人の『高僧和讃』龍樹讃に、

　　生死の苦海ほとりなし　ひさしくしづめるわれらをば
　　弥陀弘誓のふねのみぞ　のせてかならずわたしける

とあり、迷いの生死の苦海に沈んでいる私たちを、阿弥陀仏の弘誓（本願）の船のみが、乗せて必ず浄土へ導くと述べられる。
　また『高僧和讃』曇鸞讃にも、

　　安楽仏国に生ずるは　畢竟成仏の道路にて
　　無上の方便なりければ　諸仏浄土をすすめけり

と、浄土へ往生することは、すなわち成仏することであり、最上の方法であるから諸仏が勧めていると述べられている。
　ユニット3では6回（1年目は4回、2年目は2回）の共同研究会を開いた。インドから中国へと仏教が伝播した1、2世紀漢代の儒教思想にみられる死生観（第1回・小南一郎先生）、中国の民衆思想の基盤ともなっていた道教思想にみられる死生観（第2回・都築晶子先生）、華厳経（第3回・藤丸要先生）や浄土三部経（第4回・大田利生先生）に見られる大乗仏教における死生観、「還相」という概念に注目し、実存的・救済論的な意味における死者との共生という死生観（第5回・井上善幸先生）、須弥山・地獄をテーマに日本近世・近代における宗教的観念に基づく世界観・死生観の変容（第6回・高田文英先生）を考察した。

また、6回の共同研究会の成果を踏まえ「浄土教における死生観と超越」という統一テーマで公開シンポジウムを行い、リチャード・K・ペイン（The Institute of Buddhist Studies, Dean）、福原隆善（元佛教大学学長）、林智康（龍谷大学文学部教授）がそれぞれ発題し、迷いの生死界と迷いを超えた浄土世界との関係をいかに理解していくのかという問題を中心に討議がなされた。

　3年目には、浄土教の死生観をその言行によって広く世に伝えた一般信者である妙好人を取り上げ、「妙好人における死生観と超越」というテーマのもと、2012年度前期展示が開催され、来館者は2,067名を数えた。関連事業として、妙好人の死生観や妙好人を生み出した風土に関する2回の公開講座、妙好人に関する伝記資料が出版される思想的・文化的背景や、ヨーロッパにおける妙好人に着目した2回の公開ワークショップが開催された。公開講座の第1回は神英雄先生「石見の妙好人」、第2回が菊藤明道先生「妙好人の死生観と願い―その言行から苦悩を超える道を学ぶ」であった。公開ワークショップの第1回は龍口明生先生「妙好人と聖教」と万波寿子先生「『妙好人伝』『続妙好人伝』の出版と流通」、第2回が佐々木惠精先生「世界に広がる念仏者―ヨーロッパの念仏者たち―」と菊藤明道先生「妙好人の信心と言行に学ぶ」であった。

　また論考として、川添泰信先生「浄土教における出離生死の問題」と北岑大至先生「讃岐の妙好人　庄松の言行にみる死生観と超越―"いのち"の地平の物語―」の2編が掲載されている。

　これらの研究企画によって新たに得られた知見について、大略を以下に記す。

　1つには、仏教に付随してインドから中国に流入してきた「輪廻転生」や「業報」の思想などが、中国における祖霊祭祀（家単位の救済）を中心とした儒教や道教などの既成思想に取り込まれる中で、新たに死後の世界観という死生観が構築され、魂の浄化ということが問題とされていった過程の一端が明らかになったことである。

　2つには、自己（魂）が不浄であり、それゆえ生死の苦悩を自ら打開できないという自覚に根差した堕地獄という死後世界への恐怖とその超克の思想は、初期大乗経典（特に浄土経典）の成立背景にも大きく関与しており、救済者自らが臨終を迎える者を救いに来るという臨終来迎思想が、浄土教における死生観と超越を考えるうえでたいへん重要なテーマであることが明らかになったこ

とである。

　3つには、これまでのような仏教的文脈の中で語られてきた自己内省から生まれる死後世界への恐怖とその超克に代わり、現代社会において、自己をモノ化し現存在を消失するという契機の中で、死の恐怖が受け止められるような死生観が台頭してきた背景と、死者との実存的な共生という視座について、思想史的観点から明らかにできたことである。

　4つには、以上のような死生観の変遷とその問題点を念頭に、2012年前期展示として「妙好人における死生観と超越」を開催したが、救済者としての阿弥陀仏の本願に導かれながら浄土教的死生観を歩んだ妙好人の言行が、現代社会に生きる我々に対して、個としての自覚を促し、救済論的に自己存在が肯定されるという普遍的視座を持つことが明らかになったことである。

　刊行するにあたって、龍谷大学人間・科学・宗教オープン・リサーチ・センターの鍋島直樹センター長をはじめ諸先生方にはご協力を賜り、厚く御礼申し上げます。特に編集の労を取っていただいた井上善幸副センター長とRAの北岑大至さんには感謝の念が堪えません。また、PDの胡暁麗さん、RAの釋氏真澄さん、本多真さん、古荘匡義さんにもご尽力いただき、深く謝意を表します。

　　　　　　　　龍谷大学　人間・科学・宗教オープン・リサーチ・センター
　　　　　　　　　　　　　ユニット3代表　　　林　智　康

目　次

はじめに　　林　智康　　i

I　大乗仏典における死生観と超越

　公開講座
　　浄土三部経における死生観　　　　　　　　　　　　大田利生　　3
　　華厳における死生観―華厳諸師の往生を通して―　　藤丸　要　　11

II　中国思想における死生観と超越

　公開講座
　　漢代の祖先祭祀　　　　　　　　　　　　　　　　　小南一郎　　29
　　道教の死生観―仏教との関わりから―　　　　　　　都築晶子　　47

III　浄土教における死生観と超越

　シンポジウム「浄土教における死生観と超越」　　　　　　　　　　69
　　佛道の位置を定めること―親鸞の信心・菩提心・金剛心の一体的理解に
　　ついて―　　　　　　　　　　　　　　　リチャード・K・ペイン　72
　　法然上人の死生観と超越　　　　　　　　　　　　　福原隆善　　81
　　親鸞聖人における死生観と超越　　　　　　　　　　林　智康　　98
　公開講座
　　真宗先哲の地獄論―近世・近代を中心に―　　　　　高田文英　　121
　論　考
　　Locating the Path: Shinran's Identification of Shinjin,
　　Bodaishin and Kongōshin　　　　　　　　　Richard K.Payne　152
　　親鸞における還相の思想―死者との共生という視点から―
　　　　　　　　　　　　　　　　　　　　　　　　　井上善幸　　176

IV 妙好人における死生観と超越

公開講座
 石見の妙好人   神 英雄 *203*
 妙好人の死生観と願い―その言行から苦悩を超える道を学ぶ―
                     菊藤明道 *230*

ワークショップ「妙好人伝の世界」
 妙好人と聖教   龍口明生 *250*
 『妙好人伝』『続妙好人伝』の出版と流通   万波寿子 *264*

ワークショップ「世界に広がる妙好人」
 世界に広がる妙好人―ヨーロッパの念仏者たち― 佐々木惠精 *287*
 世界に広がる妙好人―妙好人の信心と言行に学ぶ― 菊藤明道 *297*

論 考
 浄土仏教における出離生死の問題   川添泰信 *324*
 讃岐の妙好人 庄松の言行にみる死生観と超越―"いのち"の地平の物語―
                     北岑大至 *355*

執筆者紹介 *373*

I

大乗仏典における死生観と超越

浄土三部経における死生観

大田 利生

　今日は「浄土三部経における死生観」という題でお話しをすることになっています。この死生観という題にうまく内容が沿うかどうか心配ですが、ともかく進めていきたいと思います。

　浄土三部経は、ご承知のように阿弥陀仏の浄土に往生してさとりを開くということを根幹にしている経典です。この浄土に生まれるということは、どのようにして可能になるのか。また、浄土三部経という経典自体がどのような背景をもって成立してくるのか。そのような問題の中で、死への恐怖ということが、経典編纂者、あるいは浄土経典に関わった人たちに大きくのしかかっていたように思います。死というものをどのように解決していくのか、どのように乗り越えていくのかということが、浄土三部経の大きなテーマであったように思います。それを少し経典の文によりながら考えていきたいと思います。

　まず浄土経典、特に『無量寿経』の中心になるのは、阿弥陀仏の本願というものです。その本願を信じ念仏申して仏になるという教えの中で、第一願文を見てみますと、そこには次のようにあります。

　　『無量寿経』第一願（『大正蔵』第12巻・267頁下）
　　　設我得仏　国有地獄餓鬼畜生者　不取正覚
　　もしも、世尊よ、かのわたくしの仏国土において、地獄や、畜生や、餓鬼の境遇や、阿修羅の群れがあるようであるならば、その間は、わたくしは無上なる正等覚をさとりません。　（サンスクリット本　藤田訳、以下同）

　次に、第二願を見てみます。

『無量寿経』第二願(『大正蔵』第12巻・267頁下)
　設我得仏　国中人天　寿終之後　復更三悪道者　不取正覚
　もしも、世尊よ、かしこのわたくしの仏国土に生まれるであろう生ける者たちが、再びそこから死没して(cyutvā)、地獄や、畜生や餓鬼の境遇や、阿修羅の群れにおちいるようであるならば(prapateyur)、その間は、わたくしは無上なる正等覚をさとりません。　　　　　　　(サンスクリット本)

　そこには、浄土に生まれて再びそこから死没して(cyutvā)とあります。経典においては、死ということについて「cyutvā」という言葉と、「maraṇa」という言葉があります。「maraṇa」については、後に説明させて頂きます。ともかく第二願にあるように、死ということが、地獄、畜生、餓鬼という世界に堕ちていくと捉えられています。当時、一般的に死ということは、そのような世界に堕ちていくというように考えられていたと思われます。そういう死ということを恐れ、その恐怖からなんとか逃れたいという気持ちが強くなったように思われます。
　もう一つ、願文の中に臨終来迎という問題があります。臨終来迎は、臨終に阿弥陀仏が聖衆、菩薩を随えて人の前に来迎されるという思想です。レジュメ２頁の上に、『無量寿経』の異訳である『大阿弥陀経』の第七願を載せています。

『大阿弥陀経』第七願(『大正蔵』第12巻・310頁中)
　使某作佛時　令八方上下　無央數佛國　諸天人民　若善男子善女人　有作菩薩道　奉行六波羅蜜經若作沙門不毀經戒　斷愛欲齋戒清淨　一心念欲生我國　晝夜不斷絶　若其人壽欲終時　我即與諸菩薩阿羅漢　共飛行迎之　即來生我國　則作阿惟越致菩薩　智慧勇猛　得是願乃作佛　不得是願終不作佛

　この願文中「共に飛行してこれを迎える」とあるように、飛んで来るとあります。この「飛んで来る」ということは、新しい『無量寿経』の異訳では出てきません。古い異訳の『大阿弥陀経』においては、「飛行して」という言い方がされ、動きのある阿弥陀仏がみられます。

その次の十八願の文をご覧ください。

『無量寿経』第十八願
もしも、世尊よ、わたくしが覚りを得たときに、他のもろもろの世界における生ける者たちが、無上なる正等覚に対して心を起こし、わたくしの名前を聞いて、澄浄なる心をもってわたくしを随念したとしても、もしかれらの臨終の時（maraṇakālasamaye）が到来したときに、〔かれらの〕心が散乱しないために（cittavikṣepatāyai）、わたくしが比丘僧団によってとりまかれ恭敬されて、〔かれらの〕前に立たないようであるならば、その間は、わたくしは無上なる正等覚をさとりません。（サンスクリット本）

ここには、臨終の時（maraṇakālasamaye）に心が散乱しない（cittavikṣepatāyai）という問題が出てまいります。臨終ということは、いま申しますように、生きている生の領域ではありますが、ぎりぎりのところで、阿弥陀仏が、かれらの前に立たれるという思想です。来迎ということは、やはり死生観ということを考えていく場合に一つ重要な思想ではないかと思います。

先の第一願や第二願は、やはり死の問題が含まれております。ですから、一般的に第一願を「無三悪趣の願」、第二願を「不更悪趣の願」というように申しますが、その願名だけでは十分にそれらの意味内容を明らかにしているとは言えないだろうと思います。第一願を総願と言いますが、この最初の願から死という問題が含まれているわけです。

そのことは、『阿弥陀経』においても、あるいは『観無量寿経』においても同じことが言えると思います。先にレジュメの３頁を見て頂きますと、そこに『阿弥陀経』を載せています。

『阿弥陀経』（『大正蔵』第12巻・347頁中）
其人臨命終時　阿彌陀佛與諸聖衆　現在其前　是人終時心不顛倒　即得往生阿彌陀佛極樂國土

かの良家の男子や良家の女子が臨終のときに、かのアミターユス如来は、

聲聞の僧団にとりまかれ、菩薩の集団に恭敬され、かの臨終の者の前に立たれるであろう。そしてかの者は心が顛倒することなく（aviparyastacitta）死ぬであろう。かれらは死んでから同じかのアミターユス如来の仏国土である極楽世界に生まれるであろう。　　　　　　　　　　（サンスクリット本）

　ここでも仏が前に立たれると心が清浄になるだとか、これまで顛倒していた心が顛倒することなくという言い方になっています。顛倒という言葉も非常に深い内容を持っていると思います。『無量寿経』の中にも「顛倒上下することは、無常の根本なり」という言葉もあります。「顛」というのは「てっぺん」という意味で、倒と一緒になりひっくり返るという意味です。
　これらを見ますと、来迎ということは、言葉として特に出てきません。仏が前に立たれ心が顛倒しないで死んでいくというだけで、来迎ということが出てきません。例えば、阿弥陀仏が引いて導いていくという引接というようなことは、いまの文にはないわけです。その点も少し問題になると思います。
　来迎思想については、いろいろと研究がなされています。例えば、原始経典の中には、重病にかかった時の説法というものがかなり多く伝えられています。そして、原始仏教から部派仏教という流れの中でも、やはりこうした臨終来迎の由来を尋ねていく場合に、来迎の原型となっている思想があるということも報告されています。また、大乗経典の中にも非常に類似した内容の教説があります。特に『大阿弥陀経』と『阿弥陀経』は、最も早くはっきりとした形で臨終来迎の思想を伝えているわけです。そのような臨終来迎の思想は、浄土教成立にとって非常に重要な意味をもち、あるいは多くの人に魅力を感じさせてきたということが言えると思います。
　もう一度、第十八願に戻りたいと思います。臨終来迎が説かれるのは、本願文と三輩段の個所です。三輩段とは人間を三種類に分けまして、それぞれに応じた行道を説き、その結果、阿弥陀仏に会うとか、浄土に往生するという内容を持っています。仏教ではよく人間を三種類に分けることがあります。例えば、『百喩経』には、人間の煩悩というものを岩に書いた文字のような人、あるいは砂に書いた文字のような人、あるいは水に書いた文字のような人というように三種類に分けて、人間の姿を比喩的に語っています。岩に書いた文字のよう

な人というのは、何十年、何百年たっても、雨や風にあたっても文字は消えないような人でして、怒りというものが刻まれた文字のようになかなか消えない人のことを喩えています。

　やはり臨終来迎の形式とか内容を見ておりますと、仏に会うということがひとつ大きな要素になっています。この仏に会うということもいろいろとあります。例えば、往生して仏に会う。三昧の中で仏に会う。仏に会うという点では、似ているところもあります。『般舟三昧経』という経典では、三昧に入って仏に会うということを説きます。しかし、浄土経典と違うところは、その後に浄土に生まれるということです。レジュメ２頁の十八願の下の引文を見てください。

　　『無量寿経』（『大正蔵』第22巻・272頁中）
　　佛告阿難　十方世界諸天人民　其有至心願生彼國　凡有三輩　其上輩者捨家棄欲而作沙門　發菩提心　一向專念無量壽佛　修諸功德願生彼國　此等衆生臨壽終時　無量壽佛與諸大衆　現其人前　即隨彼佛往生其國　便於七寶華中自然化生　住不退轉　智慧勇猛神通自在　是故阿難　其有衆生欲於今世見無量壽佛　應發無上菩提之心　修行功德願生彼國

　下線分のところには、「彼の仏に随ってその国に往生す」とあります。サンスクリット本には、そのような文面はありませんでしたが、古い『大阿弥陀経』や、『無量寿経』などには出てまいります。「彼の仏に随って」とあるわけですから、仏に導かれてその国に往生するといういわゆる来迎思想がみえます。その下の『如来会』もそうです。

　　『如来会』（『大正蔵』第11巻・97頁下）
　　阿難　若有衆生　於他佛利發菩提心　專念無量壽佛　及恒種殖衆多善根　發心迴向願生彼國　是人臨命終時　無量壽佛與比丘衆　前後圍繞現其人前　即隨如來往生彼國得不退轉　當證無上正等菩提

　仏が現前するということと、来迎するということを切り離して考える方もお

られます。阿弥陀仏が現前してお立ちになり、心が清浄となって、浄土に生まれることと、引接ということは関係がないのだと言われる方もいます。やはりそうではないと私は思います。前に立たれるということと、導いて往くということはセットにして臨終来迎ということになるのだと私は思います。

　もう一度、レジュメ３頁の『無量寿経』サンスクリット本の訳をご覧ください。そこには三輩段の上輩の文が引いてあります。

　　『無量寿経』三輩段・上輩
　　また、アーナンダよ、およそいかなる生ける者たちであっても、かの如来を形相の上からいくたびも思念し、多くの無量の善根を植え、覚りに心をさし向け、かしこの世界に生まれたいと誓願するであろうならば、かのアミターバ如来・応供・正等覚者は、かれらの臨終の時が到来したときに（maraṇakālasamaye pratyupasthite）、多くの比丘の集団にとりまかれ、恭敬されて、〔かれらの前に〕立たれるであろう（sthāsyati）。それより、かれらはかの世尊を見て、澄浄な心になり（prasannacittāḥ）、まさしくかしこの極楽世界に生まれるで〔あろう〕。　　　　　　（サンスクリット本）

　臨終来迎の際に、「かの世尊を見て、澄浄な心」になると書かれています。この「澄浄な心」というのは、本来「信」を意味する言葉ではないとも言われています。心が澄み切って、清らかな静かな喜びを表す語でして、それを信の語で用いるということです。『無量寿経』の信ということが本来、静寂的、沈潜的というような性格を持ったものですから、熱狂的、狂信的というようなものではないということを表している言葉だと思います。そのような心となって、極楽世界に生まれるということです。

　このように臨終来迎の形式というものを『無量寿経』の第十九願、『梵本』の第十八願、そして三輩段に見ることができるわけです。世尊を見て清らかな心になるということは、逆に言いますと、生きているということが、顚倒して生きている、あるいは清らかな心がないということを示しているわけです。我々の心のあり方、生きているということがどのようなあり方であるのかということは、このような文面から反顕することができます。

顛倒ということをもう少し申し上げたいと思います。我々は、歳の多い方から亡くなるという風に思っているわけです。しかし、上下が顛倒するという言い方、曇鸞になると不顛倒、不虚偽という言葉があります。私たちは、まっすぐ物事を見ている、まっすぐ立っていると思っていますが、どうしても斜めに構えたり、自分の見やすい方向から見たり、一部を見て全体だと思い込んだりと、顛倒したものの見方をしています。そういうことが仏に会うとなくなるということです。

　もう一つ、『観無量寿経』の文で言いますと、韋提希が「愁憂憔悴」とありますが、そこに少し焦点を当ててみたいと思います。善導大師が『観経疏』「序分義」の中で解釈されているところに、韋提希が死ということを免れてむしろ喜ばなければならないのに、どうして愁憂憔悴しているのかということを問題にしています。韋提希は、大王のところに食べ物を運ぶことができなくなったということを大王が知ったら、食べる物もなくなり、死んでいかれるのではないかという心配をするわけです。やはり、常に三部経の根底には死を解決しようという問題が大きくのしかかっていたと思います。そして、『観無量寿経』の場合も散善九品の一段に、臨終来迎の教説が伝えられています。

　そういう浄土思想史の上で申しますと、『無量寿経』、『阿弥陀経』に比べると『観無量寿経』は遅れて成立していますので、二つの経典の所説を受けて、さらにそこに中国的な色彩が加えられて、大きく発展させていったと考えられます。このような現世に見仏が可能であるということは、同時にまた極楽往生の確実性を示すというように言われます。非常に劇的な形を取っているということが言えると思います。

　阿弥陀仏についてですが、『無量寿経』の上輩を説くところに「アミターバ如来」とあり、下の『阿弥陀経』サンスクリット本を見ますと、「アミターユス如来」と出てきます。これは同じ阿弥陀仏の名です。アミターバは無量光でして、『無量寿経』は無量光を中心にしています。アミターユスは無量寿でして、『阿弥陀経』は無量寿を中心にしています。そのような違いが見られます。

　さて、阿弥陀仏と釈尊の関係は大変に深いものです。少し横道にそれるかもしれませんが、どうして阿弥陀仏という仏が出現してきたのか、阿弥陀仏と釈尊との関係はどのようなものなのかということを少し考えてみたいと思います。

阿弥陀仏という仏は、釈尊が亡くなられて400～500年経って出現してきます。釈尊の覚られた縁起の法を人格的に表現したのが阿弥陀仏であり、場所的に表現をしたのが浄土であると簡単に説明される場合もあります。釈尊は亡くなられてから、追慕の念が深まっていく弟子たちの中で、大乗の菩薩道を歩む理想の像として見直されていきます。阿弥陀仏は、大乗仏教徒の中で釈尊が救済仏と仰がれていくなかで出現してくる仏です。そのような意味で、釈尊観の中から出てくる仏が阿弥陀仏といえるわけです。原始経典では釈尊が説明されるときに、アミターバ、アミターユスという言葉が用いられるといわれ、後、アミターバとアミターユスは別々に唱導されていくことになります。そして阿弥陀仏で一つになったということです。したがって、阿弥陀仏の原名は、アミターバ、アミターユスの二つです。これらを一つにして阿弥陀仏と言っているわけです。阿弥陀仏に会うということが死を乗り越えていくということ、また浄土に導いて往かれる、救われていくということであり、『無量寿経』の中心であったと言えます。

　経典成立の段階で考える時に、臨終来迎ということを抜きにしては浄土教の成立はなかったと思います。第十九願についても、日本浄土教だけでなく、中国浄土教でもそうですが、多くの願名が付けられており、それだけ重要な位置を占めていたということです。中国の善導大師のころになって、第十八願を中心に説かれていった経典であると『無量寿経』が位置付けられ、経典の見方自体も変化していきました。

　死という言葉についても、私自身さらに勉強していかなければなりません。また第二願も「死没して（cyutvā）」という形で、『無量寿経』三輩段の中輩段において出てきます。それといま申します、「臨終の時（maraṇakālasamaye）」という言葉との使い分けということにも興味があります。

　経典成立の段階に遡って見ていきますと、いま我々が学んでいるような浄土三部経の見方とは違う見方が出てくるような気がいたします。浄土三部経における死生観ということですから、浄土三部経の中では死、生ということをどのように考えているのかということが重要であったわけです。本日の発表でそのあたりが十分に話せているかわかりませんが、この辺で終わりにしたいと思います。

華厳における死生観
―華厳諸師の往生を通して―

藤丸　要

　藤丸でございます。「華厳における死生観―華厳諸師の往生を通して―」と題してお話しさせていただきます。

　実はこのお話を林先生から頂戴しました時、たいへん困ってしまいました。なぜかと言いますと、かつて日本仏教学会におきまして「仏教における善悪の問題」という統一テーマで研究発表が行われた時、龍谷大学の仏教学の教室からは私が「華厳における善悪」というタイトルで発表させていただきました。しかし、華厳における善悪の問題というのは、いろいろと調べていってもなかなか見つからなかったのです。華厳においてはすべての教えを小乗教、大乗始教、大乗終教、頓教、円教の五教、すなわち五つの範疇に分けてみていくのですが、その中、大乗終教までは善悪の区別がはっきりと示されています。しかし、これが円教になっていきますと、善も悪も結局は無礙なのだという非常にあやふやな言い方でしか語られていないのです。そういう訳で、たいへん苦労して発表に臨みました。あえて言うならば、華厳の性起に反することが悪であるという一定の結論をやや消極的に述べたのですが、案の定といいますか、華厳がご専門の諸先生方から、結局どうなんだというご質問を頂きました。要するに、このような二元論的といいますか、相反するものを挙げてそれに対する考えはどうなのかなどという問題については、華厳が非常に苦手としている分野であると思います。

　死生観、生と死ということにつきましても、全く同じことが言えるのではないかと思いました。ですから、この問題に関する答えを見つけることの困難さが予想され、それ故に、林先生からお話を頂いた時に躊躇したのです。調べてみますと、やはり、なかなか難しい課題であることを痛感いたしました。

さて、それでは本題の内容に入っていきたいと思います。華厳教学は「唯心」を説き、その唯心を「一心」として理解しています。華厳の中心教学は、事事無礙の法界縁起思想と言われ、これを一心の上に説くところに、華厳教学の特徴があります。これがいわゆる一心法界（一真法界）と呼ばれる所以です。この一心において語られる「死生」観とは如何なるものであるかを探っていくこと、これをこの研究の目的としたいと思います。

今回は、一心（唯心）についての基本的な華厳の教学的立場を考察して、その上でこれを立場とした華厳諸師の往生の様相を概観することによって、華厳における死生観を伺う一助としたいと思います。と言いましても、華厳諸師の往生観については、後でお話しさせていただきますように、当然というか一様ではありません。ですから、ここで華厳における統一的見解を示すのは、かなり困難であるということを、あらかじめお断りしておきたいと思います。

とにかく、一心についてすべて語られるということですから、まずはこの一心、唯心ということの根拠を見ていきたいと思います。

中国華厳宗の大成者である第三祖賢首大師法蔵（643-712）の『華厳経伝記』巻四には、次のような霊験譚が紹介されています。その概要を簡単にご紹介いたします。

　　昔、王という人物がおりました。王は、戒律を守ることもなく、善行をすることもありませんでした。そのような中で病を得て亡くなります。やがて地獄に行って、その門の前で地蔵菩薩に出会います。そして地蔵菩薩から一行の偈を習うわけです。その偈とは、「もし人、三世の一切の仏を〔了〕知せんと欲はば、まさに是の如く心、諸の如来を造ると観ずべし」というものです。この偈を習った王は、閻羅王（閻魔王）の前に進み出ます。すると閻魔王は、お前にはどのような功徳があるのだと聞きました。その時に王は、私はただ四句の偈文を知っているだけだと、先の偈文を唱えました。すると、その偈文を唱える音声が届くところの者たちはみな解脱を得たというのです。そして王自身も、三日の後に蘇生します。生き返った王は、覚えていた偈をいろいろな人たちに聞いて回ったところ、『華厳経』巻十の「夜摩天宮菩薩説偈品」の偈文であることを知るに至ります。

「もし人、三世一切の仏……」というのは、『華厳経』の「唯心偈（如心偈）」の最後の一句なのです。では、「唯心偈」とはどのようなものかといいますと、

  心如工畫師　畫種種五陰　一切世界中　無法而不造
  如心佛亦爾　如佛衆生然　心佛及衆生　是三無差別
  諸佛悉了知　一切從心轉　若能如是解　彼人見真佛
  心亦非是身　身亦非是心　作一切仏事　自在未曾有
  若人欲求知　三世一切佛　応当如是観　心造諸如来
  心は工なる画師の如く　種々に五陰を画く　一切世界中　法として造らざることなし　心の如く仏もまたしかなり　仏の如く衆生またしかなり　心と仏及び衆生　この三つに差別あることなし　諸仏は悉く一切は心より転ずることを了知したまふ　若し能く是の如く解らば　彼の人は真仏を見る　心も亦この身にあらず　身も亦この心にあらず　一切の仏事を作して自在未曾有なり　若し人三世一切仏を求知せんと欲すれば　まさに是の如く観ずべし　心は諸の如来を造ると　（大正9・465下-466上）

というものです。実は「唯心偈」といいますのは、『華厳経（六十華厳）』巻十「夜摩天宮菩薩説偈品」において、如来林菩薩の説いた偈頌十行の中の、初めの六行を省略して、後の四行を「唯心偈」あるいは「如心偈」と称しています。正式にいいますと、「如心佛亦爾」からが唯心偈と呼ばれるものです。ですから「唯心偈」のことを別名「如心偈」とも呼ぶのです。ただ「心如工畫師」があまりにも有名ですので、引用する場合はだいたい「心如工畫師」から引用する場合が多いのです。

 この中の最後の一偈「若人欲求（了）知　三世一切佛　応当如是観　心造諸如来」を先の霊験譚に因みまして、これを「破地獄偈」というように呼んでいます。禅宗などはこの「破地獄偈」を施餓鬼会の時などに唱えるということを聞いたことがあります。この「唯心偈」が、華厳のみならず仏教の唯心思想における根拠となっていることはご存知のことと思います。
 また、これと併せて、「三界虚妄　但是一心作（三界は虚妄にして、但だ是れ一心の作なり）」（大正9・558下）の文言も、唯心思想の根拠として有名な

ものです。これは『華厳経（六十華厳）』巻二十五「十地品」の第六現前地において説かれる唯心思想です。この他にも『華厳経』にはいたるところに唯心的思想が散説されています。このように、華厳教学は『華厳経』に説かれる様々な唯心思想を根拠にして成り立っているのです。

　華厳の教学については、いろいろな立場で語ることができると思います。ここでは、まず日本で通説となっていった華厳教学を一瞥しておきましょう。「一真法界（一心法界）」という教説を中心とした華厳教学がそれです。

　華厳宗第五祖の圭峰大師宗密（780-841）は『注華厳法界観門』の中で、澄観『新経疏』の引用として次のように述べています。すなわち、

　　統ぶれば唯だ一真法界なり。総じて万有を該ねるは、謂く是れ一心なり。
　　　　　　　　　　　　　　　　　　　　　　　　　　　（大正45・684中）

と。これを受けて、日本の鎌倉時代に活躍した示観国師凝然（1240-1321）は、『華厳法界義鏡』巻上「教興意致」において、華厳の教えが起こったその意図を述べる中で次のように述べています。

　　良　以、一真法界は不可思議にして寂寥虚曠、沖深包博なり。万有を
　　　まことにおもんみれば
　　総該するは、即ち是れ一心なり。　　　　　　　　　（日全13・269下）

　この一真法界というのが、『法界義鏡』の全体を貫くテーマです。この一真法界を、具体的に事法界、理法界、事理無礙法界、事事無礙法界の四種法界として説いていくところに華厳の特徴があります。この一真法界から四種法界という流れといいましょうか、これが華厳教学の支柱になっていきます。

　この一真（一心）法界を便宜的に説明するために四種法界が説かれるわけですが、これは何も四つの法界があるというわけではありません。あくまでも一心の上に語られるものであって、これを現象の面からみると事法界、真如の理法の面からみると理法界、そして現象と理法が融通している面からみると事理無礙法界になります。そして、『華厳経』の特徴として重要なものとして、最後の事事無礙法界があります。ここにおいて事法と事法、つまり現象と現象と

が理性を仲立ちとしながら互いに融通無礙しているということを説いています。この事事無礙法界の具体的内容として説かれるのが、有名な「十玄縁起無礙法門（十玄門）」です。このように、すべては一心の上に法界が語られているのです。故に、一真法界は一心法界とも呼ばれているのです。

　このことを如実に表しているのが、華厳の観法ではなかろうかと思います。あらかじめお断りしておきたいのは、観法というと通常、実践修行としてとらえられますけれども、華厳の場合は全く異なっていることです。普通、実践修行ということでしたら、例えば念仏を称えるだとか、三密の修行を修するだとか、四種三昧、あるいは坐禅をするというようなことを思い浮かべますけれども、華厳においてはこのようなことは全く出てきません。客観的にみればまさしく理論のみということになります。ですから、この一真法界というのも、四種法界というのも、これそのものがイコール観法というようにとらえることも可能なわけです。華厳には多種多様な観法がありますが、これらは全部、理論的な構成となっているところにその特徴があります。

　華厳の唯心思想を端的に表すものが、凝然の『法界義鏡』の中に示されております。凝然は『法界義鏡』巻上「観行状貌」を述べるにあたって次のように示しています。

　　今、華厳別教一乗は正しく定学をあらわし、専ら心観を明かす。観行の方
　　法は唯だこの経にあり。……（中略）……今精要に就いて二種の観を陳ぶ。
　　一つに三聖円融観を明かし、二つに唯識観を明かす。その心要観とこれと
　　合して三聖を明かす。境に託して以て自心を陳ぶ。唯識は心に約して以て
　　万境を尽くす。二門異なりと雖も、宗致是れ一つなり。ともに法界総通の
　　道にして、実に乃ち出離生死の門なり。　　　　　　（日全13・281下-282上）

　華厳にはたくさん観行がありますが、凝然は代表的なものとして十種あげています。さらに、その中で最も大事なものとして「三聖円融観」と「唯識観」の二つをあげています。

　まず、「三聖円融観」についてですが、三聖とは何なのかといいますと、文殊菩薩と普賢菩薩と毘盧遮那如来です。この二菩薩一如来を三聖といいます。

文殊菩薩は智慧を、普賢菩薩は解行を象徴しています。この二つの境地は因分可説であり、言葉で説明できる境地です。この二菩薩を統べたところに毘盧遮那如来の境地が明らかになるのです。ですから、これらの三聖が互いに融通し合って無礙となることを観ずる観法が、三聖円融観なのです。つまり、三聖の中、毘盧遮那如来は普賢菩薩と文殊菩薩を合わせた総体であるということになり、普賢と文殊は毘盧遮那の別徳であることになります。

また、この三聖円融観は、文殊の信仰と智慧、普賢の真理と修行の両者が一体となったところを毘盧遮那と名付け、これらが互いに円融するさまを三聖円融といいます。この三聖円融の道理を観ずることによって、我々はそのまま成仏できると説いています。

三聖円融の法門は、華厳宗において非常に重要な教義の一つです。ですから、『華厳経』の正式名称である『大方広仏華厳経』という経題の「大方広仏華厳」に三聖のそれぞれを配当させています。つまり、「大」は普賢を表し、「方広」は文殊を表し、「華厳」は普賢と文殊を表すという解釈、また「大方広」は普賢であって、「仏華厳」は文殊、その合わさったところが毘盧遮那であるという解釈などがあります。解釈はまちまちであって非常にわかりにくいのですが、清涼大師澄観（738-839）の『三聖円融観門』をみますと、「大」は普賢、「方広」は普賢と文殊、「仏」は毘盧遮那というように説かれています。また同じく澄観の『華厳経疏玄談』には、「大方広」が普賢、「華厳」が文殊、「仏」が毘盧遮那と説いた後で、「大」は普賢であり、「方広」は文殊であり、「華」は普賢、「厳」は文殊、「仏」は毘盧遮那というように解釈しています。このように、さまざまな解釈が施されていますが、凝然はどれが正しい解釈だというような見解は示しておりません。要するに、『華厳経』の経題を貫くのが三聖であることを強調しているのです。

どちらにしても、三聖は円融しておりまして、すべての教えは三聖の体であって、すべての法は華厳なのだといいます。そして、証せられる理も証する智も心を離れることはないというのです。故に心・仏・衆生の三つは別々のものではないのだとされます。そして、一念の心の中に三聖を観ずることが肝要であると述べていきます。また、華厳を修行する行者が「三聖円融観」を修すれば、一生のうちに大果を得ることができますし、たとえ一生のうちにできなく

ても三生の間には必ずさとりを得ることができるといいます。このような「三聖円融観」と呼ばれる非常に重要な観法において、心・仏・衆生の融通が説かれているのです。

　一方で、もう一つの重要な観法として「十重唯識観」があります。これは心に約して万教を尽くす観法です。十重唯識は、法相宗の宗祖慈恩大師窺（632-682）が『大乗法苑義林章』「唯識義林」の中で説く五重唯識観を援用しながら成立しました。もともとは、華厳宗第二祖至相大師智儼（602-668）の『華厳孔目章』の中に見ることができます。しかし、智儼においては未だ組織立てて説示されてはいませんでした。実は、この智儼と同時代に活躍した人物が玄奘三蔵です。玄奘は旧訳不正ということを主張しました。要するに、自分が訳する以前の仏典は仏の真意を明らかにしていないと言ったのです。当時の仏教界の第一人者がそのようなことを主張したわけですから、仏教界に大激震が走りました。そのため、それぞれの宗派において教学の見直しが迫られることになりました。華厳宗においても、今まさに華厳宗が成立しようとしている時にそのようなことが起こりましたから、智儼の役割はもう一度自分たちの教学を見つめ直すということに、一生涯が費やされることになったのです。そのような生涯を送ったのが智儼という方でした。そこで、新訳の玄奘の書物を次々と手に入れて、そこの言葉を用いながら違った意味解釈を施し、全く異なった教学を構築していったのです。

　これを引き継いだのが賢首大師法蔵です。法蔵が活躍した時代には玄奘はすでにいませんし、訳出された経典というものもほとんど出揃っています。ということは、智儼が主張できなかったことを法蔵は主張できるようになったということです。つまり、智儼の時には華厳が一番だということまでは言えませんでした。うっかり言ってしまうと、玄奘がどんな隠し玉を出してくれるかわかりません。つまり、このような教えがあるぞと、それを否定するような教えを出してくるかもしれないのです。ですから、智儼は華厳の教えが素晴らしいということは言えても、一番だとまでは言えなかったのです。それが法蔵になると、華厳こそが一番だと堂々と主張できるようになりました。このようなことは五教判においても認めることができます。たとえば、大乗始教は、相始教と空始教に分けられます。当然のことながら五教は小乗教から円教へ、低いほう

から高いほうへという順になっているわけですが、法蔵は多分、意図的に法相宗の教えを大乗始教の相始教というかなり低いところに位置付けており、あまり評価をしていません。要するに、法蔵の時には法相唯識のような教えに較べると、比較にならないほど華厳宗のほうが優れているのだということを主張するようになっていったのです。とは言いながらも、法相宗からは相当な影響を受けていることも事実で、その一つがこの「十重唯識観」なのです。

　十重唯識の解釈はいろいろとありますが、ここでは日本で通説となった凝然の解釈を用いて簡単に説明させていただきます。凝然は一切諸法すべてが心の所作でありますから、心が仏になり、心が法を修し、心あやまれば生死流転し、心正しければ苦を断ずることができると言い、心の重要性を指摘し、その中で「十重唯識」を説いていきます。

　まず、第一の「相見倶存唯識」というのは、相と見とが倶（とも）に存する唯識ということです。相というのは相分、見というのは見分のことです。凡夫が執着する心の外の実我実法を破折して心内の法である相分と見分を存し、一切は心を離れては存在しないということを明らかにしたのが相見倶存唯識です。唯識では四分説（相分・見分・自証分・証自証分）を説きます。ですから、これは相分と見分の二分を説いているから二分説になるのではないかと思われるかもしれません。しかし、二分説というのはインドの難陀の説いたもので、護法はこれを破折しております。この説は一見、二分説にみえますが、四分説を二つにまとめたもので、難陀の二分説とは異なります。一切諸法が相分と見分の二分に納まるのだということを明らかにしたのが、この「相見倶存唯識」です。主にこれは『成唯識論』『摂大乗論』などに説かれるものであると示されています。

　次の「摂相帰見唯識」というのは、相を摂して見に帰する唯識です。前の唯識と同様、相というのは相分ですし、見というのは見分のことです。相分を摂め取って見分に帰一させる立場です。相分を見分に帰して万法の根拠を八識心王、そして五十一の心所有法の見分にあると説くのがここでの立場であり、主に『解深密経』『唯識二十論』『観諸縁縁論』などがこれであるといいます。

　第三番目は「摂数帰王唯識」です。数というのは心数のことで、心所有法の旧訳です。ですから、心所有法を心王、心の本体である眼・耳・鼻・舌・身・

意・末那・阿頼耶という八識に帰一させていくということを説いているのがこの立場であって、『大乗荘厳経論』等に説かれます。

　第四番目の「摂末帰本唯識」というのは、末を摂して本に帰する唯識です。前の摂数帰王唯識までは八つの心王（八識）を言いましたけれども、この唯識においては、前七識を第八阿頼耶識に帰一させて、一切はただ第八阿頼耶識のみで、他には何もないのだということを説いています。この第八阿頼耶識というのは、真妄和合識でして、これを一心と捉えています。この一心からすべての法が生起していくのだというように説かれていきます。この唯識は『探玄記』において「以末帰本唯識末（末を以て本に帰する唯識）」となっています。澄観はこれを「摂末帰本」と改めて、凝然もこれを採用しております。主に『楞伽経』等に説かれる教えです。

　第五番目は「摂相帰性唯識」です。前の真妄和合の一心は、まだ識相というものを留めておりました。そのようなものを完全に取り去ったものがこれで、相を摂して性に帰する唯識です。一切諸法はすべて真如が随縁して生起したものであって、すべては本覚の如来蔵性であるという立場です。その本性からするならば、一切の諸法は真如であって、諸仏も衆生も全く一つなのであり一如なのだと説いているのが、この「摂相帰性唯識」です。これも主に『楞伽経』などに説かれます。

　第六番目は「転真成事唯識」です。これは真を転じて有為の事法を成ずる唯識です。真如は染浄の縁に随って一切の種々の法になって現れるのだと説いています。主に『勝鬘経』『宝性論』『起信論』などに説かれる教えがこの立場です。

　第七番目は「理事俱融唯識」です。これは理と事が融通無礙しているということを説いています。ここにおいて理事無礙ということが説かれていますけれども、法蔵においては、理事無礙という用語が理事無礙法界を説いているわけではなくて、ただ単に理と事の融通無礙を説いていることに注意が必要です。主に『勝鬘経』『仁王経』『起信論』『摂大乗論』などの教えがこれであるといいます。

　第八番目は「融事相入唯識」です。事を融じて相入する唯識です。ここにおいて相入ということが出てきますが、これは用の働きの面からみて言ったもの

で相即相入の相入を説いています。一入一切、一切入一ということを説いています。主に『華厳経』の教えです。

次の第九番目は「全事相即唯識」です。事を全うして相即していく唯識です。これは相即が説かれ、一即一切、一切即一が明らかにされます。これも『華厳経』の教えであるとします。

最後は「帝網無礙唯識」です。先の「融事相入唯識」は相入、「全事相即唯識」は相即と、それぞれ一面だけを説いていました。ここにおいて因陀羅網の玉が互いに他を照らして重々に影現するという譬えが出てまいりますが、このように一つひとつの法の中に一切の法が重々無尽に影現して事事無礙であるということを表すというのがこの立場です。これも『華厳経』の立場であるとします。

これを五教判に配当するならば、第一の唯識から第三までが大乗始教に、第四から第七までが大乗終教と頓教に、そして第八から第十までの唯識が円教に配当されます。これらの中で、小乗教は対配されていませんが、それは当然でして、小乗教では未だ唯識を説いていないからです。ですからこれらからは除外されています。しかし、澄観などは「仮設の一心」というものを立てて、小乗教をも取り込もうとしています。

このように円教である華厳の立場は、「融事相入唯識」、「全事相即唯識」、「帝網無礙唯識」の三つの唯識であるということがわかると思います。そして、これはそのまま華厳の事事無礙法界を表しています。

これらは何も、ある一経典の教えは必ずしも一つの立場に限定されるいう訳ではありません。同じ経典でもこの経典のここの部分はこの立場であるけれども、ここは別の立場であるというように、同一経典であっても始教の立場でとらえられたり、あるいは終教の立場、頓教の立場でとらえられたりということもあるのです。ですから、一つの経典は必ず一つの立場であるというようには説いていないことに留意しなければなりません。

このように「十重唯識」は、決して一心を離れるものではないことが明らかにされています。一念の心が起こるならば、十重の唯識を具足し、さらには十玄門をも具足するのだといいます。要するにすべての存在は一心の現れに他ならない。そしてすべての法が心（唯識）の現れであるということを、十重の次

第で説いたのが「十重唯識」なのです。

　凝然は『法界義鏡』巻上「観行状貌」で次のように述べています。

　　本智と始修と、実に両体なし。双亡正入すれば、則ち妙覚円明なり。始末
　　該融すれば、則ち因果交徹す。心心に作仏すれば、一心として仏心に非ざ
　　ることなく、処処に成道すれば、一塵として仏国に非ざることなし。故に
　　真妄・物我、挙一全収す。心・仏・衆生、渾然として致を斉しうす。是れ
　　に知んぬ。迷えば則ち人、法に随う。法法万差にして、人同じからず。悟
　　れば則ち法、人に随う。人人一智にして、万境を融す。（日全13・290上）

　この文は、今日現存していない澄観の『心要法門』を、凝然がそのまま引用
したものです。おそらく、凝然は宋代の華厳のものをそのまま引用したのでは
ないかと思われます。ここに示されているのは、心が迷えば衆生となり、心が
悟れば仏となるということです。これがいわゆる心と仏と衆生の三つに差別あ
ることなしと説かれる所以でありまして、まさしく三界は虚妄であってただ一
心の作であるということが理解できるのです。ありとあらゆるものは、このよ
うに一心を離れることはない。このように理解するのが華厳の基本的な立場で
あります。

　それならば次に、このような華厳の教えを旨とした諸師が、どのような往生
を遂げたのかということを、簡単にご紹介させていただきたいと思います。

　華厳諸師の事績については、中国の祖師に関しては、法蔵の『華厳経伝記』
や諸『高僧伝』等が、また日本の諸師については各種『高僧伝』類や各祖師の
伝記等に詳しく記されていますが、往生の様相は一様ではありません。一様で
はないといいますのは、結局諸師の往生は各人各様で、そこに統一的見解を認
めるのは困難であるということです。その中であえていうならば、西方極楽浄
土との関係で説かれているものが比較的多いことが注目できると思います。こ
のような往生伝をみましても、信仰の問題ですから疑いを抱いてはいけないの
でしょうけれども、現実離れしたような記述が多く出てきます。例えば、遺体
が何日も腐らずにいたり、『華厳経』を誦する功徳によって死後何日もの間芳
しい匂いを発していたりだとか、こういった話がやたらと多いわけです。実際

に亡くなった方がどのような思い、どういうことを望んで亡くなっていったのかということを記しているものが驚くほど少ない。そのような中で代表的な人を中国から二人、日本から三人についてみてみましょう。

まずは華厳宗の第二祖である至相大師智儼です。『華厳経伝記』に依りますと、

> わがこの幻軀、縁にしたがい無性なり。今、まさにしばらく西方浄土に往きて、後に蓮華蔵世界に遊ぶべし。汝等、我に随いて、この志に同ぜよ。
> （大正51・163下）

この体というものは幻であり、縁にしたがって無性であるといいます。いま亡くなってからしばらく西方極楽浄土に往って、その後に蓮華蔵世界で遊ぶというように、往生や成仏ということが二段構えになって説かれています。智儼は弟子たちに、私の志に同調しなさいと言っています。

また賢首大師法蔵は、

> 西方の浄域、俗塵を離る。千葉の蓮華、車輪の如し。知らず、何れの時にか仏身を成ぜん。　（『大唐大薦福寺故大徳康蔵法師之碑』大正50・280下）

これは内容的には特に説明はいらないと思いますが、法蔵が亡くなったことを悼んで造られた碑の中に出てくるものです。

次に、日本においては三人の方をあげさせていただきます。まず、明恵上人高弁（1173-1232）です。この方は、周知の通り『摧邪輪』を著して法然上人の浄土教を批判した方で、非常に清廉潔白な人物として有名です。明恵上人は弥勒の像の前に座って最終的には右脇を下にして弥勒の文を誦しながら終に寂したと説かれています。それから実相上人円照（1221-1277）です。この方はあまり知られていませんが、東大寺においてはたいへん功績のあった方です。東大寺は平重衡によって焼き討ちにあいましたけれども、それを再興した人として初代の大勧進職に任ぜられた俊乗房重源（1121-1206）が有名です。その後、七人の大勧進職を経てほとんどの堂宇を再建していったのが、第九代大勧

進職の円照という方です。この方も東大寺の伝統である諸宗兼学の立場から、いろいろな宗派を学んでいます。その円照の弟子である凝然が師を偲んで『円照上人行状』という伝記を書いています。これをみると、次のように記されています。

> 諸宗の中、義理深奥にして悟、速疾に達するは真言に過ぎず……（中略）……自己の内証は専ら三密を以ておわんぬ。身は律家に居し、宗は三論に在り、証は真言を味わい、報は安養に遊ぶ。（続続群書類従3・483上-下）

要するに円照は三密の行業によって悟りを求め、身は律、宗は三論、証は真言、そして後生は弥陀浄土への往生を願っていたことを記しています。これが円照の立場でした。

そして最後に、円照の弟子の凝然です。凝然の立場については『戒壇院定置』の中によく示されています。これは凝然が亡くなった時に書いたものではありませんが、遺言的に書かれたものといってよいでしょう。この中で、次のように述べられている文が留意されます。

> 沙門凝然、諸宗を訪れると雖も、華厳を本と為す。講律の他は、一期に談論、多くは華厳に在り。自余の諸章、時にまた講ず。……（中略）……昔、信空上人、霊夢の告あり。善財童子、戒壇院に於いて、華厳宗の種を蒔く。その後、凝然来たりて入る。（『凝然大徳事績梗概』94頁）

ここには、凝然のこれまでの勉学に対する自負が示されています。この『戒壇院定置』は、凝然が自分が住している戒壇院を、甥である実円に必ず譲りなさいということが主題となっているものです。ですから、自分はこのような系統で学びを深めてきて、そしてこれだけのことを行ってきた。だから自分のいうことは聞いてくれという内容になっています。さらに、善財童子が戒壇院にきて華厳の種を蒔いて、その後に自分が来たのだというように、一種の権威づけを行っていることが注目できるでしょう。

このように見てきましても、いろいろと違いがあります。しかし、華厳独自

の臨終行儀的なものは見出しがたいといえます。明恵が弥勒の文を唱えてというのは、明恵は華厳の改革者として非常に有名であり、単に華厳のみならず聖道門側の改革者として非常に著名な人物です。華厳は高度な理論を有しますが、具体的な実践面に欠けています。そのために、明恵は密教と結びついた教学を打ち立てます。周知のように、弘法大師空海は入定した後、弥勒菩薩が弥勒仏として下生して来た時に、自らも定から出て弥勒の救済を助けることを望んだと言われています。そのような影響からか明恵は弥勒の文を唱えるわけですが、これには密教的な影響があるのだと思います。

　さきほど申したことですが、比較的弥陀浄土のことがよく説かれているというのは、『華厳経』に「寿命品」というものがありまして、そこにおいて仏の寿命が長短自在であるということが述べられています。ここで心王菩薩が釈迦牟尼仏の寿命の一劫の如きは、安楽世界の阿弥陀仏の処においては、一日一夜となすというような表現が出てまいります。このような論法で、仏の寿命の無限性を説いています。また、念仏が説かれるのですが、この場合の念仏とは観想念仏であって、いろいろな仏を念ずるということの重要性なども説示されています。要するに、浄土教という教えは、実践行に具体性をもっていましたから、自分は今、『華厳経』を主としているけれども、後生は弥陀浄土に往生したいと願うようになったのではなかろうかと思います。

　このような方々の他にも『続高僧伝』には法喜という人物が記されています。この方は初唐の方でして、華厳の人といっていいのかわかりませんが、常に「三界虚妄　但是一心作」と唱えていたと伝えられています。この人は、病のために命が長くないとわかった時に部屋にこもって「三界虚妄　但是一心作」と唱えていました。やがて、林の向こうから麗わしい音楽と共に車を引く音が聞こえてきました。弟子たちは、極楽浄土からの迎えが来たということがわかり、喜んで法喜に伝えました。ところが法喜は、自分は世間の果報をすべて捨て去ってしまったというのに、どうして極楽に生まれたいなどと願うことがあろうかと述べて、そのまま禅定に入り没したというのです。要するに「三界虚妄　三世一心作」ということですから、死後の世界などというのも人間が作り出した幻影に他ならないと考えたのです。このような人はある意味で特異な方と言えるでしょう。

以上、見てきましたように、華厳諸師においては臨終の様子が一様ではないということがわかるかと思います。全般的には無礙の論理で、生死一如の立場が語られているように思います。

　しかし、駒澤大学の吉津宜英先生は『仏教における生と死』の中で生死一如という考え方は仏教ではないと盛んに強調していらっしゃいます。このような誤った考え方は排していかなければならないとおっしゃっていることには注意しなければならないでしょう。この辺りの事情については、今後検討させていただきたいと思います。

　しかし、華厳では死と生というものを分別してとらえるのではなくして、両者を止揚したところにその立場を認めることができるのではないかと思います。死と生を分けて考えるのは、せいぜい大乗終教の立場であって、華厳一乗円教の立場になりますと無差別性が強調されていきます。一心においてすべてを把捉していこうとする訳ですから、生も死も一心の所現に他ならず、どちらにとらわれてもならないとするのが円教の立場です。『華厳経』「入法界品」におきまして、善財童子が訪ねた中の弥勒菩薩は、「生死は皆、悉く夢の如し。五陰は皆、悉く幻の如し」と説き、善財童子に生死は夢であり、この肉体は幻のようなものであることをしっかりと認識するならば、生死に束縛されることはないと説示しているのです。

　以上のように華厳の思想といいますのは、一真法界（一心法界）の教学に明らかなように、究極的な世界の在り方を一心の面から非常に深く掘り下げて明確に示したものです。しかし、木村清孝先生が指摘されていることですが、そのことによって縁起の真実性が明らかにされたということは言えても、反面その真実と現実世界の衆生との関わりがそれほど追究の対象とはされなくなってしまったという、ある種、負の面もあるのではないかと考えることもできます。その結果、迷いの現実に目覚めて悟りへの道を歩むという仏教本来の姿が非常に不明瞭となってしまったと言うのです。だからこそ、後世、華厳が華厳だけで生き残るということができませんでした。澄観頃から徐々に禅を取り入れていって、宗密は宗密禅師と呼ばれるくらい、禅と融合していきました。このように、一方では禅と結びつき、さらに先ほどいいました明恵などは真言と結びつき、さらには念仏など、実践性を他のところに求めていくことになったので

しょう。

　いま観法、観行というものを見ましたけれども、いったいこれのどこが観法なのだと、観行なのだと思われたのではないかと思います。そこにみられるのはすべて理論です。華厳においては教即観ということをいいます。要するに学ぶこと、理論的に追究していくことが結局は行の実践に他ならないのだということです。これもある意味で、教と観との無礙ということがいえるのではないかと思います。しかし、このような思想では、普通の人であれば、どのように修行をしていいのかわからない。ですから三聖円融観にしてもこれを実践すれば間違いなく悟ることができますよと言いながら、では具体的にどうすればいいのかということは示されていないわけです。こういうところが、ある種、華厳の弱点ではないかと思います。

　昔からよくいいますように、天台は衆生から仏へという方向性が明確です。これに対して、華厳はあくまでも仏の側に主体を置き、仏から衆生へという流れとなりますから、どうしても行という面がおろそかと言いますか、熱心に把捉されなかったといえるのではないでしょうか。そのために華厳だけで生き残るということは、非常に困難であったのです。日本において東大寺を本山として華厳宗という宗派がありますけれども、これはやはり弘法大師空海が東大寺の別当になって、密教の行儀を持ち込んだことによって華厳宗が今日も存続していると言えると思います。

　以上、『華厳経』における死生観というテーマでお話しさせていただきましたが、具体的にこれがどのようなものであったのかということにつきましては、引き続き研究を進めていきたいと考えています。以上で発表を終わらせていただきます。

II
中国思想における死生観と超越

漢代の祖先祭祀

小南 一郎

はじめに

　古代における宗教信仰の対象の中心が自然神と祖先神とであったという点では、世界の多くの文化地域の場合と変りなく、中国の古代宗教も同様の性格を具えていた。ただ中国においては、祖先崇拝の重要さがとりわけ大きく、特殊なかたちで展開したところにその特徴があったと言えるだろう。

　甲骨文字資料を通してうかがえる殷王朝の祭祀も、自然神祭祀と祖先神祭祀とに大別されるのであるが、年代の下る資料ほど、祖先祭祀の重要性が大きくなってゆくとされる。(1)一時代くだって、西周時期の青銅器の銘文、いわゆる金文に記されているのは、その大多数が祖先祭祀のための青銅容器を作ったという記録である。すなわち、当時の青銅器は、そのほとんどが祖先祭祀のために作られた祭器であって、その器の中に酒や穀物を盛って、祖先神に奉げられた。銘文の最後は、長寿と多幸を祈る言葉でまとめられるが、そうした幸いは祖先祭祀を通して得られると考えられていた。すなわち、この時代の祖先観念によれば、祖先神は、天帝と子孫たちの間に介在して、子孫のために天帝から幸福を請い受けることができるとされた。祖先のための祭祀は、単に祖先への追慕の情に基づいて行われただけではなく、子孫たちが多福を得るための重要な手段でもあった。逆に、祖先祭祀を怠り、祖先神の機嫌を損ねると、子孫たちは、かえって祖先神の処罰を受けることになるともされていたのである。

　以下に論じようとする漢代の祖先祭祀についても、そのおおよそは、殷周時代以来の祖先祭祀のありかたを受け継いだものであった。しかし一方で、漢代は、中国古代という時期の最後に位置して、古代文化を総合し、それを新しい時代につなげてゆくための仲介をなす時代であり、文化がその基礎において大

きく変革する時期でもあった。祖先祭祀の基盤にあった祖先観念にも、大きな変質が起こりつつあっただろうと推測されるのである。そのことを端的に示唆するのが、漢代における墓葬制度の急激な変化である。前漢時代の武帝期ごろまでは、基本的に春秋戦国時期以来の墓葬制度がそのまま受け継がれていた。そのことは、たとえば長沙馬王堆漢墓の巨大な木槨墓（ばうたい）を見ても知られるところである。武帝期以後には、様々なかたちの墳墓が出現するが、後漢時代の後半期になると、小さな磚（レンガ）によって墓室を築く磚室墓が主流となり、それがそのまま中国近世にまで引き継がれることになるのである。漢代にさまざまな形態の墓葬が行われるのは、当時、祖霊観念が流動的であり、それに種々のかたちで対応しようとしたことの反映であったと考えることができよう。

　後漢王朝が滅びたあと、集権的な政治の中心が失われ、多くの王朝が興廃を繰り返す、魏晋南北朝と総称される戦乱の時代が続く。この混乱の時代は、一方では宗教の時代でもあり、皇帝や貴族たちから一般民衆まで、多くの人々が宗教信仰に大きな関心を寄せた。中国古来の呪術的な信仰が道教へと昇華して、教団が結成され、多くの経典が産み出された。外来の仏教が中国の人々の間にしっかりとした根を下ろしたのもこの時期のことなのであった。不安定な社会状況が人々の心を宗教に向けさせたであろうことは想像に難くないが、人々が自分自身の救いを求めると同時に、七世の祖先たちの救済をも願っていることに注目すべきであろう。当時の人々の宗教信仰と祖先祭祀とが密接に関連していたことが知られる。漢代の祖先祭祀の実態を詳しく知ることは、次の時代に、人々が宗教信仰に篤く心を寄せることになった、その根本的な原因を推測しようとするために、不可欠な手続きともなるのである。

1　怒れる祖霊

　中国では、古来、祖先祭祀が、さまざまな祭祀儀礼の中でも、特に重要なものとされて来た。とりわけ儒家の人々は祖先祭祀に深く関わり、孝の尊重にも見られるように、その思想自体が祖先祭祀と切り離せないものであった。ちなみに、孝が一つの徳目となる以前には、西周時代の金文資料に見えるように、祖先に奉げものをするという意味の動詞として、孝の字が用いられていた。儒家は、その思想を確立する過程で、祖先祭祀を儀礼化し、観念化したのである

が、その基礎となった、元来の宗教としての祖先祭祀の性格は、儀礼化されたあとの祖先観念とは少し性格が異なっていたと考えられる。元来の祖先観念の中では、祖霊（死霊）は怖ろしいものだとされていた。殷代の甲骨文資料に見えるように、祖先祭祀をしっかりとしないと、祖先の霊が祟ったり病気をもたらしたりすると考えられたのである。とりわけ死んだ直後の祖先の霊がいちばん怖いとされ、時間が経てば経つほどその怖さが薄れ、子孫に恩恵を与える存在へと変化していったことが、卜辞資料の分析を通してうかがわれる。

　死んだばかりの死霊がいちばん怖い存在であり、それをどのように慰めるかということが、祖先祭祀のもっとも基礎にある動機であったと推測できる。そのために、中国古来から、食物を供えることによって、怒れる霊魂を慰めるという方法が取られてきた。祖先に酒や食物を奉げるのは、祖先の怒りを慰めるためなのであった。死者たちが死後の世界でも不足ない生活するために食料を供えるのだという従来の説明は、必ずしも十全な説明ではないだろう。

　漢代にも、そうした死霊恐怖があり、食物によるその慰撫が行なわれていたことを示すのが、山東省済寧師範専科学校前漢石槨墓出土の陶罐刻文資料である。[2]

　これは前漢時代後半時期の墓葬中から出土した、陶器の壺に刻された文字である。図1に見られるように、壺に引っ掻いたようにして、様々なことが書いてある。その中の一つを挙げれば、次のような一文である。

　　敖強飯薄怒薄怒、強飯薄怒、鄭敖飯常満此器七斗、強飯薄怒、必与仲同飲食……

　　　敖よ、どうかご飯を食べて、怒りを和らげてください。ご飯を食べて、怒

図１　済寧師院前漢墓群出土陶罐刻文　　　　図２　陽嘉二年銘陶瓶朱書

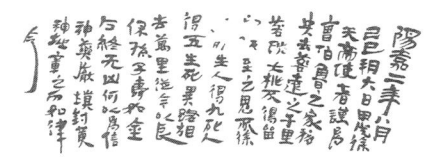

りを和らげてください。鄭敖のご飯は、いつもこの器いっぱい、七斗入っているので、どうかご飯を食べて、怒りを和らげてください。きっと仲（仲弟？）と飲食をともにして……

刻銘中に鄭敖とあるのは、死者の名前であろう。このような文字資料を通して、死んだばかりの祖霊たちは怒っているとされ、それを慰めるためには食物を入れた器を墓中に副葬する必要があると考えられていたことが知られる。同様の壺が山東省の漢代の墓葬からいくつも出土しており、食物を容れた陶器が、祖霊たちの怒りを慰めるために奉げられたものであったことが確かめられる。

このような実例から、墓中に納める壺型の容器が重要な機能を持っていたことが知られ、さらに後漢時期になると、そうした壺の上に朱色で文字を書いたものが多く出土するようになる。その朱書の内容には、呪術的な要素が濃くなっている。

壺の上に朱色で書いてある文章の一例が、図２に示した、朱家堡出土の朱書資料である（陝西省朱家堡後漢墓出土朱書陶瓶、陽嘉二年：AD.133）。朱家堡は、現在の西安市の西方に位置する。同様の、朱書された文字を持つ壺は、西安から洛陽の間に集中して出土しており、漢代の東の都と西の都を結ぶ、言わば当時の文化的先進地域で盛んに行なわれた喪葬習俗の一つであったことが知られる。書かれた内容は、当時の民間信仰に関わっており、難読なものが多い。

陽嘉二年八月己巳朔、六日甲戌除、天帝使者謹為曹伯魯之家、移央去咎、遠之千里、咎□大桃、不得留□、□至之鬼、所除□□、生人得九、死人得五、生死異路、相去万里、従今以［後］、長保孫子、寿如金石終無凶、何以為信、神薬厭鎮、封黄神地章之印、如律令

陽嘉二年の八月六日の日に、天帝の使者が、曹伯魯の一家のために、災いを払って、千里の遠くに追いやった。……生人は九の数を持ち、死人は五の数を持っていて、生と死とは路が異なり、一万里も隔たっている。今よりのちは、いつまでも子孫は安全に、金石のように長寿を保って、凶事は起こらない。なにをその証拠とするのか。神薬によって凶事を払い、黄神地章のハンコで封印をする。法令に従い、これを執行するように。

上に示した釈読にも、なお不確定なところが遺るが、「死者と生者は路を異にする」、つまり、生きている者と死んでいる者とは別の世界に住んでいるのだから、交わることがあってはならないと強調しているところに注目をしたい。こういった言い方をする目的は、死者が生者に干渉することがないようにという祈願であって、そのための呪文がここには書かれているのであった。死者が生者に関わるとき、生者に良くないことが起こる。それゆえ、死者たちは死者たちの世界へもどり、そこでじっとしていてほしいと願われている。

中国の孝の思想によれば、死んだ肉親の霊が帰って来たならば喜んで祭祀をすべきであり、とりわけ親の霊が帰って来たのであれば、最大級の丁重さで、その霊の来臨に対応するのが原則であった。しかし、当時の人々の心情としては、死者が一旦立ち去ったら、もうもどってきてほしくなかった。それゆえ、色々な方法で死者たちを追い払い、封じ込めようとしたのである。同じようなことは、次に挙げる例にも見ることができる（熹平元年朱書陶瓶、熹平元年：AD.133）。

　　熹平元年十二月四日甲申、為陳叔敬等立冢之根、為生人除殃、為死人解適、告北冢公伯、地下二千石、倉林君、武夷君、生人就陽、死人下帰陰、生人上就高台、死人深自蔵、生死各異路、急如律令、善者陳氏吉祥、悪者五精自受其殃、急急

　　熹平元年の十二月四日、陳叔敬たちのために塚の根を立てる（墓地を設置する？）と同時に、生者のためには災いを除き、死者のためには"適"を解除した。北冢公伯、地下二千石、倉林君、武夷君らに告げて言うには、生者は高い台に上るが、死者はみずから姿をひそめ、生と死とは路を異にしているとの原則を、法律にしたがって実施するように。善者である陳の一族にはおめでたが訪れ、悪者の五精は、みずから災いを招くことになるように。急ぎこれを執行せよ。

この文章の中で、生きている者に対しては、「為生人除殃」と言い、生人が突然の禍に遇わないようにと願われる一方、死者に対しても、「為死人解適（謫）」と言って、罪（謫）を解するようにと祈願されている。つまり、生者が

不慮の事故から免れることと、死者の罪からの解放とが併せて希望されているのである。おそらく死者の罪からの解放と、生きている者たちの生活上の安寧とは一体のものだとされ、罪から解放されない死者の霊魂が、生者に禍をもたらすという観念があったのであろう。死者が罪から解放されない限り、生者の安全も保証されないとされていたのであった。

　古い時期の祖霊観念では、人々の霊魂は、その死後、すみやかに祖霊たちの世界にもどるとされていた。その霊魂はまた再生をした。人の霊魂は、この世界と祖霊たちの世界との間を、つつがなく往還していたのである。しかし社会の複雑化が進むにつれて、この往還がスムーズには機能しなくなる。たとえば「横死」した人の霊魂は、この世界を離れず、人々に災いをもたらすと考えられた。後漢時期になると、死者がすみやかに祖霊世界にもどれない理由として、死者の罪が解消されていないことが、特に重要視されることになった。(3)

　上に引いた朱書文字資料にも見えたように、漢代の人々は、犯した罪を解消するため、「解」という方法を重視していた。そのことを示唆する遺物として、これも漢代の壺に書かれていた文書であるが、洛陽王城近辺出土の「解注瓶」と呼ばれている資料を見てみよう。

　　解注瓶、百解去、如律令
　　注を解する瓶、すべてを解去すること、法令のごとくせよ。

　この資料では、「注を解する」と書かれているが、その「注」とは、伝染病を意味する疰と通じる言葉であった。単なる災いとは、その意味が異なっており、複雑な背景と内容とを具えた言葉であったと推測される。たとえば「連注」という観念がある。関係者たちがつぎつぎと不幸になったりする場合、これを「連注」という呼び方でとらえるのである。注とは、病気などを中心とした災いをいうものであり、それが特に親族の間で伝染すると連注と呼ばれるのである。

　もう少し時代が下がり、南北朝時代に編纂された「真誥」と呼ばれる書物がある。これは、東晋時代に行なわれた神下ろしの場における、道教の神たちのお告げの記録を中核にしてまとめられた書物であった。その「真誥」巻七に記

録されている、次のような言葉を通しても、同じような観念が、魏晋南北朝時代にも、そのまま伝えられていただろうことを確かめることができる。

人家有疾病、死葬衰厄、光怪夢悟、銭財減耗、可以禳厭、唯応分解冢訴墓注為急、不能解釈、禍方未已

人の家で病気や死亡や災厄が続き、不思議な光が見え、悪夢を見、財産がどんどん減ってゆくときには、お祓いをするのがよい。その場合には、冢訴や墓注を分解することがもっとも肝要である。

ここでは、解を行なうについて、冢訴や墓注、つまり、死者が生者に及ぼす災いのようなものを「分解」することが、とりわけ重要であるとされている。塚中や墓中にある死者たちの不満や恨みが、病気だとか、死葬だとか、怪事だとか、財産が減るというようなことを引き起こしているのだとされていたのである。

この「解」という、一種の呪術的な方法については、後漢時代の王充が著した「論衡」の記述が詳しく、参考になる。「論衡」は、興味深い書物である。筆者の王充という人物は合理主義者であって、民間信仰の多くは虚偽に基づくものだとし、世間に流布している迷信のたぐいに嫌悪感を表明している。しかし王充が嘘だとして挙げていることがらから、逆に後漢時代に人々がどのような民問呪術を信じていたかをうかがうことができる。その「論衡」の中に解除篇という一篇がある。この「解除」が、これまで取り挙げてきた「解」とつながるものであった。次のように云う。

世信祭祀、謂祭祀必有福、又然解除、謂解除必去凶、解除初礼、先設祭祀、比夫祭祀、若生人相賓客矣、先為賓客設膳食、已駆以刃杖、鬼神如有知、必恚止戦、不肯径去、若壊恨、反而為禍、如無所知、不能為凶、解之無益、不解無損如祭祀可以得福、解除可以去凶、則王者可竭天下之財、以興延期之祀、富家翁嫗、可求解除之福、以取踰世之寿

世間では祭祀が信じられ、祭祀をすれば必ず福があると言っている。また解除を肯定し、解除をすれば必ず凶事を退けられると言っている。解除

の初めには、まず奉げものを設ける。その奉げものは普通の祭祀と同等で、生きている者が賓客を招いてもてなすのと変わりがない。まず賓客のために食事を設けたあと、刀や杖で追い払う。〔しかし、そんなことをしたなら〕鬼神に知能があるとすれば、腹を立て、踏み止まって戦い、すぐに行ってしまったりはしないであろうし、むしろ恨みを懐いて、かえって災禍を及ぼすであろう。もし鬼神に知能がないとすれば、凶事を引き起こすことなどできず、解を行なっても益はなく、解を行なわなくても、問題は起こらないのである。

　もし祭祀によって福が得られ、解によって凶事を追い払うことができるとするならば、王者は天下の財を尽くして、長寿のための祭祀をおこすであろうし、金持ちの老人たちは、解除による福をもとめて、とてつもない長寿を獲得するであろう。

　こうした資料を通して、祭祀によって福を求めると同時に、解除によって災禍を追い払おうとする呪術が、当時、盛んに行なわれていたであろうことが知られる。

　この解除という方法が、基本的にいえばシャマニズムに属する呪術であっただろうことは、すこし時代が下がるが、南朝劉宋の劉義慶が編纂した「幽明録」（法苑珠林62）に、巫師の舒礼という宗教者が、自分の仕事について、次のように説明していることからも知られる。

　　事三万六千神、為人解除祠祀、或殺牛犢猪羊鶏鴨
　　自分は三万六千の神々におつかえし、人々のために解除と祠祀を行い、牛や犢（こうし）、猪や羊、鶏や鴨を殺すこともありました。

　あるいはまた、南北朝期末の「北齊書」巻八、幼主紀には次のような記事がある。

　　雅信巫覡、解禱無方
　　〔北斉の幼主は〕かねてより巫覡を信じており、なんでもかんでも解や祈

祷を行なった。

　北齊王朝の最後の皇帝である高恒は、常々シャマンたちを信じ、「解」だとか「祷」だとか、いろいろな方法を行なったというのである。巫師や巫覡たちがそれを行なったとされており、「解」や「祷」という祭儀が、シャマンたちの実修であったことが知られる。おそらく漢代の民間信仰行事の背後にも、巫覡的性格の宗教者たちがいたのであろう。

　このように漢代においては、死者が怒っているとされ、そうした死者の怒りが生者たちの世界に災いを及ぼさぬようにと、さまざまな呪術的な手段が取られた。最初に見たように、死者に食物を奉げることもその手段であったが、後漢時代になると、死者をその罪から解放することに心が向けられるようになったことに、特に注目すべきであろう。しかもその祈願は、単に死者のためだけに止まるのでなく、生きている者たちの幸いを願うものなのであった。生者が平安な生活をおくるためには、死者がその罪から解放される必要があると考えられるようになったのである。

2　神仙思想と道教—罪からの解放の差異

　後漢時期になると、死者がすんなりとは死者たちの世界にもどれず、この世界に止まって、生者たちに災いをもたらすのは、死者たちが罪から解放されていないからだという観念が大きく育った。この時期以降、罪に対する意識が大きく変化し、罪の概念が、単に法制上の違反に関わるだけではなく、精神化されてくる。それと対応するように、罪からの解放は、単に死者たちの罪について言われるだけではなく、生者の罪についても、それが強く意識されるようになるのである。死者の罪からの解放の願いは、そのまま、生者の罪の解消を願うものなのであった。

　罪からの解放のための方途は、さまざまにあっただろう。上に見た、特殊な種類の陶罐に呪詞を朱書するのも、その一つの方法である。ただ時代の大きな流れは、呪術的な方法による救済を越えようとする方向にあった。東晋の葛洪「抱朴子」に記されているのは、神仙思想を基礎とした、罪からの解放の方法である。ちなみに、日本においては、神仙思想も道教も同じものとして語られ

ることが多いようであるが、実は、神仙思想と道教の間には大きな質的な差異が存在した。自分自身の力で超越的な存在となるというのが神仙術の基本である。一方、道教の方は、自分を捨てて、超越的な存在の力によって現実を越えた世界に参入しようとするものであった。[4]

　すなわち、神仙思想というのは、あくまでも自分の力を恃み、人間的な努力を通して、超越者になろうとするものであって、その点では、古くからの呪術的な方法とも通じるところがあった。「抱朴子」という書物は、この神仙説の理論化を試みたものであり、その内篇の微旨篇では、罪の解消の方法について、次のように述べている。

　　若曽殺人、則当思救済応死之人以解之、若妄取人財物、則当思施与貧困以解之、若以罪加人、則当思薦達賢人以解之、皆一倍於所為、則可便受吉利
　　　もし人を殺したことがあるならば、死にかかっている人を救済することによって、その罪を解消しようと願うべきだ。もし他人の財物を勝手に盗んだならば、貧困な人に施与を行なうことによって、その罪を解消しようと願うべきだ。もし他人に罪をかぶせたことがあれば、立派な人物を引き立てることによって、その罪を解消しようと願うべきだ。みな、為した行為の倍の善行をなしたならば、吉を得ることができる。

　このように罪と善行とを計算式で測り、その結果がプラスの方向に傾くことをめざしている。神仙となるためには、善悪のバランスシートの上で善の方に大きな余剰がなければならないとされる。しかしそこで論じられる善と悪とは、現実社会の通念における善悪であって、そこに精神性（たとえば、みずからの悪行に対する懺悔の心）を見ることは困難である。おそらく、こうした神仙思想は、一般民衆のものではなく、官僚階層のものであったと推測される。ここには罪の解消が重要であることが説かれてはいるが、その罪を自分の力で何とかしていこうとするものであって、神仙思想の自力救済の観念を典型的なかたちで表わした例なのである。

　一方、道教の方では、自力による罪からの解放が重視されてはいない。道教の古い経典の一つ「太平経」巻六十七には、次のように云っている。

今天……令道徳君、明示衆賢、以化民間、各自思過、以解先人承負之謫

　　いま天の神様は、道徳君に命令を出し、太平教教団の教師たちに明示して、民間を教化し、信者たちはそれぞれの過失を思い起こすことによって、祖先から受け継いできた罪から解放するように図れと。

　この一文では、みずからの過ちを反省することを通して、先祖から受け継いだ謫（罪）を解することができるのだと説かれている。すなわち道教では、みずからの過ちを深く思うことによって、先祖から継承してきた、一族の罪を解消することができるとするのである。「抱朴子」の言うように、数合わせ的に、自分のやったことと逆の善事を倍数だけ行えば、その罪が帳消しになるというのではない。まず自分の過ちに思いをいたしなさいと、道教の最高神の一人、道徳君は命じている。ここでも「謫」からの「解」が説かれているが、信者自身の罪に対する反省という精神的な行為が、罪からの解放を可能にすると強調されているのである。

　漢代の、祖先霊の帰還を恐れることを基礎にして行なわれる死者への祭祀儀礼から、みずからの罪に目を注ぐことによって救済をもとめる思考へと変化したとき、人々は宗教への入り口に立っていたと言えるだろう。ただその場合にも、みずからの罪を個人だけのものではなく、祖先から受け継いできたものだとしているところに、中国古来の祖先観念の反映を見ることができるのである。

3　救済のための儀礼

　以上に通観してきたように、後漢時期には、死者に対するさまざまな祭儀習俗の中にあって、死者を罪から解放するための儀式が特に重要視されており、しかも、死者の救済が生きている自分たち自身の救済と一体のものだと考えられるようになっていた。罪からの救済が人々の強い願望となり、そのためにさまざまな方法が模索されたのであるが、そうした中の一つの救いの方法として、儀礼的な行動を通じての救済について、その具体的な様相を見てみたい。

　後漢時代の墓葬の中には、その墓室の中央に、中心柱とも呼ぶべき、太い柱を具えたものがいくつか遺っている。図3に示した、沂南画像石墓の平面図によれば、この墓葬の墓室中央の所に中心柱が二本、作り付けられている。この

柱が特に注目されるのは、そのうちの一本に仏教図像と思われるものが刻されているからである。図3右に示した二人の人物像がそれであって、中心柱の南面と北面に刻された、これら二つの図像は仏教に関係する図像だとする主張がある。一方で、そうではないとする主張もあって、なお不確かなところがのこる。ただ、少なくとも刻された人物の服装が中国人のものではないことは認められよう。二つの人物像のうち、南側の像は魚を持ち、北側の像は鳥を持っており、そうした持ち物が二人の人物の性格と関連していたと考えられる。また、頭の後ろには丸い光背を背負っており、仏教図像と断言できないまでも、中国の神の図像でないことは確かであろう。こうした特徴ある図像が太い中心柱に描かれていることには、いかなる意味があったのであろうか。

ちなみに、図3左に示した沂南画像石墓は、漢代の墓葬の中でもとりわけ興味深いものであって、たとえば、平面図の右上に便所が設置されている。すなわち当時の人たちは、死んだ人の霊は、しばらくの間は墓中に居て、ときどきは便所を使うと考えられていたことが知られる。中国においても、古い時代には霊魂と肉体とが分離して考えられ、死者祭祀はもっぱら霊魂を宗廟で祭るものであった。それが、秦漢時期になると、霊魂と肉体との分離が不明確になってくる。死者の霊魂は、死後にも肉体の側に付き添い、墓中で、少なくともいささかの期間は生活すると考えられた。「いにしえには墓に祀らず」とされていたが、この時期以後、墓地における死者祭祀が盛んになるのである。朝廷で反対意見もあったが、皇帝が上陵(じょうりょう)の礼を行なうようになるのも、墓所におけ

図3　沂南画像石墓

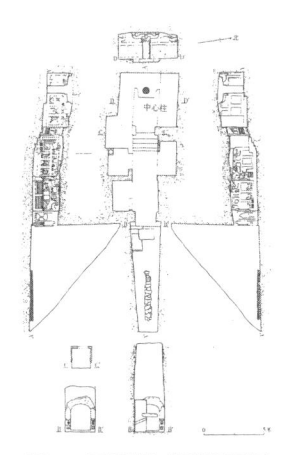

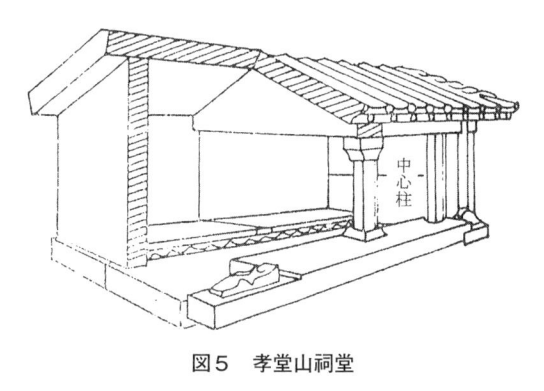

図4　四川郪江崖墓平面図

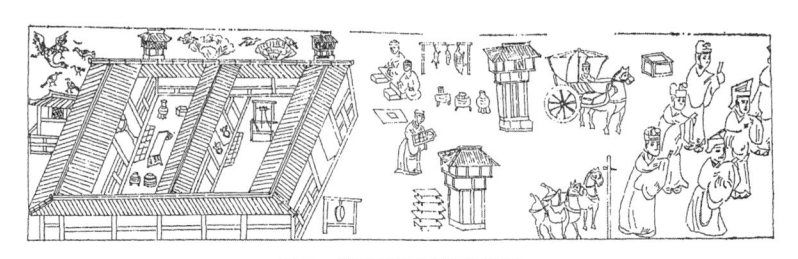

図5　孝堂山祠堂

図6　沂南画像石墓宗廟図

る祖先祭祀が盛んになったことの反映であった。沂南画像石墓に便所が設置されていることも、そうした死者観念の変化に対応したものであっただろう[5]。

　図4は、四川郪江の崖墓の平面図である。この墓葬においても、奥室の中央に赤く塗られた太い中心柱が置かれている。この墓は、四川省に特有の、岩壁に横穴を掘って造られた、崖墓と呼ばれる、後漢時期の墓葬である。その最奥部に設けられた太い中心柱は、屋頂部分を支えるためのものではなく、墓室の最奥部で行なわれている、何らかの死者儀礼と関係していたのではないかと推測されるのである。

　図5は、山東省孝堂山の祠堂の復元図である。祠堂とは、墓地の前に置かれ、背後の墳墓に収められた死者たちを祀るための祭祀施設である。死者に対して、埋葬の際には墓中で祭祀を奉げるが、その墓室が封鎖された後には、この祠堂

において死者祭祀が行なわれた。復原図にも見えるように、その祠堂にも中心柱がちょうど正面の真ん中に立っている。墓中の中心柱と祠堂の中心柱とには、その機能の面において共通するものがあったのではなかろうか。

図6は、宗廟を描いた図であって、沂南画像石墓の中室の壁面に刻された画像の一つである。図の左側の建物に祖先祭祀の場所が設置されていたと推測されるのである。すなわち、その建物の一番奥のところの庭に猫脚の付いた捧げ物をのせるテーブルが置いてあり、その奥にある部屋に降臨する祖先の霊に対してお祀りしているところだと考えられる。奥にある、祖先の霊が留まる建物の入り口にも、真ん中に柱が立っている。どうやら宗廟においても一番中心のところに柱が設けられていたらしいのである。

こうした中心柱が、墓中にも、祠堂にも、宗廟にも設けられていたのは、なぜなのであろう。そうした場所で祭祀儀礼などを行う際には、このような柱が入り口の中央に置かれていては、儀礼的な行動の妨げになったであろう。そうした不便をしのんでまでも中心柱が設けられたことについては、それを必要とする強い理由があったに違いない。

こうした中心柱は、その周りを巡って祭礼を行なう、儀礼のための施設であったと考えられるのである。ただ、たとえば祠堂は、一般に高さが2メートル以下の狭いものであって、正面に設けられた中心柱の周囲を巡ることは不可能であっただろう。そうした狭い場所では、中心柱のある場所の前に壇を築いて、その壇の上で、中心柱を巡るのと同様の儀礼が行なわれた。そのことを証するのが、山東省の武氏祠堂に刻された銘文である。

武氏祠堂群は、すでに見た孝堂山の祠堂と並んで、漢代の祠堂を代表するものであった。この祠堂群の中の一つに、武梁と呼ばれる人物を祀る祠堂があり、石碑（従事武梁碑、元嘉元年：AD.151）が付随していた。その石碑には次のように書かれている。

　　故従事武掾、掾諱梁字綏宗、掾体徳忠孝、岐巍有異、治韓詩経、闕幀伝講……年七十四、元嘉元年季夏三日、遭疾隕霊、嗚呼哀哉、孝子仲章、仲章、季立、孝孫子僑、躬脩子道、竭家所有、選択名石、南山之陽、擢取妙好、色無斑黄、前設壇□、後建祠堂、良匠衛改、雕文刻画

II　中国思想における死生観と超越　43

　その石碑の文章をおおざっぱに訳すれば、次のようになる。従事掾という役目にあった武梁という人物は、子供のころから優れた才能を表わし、韓詩学派の詩経を習得し、成人をする以前から人々に講義をしていた。この武梁は、年七十四歳で、元嘉元年六月に病にかかり、命を落とした。息子の仲章、仲章、季立、孫の子僑などの人々が、子供としての務めに従い、家中の財産を尽くして、立派な石を南山の南側から選び取ってきて、前に壇を設け、後ろに祠堂を造った。衛改という人物が祠堂に文や画を刻んだのだと。

　この銘文から、武梁の祠堂の前には壇があったことが知られる。壇というものは、天帝などを祀るため、中国古代から築かれて来た宗教設備であって、後代の道教などでも、儀礼の場として受け継がれている。壇を用いた儀礼にも種々のものがあったであろうが、特に重要であったのが、壇上を巡りながら行なう旋回儀礼であった。墓室や祠堂で祭儀を行なう際に、中心柱の周りが狭くて、本来その周りを巡って行なう儀礼が不可能な場合には、その前に築かれた壇の上でそれが行なわれたと推測されるのである。

　壇上で行なわれる旋回儀礼の詳しい内容については、道教教団が行なっていた例として、「無上秘要」巻五十六黄籙斎品の記事が参考になる。図7に示したのは、道教儀礼の中でも重要な、黄籙斎のために設置される壇の平面図である。道士たちは、いくどもその壇上を巡りながら、死者救済のための祈願を行なったのであった。

　　下元黄籙簡文霊仙品曰、抜度罪根威儀、当於中庭開壇、四面四隅上下方合十門、中央縦広二丈四尺、四面標纂榜題門位、上下整飾、十門畢、当於十門外開天門・地・日門・月門四隅合作四門、縦広令三丈二尺、名四界都門、安八掛標榜、上下整飾、法師一人於中央行道、師従地戸入中央、左回繞香火、弟子亦従地戸入都門、左回、随師三上香師於中央即歯二十四通、祝曰、香官使者、左右龍虎君、捧香駅龍騎吏、侍香金堂、伝言玉女、……一合来下、監臨斎堂、為同法某甲家九祖父母、抜度死魂、得出長夜、某甲今齋信、効心帰命十方無極世界已得道大聖衆・至真諸君丈人・十方諸霊官師弟子一時東向九拝、師長跪言曰、同法某甲九祖父母、生世之日所行尢悪、罪結九幽長夜之府、魂充考撻、諸痛備嬰、形体毀悴、苦毒離任、長淪万劫、終天

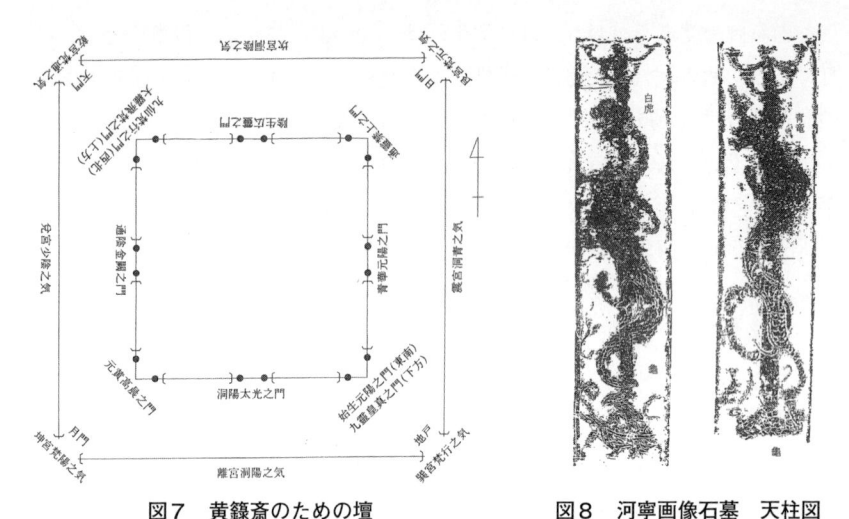

図7　黄籙斎のための壇　　　　図8　河寧画像石墓　天柱図

无解、今依盟真王（玉）匱女青上宮拔度科品、齎青紋文繒九十尺、或九尺、金龍一枚、帰命東方無極大上霊宝天尊……

　この記事を要約すれば、次のように言っている。すなわち、死んだ人の罪の根をひっこ抜くためのやり方は、中庭に壇を作るべきで、その壇の上には、四面の門、四隅の門、上下の門、合わせて十門を置く。中央の壇は二丈四尺四方で、それぞれに門の名前を書きつけて、十門のそれぞれを整え飾る。十門以外に天門、地門、日門、月門をそれぞれ開かねばならない。加えて、それぞれの門に八卦のしるしを置くのである。このような壇を作ったあと、壇の中央部分において道術が行なわれた。その壇へは地戸の所から入り、左に回行しながら門ごとに香を捧げて行く。師（儀礼の中心人物）はそこで歯をカチカチと鳴らすこと二十四回。そのあと祈願の言葉を発して、「香官使者、左右龍虎君、捧香駅龍騎吏、侍香金堂、伝言玉女」などの神々に向かい、皆さん降って来て下さいと招いた上で、同じ道教を信じる某甲の家の九祖の父母が、長夜（地獄）から出られますようにと、願い事を唱える。この祭祀の主催者は、信（捧げもの）を奉じ、「十方無極世界已得道大聖衆・至真諸君丈人・十方諸霊官」に帰命をすると、言うのである。

このように、壇を左回り（時計回り、陰陽の旋回の順番）にぐるぐると巡り、それぞれの門ごとに唱えごとをして香を捧げるといった儀礼が、死者の魂を地獄から救うために行なわれた。こうした壇上で行なわれる旋回儀礼は、恐らく、中央柱を巡る儀礼と同じ性格と機能とを具えた祭祀儀礼であったのだろう。そうした場の中央に据えられる柱は、天地を貫く神話的な柱に起源するものであって、その柱の周りを巡るというのは、死者の魂を地獄から抜き出して、天に魂を導くための一つの儀礼的な手段であっただろうと推測される。

そうした機能を具えた柱と関わるであろう、後漢時代の図像を図8に示した。画かれているのは天を支える柱である。なぜ天柱だと分かるかといえば、この柱の基部には亀が画かれている。中国の神話では、天を支える柱は亀の背中に乗っているとされており、これが天地を垂直に貫く柱であったろうことが知られる。図8では、この天柱に、その周囲を旋回するように白虎や青龍が巻き付いている。つまり、旋回しながら天に昇って行く様子が画かれているのだと考えられる。

この当時の一般概念では、死者の魂はまっすぐ天に昇るのではなく、旋回しつつ天に昇って行くと考えられていた。死者祭祀の中で旋回儀礼が重んじられたのは、そうした旋回が死者の昇天を助けると信じられたからであっただろう。実際の儀礼の場において、祠堂などが狭くて旋回などができない時には、壇を作ってその上で旋回儀礼を行なった。それが死者の魂を天に昇らせるための方法であり、それを道教的に表現すると、「罪の根を抜度する」ということになるのであった。

以上に見てきた、儀礼的行為を通じての救済探求は、みずからの力を頼んだものであって、呪術的な救済と通じているとされるのかも知れない。しかし、道教の塗炭斎がその典型になるように、泥の上を転げまわり、みずから肉体を極限まで苦しめる宗教実修には、その背後に救済への強い願いがあり、そうした宗教儀礼は、神的な存在にすがろうとする切実な思いを表面した、一つの身体表現様式であったと考えられるのである。

後漢時代、特にその後半時期には、世の中の混乱ともあいまって、死者の魂を救いたいという思いが強くなったと想像される。そうした思いが、神仙思想

を介して道教までつながってゆくのである。後漢時代には、いろいろなかたちで死者の救済が図られていた。死者の救済がそのまま生者の救済と結びついており、罪からの解放のためのさまざまな模索は、みずからの救済を求める強い思いを反映するものなのであった。救済のための試みの中には、シャマニズムや呪術に起源するものも少なくなかったであろう。しかし、そういった方法による死者の救済が上手くゆかないことが確認され、呪術的な方法を越えた、宗教信仰に近いものが、死者の救いのために求められるようになった。その強い祈願が、やがて東晋時代になって、一方では道教信仰につながり、一方では仏教を中国社会が受け入れる基礎になったのだろうと推測されるのである。

註
（１）伊藤道治「卜辞に見える祖霊観念について」東方学報京都第26冊、1958年。
（２）以下に使用する漢代の資料については、小南一郎「漢代の祖霊観念」東方学報京都第66冊、1994年に、その出典などについての説明がある。
（３）中国古来の祖霊観念の時代的変遷については、小南一郎「半開きの扉のかげに―霊魂のゆくえ」国学院中国学会報55輯、2010年に、大きな見通しを記した。
（４）神仙思想と道教信仰との間に本質的な差異があったことについては、小南一郎「尋薬から存思へ―神仙思想と道教信仰との間」中国古道教研究、1992年、を参照。
（５）漢代における埋葬施設の変化のもっとも大きな点が、墳墓の中に墓室を造るようになることであった。黄暁芬『漢墓的考古学研究』岳麓書社、2003年、を参照。墓室を造ることは、使者の魂が、一時的であったかも知れないが、そこに留まることを意識したものであっただろう。

道教の死生観―仏教との関わりから―

都築　晶子

はじめに

　本日は、「道教の死生観―仏教との関わりから―」というテーマでお話しさせていただきます。ここで取り上げる「輪廻転生」「因果応報」という言葉は、実は仏典にはほとんど用いられず、別の言葉で表現されることが多いようです。道教に対する仏教の輪廻転生・因果応報思想の影響については、すでにE・ツュルヒャー（Erik Zurcher）"Buddhist Influence on Early Taoism"（T'oung Pao, vol.66, 1-3, 1980）、神塚淑子「霊宝経と初期江南仏教―因果応報思想を中心に―」（『東方宗教』91、1998）などの論文があります。

　本日のお話しは、とくに神塚氏の研究に拠るところが多いのですが、ここではその具体相に踏み入ってみていきたいと思います。

　中国では、4世紀後半に入って死生観に大きな変化が生じました。西晋末の3世紀末から4世紀初めにかけて、中国の華北では「胡族」とも呼ばれた北方系の遊牧民族による五胡十六国の乱が起こります。それまでも胡族はさまざまな経緯から中国内部に移動していたのですが、西晋末の王朝内部のとめどもない抗争をきっかけに、次々に自立して自らの国家を樹立していきました。華北からは膨大な数の難民が長江（揚子江）流域をめざして南下し、揚州方面軍事長官として建鄴（南京）に赴任していた帝室の司馬睿を皇帝として擁立し、東晋王朝を建立します。中国社会は未曾有の大混乱に陥り、はてしない戦乱と飢饉が繰り返され、人口も激減しました。

　東晋王朝がようやく安定した4世紀半ば頃から、江南の宗教界には大きな動きが生じてきます。周知のように、仏教は1世紀半ばの後漢明帝のときに中国に伝来したとされますが、本格的に教義が理解されるようになるのは、この東

晋後半に入ってからのことでした。東晋後半に撰述された袁宏『後漢紀』に、後漢の明帝のときのこととして仏教について次のようにあります。

　　（仏教の）明らかにする所は視聴の外に在り。世俗の人、以て虚誕と為す。然るに玄微に帰すること深遠にして、得て測り難し。故に王公・大人、死生応報の際を観て、瞿然として自失せざるなし。

　ここでいう「死生応報の際」とは、いわゆる輪廻転生・因果応報のことですが、当時の知識人たちがその教えに深刻な衝撃を受けて茫然自失したというのです。袁宏のこの明帝に関する記事は、後漢のことではなく、同時代の状況を描いたものであろうといいます。東晋後半には、この他にも中国人による初めての輪廻転生・因果応報の解説とされる郗超の「奉法要」（『弘明集』巻13）、慧遠の「三報論」（『弘明集』巻5）も著述されています。

　一方、軌を一にして道教にも大きな変化が生じます。道教は、日本ではあまり馴染みのない宗教ではないでしょうか。道教というのは、老子の道の概念、神仙思想、陰陽五行説、讖緯説、さらには民間信仰などを混淆させながら長い時代を経て成立した中国固有の宗教です。宗教としてまとまった形になったのは、後漢末の2世紀末に形成された太平道と五斗米道の二教団にまで遡ります。太平道は中国の東半分の地域に広がりますが、黄巾の乱と呼ばれる叛乱を起こして徹底して弾圧されました。漢中（陝西省南西部）に拠点があった五斗米道は、曹操に投降して本拠地を鄴（河北省）に移します。その後の五斗米道がどうなったのかについては、史書にはほとんど記録が残っていませんが、道教の伝承によれば、教団内部の結束が弛緩して「祭酒」と呼ばれた指導者層の道士が各地に散らばり、華北が五胡十六国の戦乱に見舞われると、その一部は難民とともに江南社会に流入したようです。

　華北に五胡十六国の乱が起こった頃、江南社会では葛洪によって『抱朴子内篇』という神仙術のテキストがまとめられました。『抱朴子』は、その後に展開された新しい道教の成立にも深く関わりますが、あくまでも神仙術であって道教とは区別しなければなりません。そして、4世紀後半になると、仏教と同様、道教にも新しい動きが始まったのです。首都建康の東方に位置する丹陽郡

句容県（江蘇省鎮江市）の南人寒門であった許氏の家を舞台に、神降ろしが行われ、神仙界の最高位に位置する真人たちが降臨して上清経が伝授されます。南人寒門というのは、当時の貴族制社会からみれば地位の低い江南土着の士大夫の家を指します。やや遅れて、許氏と同じく丹陽郡句容県の葛洪の子孫の間で霊宝経が作成されました。許氏の家と葛氏の家は、幾重にも婚姻関係で結ばれており、同じ地域の姻戚関係にある限られた範囲の家の間で、多数の上清経、霊宝経が一挙に作成されていったのです。この上清派・霊宝派の道教は、4世紀初めの戦乱で江南社会に流入した五斗米道（天師道）を基盤に、江南社会で形成された『抱朴子』の神仙術などを取り入れたものですが、明らかに従来の道教、神仙術の地平を超えたものでした。

　私たちが今日「道教」と呼んでいるのは、直接的にはこの新しい道教の流れから展開したものです。わずか数十年の間に、上清派では34部、霊宝派では40部（霊宝経は二段階に分かれて作成されたようです）の経典が作成されました。この上清経・霊宝経には仏教の影響を見出すことができます。なかでも霊宝経については、E・ツュルヒャー氏が"Buddo-Taoist hybrids"（仏教と道教の混淆物）と評しているように、仏教の影響、といいますか、仏典をそのまま翻案したものがいくつか残っております。たとえば、『太上洞玄霊宝赤書玉訣妙経』（道蔵22冊）が支謙訳『仏説龍施女経』（T14、909下）を、『太上洞玄霊宝智慧定志通微経』（道蔵167冊）が康僧会訳『六度集経』巻2須大経（T3、7下）を、『自然真一五称符上経』が支謙訳『菩薩本業経』（T10、446）の一部を、仏教の語彙を道教のものに置き換えてそのまま経典に取り入れております。

　上清経でも、その出発点ともいうべき『真誥』という神降ろしの記録文書に、おそらくは中国撰述の経典でしょうが、中国で最初に翻訳されたと伝えられる『四十二章経』をそのまま翻案した部分が見出せます。

　支謙も康僧会も三国呉のときに江南社会で仏典の翻訳に従事しており、少なくとも霊宝派の人々は江南社会に伝わった仏典を確実に見ていたようです。ここでは、こうした支謙や康僧会による翻訳仏典なども踏まえて、道教の死生観に仏教の輪廻転生・因果応報の思想がどう影響したのかという問題を考えてみたいと思います。

1　輪廻転生の受容

（1）初期道教の「死」の概念

　それでは、輪廻転生の思想を受容する以前の初期道教では、「死」はどのように考えられていたのでしょうか。後漢末に作成されたという『太平経』という経典があります。

　　人、天地の間に居り、人人壹生を得るも、生を重ぬるを得ざるなり。生を重ぬる者は独り得道の人のみ。死して復た生くるは、尸解する者のみ。
　　　　　　　　　　　　　　　　　　　　　　　　　　（『太平経』巻72）

　つまり、人は一度しか生きることができないが、得道の人だけは何度も生きることができる、死後にまた再生するのは、「尸解」した者だけだというのです。この「尸解」はまた、先述した『抱朴子内篇』論仙にもみえます。

　　上士は挙形して昇虚し、これを天仙と謂う。中士は名山に遊び、これを地仙と謂う。下士は先に死して後に蛻し、これを尸解仙と謂う。

　『抱朴子』は、神仙には三種類あるといいます。上士はそのままの姿で天に昇り、これを「天仙」と呼ぶ。中士は長生して名山に遊び、これを「地仙」と呼ぶ。そして下士はまず死んで、その後に蝉が脱け殻を残して羽化するように新たに生まれ変わり、これを「尸解仙」と呼ぶというのです。このように、新しい道教が形成される以前の後漢末の頃から、「尸解」という概念が登場していることに注意したいと思います。

　古い時代から神仙は不死のまま白日昇天したり、地上の名山を彷徨うとされてきました。『抱朴子』にいう天仙、地仙はこうした古くからの神仙思想を継承するものです。しかしながら、やはり「死」は避けがたく、「死」を不死の思想に取り込もうとする試みが始まります。そこから「託死」（死に託した不死、いわばみせかけの死）という概念が生じてきます。蝉が羽化するときに脱け殻を残すわけですが、この「蝉蛻」というイメージに重ねて、みせかけの死

骸を残して新しく生まれ変わる、つまり「尸解」という概念が形成されてきます。ちなみに、尸解のときの脱け殻は、剣や杖などが身代わりになります。この尸解の諸相については、吉川忠夫氏の「日中無影―尸解仙考―」（吉川忠夫編『中国古道教史研究』同朋舎出版、1992）に詳しく紹介されていますのでご参照ください。

これが上清派・霊宝派の新しい道教となりますと、さらに「死」がより明確に位置づけられるようになります。このことは、従来の仙界だけでなく、より広く死後の世界といいますか、その構想が明確になってくることと密接に関わっています。まず、新しい道教における死後の世界の構想からお話ししていきたいと思います。

（2）死後の世界の構想
〔仙界―人界―鬼界〕

古くからの死後の世界は、漠然と泰山などの山上あるいは墓域の地下などに存在すると想定されてきました。しかし、これも仏教の影響といわれていますが、上清派・霊宝派において死後の世界が明確に構想されるようになります。古くからの神仙思想では、仙界は地上の果てにある崑崙山や海上のかなたにある蓬萊山などに想定されてきました。蓬萊山は山東半島からみえる蜃気楼から構想されたといわれます。ところが、なかでも上清派の『真誥』では、仙界が身近にある山中、具体的には江南や浙東にある山中の洞窟―「洞天」といいます―、海上にみえる島などにも想定されるようになりました。さらに、新しく「鬼界」が構想されるようになります。鬼界は「羅酆宮」と呼ばれますが、北海の果てにあるとされました。仙界にも鬼界にも、地上の官僚制度に類似した仙官・鬼官の組織が想定されています。羅酆宮を取り仕切る長官は、地獄の裁判官と同様の役割を担い、民間仏教で伝承される閻魔大王ときわめて似た姿で描かれております。ここで、仙界―人界―鬼界の構想が成立したわけです。

〔南宮（太陰、朱宮、朱陵宮）〕

もう一つ重要なのは、これは上清派・霊宝派以前の別の流れから形成されてきたと思われますが、「南宮」、「太陰」、「朱宮」、「朱陵宮」などと呼ばれる、

仙界と人界の間、もしくは人界と鬼界の間に位置する、キリスト教でいえば煉獄のような空間が想定されたことです。南宮は、端的にいって修行途中でまだ神仙としての身体を具有していない者が、死後に「形」もしくは「魂」、つまり身体もしくは魂魄を精錬してピュアなものにする空間です。具体的には、たとえば『真誥』巻４に次のようにみえます。

　　其れ人の暫死して太陰に適き、権りに三官を過ぐる者は、肉既に灰爛し、血沈み脈散ずる者なり。而るに猶お五蔵は自ずから生き、白骨は玉の如く、七魄營侍し、三魂守宅し、三元権りに息し、太神内に閉ざさるるがごとし。或は三十年二十年、或は十年三年、意に随いて出づ。生まるるの時に当たりて、即ち更に血を収め肉を育み、津を生じ液を成し、質を復し形を成し、乃ち昔の未だ死せざるの容に勝るなり。真人の形を太陰に錬り、貌を三官に易うとは、此の謂いなり。天帝曰く、太陰に身形を錬るは、九転丹を服するに勝る。形容は端且つ厳、面色は霊雲に似たり。上つかた太極闕に登り、書を受けて真人と為ると。

「暫死」つまり死に託して「太陰」に行き、かりに冥界を経る者は、身体は腐敗するが、五臓と白骨がなお生き残り、魂魄がそれを守り、三元・太神の体内神もそこに宿っている。やがて再生するときには、血が流れ出し、肉体が育ち、津液が生じ、やがて身体が生成するが、それはかつての容貌に勝るものとなる。真人は身体を太陰で精錬し、容貌を冥界で変えるというのは、このことを謂う。天帝が言うには、太陰で身体を精錬することは、至上の神仙薬である九転丹を服用するよりも勝れている。身体と容貌は端正かつ厳粛なものとなり、顔色は霊雲のようである。仙界の太極宮殿に昇り、神仙の書物を授かって真人となると。身体が腐敗して再生するありさまをリアルに記しておりますが、太陰で精錬して永遠の身体に変容させ、かつての五臓、骨、魂魄を基に再生するというのです。

（３）東晋後半の道教の死の概念

　このように、道教では避けがたい死を回避するための方法が説かれるように

なり、託死を経て神仙として救済されるまでの道筋は複雑で多様なものになっていきます。東晋後半の神降ろしの記録文書を収集して『真誥』として編纂したのは、南斉末梁初の陶弘景という道士ですが、その注で以下のように説明しています。

> 在世、陰功・密徳を行い、道を好み仙を信ずる者は、既に浅深軽重あり。故に其の報を受くるも亦た皆な同じきを得たり。即身地仙の不死なる者あり、形を尸解に託して去る者あり、既に終して洞宮に入りて学を受くるを得る者あり、先に朱火宮に詣りて形を煉る者あり、先に地下主者と為りて乃ち品を進むる者あり、先に鬼官を経て乃ち遷化する者あり、身去るを得ざるも功は子孫に及び、道を学びて乃ち抜度せらるる者あり。諸もろの此くの如き例、高下数十品、一概を以てこれを求むべからず。　（『真誥』巻16）

　在世中、ひそかに功徳を積み、仙道を好んで信じても、深浅軽重があるからにはその応報もまたすべて同じではありえない。そのままの身体でただちに地仙となり不死である者、死に託して尸解して去る者、死んだ後に仙界の洞天に入りそこで仙道を学んで神仙となる者、まず朱火宮に至って身体を精錬する者、まず鬼界の「地下主者」（最下位の官吏）となり品階を上る者、同じく鬼界の「鬼官」（上級官僚）を経て神仙となる者、自身は神仙になれなくとも功徳が子孫に及び、子孫が仙道を学んで救済される者等々、神仙への経路は高下十数品あり多様であるというのです。初期の道教では、生前に厳しい修行を積み、仙薬を煉って永遠不死の身体を獲得し、あるいは託死を経て尸解するなど、不死が前提になっていたのですが、新しい道教では死後もなお神仙修行を積むなどの多様な経路を経て神仙となることが可能となり、明らかに死生観の変化があったことがわかります。

（4）道教の輪廻転生
〔転生の表現〕
　先述したように、このような死と再生を繰り返すという死生観の登場の背景には、仏教の影響があったと思われます。とくに、霊宝経には仏教の影響が顕

著にみられ、死生観を表す言葉にもそれをみることができます。

　霊宝経40部には、輪廻転生を「展転」（展転、展転生死など）、「輪転」（輪転、輪転死生、輪転生死間など）、「転輪」、「生死」（生死、生死流転、生死流曳、生死展転など）、「更生」、「還生」、「返胎更生」、「流転」、「輪廻」などと表現しています。ちなみに、「輪廻」という表現は一カ所しか出てまいりません。実は仏典にもこうした言葉が散見します。先ほど紹介した呉の時代に翻訳された仏典をみてみますと、康僧会訳『六度集経』には「生死」、「輪転」、「展転生死」、「生死転輪」、支謙訳『㹨狗経』には「更生入人道中」、同じく『撰集百縁経』には「流転生死」などとあります。つまり、霊宝経には仏典とほぼ同じ表現が用いられていることがわかります。たとえば、『太上諸天霊書度命妙経』に「展転五道八難之中、不見明教、不遇真経」（五道八難中を展転として、道教の教えにも経典にもめぐり遇う機会がない）とありますが、康僧会訳『六度集経』巻5に「展転五道、太山焼煮、餓鬼畜生、積苦無量」、支謙訳『四願経』に「展転五道」、同じく『太子瑞応本起経』に「欲度五道八難之生」などという表現がみえます。霊宝経は仏教の輪廻転生に深く関心を払っていたといえましょう。

〔度人（救済）への道筋〕

　それでは、道教では仏教の輪廻転生をどう解釈し、自らの教義にどう取り入れているのでしょうか。仏教との比較を容易にするために、霊宝経における救済、つまり神仙に至る道筋について——仏教でいえば輪廻転生を解脱して涅槃に至る道ということになると思いますが——辿ってみます。とはいえ、霊宝経にせよ、上清経にせよ、すべての経典に共通する統一的な見解が示されているわけではありません。先にみた『真誥』でも、功徳によって仙界に救済される方法は、「高下数十品」と多様であると述べています。道教では、私どもが統一的な教義を追究しても、どうしても詰められないということが起こってきます。道教では教義の矛盾を矛盾のままにして、整合性を求めるといったことはあまりないようにも感じられます。そこで、個々の事例をみていく必要があります。それでは、霊宝経において輪廻転生はどのような文脈のなかで用いられているのでしょうか。

○尸解→転輪→神仙
　・『太上霊宝元始五老赤書玉篇真文天書経』巻中
　　これ（符）を佩せば大災を免かるるを得て聖君の種民と為り、皆な白日昇上して、上りて玄都上宮に朝さん。功徳未だ備わらざれば、即ち尸解を得、転輪して仙と成り、運に随いて沈浮し、真と結縁せん。
　・『洞玄霊宝自然九天生神章経』
　　夫れ上道を学び、神仙を希慕するは、尸解を得るに及び、滅度転輪し、終に仙道に帰さん。形は神と同にし、相い遠く離れず、倶に道真に入らん。

　生前の功徳や神仙修行が不十分な者は、ひとまず「尸解」して、「転輪」「滅度転輪」してやがては神仙となるというのです。「滅度」は仏教の用語で、一般にはニルヴァーナ（涅槃、解脱）を指すようですが、ここでは輪廻転生の過程に入るという意味で用いられているようです。このように、尸解というみせかけの「死」を入り口として輪廻転生して、やがては神仙へと救済されるというのです。尸解は、本来はみせかけの死を経て神仙となる方法でしたが、ここではさらに輪廻転生の過程が付加されています。

○滅度→仙界→再生→修行→仙界
　・『太上洞玄霊宝赤書玉訣妙経』巻上「十二妙訣」（十二の善行）
　　是れ善男子、善女人、精心もて（十二妙訣を）尊奉すれば、（中略）上清に飛升せん。功徳未だ満たず、応に滅度を経べきは、即ちに五帝の迎うる所と為り、径ちに天宮に昇り、泰山を過ぎず。化して貴門に生まれ、経道と相い遇い、径ちに度世するを得ん。

　先述したように、泰山は古くから死後の魂が集まる山とされてきました。地獄という概念が広がると、泰山は地獄とみなされ、泰山府君という閻魔さまがいるとも考えられるようになります。ここでは、現世で功徳が不十分であれば、「滅度」つまり死後に輪廻転生の道に入るが、ただちに仙界の神々が迎えてまっすぐに天宮に昇り、地獄の裁きを受けない。天宮から高貴な家に生まれ変わり、そこで道教の教えにめぐり遇い、まっすぐに仙界に昇ることができるとい

うのです。ここでの滅度は、高貴な家に転生して修行して神仙となる機会とされます。

○滅度→南宮（洞陽）→再生→輪転三界
・『太上霊宝諸天内音自然玉字』巻3
諸もろの是れ学人、始めて道を得る者は、皆な流火の庭に詣り、錬を受けて真と成り、然る後に進みて洞陽の宮に入るを得ん（中略）道業未だ備わらず、運の応に滅度すべきは、魂は洞陽を経て、則ち錬を受けて洗われ、塵埃は澄蕩せられて早みやかに還た更生し、三界を輪転して罣礙あるなし。

修行者の中でも得道したばかりの者は、まず「流火之庭」に至り、そこでさらに精錬されて「真」となり、その後に「洞陽之宮」に入ることができるといいます。この「流火之庭」、「洞陽之宮」は、先ほど紹介した南宮と同じような空間でしょう。ところが、まだ修行が不充分で滅度する運命にある者は、魂が「洞陽」に入って精錬され浄化され、魂の塵埃が除去されると速やかに再生し、三界を輪廻転生し、さまたげるものがない、とあります。つまり、死後、洞陽で魂をピュアにし、再生して三界をスムーズに輪廻していくわけで、ここでの「三界」は、おそらく人間界というほどの意味で用いられていると思います。

このようにみてきますと、霊宝経の輪廻転生は、現世で神仙修行を完遂できなかった者が、いったん「死」を経て、尸解したり、南宮などに行って形（からだ）と魂を精錬して新たな形と魂を獲得し、人間界に転生してさらに神仙修行を積み重ねていく機会として位置付けられているようです。つまり、不死を説く道教が本来は矛盾する「託死」「死」を容認し、死後にも南宮で浄化され、あるいは輪廻転生して修行を積むことができるという教義へと転換していったのです。一種の宗教的回心ともいっていいでしょう。言い換えれば、仏教にせよ道教にせよ、死後、輪廻転生の果てに応報的な救済が設定されているのですが、この輪廻転生の過程については、仏教では解脱・涅槃すべきものとして否定的であり、道教では修行の機会として肯定的ですらあるように思われます。このように、道教は仏教の輪廻転生の概念を換骨奪胎して受容しているのではないでしょうか。

（5）輪廻転生の道教的意義

また、道教の輪廻転生には、この他にも仏教とは明らかに異なる意義が付与されているようです。この点を少し確認しておきたいと思います。

①祖先救済

道教経典には、頻繁に「七祖」という言葉が登場します。この「七祖」は自己から遡って七世代前までの祖先を指しますが、もともと中国の概念であったものが道教にも取り入れられたのか、仏教とともに中国に伝来した概念であったものが道教にも受容されたのか、議論があります。上清経の出発点であった『真誥』巻13に、次のようにあります。

> 或いは子弟善行すれば、祖禰（そでい）に庸播し、或いは洞玄を諷明すれば、化は昆祖に流る（陶弘景注：洞玄は即ち大洞玄経、これを読むこと万徧、七祖已下、並びに質を南宮に錬り、化を受け仙を胎するを得。今世の称する所の洞玄霊宝経に非ざるなり）。

子孫が善行を積んだり、『大洞真経』を誦経すれば、その功徳は祖先まで及ぶとあります。陶弘景はこの経典を1万回読誦すれば、七祖以下の祖先は南宮で浄化されて神仙になることができる、と注を付けております。つまり、自己が救済されるだけでなく、祖先もまた南宮に行き、錬質して神仙になることができるというのです。

また、かなり早い段階で作成され、唐代の道士たちが注釈を付けた『元始无量度人妙経四註』巻1は、この経典の「度人」（人々を救済する）の功徳を説くものですが、唐代の注釈に「業有軽重、故報有差殊」、つまり個人の業の軽重によって応報も違うとして4種の神仙への道筋を述べ、続けて「兼ねて曾祖を度す。故に生死とも恵みを蒙ると曰う」と結んでいます。この経典の功徳が自己のみにとどまらず、祖先をも救済するものであること、したがって生者も死者も恩恵を蒙るというのです。後で詳しく述べますが、因果応報は個人だけでなく、祖先にも及ぶというのです。

このような祖先救済の教説は、霊宝経に散見します。

- 『太上霊宝元始五老赤書玉篇真文天書経』巻下
 功徳の大なるは、上は七祖に延（およ）び、三塗五苦八難を解脱して天堂に上昇し、仙を南宮に受けん。下は種孫に流れ、世世興隆せん。
- 『太上洞玄智慧罪根上品大戒経』巻下
 善男子、善女人、智慧上品十戒を修奉し、功満ち徳報いられ、已に得道する者は、位は上真に登らん（中略）七祖皆な五道を去離し、九天に上昇し、福を無窮に受け、後に人中に生まれ、勇猛精進、五方を威制するを得ん。因縁絶たず、五帝真人を補するを得ん。
- 『太上霊宝諸天内音自然玉字』巻3
 これを誦する者は、飛天して遙かに唱し、其の文を佩びれば、三界伺迎せん。七祖、長夜を出で、南宮に上昇し、輪転して化生し、世よ王門と為らん。
- 『元始无量度人妙経四注』巻1
 道言わく、正月に長斎し、是の経を誦詠すれば、上世の亡魂の為に、地の逮役を断ち、度せられて南宮に上らん（注：正月、上元大慶の月なり。故に能く福は上世の祖曾に及び、幽魂・苦爽、鬼神連逮の役を断ち、仙官抜度の慶を受く）。
- 同上巻3
 魂は朱陵に度せられ、錬を受けて更生せん。是れ无量普度无窮と謂う（注：幽棲曰く、七祖、既に昇遷するを得て、皆な南宮に入りて錬を受け、錬化既に畢われば、遂に更生するを得ん。普度无辺、広済无量と謂うべし。朱陵、即ち南上の朱陵宮なり）。

　要するに、これらの経典の功徳によって、自己のみならず、死者たる七祖も「三塗五苦八難」「五道」「長夜」「鬼神連逮之役」とあるような輪廻転生の辛苦、地獄の苦役などから離脱して、南宮などで神仙となり、あるいは人間界に転生して「五方を威制」し、「王門」に生まれるというのです。『赤書玉篇真文天書経』では、功徳はまた「種孫」（子孫）にも及ぶと説いています。つまり、自己の修行によって、自己だけでなく、死者たる祖先、未来の子孫までもが救済されるというのです。仏教では輪廻転生はあくまでも個人のものですが、道教

では個人は祖先・子孫との関係という枠組みの中に位置付けられているといってよいでしょう。

②神と形（魂と体）

　道教では、転生において魂魄だけでなく、身体もきわめて重視しているように思われます。先に掲げた『洞玄霊宝自然九天生神章経』に、次のようにあります。

　　夫れ上道を学び、神仙を希慕するは、尸解を得るに及び、滅度転輪し、終に仙道に帰す。形は神と同にし、相い遠く離れず、倶に道真に入らん。

　つまり、尸解すると、滅度転輪（輪廻転生）して終には神仙となるが、形（身体）と神（魂魄）はともにあって遠く離れず、ともに道に入るというのです。この点をもう少し詳しくみてみましょう。

・『太上洞玄霊宝三元品戒功徳軽重経』
　　身、百悪を犯し、罪竟まりて死するは、名づけて死と曰う。死すれば則ち滅壊す。（中略）神は塗役に充てられ、形は灰塵と成り、灰塵は飛化して爽と成るなり。魂神、解脱すれば、則ち爽と混合し、故に魂爽は変化し、合して一と成るなり。而うして更生して還た人と為るを得るなり。形と神と相い随い、終に相去らざるなり。

　多くの罪を犯して贖わずに死ねば、「死」と名付ける。死ねば神（魂魄）も形（身体）も壊滅してしまう。（中略）神は地獄の苦役にあてられ、形は灰塵となる。灰塵は飛散して変化して「爽」となる。魂神が「解脱」、つまり地獄の苦役を終えて罪を贖えば、「爽」と混合し、それ故、神と爽とが変化して一体となる。そこで再生して、また人となることができる。ここでも「形神相随、終不相去也」とあるように、身体と魂魄とは遠く離れることなく、再び人として生まれ変わるというのです。

　先述した『真誥』では、尸解すると骨と五臓を残して身体を太陰で精錬する

とあり、経典によって身体の行方は微妙に異なります。しかし、いずれにせよ神と形がともに転生していくことになります。仏教の輪廻転生において身体をどう扱うのかわかりませんが、道教はもともと身体を永遠不滅のものにすることが教義の核心にあり、そのため輪廻転生の思想を受容してもなお身体の再生を説くことになったと思われます。

③輪廻転生の意味

　仏教の一般的な解説書などを見ると、輪廻転生は苦行であり辛いものであると説明されています。しかし、上述してきたように、道教に輪廻転生の概念が受容されると、何度も生まれ変わって、神仙になるための修行を積んでいく過程とみなされたようです。さらには、輪廻転生によってよりよい人生を送るという雰囲気さえ垣間見えます。

　・『太上洞玄霊宝本行因縁経』
　　後に中士の家に生まれ、遂に道士と為り、法衣を被服して道を行い、時に経講して聡明なり。動きて法師の衆人の推す所、壇越（うつ）の敬う所と為る。時に乃ち発念して云わく、此の一生、道を得ること能わざれば、女人の憤寂無事にして閑楽を致すべきに如かず。命終わりて即ち生れて女人と為り、姿容端正、才思玄抜、言を発すれば章と成り、時に乃ち斎を修め読経す。

　この経典は、葛仙公（葛洪の従祖父）という地位の高い神仙が自らの輪廻転生を述べたものです。男性の道士に生まれ変わったが、多くの人々の信望を得て忙しくなり、このままでは一生得道することができない、女性がひっそりと何事もなく閑静なのがよいと、死後ただちに女性に生まれ変わった。容姿端麗、才気煥発、言葉を発すればそのまま文章となり、時に斎を営み経を読んだとあります。

　・『太上霊宝諸天内音自然玉字』巻3
　　七祖、長夜を出で、南宮に上昇し、輪転化生して、世よ王門と為らん。
　・『太上洞玄霊宝智慧罪根上品大戒経』巻下

未だ道を得ざる者は、世に生まれて富貴、位は人尊と為り、年命は長遠にして、並びに夭傷無からん。

この他にも「更生帝王之門、世世歓楽」「世世歓楽、福慶無窮」「更生福徳之門・帝王之家、世世歓楽、輪転因縁、遂得飛仙」といった表現がみえます。

このように、輪廻転生は解脱すべき道筋ではなく、地位の高い家（王門、人尊、帝王之門、福徳之門、帝王之家）、富貴、長寿、夭折せず身体健全であること、歓楽、福慶等という表現に示されるように、現世では果たせなかった人生を、来世で過ごしうる機会と見なされているわけで、そのあたりも仏教とはかなり違ってきているのではないかと思います。

2　因果応報の受容

（1）中国の応報説

　以上のように、道教に受容された仏教の輪廻転生の展開をみてきましたが、もう一つの問題、因果応報についてみていきます。儒教の古典である『易経』坤に「積善之家必有余慶。積不善之家必有余殃」（積善の家に必ず余慶あり。積不善の家に必ず余殃あり）とあります。つまり善行を積めばその功徳が子孫にも及び、悪行を積めばその咎が子孫に及ぶとあるように、善悪に対する応報は「家」単位で幾世代も背負っていくというのが、中国の古くからの応報説であるといえます。こうした観念はその後も継承され、神仙思想や道教にも取り入れられていきます。

・『抱朴子内篇』微旨篇
　凡そ一事有れば、輒ち是れ一罪、事の軽重に随いて、司命、其の算紀を奪い、算尽きれば則ち死す。但だ悪心有りて悪無き者も算を奪う。若し悪事にして人を損なう者は紀を奪う。若し算紀未だ尽きずして自ら死する者は、皆な殃は子孫に及ぶなり。諸もろの人の財物を横奪する者は、或は其の妻子・家口を計りて以て当てて之を填め、以て死喪を致す。但だ即ちに至らざるのみ。

罪を犯せば神々(司命)がそれを照覧しており、寿命(算紀。算は百日、紀は三百日)を奪うとあります。ところが、残りの寿命が尽きる前に自死してしまった者はその罰が子孫に及ぶ。あるいは人の財物を盗んだ者は本人だけではなくて妻子や家族がその罪を贖わなければならず、このため死亡する者もいる、とあります。『抱朴子』の神仙思想にもまた、家単位の思考を見出すことができます。

(2) 仏教の因果応報の影響

　仏教における個人の因果応報説もまた、そのまま道教に取り入れられました。上清経・霊宝経よりかなり後代の経典ですが、次の経典にはその典型的な表現をみることができます。

　　・『洞玄霊宝三洞奉道科戒営始』巻1　罪縁品一
　　　経に曰く、天尊大道の形像を毀壊する者は、死して九幽十八地獄に入り、万劫にして方に癩を病むの身に生まれん。経に曰く、三洞大法経典を謄毀する者は、死して九幽十八地獄を歴し、百劫にして方に野獣の身に生まれん。若し人中に還るも、当に舌根爛壊すべし。経に曰く、出家法身を誹謗する者は、見世(現世)に蟲癩の病を得て、過去に六畜中に生まれん。

　この経典では、罪を犯した個人が地獄で罰を受け、万一、人に転生しても病苦を負い、あるいは野獣、虫、家畜に生まれ変わると説き、仏教的な因果応報を説いています。しかし、個人の罪は個人が輪廻転生しながら贖うという仏教の思考は、なかなか受容されなかったようです。道教の因果応報は、一言でいってしまえば、輪廻転生の説明でも触れたように、七世父母・七世子孫の関係、あるいは易にみえる家単位の因果応報から離れることはありませんでした。

　　・『自然真一五称符上経』巻下
　　　慎んで軽々しく世人に泄与すること勿れ。子、妄りに泄示すれば、天気に違負し、殃は身を滅ぼすを致し、上は七世父母に及び、下は七世子孫に及ぶ。

師と弟子の間で伝授さるべき経典の内容を軽々しく世間の人に漏らすのは大罪とされますが、その咎は自らの身を滅ぼすだけでなく、七世父母、七世子孫にまで及ぶというのです。経典の一部に、仏教からそのまま借用したような個人の転生応報を説きますが、しかし、全体的には過去の祖先から未来の子孫に至る家が罪に対する罰を受けるという思考が貫かれているといえます。

逆に、先にも引用した『赤書玉篇真文天書』巻下に「功徳の大なるは、上は七祖に延び、三塗五苦八難を解脱して、天堂に上昇し、仙を南宮に受く。下は種孫に流れ、世世興隆せん」というように、自らの功徳によって祖先供養が可能となるのです。

さてしかし、このような家を単位とする思考を前提とする道教が、仏教の個人を単位とする輪廻転生・因果応報説を受容しようとすると、そこに論理的な矛盾が生じてきます。最後に、この問題をみておきたいと思います。

3　仏教の輪廻転生・因果応報説との矛盾

仏教でもそうですが、道教でも人間界に生まれるためには、尸解などは別として、女性の胎内を経ることになります。『太上霊宝諸天内音自然玉字』巻4には、修行を積んで不老不死となった者について、「慶は七祖に及び、南宮に昇度し、胎に返りて更生し、世世王門ならん」とあります。これも祖先救済をいうのですが、「返胎更生」とあることに注意してください。つまり、母胎に宿って再び生まれてくるというのです。その場合、七世代にわたる祖先は本来の母とは異なる母の胎内、つまり他姓の家に生まれることになります。とすれば、祖先・子孫の直系的な家を前提とする道教とは矛盾することになります。母胎に宿ることなく、尸解や地上に残した骨や五臓をよすがに生まれ変わるのが従来の道教の教義ですが、上述してきたような漠然と人間界に再生するという文脈の中では、やはり母胎から生まれることを意味するでしょう。道教は、仏教の輪廻転生・因果応報の思想を受け入れたときに、大きな矛盾をはらんでしまうことになります。

この矛盾を何とか解決しようとした痕跡が多少はみられます。この問題については、神塚淑子論文、麥谷邦夫「真父母考」(『中国中世社会と宗教』道気社、2002年)に詳しいので、これらの論文を参照しながら述べてみます。先にも挙

げた『太上洞玄霊宝三元品戒功徳軽重経』は、太上道君と天尊との問答体で書かれていますが、そこに概略次のようにあります。太上道君は、罪の因果応報は「各おの一身に帰す」のであって、祖先の罪が子孫に流れたり、自らの罪が祖先を誤らせるということはありえず、したがって子孫が功徳を建てなければ、地獄で苦しむ祖先を救済できないというのも、理屈に合わない、と問います。これに対して天尊は、輪廻転生・因果応報のもとは「心」にあるとし、続けて以下のように述べます。

　　我の生を得る所以の者は、虚無自然の中より来たりて、縁に因りて胎に寄り、化を受けて生るるなり。我が受胎の父母も亦た我が始生の父母に非ざるなり。我が真父母は此に在らざるなり。

　つまり、人は虚無自然の道から生まれるのであって、これを「真父母」「始生父母」と呼び、輪廻転生の過程で宿る父母を「寄胎父母」「受胎父母」と呼んで区別しています。得道者だけが、ピュアな身体と魂魄が一体化した「真身」となり、真父母（虚無自然の道）のもとに復帰することができます。しかし、「罪縁未だ尽きざれば、真父母に帰するを得」ず、寄胎父母のもとに生まれ、輪廻転生を繰り返していくことになります。このため、因果応報はあくまでも一身が担い、祖先や子孫には及ばないと答えています。もっとも、この寄胎父母の恩愛は深く無上のものであり、その養育の恩を受けているので、「礼を以て報い、称して父母と為す」ともあります。
　とはいえ、霊宝経には家を単位とする因果応報が説かれており、霊宝経の内部に矛盾が存在します。天尊はこの矛盾を歴史の変化ということから説明しようとします。

　　龍漢の前、逮びて赤明に至るまで、旧文に、生死は各おの一身に由り、亦た上延せず、亦た下流せず、罪福は一に止まり、各おの身を以て当たると。赤明以後、逮びて上皇に及び、人心破壊し、男女不純、嫉害争競して、更に相い残傷す。心自ずから固からず、上は祖父を引き、下は子孫を引き、以て証誓を為し、質して神明に告ぐ。竟に自ら信ぜず、誓言に負違し、三

官の結簿を致し、身は鬼官に没し、上は先亡を誤り、下は子孫に流れ、殃
逮あるを致す。大小相い牽い、終天解くなく、禍は一宗に及ぶ。

　龍漢から赤明までの時代では、因果応報は一身に止まっていた。しかし、赤明以後、上皇の時代に及んで、人心は荒廃し、男女間は乱れ、嫉妬し競争し、お互いを傷つけ、心は堅固ではなくなり、このため、祖父や子孫を引き合いにだして、抵当（「質」）がわりにして神々に誓うようになった。その挙げ句、誓いに背いて地獄に入り、祖先から子孫まで巻き添えにして罰を受けるようになったというのです。
　ただし、ここでの祖先は寄胎父母の家の祖先となるはずで、やはり直系的な家の観念とは離齬しますが、そこまでは論じていないようです。
　最後に、これは私が逆に皆様からお教えいただきたいのですが、一般にはこうした道教にみられる家単位の応報説が、逆に仏教に影響した可能性があるといわれております。中国撰述の仏典（偽経）である『父母恩重経』では祖先供養を非常に重視しています。また民間で制作された仏教の造像銘には、父母の為にたとえば観世音像を造ったこと、この功徳により父母が天上に生まれ、まっすぐに仏に会えますようにといった願文が記されております。北朝時代の5世紀初め頃から、父母など死者の供養のために比較的小さめの石刻の仏像を造り、おそらくは寺院に納めたようで、近年では膨大な点数の造像が発掘されています。もちろん、身分の高い中央官僚や地方官僚なども大きな仏像を作成したり、あるいは各地に石窟を造成したりしております。実際に発掘された現場にいきますと、大変なエネルギーで圧倒されてしまいます。このように、仏教のほうでも民間から中央まで、父母や祖先の追善供養といいますか、家単位の救済ということが非常に重要になってきているということであれば、単に道教の影響というよりも、それは社会関係のあり方そのものであり、祖先と子孫との関係のなかでしか人は存在しえないという認識があったのではないかと思います。仏教もこうした社会に浸透していく過程で変容せざるを得なかったのではないでしょうか。私自身は、道教そのものというより、歴史のなかにおける家をどのように考えたらよいのかという問題関心からこのような研究を進めてきました。中国の社会というものは、家という存在が大きな役割を果たしてき

たような気がしてなりません。インドで成立した仏教では、祖先（父母）の供養をどう扱っていたのでしょうか。あるいはそもそもそのような思考があったのでしょうか。

　以上のように、道教の輪廻転生・因果応報について述べてきましたが、道教の教義というのは、古い教義の上に仏教受容も含めて新しく展開した教義を積み重ねる傾向がありまして、重層的な思考形態を取っているのではないかと思います。たとえば、「地獄」という概念を取り入れたからといって、そこにすべてが収斂されていくのかというと、決してそうではありません。「地下」「泰山」「太陰」「北宮」といった古い概念と併行して地獄の概念が説かれており、同じ経典のなかにさまざまな死後の世界が併存することになります。ですから、輪廻転生・因果応報についても、基本的には家単位のものであろうと思いますが、個人単位の輪廻転生・因果応報も説かれるわけです。論理的には矛盾する教義が構築されていくわけですが、どうも精緻に論理を集約させていくという思考はもたなかったようです。というより、むしろそれが道教の宗教としてのあり方であったかもしれません。

　以上で、発表を終わらせていただきます。

Ⅲ

浄土教における死生観と超越

シンポジウム

浄土教における死生観と超越

講師：【パネリスト】
　　　Richard K.Payne
　　　福原　隆善
　　　林　　智康
　　　【通　訳】
　　　那須　英勝
　　　【司　会】
　　　井上　善幸

〈第1部〉
司会
　本日はようこそシンポジウムにお集まりくださいました。定刻になりましたので、ただ今より私立大学戦略的研究基盤形成支援事業龍谷大学人間・科学・宗教オープン・リサーチ・センターの公開シンポジウム「浄土教における死生観と超越」を開催したいと思います。私は司会を務めます龍谷大学の井上善幸と申します。どうぞよろしくお願いいたします。
　「浄土教における死生観と超越」というテーマでシンポジウムを企画した趣旨について最初に簡単に説明させていただきます。その後、本日のシンポジウムの全体の流れをお知らせしたいと思います。
　「死生観」の研究については、人それぞれが死というものを見つめて、限りある人生の意味や、そこに生きる自分自身を見直していくというところに意義があろうかと思います。また、迷いや苦悩を超えて真の拠り処を見出していくという意味で、私たちは「超越」という言葉を用いています。大きく4つのユニットに分かれて研究を進めているわけですが、ユニット3では、「インドか

ら日本に流れる死生観・救済観の再評価」を大きなテーマにしております。インドから日本文化に流れてくる仏教の伝統、とりわけ浄土教の伝統や、その他に儒教や老荘思想など、さまざまな伝統的な死生観、あるいはその伝統の中で苦悩の超越ということがどのように語られてきたのか、問題とされてきたのかということの道筋を再評価していく、このことがユニット3の大きな研究目的となっています。今ここに私たちがこうして生きているということ。そして私たちが必ず死を迎えていかなければならないということ。このような問題について仏教、特に浄土教の伝統に学ぶ機会として、今回のシンポジウムを企画いたしました。

さて、まず発言者を順番にご紹介させていただきたいと思います。

最初はリチャード・K・ペイン先生です。IBS米国仏教大学院長を務めておられます。日本仏教についても研究しておられまして、高野山で6ヶ月の修行も経験しておられます。幅広く仏教について研究され、さまざまな成果を発表しておられます。ユニット3の共同研究者でもあります。今回は、「佛道の位置を定めること─親鸞の信心・菩提心・金剛心の一体的理解について─」と題してご発表をいただきます。

続いて、福原隆善先生です。佛教大学元学長でいらっしゃいまして、専門は仏教学、天台学を主に研究しておられます。また法然上人の足跡を辿り、仏と自己との関係性を探求する研究を続けておられます。今回は特に「法然浄土教における死生観と超越」と題してご発表していただくことになっております。

最後に、林智康先生です。本学文学部教授でいらっしゃいまして、龍谷大学真宗学会の学会長も務めておられます。専門は真宗学、特に教義学、教学史の分野で数多くの研究成果を発表しておられます。今回は、「親鸞聖人における死生観と超越」と題してご発表をいただくことになっております。

本日、ペイン先生のご発表は英語で行います。その際に、通訳をして頂くのが、本学文学部教授の那須英勝先生です。

大まかな時間の配分を申しますと、それぞれ20分程度ご発言して頂く予定です。ペイン先生のご発表に関しましては、随時通訳が入りますから40分程度を見込んでおります。その後、休憩15分の休憩を頂きまして、各発表者からの補足、あるいは内容の確認などを行いたいと思います。続いて、皆さま方を含め

て質疑応答に入りたいと思っております。
　それではさっそくペイン先生からご発表をしていただきたいと思います。

佛道の位置を定めること
―親鸞の信心・菩提心・金剛心の一体的理解について―

リチャード・K・ペイン

1　序　論

　まず初めに、本日このようなシンポジウムにお招きいただきましたことを心よりお礼申し上げます。林智康先生、福原隆善先生、井上善幸先生、このような場で意見を交換させて頂けることを大変有り難く思います。
　まずはじめにお断りしておきますが、私自身は親鸞思想の研究者ではありません。しかし、私はアメリカで真宗を信仰する人々のコミュニティーに35年近くも所属していますので、アメリカ仏教の発展への親鸞思想の貢献の深さと、その重要性について、大きな感謝の気持ちを持っています。そして浄土真宗が、西洋で仏教を信仰し実践する人々にとって大変重要な伝統であり、ここでお話させて頂くことが、その理解のための一助となればと念じるものです。

2　信心・菩提心・金剛心

　親鸞はその著作の中で、信心と菩提心と金剛心が同じであると何度も示しています。例えば、

　　真実信心はすなはちこれ金剛心なり。金剛心はすなはちこれ願作仏心なり。
　　……（中略）……この心すなはちこれ大菩提心なり。
　　　　　　　　　『教行信証』信巻（『浄土真宗聖典（註釈版）』252頁）

　　信心すなはち一心なり　一心すなはち金剛心
　　金剛心は菩提心　この心すなはち他力なり
　　　　　　　　　　　　　『高僧和讃』一九（『註釈版』581頁）

この信心を一心といふ、この一心を金剛心といふ、この金剛心を大菩提心といふなり。これすなはち他力のなかの他力なり。

『末燈鈔』第一通（『註釈版』735頁）

　このように信心、菩提心、金剛心の３つの概念を一体的に理解することは、親鸞の著作に何度も現れます。これは偶然に親鸞にそのような連想が起こったというものではなくて、むしろ親鸞がいつもそのように考えていたということを示すものであると思います。

　このような親鸞の言葉を中世日本というコンテキストにおいて考えてみる時、私は、西洋において、現在一般的にとらえられている浄土真宗のイメージを超える、さらにラジカルな親鸞の主張をそこに感じます。現在、西洋において通用している浄土真宗、浄土教、または日本仏教の宗教的表現においては、「信心」というものについてほとんど言及されません。また仮に「信心」という言葉に言及したとしても、ほとんどが西洋の既存宗教思想のシステムの中で解釈されるということです。つまり、「faith（信仰）」という言葉として「信心」が表現される場合、「信心」が既存の西洋宗教思想と重ねて見られてしまうということがあります。そうなると、特に西洋で仏教徒に改宗する人々にとって、それは非常に疑わしいもののように聞こえてしまうという問題があるわけです。

　しかし、親鸞が、信心は菩提心と金剛心の両方と等しいと考えていたことに注目して考えてみると、現在、西洋で通用している「faith（信仰）」＝「信心」という解釈によってもたらされる不要な問題を避けることができるのではないかと思います。そしてそれは、広く西洋の仏教徒のコミュニティーに向けて「信心」を表現する新しい方法を提供し、そのことで、信心というコンセプトが、仏教思想とその実践にかなったものであるということを示すことが出来るのではないかと思います。

　親鸞が信心を目覚めの心である菩提心と、金剛の心（ヴァジュラ／金剛のように堅固な心）である金剛心と同一であると理解していることの重要性とは何でしょうか。まず親鸞は、この信心というものを仏道体系の始めから終わりまで一貫したものとして示そうとしたのではないかと考えられます。つまり、菩提心とは、仏道の始めにおいて、完全な目覚めの完成を求める心ですし、金剛

心というのは、仏道の終り、菩薩道の最終段階において、菩薩が仏と同じ位置に達したとされる時にすべての煩悩がまさに滅せられる時の心を指しています。そして親鸞は、それらを信心と一体であると考えているのです。親鸞の著作の中では、信心、菩提心、金剛心という三つの言葉が定型句のように何度も同時に現れますが、そのことは、親鸞がこの三つの言葉によって、相互補完的に信心の意味をより明確に理解できるように説明しようとしたのではないかと考えられます。また私は、信心、菩提心、金剛心の三重の表現によって、私たちが親鸞の仏道観と、大乗仏教の伝統に広くみられる仏道観との関係について考えることが可能になると思います。そこで次に、この点に関連する二組の対立概念について検討し、さらにこの二組の概念に基づいて考えた四重の配列についてお話ししたいと思います。

3　第一の対立項：頓教と漸教

仏道について論じる際によく用いられる基本的な表現に、頓と漸（頓教と漸教）という基底的メタファーがあります。この頓と漸は、仏道において相互に排他的な概念であると理解されています。

この点に関連して、アメリカの仏教学者であるポール・グローナー氏は、天台における「即身成仏」の概念を解釈する時に、「(仏)道の短縮」という表現を用いています。[1]この「道の短縮」という仏道の見方は、中世日本仏教のみならず、大乗仏教全般を通して見出すことが出来るものです。

また上田義文氏の説にも注目してみたいと思います。[2]上田氏は、親鸞以前の浄土教思想の伝統において「往生」とは、この世（穢れた世界）において命を終わる時にあの世（浄土）へと生まれる事であったと指摘しています。そして、そのような浄土においては、往生者がそこで修行することにより初めて不退転の位を得て、その後さらに最高の仏果を得るまでそこで修行を続けるのであったと指摘しています。これは明らかに「漸悟のアプローチ」でしょう。しかし、上田氏は続けて、親鸞にとっては往生ということ自体が最高の仏果を得ることを意味するようになったのだと言われます。確かに親鸞は、金剛心を持ち等正覚の位に位置している弥勒菩薩と、横超の金剛心をもつ浄土教の信徒を同等のものであると語っています。ここで上田氏が言われるように、親鸞は伝統的な

浄土教の「漸悟のアプローチ」を取っていません。ここでいう親鸞の信心の理解は、頓と漸という対立極において確実に「頓悟のアプローチ」を目指す方に属しています。従って、親鸞というのは、従来の浄土教理解とはラジカルに異なる解釈を導入したといえるでしょう。

　同様に、正定聚（すでに浄土往生が確定している者）についての上田氏の理解と、往生を得ることと、さとりを得ることとを一体とみる考え方は、ポール・グローナー氏のいう「（仏）道の短縮」ということを示していると言えるでしょうし、さらにこのことは親鸞が用いている「横超」という言葉が「頓悟」を示すということを意味しています。このように親鸞は、彼の生きた時代における宗教的知の体系の中で深く思索しているということが言えるでしょう。

　また親鸞の信心、菩提心、金剛心の一体的理解についてもう一度申しますと、ここで親鸞は、「（仏）道の短縮」という彼の生きた時代の仏教思想家によく知られていた考え方について、独自の理解を形成していったということがいえると思います。

　このことは『末燈鈔』第八通の中で、親鸞が理解する浄土教を「頓悟」のカテゴリーに入れていることからも明らかです。

　　二教といふは、一には頓教、二には漸教なり。いまこの教は頓教なり。
　　　　　　　『末燈鈔』第八通（御消息第十通『註釈版』757頁）

他にも親鸞は禅を頓教のカテゴリーに入れています。親鸞自身は、浄土教と禅が仏道のアプローチに関しては同じ頓悟の教えであると考えていたようです。
　親鸞における信心理解の特徴は、衆生の浄土往生が定まるためにはいかなる資格も条件も必要ではなく、往生の因としての信心は衆生が起こすのではなく、阿弥陀仏の本願に応えて生じるものであるということにあります。この考え方は、後に覚如などによってさらに展開しますが、称名念仏は、それ自体が最終的な証果へと導く道具としての修行ではなく、むしろ阿弥陀仏の働きによって定まる「往生」に対する報恩感謝の表現であると言います。つまり、衆生が、正定聚の位を得た時に、自然と生じる報恩の表現であるということです。このように、平生に往生が定まることと、往生とさとりを一体に考えることは、真

宗が禅や密教的思想と同じく頓悟の教えであるということを示していると思います。

このようにさとりを頓か漸かという視点から考えますと、親鸞の信心理解というものは、禅や密教の伝統と同じように頓悟を強調しているということがいえます。しかし、親鸞の教えは、禅や密教で説く頓悟の教えとは異なっていると言わなければなりません。そこで、それがどのような違いを示しているのかということを検討するために、次の二番目の対立項を用いて検討してみたいと思います。

4 第二の対立項—結果の位置としての内部と外部

頓悟へのアプローチとして、一つには、仏道の終点へと跳躍が起こる場所、それを人間存在の内側に求める方法があります。それは、例えば阿頼耶識、如来蔵、仏性などと呼ばれる教義的な概念を重視している学派だけではなくて、密教の伝統の一部にもそのような捉え方が見受けられます。

しかし、海野大徹氏は、この人間存在の内側にさとりの場所を求める考え方とは対照的に、人間存在の外部としてある阿弥陀仏の本願の中に、「浄土教的頓悟」の基盤である「常に、そしてすでに現存する」という「場所」としてのさとりがある事を示すことによって、親鸞思想を語っています。この点について海野氏は次のように述べておられます。

> 智慧というのは、小さい心、自我といったものの「はからい」の中にみつけることはできない。それは外から与えられるものとして、最も愚痴で愚かな者に究極の智慧の現れを可能とする。伝統的な仏教では、智慧の完成は空を覚ることと同時に起こると言われるが、親鸞の智慧の体験とは、自己の命が完全に本願の働きに信順することで生じるものである。[3]

これに従いまして、仏道の第二の対立項として、さとりの場所が人間存在の内部であるか外部であるかということを私は提示してみたいと思います。まず海野氏によって示されるように、我々にとって浄土というのは、人間存在の外部に知覚されます。浄土教を信仰する人々の中には、実際に浄土へ行こうとし

て西へ向って船出したというような歴史的記録もあるように、文字通り、浄土という場所が自己の外部の場所として理解されていたことが示されています。また、浄土経典に描かれている浄土というものは、確かに、西方の数えきれないほどの距離の彼方にあって、死後に生まれていく場所であるとされています。そのような外部としての浄土という概念は、仏性という考え方などにおいて、さとりはすでに内部にあり、それを実現しさえすればよいのだというように、さとりを人間存在の内部に置く捉え方とは対照的です。これは上田義文氏が「信心」について語られる時に、「こころ」という言葉を使いながらも、浄土の外部的モデルを適応されているところにも示されていると思います。特に上田氏は、親鸞のその点について『教行信証』「信巻」を引用して、「信心は阿弥陀仏の心が人間に与えられ、覚らしめられるものである」[4]と述べておられます。

5　四重の配列

以上のように頓と漸、内部と外部という仏道を表す二種類の対立項について簡単に説明させて頂きました。次に、これらの対立項を併置すると、仏道を「頓／内部、頓／外部、漸／内部、漸／外部」という四重の配列で示すことが出来るでしょう。

	外　部	内　部
漸　教	上座部仏教	マインドフルネス瞑想
頓　教	真　　宗	禅・密教の一部

この図に示したように、漸教で外部は上座部仏教、漸教で内部はマインドフルネス瞑想などのアプローチ、頓教で内部は禅・密教の一部です。真宗は、頓教で外部というカテゴリーに入ります。

この四重の配列法によって、信心が頓悟であり、かつ同時にさとりの位置が浄土という外部でもあるという真宗の思想と、内的さとりを強調する他の頓悟の思想との、類似性と差異を示す枠組みを提示する事ができます。また現代社会において仏教を論じる時に、真宗におけるさとりの外部性について理解する事が困難であるとする人がいることも同時に理解することが出来ると考えられます。

6　解釈の近代化―上田義文と海野大徹

　まず近代の宇宙論の発展は、文字通り、外部にある物理的な場所としての浄土を受け入れることを困難にしました。また近代的に真宗を解釈する人たちは、この外部としての浄土というものを遠ざけて、むしろ自分の持っている近代的な「文字通りでない」理解を親鸞自身の考え方に適用しようとしがちです。

　そこで次に、二つの近代的解釈について考えてみたいと思います。そのことを通して、内的さとりを避けると同時に、外的さとりについての近代的な戸惑いの問題を解決する方法を考えてみたいと思います。ここで再び上田義文氏と海野大徹氏の見解を取り上げてみますが、共に、親鸞の信心というものを非二元的に解釈することによって、そこに内的と外的の両方を合わせた第三の立場を提供しようとしているようです。

　まず上田義文氏は、生死と涅槃を一体（生死即涅槃）と見る大乗仏教の古典的なさとりの概念を用いて親鸞思想を解釈しています。そこで上田氏は、伝統的な浄土仏教の概念が、この穢れた世界から清浄な世界に物理的な死によって至る道を提供する未来志向的宗教として理解されていると指摘します。これに対して、親鸞思想の説く浄土仏教というものは、伝統的な直線的、前進的（漸悟）のモデルから、よりヒロイックでドラマチックな考え方への移行を試みているとされます。以下に上田氏の言葉を引用してみます。

　　親鸞の仏教においては、自己の心が仏の力によって変えられることによって仏の智慧を得る事ができる。この信心を得るということは、人間の方の信仰が次第に深まる事によって、私たちの心が仏と一体になるというのではない……。むしろ、それは私たちの方のすべての努力や計らいが、無力で、我への執着で汚されていて、意味をもたないものとして脱落するという、全くの否定を通して得られるものである[5]。

　　私たちの煩悩の心は智慧と慈悲に変えられるが、同時にその心はもとのままなのだ。むしろ心の根本的性質が、ここで初めてラジカルに明確になるのだ[6]。

ある意味、上田氏は非常に禅的な表現を用いて親鸞思想を説明しているように思います。私には、上田氏のこの主張が仏性の理論にもとづく一つの解釈であるようにも聞こえます。
　次に海野大徹氏の見解を見てみたいと思います。海野氏も親鸞思想について外的な理解が困難であることを指摘しているようです。

　　真実の信楽は、外部の仲介者のようなものに頼って、客観的に捕まるというのではなく、限定された自己が、限定のない命、阿弥陀仏の命と一体であるという非二元的な覚りである。(7)

　しかし、私はこれらの解釈はむしろインドのアドヴァイタ・ヴェーダーンタ学派の梵我一如の考え方と同じように思います。

7　結　　論

　以上、上田氏と海野氏によって示されている非二元的な解釈というのは、浄土教を文字通り遠く西にある国のように理解する事への戸惑いを解決する試みであると高く評価するべきです。しかし、それは一方で、さとりを外部に位置付けることを受け入れることによって得られる新しい創造的理解の可能性を失なわせてしまっているように思えます。そのためには、特に、曖昧な心と世界の対立にもとづく言説を構築するよりは、むしろ先に提示したように、親鸞の浄土教の理解を、仏道体系の中でのさとりへのアプローチの仕方の違い、仏道の位置の違いとしてそれを理解する事により、近代の宇宙論と基本的に矛盾する文字通りの解釈に引きこもってしまう事なく、非心理的／非象徴的な浄土としての性格を受け入れることを可能に出来るのではないかと思います。
　以上で私の発表を終わらせて頂きます。ありがとうございました。

司会

　ペイン先生、どうもありがとうございました。大乗仏教の死生観ということで、信心・菩提心・金剛心ということに具体的な関心を絞ってお話しをいただきました。ご発言の中にもありましたように、信心ということをfaithと翻訳

することによって生じる問題、つまり faith という言葉に収まりきらない信心の内容について、菩提心や金剛心ということを手がかりに理解を深めていかれたと思います。また頓と漸、そして内部と外部という二つの対立項について試解されました。さらに、アドヴァイタ・ヴェーダーンタの不二一元論などのペイン先生ならではの幅広い視点から、仏教や親鸞浄土教を考察してくださいました。

註

（1）Paul Groner, "Shortening the Path: The Interpretation of the Realization of Buddhahood in This Very Existence in the Early Tendai School," in *Paths to Liberation: The Mārga and Its Transformations in Buddhist Thought*, edited by Robert E. Buswell Jr. and Robert M. Gimello (Honolulu: University of Hawaii Press, 1992), pp. 439-474.

（2）Yoshifumi Ueda, "The Mahayana Structure of Shinran's Though: Part I," trans. by Dennis Hirota, *Eastern Buddhist* XVII, no. 1 (Spring 1984): 71.

（3）Taitetsu Unno, "Shinran: A New Path to Buddhahood," in James Foard, Michael Solomon, and Richard K. Payne, eds., *The Pure Land Tradition : History and Development* (Berkeley : Berkeley Buddhist Studies Series, 1996), 319.

（4）上田氏の前掲論文、Ueda, Part I：p. 70を参照。

（5）Yoshifumi Ueda, "The Mahayana Structure of Shinran's Thought: Part II," trans. by Dennis Hirota, *Eastern Buddhist* XVII, no. 2 (Autum 1984): 49.

（6）上田氏の前掲論文、Ueda, Part II：p. 49を参照。

（7）海野氏の前掲論文、Unno, "Shinran," p. 319を参照。

法然上人の死生観と超越

福原　隆善

　佛教大学の福原と申します。ただ今は、ペイン先生のたいへん深く示唆に富んだご発表でありました。もともと親鸞聖人と法然上人を比較いたしますと、法然上人はどちらかというと、本願念仏がそれほど弘まっていない所へいかに弘めていくのかという教化者的立場で物事をおっしゃっているところが一つの特色であろうと思います。一方、親鸞聖人は、自らの深い信仰の世界を語られているという風に理解をさせていただいております。それらの世界をペイン先生はさらに深く説き示してくださり、啓発されることばかりでございました。

　このシンポジウムのタイトルが「死生観と超越」ということですので、「法然上人の死生観と超越」ということで資料を作らせていただきました。

　仏教の根本的な目的は、生死に惑わされない、すなわち「生死解脱」というところにあります。お釈迦さまも生老病死の四苦からどのように解放されていくのかということで教えを説いておられますし、仏教徒の重要問題であると言っても過言ではありません。では、法然上人はそのあたり、どのようであったのかということが本日の主題でもあります。

1　生死（死生）について

　資料として挙げさせていただきました、（1）『要義問答』、（2）『登山状』には、生死ということの意味について述べられているかと思います。

（1）『要義問答』
　　マコト（誠）ニコノ（此）身ニハ、道心ノナキ事ト、ヤマ（病）ヒトハカリヤ、ナケキニテ候ラム。世ヲイトナム事ナケレハ、四方ニ馳騁セス、衣食トモ（共）ニカケタリトイヱトモ、身命ヲオシムココロ（心）切ナラヌ

ハ、アナカチニウレヘ（愁）トスルニオヨハヌ、ココロ（心）ヲヤスクセムタメ（為）ニモ、ステ（捨）候ヘキヨ（世）ニコソ候メレ。イハムヤ無常ノカナシミ（悲）ハ、メ（目）ノマヘニミテ（満）リ、イツレノ月日オカ、オハリノトキ（時）と期セム。サカヘアルモノモヒサシ（久）カラス、イノチ（命）アルモノ（者）モマタウレエ（又愁）アリ。スヘテイトフヘキハ六道生死ノサカヒ、ネカ（願）フヘキハ浄土菩提ナリ（也）。天上ニムマレ（生）テタノシミニホコルトイヱトモ、五衰退没ノクルシミ（苦）アリ、人間ニムマレ（生）テ国王ノ身ヲウケ（受）テ、一四天下オハシタカ（随）フトイヱトモ、生老病死愛別離苦怨憎会苦ノ一事モマヌカルル事ナシ。

（『昭法全』613頁）

（2）『登山状』

そ（夫）れあした（朝）にひらく（開）る栄花は、ゆふ（夕）への風にち（散）りやすく、ゆふ（夕）へにむす（結）ふ命露はあした（朝）の日にきえ（消）やすし。これ（是）をしら（知）すしてつね（常）にさかへん事をおも（思）ひ、これ（是）をさと（解）らすしてつね（常）にあら（有）ん事をおも（思）ふ。しかるあひた（然間）、無常の風ひとたひふけは（一度吹て）、有為のつゆな（露永）かくきへぬれは、こ（是）れを曠野にす（捨）て、これ（是）をとをき（遠）山におく（送）る。かはねはつゐにこけ（苔）のした（下）にうつも（埋）れ、たまし（神）ゐはひと（独）りたひ（旅）のそら（空）にまよ（迷）ふ。妻子眷属は家にあれ（有）ともとも（伴）なはす、七珍万宝はくら（庫）にみてれとも、盆もなし。た〻（只）身にしたか（随）ふもの（物）は後悔のなみた也。

（『昭法全』418頁）

（1）『要義問答』のほうは、どちらかというと人間というものは無常の存在であるということ、念仏者であっても四苦八苦を逃れられない無常の存在であるということが説かれています。また、（2）『登山状』のほうは、罪悪により苦を受ける存在であるということ、無常の存在を自覚せず生死流転を繰り返す存在であるということが説かれています。単なる生命的な無常の存在というこ

とと、生死に迷う存在ということの二つの意味が説かれています。

（3）禅勝房にしめす御詞
　　さきの（先）世のしわさによりて、今生の身をはう（受）けたる事なれは、この（此）世にてはえなをしあらた（改）めぬ事也。　　　（『昭法全』464頁）

（4）『登山状』
　　まさ（正）にいま（今）多生曠劫をへて、むま（生）れかた（難）き人界にむま（生）れて、無量劫ををくり（送）てあひかた（遇難）き仏教に（遇）ふ事をえたるは、是よろこ（喜）ひ也。……（中略）……（我等）いかなる宿縁にこた（報）へ、いかなる善業によりてか、仏法流布の時にむま（生）れて、生死解脱のみち（道）をき（聞）く事をえたる。しかる（然）をいまあひかた（今遇難）くしてあ（遇）ふ事をえ（得）たり。
　　　　　　　　　　　　　　　　　　　　　　　　　　　　（『昭法全』417頁）

（5）『念仏往生義』
　　うけかた（受難）き人身をうけ（受）、あひ（遇）かたき仏法にあへ（遇）り。無上念々にいた（至）り、老少きはめ（極）て不定なり、やま（病）ひきたらん事かね（兼）てし（知）らす、生死のちかつ（近付）く事た（誰）れかおほへん。　　　　　　　　　　　　　（『昭法全』690頁）

　（4）『登山状』、（5）『念仏往生義』などによりますと、それでも受け難き人身を受けたということ、遇い難き仏法に遇えたということの喜び、生死を超える方法としての仏の教えに出遇ったということの喜びが示されていると思います。

2　生死の出離について

（6）『大胡の太郎実秀が妻室のもとにつかはす御返事』
　　シカルニ衆生ノ生死ヲハナルヽミチハ、仏ノ御オシヘヤウヤウニ候トイヘトモ、コノコロノヒトノ三界ニイテ生死ヲハナルヽミチハ、タヽ往生極楽ハ

カリナリ。コノ宗ノオホキナルコヽロナリ。　　　　　（『昭法全』509頁）

（7）『往生大要鈔』
　しかれ（然）ばこのこころ（此比）生死をはなれ（離）んとおも（思）はんもの（物）は、難證の聖道をす（捨）てて、易往の浄土をねがふ（願）べき也。　　　　　　　　　　　　　　　　　　　　　　　　（『昭法全』50頁）

　ここでは、どのように出離すればよいのかという出離の方法について説かれています。生死を出離しようと思うものは、難証の聖道を捨てて、易往の浄土を願うべきであると記されております。資料には挙げておりませんけれども、法然上人の主著であります『選択本願念仏集』の最後のほうに、「略選択」（三選之文）という箇所がございます。「それすみやかに生死を離れんと欲せば」という文言から始まりますが、仏道には聖道門と浄土門という二つの道があるけれども、私は浄土門に依るのだと述べられています。そして、その浄土門の中でも、「正雑二行のなかに、しばらくもろもろの雑行を抛ちて選びて正行に帰すべし」と示されます。さらに、「正行を修せんと欲せば、正助二業のなかに、なほ助業を傍らにして選びて正定をもつぱらにすべし」と、称名正定業に依るのだと述べられます。生死解脱の方法は、ただ本願念仏に依るしかないのだと結論づけられるわけです。
　それがどうしてなのかということですが、次の（8）聖光上人伝説の詞に進みたいと思います。

（8）『聖光上人伝説の詞』
　およそ仏教おほしといへども、詮ずるところ戒定慧の三学をばすぎず、いはゆる小乗の戒定慧、大乗の戒定慧、顕教の戒定慧、密教の戒定慧なり。しかるにわがこの身は、戒行において一戒をもたもたず、禅定において一もこれをえず、智慧において断惑証果の正智をえず、これによて戒行の人師釈していはく、尸羅清浄ならざれば、三昧現前せずといへり。又凡夫の心は物にしたがひてうつりやすし、たとふるにさるのごとし、ま事に散乱してうごきやすく、一心しずまりがたし。無漏の正智なにゝよりてかおこ

らんや。もし無漏の智釼なくば、いかでか悪業煩悩のきづなをたゝむや。悪業煩悩のきづなをたゝずば、なんぞ生死繋縛の身を解脱する事をえんや。かなしきかなかなしきかな、いかゞせんいかゞせん。こゝにわがごときは、すでに戒定慧の三学のうつは物にあらず、この三学のほかにわが心に相応する法門ありや。わが身にたへたる修行やあると、よろづの智者にもとめ、もろもろの学者にとぶらふしに、おしふる人もなく、しめすともがらもなし。　　　　　　　　　　　　　　　　　　　　（『昭法全』459-460頁）

（9）『十二問答』
　年来習タル智慧ハ、往生ノ為ニハ用ニモタゝズ。　　　（『昭法全』639頁）

（10）『要義問答』
　教ヲエラフニアラ（非）ス、機ヲハカラフナリ（也）。ワカチカラ（我力）ニテ生死ヲハナ（離）レム事、ハケ（勵）ミカタ（難）クシテ、ヒト（偏）ヘニ他力ノ彌陀ノ本願ヲタノ（憑）ム也。　　　（『昭法全』619頁）

（11）『登山状』
　その（其）聖道門といふ（云）は、穢土にして煩悩を断して菩提にいた（到）る也。浄土門といふ（云）は、浄土にむまれて、かしこ（彼）にして煩悩を断して菩提にいた（到）る也。　　　（『昭法全』420頁）

　（8）『聖光上人伝説の詞』には、次のように記されています。仏教というものは、結局、戒定慧の三学を修めるところにあるわけですが、「こゝにわがごときは、すでに戒定慧の三学のうつは物にあらず」とあるように、戒定慧を一つも修めることのできない我身であると述べられています。そのような我身にとっては、聖道門のような行道はとてもできないわけだから、往生浄土を願うほかないのだといわれるわけです。
　そのことが（10）『要義問答』に「教を選ぶには非ず、機を計らふ也」と説かれています。教えが優れているとか劣っているということではなくて、私の能力に合ったことでしか生死を離れることができない、それが法然上人にとっ

ては、ただお念仏であったということです。

3　臨終と平生

　次に臨終と平生ということを法然上人がいかに考えておられたのかということについて、以下の（12）から（17）までの引文を挙げておきました。

（12）『十二問答』
　　問曰、臨終の一念は百年の業にすくれたりと申すは、平生の念仏の中に、臨終の一念ほとの念仏をは申いたし候ましく候やらん。答、三心具足の念仏はおなし事也。そのゆへは、観経にいはく、具三心者必生彼国といへり。ひつの文字あるゆへに臨終の一念とおなし事也。　　　（『昭法全』640頁）

（13）『禅勝房にしめす（示）御詞』
　　阿弥陀仏は、一念となふ（唱）るに一度の往生にあてかひて、おこ（発）し給へる本願也。かるかゆへ（故）に十念は十度むま（生）るゝ功徳也。一向専修の念仏者になる日よりして、臨終の時にいた（至）るまて申たる一期の念仏をとりあつ（集）めて、一度の往生はかなら（必）すする事也。
　　　　　　　　　　　　　　　　　　　　　　　（『昭法全』463頁）

（14）『つねに仰せられける御詞』
　　又云。往生の業成就は、臨終平生にわたるべし。本願の文簡別せざるゆへなり。恵心の心も、平生にわたると見えたり。　　（『昭法全』494頁）

（15）『十一問答』
　　問、本願ノ一念ハ、尋常ノ機、臨終ノ機ニ通スヘク候歟。答、一念ノ願ハ、二念ニオヨハサラム機ノタメナリ。尋常ノ機ニ通スヘクハ、上尽一形ノ釈アルヘカラス。コノ釈ヲモテココロウヘシ。カナラス一念ヲ仏ノ本願トイフヘカラス。一念十念ノ本願ナレハ、強ニハケマストモ有ナントモ云人ノアルハ大ナルアヤマリ也。設我得仏、十方衆生、至心信楽、欲生我国、乃至十念、若不生者、不取正覚トイヘル本願ノ文ノ中ニハ、平生ノ機アリ、臨

終ノ機アリ。乃至ハ平生ノ機、十念ハ臨終ノ機ナリ。平生ノ機ハ乃至十年申テ生レ、乃至一年申テ生レ、乃至一月申テ生レ、乃至一日申テ生レ乃至一時申テムマル。是ミナ寿命ノ長短、発心ノ遅速ニヨル也。此等ハミナ一タヒ発心イシテ後、浄土マテ申ヘキ尋常ノ機ナリ。臨終ノ機トイヘルハ、病セマリ命一念十念ニツツマリテ後、知識ノ教ニヨリテ、初テ本願ニアヘル機也。
　　　　　　　　　　　　　　　　　　　　　　　　　　（『昭法全』636頁）

(16) 『東大寺十問答』
　問ていはく（云）、寂後の念仏と平生の念仏と、いづれかすぐ（勝）れたるや。答ていは（云）く、たゞおな（只同）じ事也そのゆへ（其故）は、平生の念仏、臨終の念仏とて、なんのかは（替）りめ（目）かあらん。平生の念仏の、死ぬれば臨終の念仏となり、臨終の念仏の、のぶ（延）れば平生の念仏となるなり（也）。
　　　　　　　　　　　　　　　　　　　　　　　　　　（『昭法全』686頁）

(17) 『念仏往生要義抄』
　問ていはく（云）、摂取の益をかうぶ（蒙）る事は、平生か臨終か、いかむ。答ていはく（云）、平生の時なり（也）。そのゆへ（其故）は、往生の心ま事（実）にて、わが（我）身をうたがふ（疑）事なくて、来迎をまつ（待）人は、こ（是）れ三心具足の念仏申す人なり。この（此）三心具足しぬればかなら（必）ず極楽にうま（生）るといふ（云）事は観経の説なり（也）。かゝる心ざしある人を、阿弥陀仏は八万四千の光明をはなち（放）ててら（照）し給ふ也。平生の時てら（照）しはじめ（始）て、寂後まですて（捨）給はぬなり。かるがゆへ（故）に不捨の誓約と申候也。
　　　　　　　　　　　　　　　　　　　　　　　　　　（『昭法全』686頁）

　(12) から (14) までは、結論的に、臨終と平生とは一つであるという考え方が示されています。(15) から (16) までは、臨終が延びているのが平生であり、平生が終わる時、すなわち臨終であるという考え方が示されています。ここでも平生と臨終が一つであると語られています。にもかかわらず、(17) では、摂取の利益を蒙るのは平生であると述べられ、その理由が示されている

わけです。

　ならば、摂取の利益を蒙る平生の三心具足の念仏申す人は、どのような生活を送ることになるのかということが、次の引文に示されていると思います。

4　念仏の生活

(18)『浄土宗略抄』
　　つぎ（次）に浄土門にいりて（入）ておこな（行）ふへき行につき（付）て申さは、心と行と相応すへき也。すなはち（則）安心起行となつ（付）く。その（其）安心とい（云）は、心つかひのありさま（有様）也。
（『昭法全』593頁）

(19)『隆寛律師の門弟に伝承せる御詞』
　　上人宣。生身の仏此本尊に入り給へば、本尊の御眼に見へ奉るは、頓て生身の御眼にみへ奉ると思べし。本尊の御耳に申す事聞れ奉るは、やがて生身の御耳にきかれ奉ると思ふべし。かように思へば、本尊に向ひ奉る功徳目出度事也と。云々
（『昭法全』757頁）

(20) 良忠『散善義記』
　　勝願院云凡夫行中称名最勝所以然者凡夫雖修自余妙行其心散漫而不相続其行難成唯称名行常不忘仏不忘仏故成決定業謂心忘仏時口称仏名其声入我耳引起我安心心念若起此念亦勧声令唱仏名是故念勧声声起念常不忘仏
（『浄全』二、423頁）

(21)『御消息』
　　心のよき（善）わろき（悪）をも返り見す、罪のかろきおもき（軽重）をも沙汰せす、心に往生せんとおもひ（思）て、口に南無阿弥陀仏ととな（唱）へは、声につき（付）て決定往生のおもひ（思）をなすへし。その（其）決定の心により（依）て、すなはち（即）往生の業はさた（定）まる也。かく心うれはうたかひ（疑）もな（無）し。不定とおも（思）へはやか（軈）て不定也、一定とおもへは一定する事にて候也。

(『昭法全』581頁)

(22)『禅勝房伝説の詞』
　現世をすぐべき様は、念仏の申されん様にすぐべし。念仏のさまたげになりぬべくば、なになりともよろづをいとひすてゝ、これをとゞむべし。いはく、ひじりで申されずば、めをまうけて申すべし。妻をまうけて申されずば、ひじりにて申すべし。住所にて申されずば、流行して申すべし。流行して申されずば、家にゐて申すべし。自力の衣食にて申されずば、他人にたすけられて申すべし。他人にたすけられて申されずば、自力の衣食にて申すべし。一人して申されずば、同朋とともに申すべし。共行して申されずば、一人籠居して申すべし。衣食住の三は、念仏の助業也。これすなはち自身安穏にして念仏往生をとげんがためには、何事もみな念仏の助業也。三塗へ返るべき事をする身をだにもすてがたければ、かへり見はぐゝむぞかし。まして往生程の大事をはげみて、念仏申さん身をば、いかにもいかにもはぐゝみたすくべし。もし念仏の助業とおもはずして身を貪求するは、三悪道の業となる。極楽往生の念仏申さんがために、自身を貪求するは、往生の助業となるべきなり。万事かくのごとしと。

(『昭法全』462-463頁)

(23)『つねに仰せられける御詞』
　又云。人の命は食事の時、むせて死する事もあるなり。南無阿みだ仏とかみて、南無阿み陀仏とのみ入べきなり。　　　(『昭法全』493頁)

　真宗には馴染まないかもしれませんが、「心と行を相応すべきなり」と言われるように、法然上人にとっては、念仏の実践である「行」ということが大事にされています。行とは、阿弥陀仏の本願の名号として私どもに示していただいた実践の方法であるということです。そういう中で、何ゆえ念仏を称えることになるのかということですが、法然上人の場合はご承知のとおり、第十八願文の「乃至十念」を善導大師の「下至十声」で解釈されます。つまり、「念」を「声」で解釈され、称名念仏なのだというように理解されます。このことを

受けまして、歴史学者の津田左右吉（1873-1961）先生が、経典の文言を勝手に変えて解釈するのはおかしいというようにご指摘されておられます。しかし、法然上人にとっては、第十八願の「念」を「声」として受け止めざるを得なかった信仰の内実があったのです。

　その声の念仏が、実践生活の中でどのような意味を持っているのかということにつきましては、(20) 良忠の『散善義記』に良忠の師である勝願院良遍のお言葉として示されています。声の念仏が阿弥陀仏への思いを引き起こし、その阿弥陀仏への思いがまた声となって発せられる、その声によりまた私の中に阿弥陀仏に対する思いが起こされてくるというように、循環する念仏の相続によって、阿弥陀仏への親近の世界が現れ出てくるということです。念仏の中で、阿弥陀仏との親しい関係が生まれてくるということです。凡夫には本願の念仏以外に仏の救済のはたらきを受けとめる方法はありません。

　そのような念仏の中で、ただ口に南無阿弥陀仏と称えることで自分が必ず往生できるという思いを持てば、必ず往生できるし、不定と思えば不定となってしまうと述べられています。

　禅勝房伝説の詞には、「現世をすぐべき様は、念仏の申されん様にすぐべし。念仏のさまたげになりぬべくば、なになりともよろづをいとひすてヽ、これをとゞむべし」と記されています。常日頃の中で、ただ念仏が称えられるようにしなさいと語られています。「衣食住の三は、念仏の助業也」とあるように、念仏するためにすべてのことがあるのだということです。

5　臨終（死）について

(24)『往生浄土用心』

　　又かろ（軽）きやまひ（病）をせんといの（祈）り候はん事、心かしこ（賢）くは候へとも、やま（病）ひもせてし（死）に候人も、うるはしくおはる時には、断末魔のくるし（苦）みとて、八万の塵労門より、無量のやま（病）ひ身をせ（責）め候事、百千のほこ（鉾）つるき（剣）にて、身をきりさくかこと（如）くして、見んとおも（思）ふ物をもみ（見）す、下のねすくみて、い（云）はんとおもふ事もい（云）はれす候也。これ（是）は人間の八苦のうち（内）の死苦にて候へは、本願信して往生ねか

Ⅲ　浄土教における死生観と超越　91

（願）ひ候はん行者も、この（此）苦はのか（遁）れすとて、悶絶し候とも、いき（息）のた（断）えん時は、阿弥陀ほとけ（仏）のちから（力）にて、正念にな（成）りて往生をし候へし。臨終はかみすち（髪筋）きるかほとの事にて候へは、よそ（余所）にて凡夫さた（定）めかた（難）く候。たゝ（只）仏と行者との心にてし（知）るへく候也。

（『昭法全』563頁）

(25)『浄土宗略抄』

又まめやかに往生の心さし（志）ありて、弥陀の本願をたのみ（憑）て念仏申さん人、臨終のわろき事は何事にかある（有）へき。そのゆへ（其故）は、仏の来迎し給ふゆへ（故）は、行者の臨終正念のため（為）也。それ（其）を心え（得）ぬ人は、みなわ（皆我）か臨終正念にて念仏申したらんおりそ、ほとけ（仏）はむか（迎）へ給ふへきとのみ心え（得）たるは、仏の本願を信せす、経の文を心え（得）ぬ也。称讃浄土経には、慈悲をも（以）てくわ（加）へたすけて、心をしてみた（乱）らしめ給はすととか（説）れたる也。たゝ（只）の時よくよく（能々）申しおき（置）たる念仏により（依）て、かなら（必）すほとけ（仏）は来迎し給ふ也。

（『昭法全』596頁）

(26)『往生浄土用心』

一。日ころ（比）念仏申せとも、臨終に善知識にあ（遇）はすは往生しかたし。又やま（病）ひ大事にて心みた（乱）れは、往生しかた（難）しと申候らんは、さもいはれて候へとも、善知識の御心にては、極楽へまいらんと心さして、おほ（多）くもすくな（少）くも念仏申さん人の、いのちつきん時は、阿弥陀ほとけ聖衆とゝも（共）にきたり（来）てむか（迎）へ給ふへしと候へは、日ころ（比）たにも御念仏候へは、御臨終に善知識候はすとも、ほとけはむか（迎）へさせ給ふへきにて候。

（『昭法全』562頁）

(27)『百四十五箇条問答』

一。臨終に、善知識にあ（相）ひ候はすとも、日ころ（比）の念仏にて往生はし候へきか。
　答。善知識にあ（相）はすとも、臨終おもふ（思）様ならすとも、念仏申さは往生すへし。　　　　　　　　　　　　　（『昭法全』657頁）

(28)『つねに仰せられける御詞』
　又云。念仏申さんもの十人あらんに、たとひ九人は臨終あしくて往生せすとも、我一人は決定して往生すべしとおもふべし。　（『昭法全』495頁）

(29)『百四十五箇条問答』
　かならす（必）ほとけを見、いと（糸）をひかへ候はすとも、われ（我）申さすとも、人の申さん念仏をきゝ（聞）ても、死候はゝ浄土には往生し候へきやらん。
　答。かならすいと（必糸）をひ（引）くといふ事候はす、ほとけにむかひ（向）まいらせねとも、念仏たにもすれは往生し候也。又きゝ（聞）てもし候、それはよくよく（能々）信心ふかく（深）ての事に候。
　　　　　　　　　　　　　　　　　　　　　　（『昭法全』652頁）

　（１）にもありましたが、念仏者であっても四苦八苦を逃れられない、しかし死ぬに当たっては阿弥陀仏の力で心が静かになるのだと、念仏によって正念の心に住することができるのであるとありました。それが念仏者のもつ安心感でありました。
　（25）には、来迎ということが出てまいります。親鸞聖人においては不来迎ということですが、臨終を迎えた者が阿弥陀仏に迎えられる、阿弥陀仏の来迎を待つということも、念仏者の安心ということになるのだと語られています。また、臨終が思うようにならなくても念仏によって往生できるとも述べています。

6　法然自身の死

(30)『ご臨終の時門弟等に示されける御詞』

又弟子等仏の御手に五色の糸をつけてすゝむれば、これをとり給はず。上人の給はく、如此のことは是つねの人の儀式なり。我身にをひてはいまだかかならずしもといひて、つねにこれをとり給はず。

(『昭法全』724-725頁)

(31)『配流より上洛の後に示されける御詞』
　よはひの日々にかたぶくおば、往生のやうやくちかづくぞとよろこび、命の夜々におとろふるおば、穢土のやうやくとおざかると心ろへ、命のおはらむ時を生死のおはりとあてがひ、かたりをすてむ時を苦悩のおはりと期し、影向を紫のとほそにたれ、行者はこの時ゆかむと期して結跏を観音の蓮台の上にまつ、このゆへにいそがしきかな往生。とくこの命のはてねかし。こひしきかな極楽。はやくこの命たへねかし。　　（『昭法全』479頁）

　では、法然上人の死についてはどうであったのかということが記されています。この当時は、五色の紐を引くということが臨終行儀としてあったわけですが、法然上人はその臨終行儀を行わなかったということです。生への執着を断って苦のない世界へと生まれていくことを喜ぶ、つまり、生への執着、死への恐怖が全くないという言葉を残して、ここに命を終えられていくわけです。

7　往生後について

(32)『無量寿経釈』
　次（夫一）往生極楽之後（去則）身心（恒）受諸楽、眼拝見如来瞻仰聖衆。毎見（見見）増眼根楽、耳聞（聴）深妙法（音）、毎聞（聴聴）増耳根楽、鼻聞功徳法香、毎聞（聞聞）増鼻根楽、舌甞法喜禅悦味、毎甞（甞甞）増舌根楽、身蒙弥陀光明、毎触（触触）増身根楽、意縁楽之（極楽妙）境、毎縁（縁縁）増意根楽。(凡)極楽世界一一境界皆（無不）離苦得楽之計也。　　　　　　　　　　　　　　　　　　　　（『昭法全』75頁）

(33)『聖光・法力・安楽三上人との問答』

見思塵沙無明の煩悩が、よろづの障礙をばなす也。念仏の一行はこの煩悩にもさへられず、往生をとげ、十地究竟する也。他宗には、実教にも権教にも、密教にも顕教にも、十地究竟する事は、漸頓を論ぜず。極たる大事なり。しかるにたゞ念仏の一行に依て、往生をとげ、十地願行自然に成就する事は、誠に甚深殊勝の事也とぞ仰られける。　　　（『昭法全』730頁）

(34)『御流罪の時門弟に示されける御詞』
流刑さらにうらみとすべからず、そのゆへは、齢すでに八旬にせまりぬ、たとひ師弟おなじみやこに住すとも、娑婆の離別ちかきにあるべし。たとひ山海をへだつとも、浄土の再会なむぞうたがはん。　（『昭法全』477頁）

(35)『要義問答』
念念ニワスルル事ナク、カノ（彼）願力ニ乗シテ、コノミチニイノ（命）ヲステオハリ（捨終）テノチ（後）、カニクニ（彼国）ニムマ（生）ルル事ヲエ（得）テイムトアヒミテ、慶楽スル事キワマリ（極）ナカラム。行者行住座臥ノ三業ニ修スルトコロ（所）、昼夜時節ヲト（問）フコト（事）ナク、ツネニコノ（此）サトリヲナシ、コノオモヒ（此思）をナスカユヘ（故）ニ、廻向発願心トイフ（云）。マタ（又）廻向トイフ（云）ハ、カノクニ（彼国）ニムマ（生）レオハリ（終）テ、大悲ヲオコ（起）シテ、生死ニカヘ（還）リイリ（入）テ、衆生ヲ教化スルヲ廻向トナツ（名）ク
　　　　　　　　　　　　　　　　　（『昭法全』625頁）

(36) 源信の『往生要集』
如我今日志願極楽亦往十方引接衆生如阿弥陀仏大悲本願如是利益不亦楽乎
　　　　　　　　　　　　　　　（『浄全』十五、64頁下）

(37)『百四十五箇条問答』
一。なか（永）く生死をはな（離）れ、三界にむまれ（生）しとおも（思）ひ候に、極楽の衆生となり（成）ても、又その（其）縁つ（尽）きぬれは、この（此）世にむま（生）ると申候は、ま事にて候か、たとひ

(縦）国王ともな（成）り、天上にもむま（生）れよ、たゞ（只）三界を
わか（別）れんとおもひ（思）候に、いかにつと（何勤）め、おこなひ
（行）てか、返り候はさるへき。
答。これもろもろ（是諸）のひか（僻）事にて候。極楽へひとたひむまれ
（一度生）候ぬれは、なか（長）くこ（此）の世に返る事候はす、みなほ
とけ（皆仏）にな（成）る事にて候也。たゞ（但）し人をみちひか（引導
せ）んため（為）には、ことさら（殊更）に返る事も候。されとも生死に
めく（輪）る人にては候はす。　　　　　　　　　　　（『昭法全』652頁）

(38) 善導の『往生礼讃』
仰願一切往生人等善自思慮已能令身願生彼国者行住座臥必須勵心剋己昼夜
莫廃畢竟為期上在一行似如少苦前念命終後念即生即彼国長時永劫常受無
為法楽乃至成仏不経生死豈非快哉応知　　　（『浄全』四、357頁上）

8　還浄について

(39)『御臨終日記』
上人語（諸）弟子云（曰）。我本（前身）在天竺、交声聞僧、常行頭陀、
其後（今）来本国（邦）、入（学）天台宗、（竟開浄土門）又勧（専弘）念
仏（矣）。弟子（諸弟）問云（曰）。(師今）可令往生極楽（世界）哉（乎）。
答云（曰）。我本在極楽之身可然（極楽吾本邦、也、盡帰去乎）。同十一日
辰時（刻）、上人起居（起座合掌）高声念仏（殆過平時）、聞人（皆）流
（零）涙。　　　　　　　　　　　　　　　　　　　（『昭法全』868頁）

(40)『御臨終の時門弟等に示されける御詞』
建暦二年壬申正月三日戌の時病床の傍なる人々、御往生の実不を問奉りけ
れば、我もと天竺国に在し時は声聞僧に交て頭陀を行じき。いま日本にし
ては、天台宗に入て一代の教法を学し、又念仏門に入て衆生を利す。我も
と居せし所なれば、さだめて極楽へ帰り行べしと仰せられければ、勢観上
人申さく、先年も此仰侍りき。抑声聞僧とは御弟子の中には何哉と申時、
舎利弗也と答給ふ。　　　　　　　　　　　　　　　（『昭法全』723頁）

(41)『聖光上人伝説の詞』
　　弁阿上人のいはく、故上人の給はく、われらはこれ烏帽子もきざるおとこ也。十悪の法然房が念仏して往生せんといひてゐたる也。又愚痴の法然房が念仏して往生せんといふ也。安房の助といふ一文不通の陰陽師が申す念仏と、源空が念仏とまたくかはりめなしと、〔物語集にいでたり〕
　　　　　　　　　　　　　　　　　　　　　　　　　　　（『昭法全』458頁）

(42)『つねに仰せられける御詞』
　　また云。いけらば念仏の功つもり、しならば浄土へまいりなん。とてもかくても此身には、思ひわづらふ事ぞなきと思ぬれば死生ともにわづらひなし。
　　　　　　　　　　　　　　　　　　　　　　　　　　　（『昭法全』495頁）

(43)『つねに仰せられける御詞』
　　源空はすでに得たる心地にて念仏は申なり。　　　　　（『昭法全』495頁）

　往生後のこと、還浄に関する法然上人の言葉としては少ないのですが、時間の関係上割愛させていただきます。

結　論

　以上のように法然における生死の問題を検討してきましたが、まず法然において生死には二つの捉え方があります。一つは、種々の因縁によって生まれがたき人界に生まれたことを喜び、まして遇いがたき仏法に遇った喜びは何ものにもかえがたい機縁として捉えています。いずれやってくる死については、平生の生と一体として捉え、今が平生であり臨終であるという無常生死の捉え方があります。もう一つは、無始より煩悩罪濁にまみれて輪廻を繰り返す生死の捉え方です。
　この二つの生死観は無関係にあるのではなく、無常の中に人間として生まれるという縁を得たのであるから、今こそ永遠の過去から重ねてきた生死の罪を断ち切って、迷いの生死を繰り返さない極楽世界を求める機縁として捉えています。この二つの生死の中で極楽世界の往生へ転換できる唯一の方法は、阿弥

陀仏が選択して罪濁煩悩にまみれた凡夫に示した本願念仏しかないというのが、法然における生死解脱の方法であると言えます。現生の死は、念仏によって極楽への生として捉えられ、極楽に生まれれば、成仏への道は自然にあらわれるのであり、さらに菩薩道実践の積極的活動として転化されていきます。娑婆世界に帰るのは衆生救済のためであり、再び生死流転を繰り返すことではありません。ここに現生においては共に往生を目指し、往生後は積極的に衆生救済の活動をするという法然の浄土教における菩薩道があると言えます。

また、法然には「極楽へかえる」という表現が見られますが、『法華経』の本迹二門を学んだことや、戒法伝授の相承、善導との夢定の対面等時空を超えた話がありますが、臨終を迎えた法然の心境が語らせた言葉と考えられます。まさに宗教的生命である無量寿を得た心境であったろうと思います。肉体的死が迷いを繰り返す輪廻の生となるのではなく、念仏によって肉体的死は宗教的生、すなわち永遠の生命をもった阿弥陀仏の無量寿を受ける生となり、浄土において生きどおしのいのちとなり、またそれは一切衆生に対する積極的救済の活動となるのです。

取り急ぎ発表させていただきましたが、与えられたお時間がございますので、以上とさせていただきます。ありがとうございました。

司会

福原先生ありがとうございました。非常に多くのご文をご紹介いただきながら、「法然上人における死生観と超越」についてお話しをしていただきました。最後の結論のところでは、新たな問題提起等もあろうかと思いますので、後ほどのディスカッションで議論していきたいと思います。

それでは、引き続きまして林智康先生より「親鸞聖人における死生観と超越」というテーマでお話しをいただきたいと思います。

親鸞聖人における死生観と超越

林　智康

　本年度は、法然上人800年大遠忌、親鸞聖人750回大遠忌でございます。そのようなこともありまして、法然上人と親鸞聖人との関係、また両上人が生きられた大乗仏教との関わりについてシンポジウムを開きたいと考えたところです。それでは、お配りした資料をもとに進めてまいりたいと思います。

1　生と死

　「生死の学」というのは、「biothanatology（バイオサナトロジー、バイオタナトロジー）」と呼ばれます。また「死生学」、「死生観」というのは、「thanatology（サナトロジー）」と言われます。そこで、「死生学」というのは、死が根本にあって生を考える、死を見つめて生きる、死を覚悟して生きるということで、私たちがいかに生きるかを死のところまで深め、掘り下げて考える学問の見方であろうかと思います。
　ただし仏教のほうでは、「生死」という呼び方がよくされまして、サンスクリット語「saṃsāra（サンサーラ）」、つまり「輪廻」と同じ内容を持ち、それは迷い、迷いの世界という意味を持っています。
　親鸞聖人は『高僧和讃』の中で、

　　五濁悪世のわれらこそ　　金剛の信ばかりにて
　　ながく生死をすてはてて　　自然の浄土にいたるなれ
　　金剛堅固の信心の　　さだまるときをまちえてぞ
　　弥陀の心光摂護して　　ながく生死をへだてける

（『浄土真宗聖典（註釈版）』591頁）

と詠んでおられます。

2　現代社会―少子高齢化社会・無縁社会―

現代社会は、少子高齢化社会、無縁社会などと呼ばれています。そのような現代社会においては、生命（いのち）の尊厳という問題、それにまつわる生と死の諸問題が生命倫理という分野で問われております。

仏教（仏道）においては、四苦八苦として取り扱われています。

```
生・老・病・死────────────────四苦 ┐
愛　別　離　苦（愛する人と別れなければならない苦）┐   │ 八苦
怨　憎　会　苦（嫌な人と会わなければならない苦）  │四苦│
求　不　得　苦（欲しいものが得られない苦）        │   │
五　蘊　盛　苦（身心から生じる苦）                ┘   ┘
```

また、諸行無常（あらゆるものは変化する）、諸法無我（あらゆるものは実体がない）、涅槃寂静（悟りの世界は安穏である）という三法印というものもございます。現実の世界に生きる私たちは、生老病死を通して世の無常を感じるわけです。『仏説無量寿経（大経）』下巻にも、

　　人、世間愛欲のなかにありて、独り生れ独り死し、独り去り独り来る。行に当りて苦楽の地に至り趣く。身みづからこれを当（う）くるに、代わるものあることなし。
　　　　　　　　　　　　　　　　　　　　　　　　（『註釈版』56頁）

とあります。あるいは、源信僧都『往生要集』の中には、『涅槃経』の文を引かれまして、

　　一切のもろもろの世間に、生ぜるものはみな死に帰す。寿命、無量なりといへども、かならず終尽することあり。それ盛りなるはかならず衰することあり、合会（ごうえ）するは別離あり。壮年は久しく停まらず、盛りなる色は病に侵さる。命は死のために呑まれ、法として常なるものあること

なし。　　　　　　　　　（『浄土真宗聖典七祖篇（註釈版）』835頁）

とございます。

　仏教の目指すところは転迷開悟（迷いを転じて悟りを開く）ということですが、仏の教えであって、仏になる教えでもあるわけです。具体的に言うならば、迷いの世界である此岸から、悟りの世界である彼岸へ渡るということです。迷いの世界を超え渡るという中において、さまざまな行があります。その中には有名な六波羅蜜（六度の行）や、浄土教で言えば念仏というものがあります。

　仏教の悟りを求める中で、生死即涅槃という言葉があります。『歎異抄』第十五章の中では、三つの言葉をもってまとめられています。一つに、即身成仏は、真言秘教（真言宗）、六根清浄は、法華一乗（天台宗）、来生の開覚は、他力浄土の宗旨（浄土真宗）であるというように説かれています。

　　・『大経』第十八願
　　　たとひわれ仏を得たらんに、十方の衆生、至心信楽してわが国に生ぜんと欲ひて、乃至十念せん。もし生ぜずは、正覚を取らじ。ただ五逆と誹謗正法とをば除く。　　　　　　　　　　　　　　　　　（『註釈版』18頁）

　仏の願いというものには、ここ龍谷大学のチャイムの音楽に使われている「四弘誓願」というものがあります。これは諸仏、諸菩薩の共通の願いであり、四十八願というのは、阿弥陀仏の別願と言われるものです。ご存知のように、阿弥陀仏が法蔵菩薩であったときに、この四十八願をお説きになりました。その中で第十八番目の願が、私たちを唯一浄土へと生まれさせる生因願として説かれています。

　　・『歎異抄』第二章
　　　弥陀の本願まことにおはしまさば、釈尊の説教虚言なるべからず。仏説まことにおはしまさば、善導の御釈虚言したまふべからず。善導の御釈まことならば、法然の仰せそらごとならんや。法然の仰せまことならば、親鸞が申むね、またもつてむなしかるべからず候ふか。詮ずるところ、愚身の

信心におきてはかくのごとし。　　　　　　　　（『註釈版』833頁）

・『歎異抄』後序
　弥陀の五劫思惟の願をよくよく案ずれば、ひとへに親鸞一人がためなりけり。　　　　　　　　　　　　　　　　　　　　　　（『註釈版』853頁）

『歎異抄』第二章においては、弥陀の本願からスタートしまして、釈尊、善導大師、法然上人を通して、時間と空間を重ねながら弥陀の本願が親鸞聖人のところへ行き届いていると述べられています。一方、後序のところでは、弥陀の本願が親鸞聖人へ直結している語り方です。すなわち時間と空間を超越していると言ってもいいと思います。これは私たちのあり方も同じだと思います。弥陀の本願が親鸞聖人からさまざまな人を通して、いま私のところに伝わっているのです。もう一方では、弥陀の本願と私が直結しています。このように弥陀の本願と私との関わりが述べられています。

3　菩提心をめぐる問題

　ここでは菩提心をめぐる問題を少し取り上げてみたいと思います。法然上人が説かれた念仏往生に関して、栂尾の明恵上人が『摧邪輪』三巻、『摧邪輪荘厳記』一巻を書き批判しています。法然上人は、菩提心について次のように語っておられます。

・『念仏大意』
　我等は信心愚なるが故に、今に生死にとまれるなるべし。過去の輪転を思へば、未来も又之の如し。縦ひ二乗の心をば発すと云とも、菩提心をば発し難し。　　　　　　　　　　　　　　　　（『昭和新修法然上人全集』413頁）

・『選択集』「三輩章」
　菩提心等の余行を説くと雖も、上の本願に望むれば意唯衆生をして専ら弥陀仏の名を称せしむるに在り。而るに本願の中には更に余行無し。三輩即ち共に上の本願に依るが故に、一向専念無量寿仏と云ふ也。（中略）既に

一向と云ふ。余を兼ねざること明らけし。既に先に余行を説くと雖も、後に一向専念と云ふ。明に知りぬ。諸行を廃して、唯念仏を用ゐるが故に一向と云ふ。　　　　　　　　　　　　　　　　　　（『昭法全』323頁）

・『選択集』「特留章」
　菩提心の言有りと雖も未だ菩提心の行相を説かず。又持戒の言有りと雖も、未だ持戒の行相を説かず。而るに菩提心の行相を説くことは、広く菩提心経等に在り。彼の経先に滅しなば菩提心の行何に因てか之を修せん。又持戒の行相を説くことは、広く大小の戒律に在り。彼の戒律先に滅しなば持戒の行何に因りてか之を修せん。　　　　　（『昭法全』325-326頁）

・『逆修説法』
　但し導師の意は、自ら先づ浄土に生して、菩薩の大悲願行を満足して、而して後還て生死に入りて、遍く衆生を度せんと欲す、即ち此の心を以て菩提心と名くる也。　　　　　　　　　　　　　　　　　　（『昭法全』285頁）

　法然上人は、愚かなる身においては菩提心を発し難いのだと述べ、一向といわれるのであるから余行を兼ねないのだと語り、菩提心というものを避けておられます。また、『選択集』特留章などでは、「菩提心の行相を説くことは、広く菩提心経等に在り。彼の経先に滅しなば菩提心の行何に因てか之を修せん」と語り、『逆修説法』では、浄土において菩薩の大悲願行を満足した後に、生死界へと入り、衆生済度する心が菩提心であると述べています。
　これに対して明恵上人は、『摧邪輪（一向専修宗選択集の中において邪を摧く輪）』を著します。その中には次のように記されます。

・『摧邪輪』
　一は、菩提心を撥去する過失。〈この過は、処処に言を吐けり。教義倶に分明なり。〉
　二は、聖道門を以て群賊に譬ふる過失。〈この過は、一の言陳の下の意許を勘へてこれを出す。〉　　　（『鎌倉旧仏教　日本思想体系』十五、46頁）

大文第一に菩提心を撥去する過失とは、かの集一巻の中に多処にこの文あり。今五段の文を出してこれを破す。中において五種の大過あり。一は菩提心を以て往生極楽の行とせざる過、二は弥陀の本願の中に菩提心なしと言ふ過、三は菩提心を以て有上の小利とする過、四は双観経に菩提心を説かずと言ひ、ならびに弥陀一教止住の時、菩提心なしと言ふ過、五は菩提心、念仏を抑ふと言ふ過なり。(『鎌倉旧仏教　日本思想体系』十五、48頁)

以上のように明恵上人は、五つの過を以て法然上人の菩提心理解を批判しています。

法然上人が菩提心そのものを全く不要なものとして理解していたということではありません。凡愚が菩提心を発すのは難しいということを主張していたのです。また明恵上人も、念仏というものを全く否定しているということではありません。ただ菩提心抜きの往生はあり得ないということを指摘しているのです。

法然上人と明恵上人のやり取りで問題となっていた菩提心ということに関して、親鸞聖人は『教行信証』で答えています。そこで次に、浄土真宗について少し見てみたいと思います。

4　浄土真宗

・『教行信証』「教巻」
　つつしんで浄土真宗を案ずるに、二種の回向あり。一つには往相、二つには還相なり。往相の回向について真実の教行信証あり。
　それ真実の教を顕さば、すなはち『大無量寿経』これなり。
(『註釈版』135頁)

・『教行信証』「行巻」
　如来、世に興出したまふゆゑは、ただ弥陀の本願海を説かんとなり。
(『註釈版』203頁)

浄土真宗には二種の回向があり、一つには往相、二つには還相です。往相は

本願を信じ念仏申せば浄土に往生して悟りを得る。そして、還相は娑婆世界に還って衆生を済度する。この往きと還りが本願他力の用きです。浄土を抜きにして浄土真宗は語れません。浄土がなければ往相も還相も成り立たないわけです。つまり、超越ということも浄土を抜きにしては語れないということです。

・阿弥陀仏と浄土『教行信証』真仏土巻
　　つつしんで真仏土を案ずれば、仏はすなはちこれ不可思議光如来なり、土はまたこれ無量光明土なり。　　　　　　　　　　　　（『註釈版』337頁）

・『高僧和讃』「曇鸞讃」
　　安楽仏国に生ずるは　　畢竟成仏の道路にて
　　無上方便なりければ　　諸仏浄土をすすめけり　　　　（『註釈版』585頁）

　次に、往生の問題については、『高僧和讃』曇鸞讃があります。「畢竟成仏の道路」ですから、往生即成仏ということです。従来の浄土教では、浄土に生まれて、修行環境の整った浄土において成仏を目指していくということですが、親鸞聖人は往生即成仏ということを説かれます。『教行信証』「信巻」には、「臨終一念の夕、大般涅槃を超証す」（『註釈版』264頁）と明らかにしておられます。

・信心
二種深信（『散善義』深心釈―『教行信証』「信巻」に引用）
　　一つには、決定して深く、自身は現にこれ罪悪生死の凡夫、曠劫よりこのかたつねに没し、つねに流転して、出離の縁あることなしと信ず。（機の深信）二つには、決定して深く、かの阿弥陀仏の四十八願は衆生を摂受して、疑ひなく慮りなく、かの願力に乗じて、さだめて往生を得と信ず。（法の深信）　　　　　　　　　　　　　　　　　　　　（『註釈版』218頁）

　信心については、善導大師の二種深信、すなわち機の深信と法の深信が押さえられます。それを受けて親鸞聖人は、「信巻」の三一問答において字訓釈、

法義釈を述べ、救済の論理を明らかにしておられます。

　往生の不定・一定（不信・信、疑心・信心）ということがあります。親鸞聖人はお手紙の中で、往生不定の人とは、我身の往生を思って念仏を称える人であり、往生一定の人とは、仏恩報謝の念仏を称え、「世のなか安穏なれ、仏法ひろまれ」と思う人であると語られています。

5　浄土教と菩提心・金剛心

　先ほどペイン先生のお話しにもありましたが、菩提心、金剛心ということは、浄土真宗で語られる七高僧の著述の中にたくさん見られます。例えば、曇鸞大師『往生論註』、道綽禅師『安楽集』、善導大師『観経疏』、源信和尚『往生要集』などのご文に説かれているものです。それらを親鸞聖人がまとめられて、一番最後のところに、次のように述べられます。

・『教行信証』「信巻」　結示（三心結釈）
　まことに知んぬ。至心・信楽・欲生、その言異なりといへども、その意これ一つなり。なにをもつてのゆゑに、三心すでに疑蓋雑はることなし、ゆゑに真実の一心なり。これを金剛の真心と名づく。金剛の真心、これを真実の信心と名づく。真実の信心は必ず名号を具す。名号はかならずしも願力の信心を具せざるなり。このゆゑに論主（天親）、建めに「我一心」（浄土論）とのたまへり。また「如彼名義欲如実修行相応故」（同）とのたまへり。
　　　　　　　　　　　　　　　　　　　　　　　　　（『註釈版』245頁）

・『教行信証』「信巻」　菩提心釈
　しかるに菩提心について二種あり。一つには竪、二つには横なり。また竪についてまた二種あり。一つには竪超、二つには竪出なり。竪超・竪出は権実・顕密・大小の教に明かせり。歴劫迂回の菩提心、自力の金剛心、菩薩の大心なり。また横についてまた二種あり。一つには横超、二つには横出なり。横出とは、正雑・定散、他力のなかの自力の菩提心なり。横超とは、これすなはち願力回向の信楽、これを願作仏心といふ。願作仏心すなはちこれ横の大菩提心なり。これを横超の金剛心と名づくるなり。横竪の

菩提心、その言一つにしてその心異なりといへども、入真を正要とす、真心を根本とす、邪雑を錯とす、疑情を失とするなり。欣求浄刹の道俗、深く信不具足の金言を了知し、永く聞不具足の邪心を離るべきなり。

(『註釈版』246頁)

　ここに横超と出てまいりますが、それが願力回向の信楽であり、願作仏心であり、横の大菩提心、横超の金剛心と語られます。「横・竪」、「超・出」で判釈されるこの菩提心釈を「二双四重判」と言います。
　さて、信一念に対して行一念というものがございます。第十八願を法然上人は「念仏往生の願」と呼ばれましたが、それを受けた親鸞聖人は「至心信楽の願」と言われたわけです。そして『教行信証』「信巻」の一念転釈（『註釈版』252頁）において、今までのすべての内容がまとめられています。その最後に「大慈悲はこれ仏道の正因なるがゆゑに」とあるように、信心が仏道の正因であるということを明らかにされています。さらに親鸞聖人は和讃の中にも、七高僧の一連の流れについて語られています。『教行信証』「信巻」の菩提心名義において『摩訶止観』を引用しながら、菩提心の義を説明しています。

・『教行信証』「信巻」　菩提心名義
　『止観』の一にいはく、「〈菩提〉とは天竺（印度）の語、ここには道と称す。〈質多〉とは天竺の音なり、この方には心といふ。心とはすなはち慮知なり」と。　　　　　　　　　　　　　　　（『註釈版』253-254頁）

そしてその後に、横超断四流というものがございます。

・『教行信証』「信巻」　横超断四流釈（横超釈）
　「横超断四流」（玄義分）といふは、横超とは、横は竪超・竪出に対す、超は迂に対し回に対するの言なり。竪超とは大乗真実の教なり。竪出とは大乗権方便の教、二乗・三乗迂回の教なり。横超とはすなはち願成就一実円満の真教、真宗これなり。また横出あり、すなはち三輩・九品、定散の教、化土・懈慢、迂回の善なり。大願清浄の報土には品位階次をいはず、一念

須臾のあひだに、すみやかに疾く無上正真道を超証す、ゆゑに横超といふなり。 　　　　　　　　　　　　　　　　　　　　　　　　（『註釈版』254頁）

・『教行信証』「信巻」　横超断四流釈（断四流釈）
　断といふは、往相の一心を発起するがゆゑに、生としてまさに受くべき生なし。趣としてまた到るべき趣なし。すでに六趣・四生、因亡じ果滅す。ゆゑにすなはち頓に三有の生死を断絶す。ゆゑに断といふなり。四流とはすなはち四暴流なり。また生老病死なり。 　　（『註釈版』255頁）

　ここでは他力によって迷いの世界を超えていくということが明らかにされています。ここも二双四重判を受けて横超ということが説かれています。

・『教行信証』「信巻」　真仏弟子釈
　「真の仏弟子」（散善義）といふは、真の言は偽に対し仮に対するなり。弟子とは釈迦・諸仏の弟子なり、金剛心の行人なり。この信行によりてかならず大涅槃を超証すべきがゆゑに、真の仏弟子といふ。

（『註釈版』256-257頁）

　ここでは真の仏弟子について語られていますが、真の仏弟子とは、「金剛心の行人」と述べられています。そして、「信行によりてかならず大涅槃を超証すべきがゆゑに、真の仏弟子といふ」と示されています。

・『教行信証』「信巻」　便同弥勒釈
　まことに知んぬ、弥勒大士は等覚の金剛心を窮むるがゆゑに、龍華三会の暁、まさに無上覚位を極むべし。念仏の衆生は横超の金剛心を窮むるがゆゑに、臨終一念の夕、大般涅槃を超証す。ゆゑに便同といふなり。しかのみならず金剛心を獲るものは、すなはち韋提と等しく、すなはち喜・悟・信の忍を獲得すべし。これすなはち往相回向の真心徹到するがゆゑに、不可思議の本誓によるがゆゑなり。 　　　　　　（『註釈版』264頁）

ここでは、弥勒菩薩と関連づけて説かれています。弥勒菩薩は等覚の金剛心であり、念仏者は横超の金剛心であると示されています。

6　臨終来迎と現生正定聚

・『末灯鈔』第一通
　来迎は諸行往生にあり、自力の行者なるがゆゑに。臨終といふことは、諸行往生のひとにいふべし、いまだ真実の信心をえざるがゆゑなり。また十悪・五逆の罪人のはじめて善知識にあうて、すすめらるるときにいふことなり。真実信心の行人は、摂取不捨のゆゑに正定聚の位に住す。このゆゑに臨終まつことなし、来迎たのむことなし。信心の定まるとき往生また定まるなり。来迎の儀則をまたず。　　　　　　　　　（『註釈版』735頁）

『末灯鈔』では、臨終来迎は諸行往生となり、真実信心の行人は、現生正定聚の位に入るといわれます。ですから真実信心の行人は、臨終来迎をたのまないと語られています。信心が定まるときに往生が定まるということが書かれています。

7　往生浄土

・『末灯鈔』第六通
　なによりも、去年・今年、老少男女おほくのひとびとの、死にあひて候ふらんことこそ、あはれに候へ。ただし生死無常のことわり、くはしく如来の説きおかせおはしまして候ふうへは、おどろきおぼしめすべからず候ふ。
　　　　　　　　　　　　　　　　　　　　　　　　（『註釈版』771頁）

・『末灯鈔』第十九通前半
　なにごとよりも明法御房の往生の本意とげておはしまし候ふこそ、常陸国うちの、これにこころざしおはしますひとびとの御ために、めでたきことにて候へ。　　　　　　　　　　　　　　　　　　（『註釈版』742頁）

・『末灯鈔』第二十通

明法御房の往生のこと、おどろきまうすべきにはあらねども、かへすがへすうれしく候ふ。
(『註釈版』737頁)

・『拾遺真蹟御消息』第二通
かくねむばうの御こと、かたがたあはれに存じ候ふ。親鸞はさきだちまゐらせ候はんずらんと、まちまゐらせてこそ候ひつるに、さきだたせたまひ候ふこと、申すばかりなく候ふ。かくしんばう、ふるとしごろは、かならずかならずさきだちてまたせたまひ候ふらん。かならずかならずまゐりあふべく候へば、申すにおよばず候ふ。かくねんばうの仰せられて候ふやう、すこしも愚老にかはらずおはしまし候へば、かならずかならず一つところへまゐりあふべく候ふ。
(『註釈版』769頁)

結　び

仏教は転迷開悟を説き、仏の教えであるとともに仏に成る教えでもあります。浄土真宗は六波羅蜜行などの諸行によらず、弥陀の本願を信じ念仏を称えることによって、浄土に往生して涅槃を証する教えです。真実信心を獲得する念仏者は、現生において正定聚の位に住し、信心の定まるとき往生が定まり、臨終来迎を否定します。現生に十種の益を獲る中、「知恩報徳の益」「常行大悲の益」が、念仏者の社会的実践に深く関わるものと思われます。

菩提心とは悟りを願い求める心で、大乗仏教の実践の基になる心です。しかし、法然上人は『選択集』「三輩章」において、念仏以外の「発菩提心」などの余行を除かれています。それに対して、栂尾の明恵上人が『摧邪輪』および『摧邪輪荘厳記』を著して、『選択集』の菩提心撥去の過失を批判しました。その批判に答えられたのが、親鸞聖人の菩提心釈であり、聖道の菩提心に対して、浄土の大菩提心を示されています。『教行信証』「信巻」に、横超の菩提心は願力回向の信楽、願作仏心であり、横超の金剛心と名づけられます。またその後に、曇鸞大師の『往生論註』下巻の「善巧摂化章」の文を引かれ、無上菩提心は願作仏心（自利）であり、度衆生心・摂取衆生心（利他）であると示されます。そして、安楽浄土に願生するものは、必ず無上菩提心を必要とするが、為楽願生のものは往生できないと述べられています。「自身住持の楽を求めず」

は智慧門より「願作仏心」を、「一切衆生の苦を抜かんと欲ふ」は慈悲門より「度衆生心」の内容を示されます。

　親鸞聖人は浄土の表現について、物質的・感覚的表現である「極楽」の語よりも、精神的・本質的表現である「真土」「無量光明土」「諸智土」「涅槃」「滅度」「安楽国」「安養国」などの語を用いられています。『御消息』には愛別離苦・会者定離は悲しいことであるが、仏説に明らかに示されているので、驚かない、さらに明法房の往生も「めでたい」「うれしい」ことであるという表現が使われています。その他の弟子に対しても、共に浄土で再び会うことを述べられています。このことは『阿弥陀経』の「倶会一処」という表現が思い出されるのではないかと思います。親鸞聖人は、大乗仏教の根幹の内容を踏まえ、理論的な表現を述べられるとともに、私たちの感情的な表現も用いながら、往生浄土ということを明らかにされているということができると思います。

〈第2部〉

司会：今回の「浄土教における死生観と超越」につきましては、悟りということを通して、この世界や、この世界に生きている私自身、また私が生きる意義や、私が命を終えていくことをどのように捉えていくのかという問題を考えていくところに、同時に超越ということを考えていく手がかりがあるように思います。

　「超越」が、苦しみを超えていくことであるならば、やはりこの私が命を終えていくということ、あるいはまた大切な人を亡くすということ、そのような悲しみにどのように向き合っていくのかという問題にもつながってくるかと思います。特に浄土教の教えというのは、凡夫の教えということでその教えが受け継がれてまいりました。凡夫の教えということは、凡夫の情というものをないがしろにしない、さまざまな想いを抱いている私たちの心をないがしろにしない、ということです。それと同時に、私たちの凡夫の情というものをそのままにしておくことはない。凡夫の迷いを悟りの方向に転換させていくという働きを受け継いでいくということも、やはり浄土教の伝統であろうと思います。

　そうしますと、キーワードとしまして、「超越」に加えて、最初のペイ

ン先生のご発題にあった「外部・内部」という捉え方、あるいは三名の先生方に共通して「信心」「菩提心」「金剛心」という捉え方、あるいは悟りへの道筋において「頓・漸」という捉え方、また親鸞浄土教を「頓」の仏道と受け止めた場合、この世界に生きている私たちがどのように意義づけられていくのか、さまざまな問題が横たわっているように思います。

　そこでこれから、発題された先生方から、お一人ずつご発言に関する補足、あるいは他の発題者に対する質問、内容確認なども含めて、もう少し時間を取ってお話をいただきたいと思います。まずはペイン先生からよろしくお願いいたします。

ペイン：まず、福原先生にお話しを伺いながら進めたいと思います。生死と涅槃、生死の世界と浄土に同時に生きるということは、そのような体験はできるのでしょうか。また、信心ということを介して、生死と浄土を同時に感じることはあるのでしょうか。福原先生、法然上人の基本的な立場というのは二元的なものです。ですから生死と涅槃については、生死即涅槃といった考え方はあまり出てきません。生死という世界にいる者が、どのように涅槃の世界に到達するのかということにつきまして、まず生死を離れるということが一番の関心事ではないかと思います。そして、悟りの境界に関しては、私の発表で往生後ということでお伝えしきれていない部分があったかと思います。法然上人の場合は、親鸞聖人が如来と同等とおっしゃったというような、仏の側に関することはほとんど語りません。その部分は一線を保っている方です。往生後ということに関しては、例えば資料の、聖光・法力・安楽三上人との問答ですが、善導大師の文を引かれまして、「念仏の一行に依て、往生をとげ、十地の願行自然に成就する」と語られます。仏の側の話は阿弥陀仏まかせであって、阿弥陀仏の世界で自然に仏への道というものは成就されていくと考えられています。ですから、私がその境界に立つとか立たないということではなく、すべてを阿弥陀仏に委ねるという形で説かれているものが多いと思います。生死即涅槃というような、天台流的な一元論的表現はあまり出てきません。

司会：福原先生からも追加のご発言をいただければと思います。よろしくお願いいたします。

福原：時間の関係でとばしたところを少し補足させていただければと思います。
　資料の　御臨終日記、　御臨終の時ご門弟に示されける御詞には、「還浄（浄土に還る）」ということが語られております。私はもともと浄土にいた身であるので、死が近づいた時には浄土へと還るのだという表現がなされているわけです。この「還浄」という表現は、挙げました二つの資料にしか見られない独特の表現でもあります。この内容だけをもって、法然上人の思想を決めつけ、位置づけるのはどうかと私は思います。「還浄」という表現は、ある特殊な状況においておっしゃった言葉であると押さえなければならないと思います。善導大師との夢定の問題であるとか、法然上人は戒の伝承者でもあるわけですが、その戒の伝承に関して南岳慧思や天台大師智顗の関連の中で時空を超えて取り上げられ、そのようなことがあったりしましたのが、このような形で、特異な状況になったときに発せられた言葉であると言えると思います。法然上人のお言葉として「還浄」というものがあるわけですが、しかし、そのこと自体についてあまり評価はしないということです。聖光上人伝説の詞にありますように、法然上人は自らを特別にみるということを避けられた方ですから、「還浄」というような特別な表現はされなかっただろうと思います。

司会：福原先生、ありがとうございました。「還浄」という表現は、浄土真宗においても問題になるところでございます。また、生死と涅槃ということを信心と関連づけてどのように捉えていくのかということも、浄土真宗においてさまざまに論じられるところです。

　それでは続きまして、林先生どうぞよろしくお願いいたします。

林：ペイン先生が、悟りの場ということに関して、内・外という視座を示してくださいました。浄土を心の中で見るということ、つまり「己心の浄土」とか、「唯心の弥陀」という表現があります。このような見方について親鸞聖人は否定をされています。ペイン先生のご発表の最後に取り上げられた上田義文先生、海野大徹先生の非二元的解釈は、結論でもおっしゃられているように、創造的理解の可能性を無くしてしまうと私も思います。ですから、浄土を外に見ていくという考え方は非常に重要ではなかろうかと思います。そのあたりのことをペイン先生にもう少し詳しくお聞かせい

ただければありがたいと思います。

ペイン：最初に作成した資料には、いまご指摘いただいたご質問に関してもう少し詳しく論じています。まず、内・外に分けるということの目的は、上田先生や海野先生が生死と悟りの同時性ということの間にある緊張感というものを、非二元性というところへ持っていくことで、あまりにも素早く解消してしまっているように思ったからです。親鸞聖人の思想というのは、この内・外の同時性というものを非二元論的に解釈することの意味はあると思いますが、それらの持つ緊張関係が素早く解決させられていることによって、抜け落ちてしまっているところがあるのではないかと思われます。

　現代人が西方浄土ということを、文字通り西に実在すると理解することは困難なことです。ただそれに対して、西欧的思考を踏まえ、浄土ということを内側にだけ捉え、心の問題であるというように心理的なところで片付けてしまうことは、解決を急ぎ過ぎているように思いますし、何か大切な部分が抜け落ちてしまっているような感がいたします。ですから、あえて内・外を保ちながら論じ、考えることによって、創造的な解釈ができるのではないかと思うわけです。創造的と言いますが、全く新しいものを創ってしまうということで創造的と言っているのではありません。親鸞聖人が、生死と涅槃の同時性を語る箇所がありますが、それを一度に非二元論ということで解釈してしまわずに、その間にある緊張感を保ちながら、内・外の問題を考えていくというモデルを提示することによって、現在の西欧社会に生きる人々にとって親鸞思想における信心というものを上手く伝えることができるのではないかと思うわけです。つまり、現代の西欧社会における人々にとっては、生死と涅槃の緊張関係を保ちながら、浄土を語っていくということが重要ではないかと思います。

林　：やはり欧米では、非二元論的な禅ということがたいへん興味深く受け入れられているということがあります。そのような状況にあって、真宗においても瞑想を取り入れながら、広めていこうとする動きもあるわけです。浄土真宗の教義の柱には、往還二回向というものがあります。しかし、この往還二回向がわかりづらくなっているのではないか、理解し難いものとして受け止められてしまっているのではないかと思います。往還二回向と

いう考えは、浄土を外に捉えていくということがありますから、心の中に浄土を見ていくということには、やはり問題があるのだろうと思います。

　親鸞聖人は信心を通して、生死即涅槃ということを語られます。やはり信心を抜きにしては語れないわけです。そのあたりのことをどのように考えておられるのかをお聞かせいただければと思います。

ペイン：やはり林先生が言われたように、あまりにも非二元論的な解決に走りすぎますと、親鸞聖人の言う往還二回向というフレームが全く理解できなくなってしまうと思います。確かに概念的に考えていくと、そのような往還二回向がなくても解釈できるのかもしれません。しかし、私たちはどこまでも生身の人間でありますから、体験する感覚を持った人間として浄土に往く、還るという表現というものは大事なことであろうと思います。観念論的に言ってしまえば、そのような表現は不要なのかもしれませんが、日常生活に関わる表現の中で、つまり出かけるとか帰ってくるというような言語表現の中で生活していますから、そのような表現のダイナミズムというものを保つ往還二回向という表現は、大切なものであると思います。また、「禅的な」という表現で批判しましたが、禅の場合でも有名な「十牛図」というものがありまして、あれもやはり往くと還るというイメージを用いて、非常に日常感覚的な表現を使って、禅の悟りに至る深い理解を、また生死即涅槃というものを示しているわけです。「十牛図」においても往くと還るということは言いますので、あまりにも簡単に非二元論だとやってしまうと、親鸞聖人の言う信心の表現を、かえってわかりにくくしてしまうのではないだろうかと思います。

林：ありがとうございました。

司会：福原先生、いまのことに関して何かございませんでしょうか。

福原：せっかくの機会ですので、林先生にお尋ねさせていただきます。結びのところでお話しされておられまして、浄土真宗のお立場としてはよく言われることですが、「真実信心を獲得する念仏者は、現生において正定聚の位に住す。信心の定まる時に往生が定まり、臨終来迎を否定する」とあります。信心を獲得するというのは、何を以て信心を獲得できるのかということがあります。また、念仏ということは自利の行として位置づけられる

わけでしょうか。さらに、念仏によって信心を獲得するのか、はたまた念仏は自力の行であるからそういうわけではないのだと言われるのか。そのあたりのことを教えていただければと思います。

林　：名号が本願招喚の勅命ということで、阿弥陀仏のほうから私たちのほうへと喚び声として働いてくださっています。その名号を受け止めるときが信心獲得ということでありまして、その名号を口で称することが念仏ということになります。決して念仏を否定するわけではなく、念仏においても自力の念仏と他力の念仏ということを親鸞聖人は見ていかれます。行を抜きにして信はありませんし、信を抜きにして行はありません。行信不二ということです。「正信念仏偈」の中には親鸞思想のエッセンスが凝縮されているわけですが、念仏を正信するということですから、念仏を抜きにしては語れないわけです。

福原：そのような意味では法然上人も「信のない行はない、行のない信はない」とおっしゃっておられますから、そのことと親鸞聖人のお考えは異なるのでしょうか。

林　：法然上人は、『観経』の至誠心、深心、回向発願心を中心に信心の内実を論じておられます。親鸞聖人は、『大経』の至心・信楽・欲生を中心に信心の内実を論じられまして、『観経』の三心との関係を真実と方便ということで語られるということです。そのあたりのことで自力と他力という問題が出てくるのではないかと思います。

福原：そうすると法然上人の念仏は、親鸞聖人にとって自力の念仏だという判断になるのでしょうか。

林　：親鸞聖人は、そのようには言われておりません。親鸞聖人は、すべて法然上人のおっしゃる通りだと言われますから。『御伝鈔』などにも記されますように、信不退・行不退というエピソードが語られていますが、ここからも親鸞聖人の理解と法然上人の理解は同じであったと考えることができると思います。ただ、時代を経るにつれて、法然上人と親鸞聖人との教学の違いや、法然門下の中でもそれぞれ教学の異なりというものが次第に強調されてくるのではないでしょうか。親鸞聖人にとっては、法然上人と教学は全く同じであると考えていたと思います。

福原：親鸞聖人は、「如来と等し」という境界に目覚められたわけですから、悟りの世界を語られる場合が多いわけですが、そこが決定的に法然上人とは異なるわけです。法然上人は、先ほど申しましたように、仏の側のことは語らないという一線を保っておられる方だと私は思っております。『選択集』などでも、なぜ阿弥陀仏は念仏一行を選択されたのかということを語られる場所において「聖意測りがたし」(『註釈版』1222頁)、阿弥陀仏の心は私のような愚かな人間にはわからないとおっしゃるわけです。しかし、自らの解釈が間違っているかもしれないという思いを持ちながらも、質問者に答えていくわけです。他の箇所でも、ある人の浄土はどこにあるのですかという質問に対して、法然上人は「行ってみるべし」というように、仏の側のことはすべて阿弥陀仏任せという立場を示しておられると思います。ですから、親鸞聖人との表現の差がそのあたりに出てきているのではないかなぁと思います。

林：では逆に、福原先生にご質問をしたいと思います。法然上人800年忌において浄土宗のテーマで掲げられました「共生」ということは、どのように解釈させていただいたらよろしいのでしょうか。普通、「共生」といったら共に浄土に生まれるということだと思いますが、この世の中で一緒にという意味合いも、そこには含まれているのでしょうか。

福原：ややもすると「共生」ということが、お互いに足りないところを補い合って、お互い成り立つようにしようと、また自然との共生であるとか、福祉の世界であるとか、そのような場面でよく使われていますけれども、そのような場面での「共生」は、「共に生きる」という意味合いで理解されていることが多いように思います。そのような理解は、少し違うのではないかと私自身思っています。やはり、林先生がおっしゃられたように、「共に生まれる」という「生極楽成仏道」とか、「願求諸衆生往生安楽国」という言葉からきている表現だと思いますが、そうであるならば、「共に生きる」ではなくて「共に生まれる」ということでないといけないと思います。仏教は目覚めの宗教ということですから、宗派にかかわらず、目覚めるということ、ブッダに成るということであれば、私が目覚め生まれ変わるということとして受け止めるべきであろうと思います。私はそのよう

に考えております。

司会：さまざまな話題が提供されたように思います。悟りの境界を語るのか語らないのかという、法然上人と親鸞聖人との立場の相違というものもご紹介いただきました。私は司会の立場なのですが、個人的な研究として明恵上人と親鸞聖人の教学に関心があります。明恵上人は、やはり菩提心を発すということが仏教において最も重要であるとおっしゃられ、その立場から法然上人を批判されました。「菩提心を発して仏に成る」ということが大きなテーマになってくるのが明恵上人ではなかったかと思います。ただ、法然上人に対する明恵上人の批判は、法然上人が亡くなった後に展開されましたので、法然上人が直接答えることはできませんでした。ですから、往生ということだけではなくて、仏に成る、成仏ということが如何なることであったのかということが、門下である親鸞聖人にとっては大きな課題となったのではないかと私自身考えているところです。

　ここでもやはり本日のキーワードである菩提心ということが問題になってきます。また、新しい話題として「共生」ということが取り上げられ、「共に往生する」「共に生きる」という観点で問題提起されたと思います。これからの時間は、ここにお集まりの皆様からご質問をいただきながら、学びを深めていきたいと思います。

〈質疑応答〉

質問：三人の先生にそれぞれご質問をさせていただきたいと思います。リチャード・ペイン先生から学んだことは、親鸞の信心が菩提心から金剛心まで一体となって理解されているというところです。私自身の道というものが、最初から最後まで仏の大悲によって貫かれているということを改めて気づかせていただきました。また、生死即涅槃の理解について、上田義文先生などの解釈ですと、どちらかというと、この娑婆世界の中で悟りを語ってしまうために、それは本当の親鸞聖人の信心の世界ではないのではないかということです。むしろ悟りということは外部でしか求めざるを得なかった、外部にあるものが私に働きかけているという緊張関係の中で親鸞聖人の信心を理解すべきだということを教えていただきました。そのような中

でペイン先生に質問してみたいことは、迷いを超えた浄土ということについて、信心との関係でどのように受け止めておられるのでしょうか。

　福原先生からは、法然上人の思想をたいへん丁寧に教えていただき、よく理解することができました。限られた時間でしたので、詳しくお話しになられなかったと思いますが、法然上人の著作の中に「還浄」という表現があるということでした。お配りいただいた資料によると、御臨終日記では、「極楽吾本邦」という表現があったり、御臨終の時門弟等に示されける御詞では、「我もと居せし所」という表現がなされ、また還って往くところなんだという内容があります。これらの表現の意図するところはどのようなものであったのか、もう少し詳しく教えていただければと思います。合わせて、極楽の理解もお聞かせいただければと思います。

　林先生については、膨大な資料を挙げていただき、わかりやすく親鸞聖人の思想を教えていただいたように思います。ペイン先生と関わることですが、やはり救いは私の内部にあるのではなく、外部にあるのであり、阿弥陀仏の本願力の働きの中で、迷いが晴らされていくわけです。「正信念仏偈」には、「証知生死即涅槃」との言葉が出てきます。法然上人にはあまり表現されない「証知生死即涅槃」を、親鸞聖人は『華厳経』や曇鸞大師の思想などに影響されつつ語るわけです。あの場合の「生死即涅槃」といったときに、「生死」というものはどのように理解すればよいのでしょうか。

司会：それでは今のご質問に対して、まず福原先生からお答えいただきたいと思います。

福原：先ほども補足のところで申し上げたつもりでおりましたが、法然上人のこのような表現というのは、ここにしか見られないものです。いわゆる御臨終という特異な状況の中でおっしゃった言葉だろうと思われます。しかし、配流より上洛の後示される御詞を見ていただきますと、浄土への憧れといいますか、早く参りたいという言葉が見られます。「こひしきかな極楽。はやくこの命のたへねかし」という表現は、臨終という差し迫った状態ではないときの言葉としてあるわけです。このような差し迫った状態ではないときの思いが、特異な状況になったときに現れ出るということでは

ないかと思うわけです。先ほども申しましたが、お釈迦さまのところで舎利弗とともに修行をしていたというような、時空を超える話というのは、法然上人に二つ三つあります。そのような心境は特殊な心境であったと理解したいと思います。このことが法然上人の中核をなすということではないと考えるところです。

林：「惑染凡夫信心発　証知生死即涅槃」とありまして、惑染の凡夫である私たちが信心を発したならば、証知生死即涅槃ということが明らかになるということです。仏教というのは、転迷開悟の教えであると最初に申しました。これを煩悩とか凡夫ということを抜きにして涅槃ということは語れないわけです。生死の中に生きて惑染にまみれた凡夫の私が信心を発すということは、如来の本願を信ずるということですから、そのときに二種深信というあり方を同時に知らしめられるということだろうと思います。ですから、惑染の凡夫が信心を発すといところに開かれてくる涅槃界だろうと思います。

ペイン：ワシントンD.C.の友達が、さまざまな宗教を経廻って浄土真宗のお寺に入られたそうです。その方が、まずお寺の住職に質問をしたわけです。お寺へはどのよう身なりで行ったらよいのか、どのような行動をすればよいのかと、まずもって電話で確認をしたそうです。それに対して開教使の先生は、そのまま来てくださいとおっしゃられたそうです。この話にもあるのですが、そのまま来てくださいというところに真宗の教えのポイントがあるのではないかと思います。信心を獲るということは、未来とか死後の問題についての疑いが無くなる、そのことでやっと今の人生そのものを生きることができるようになるということだと思います。浄土に生まれることが決まっている人生というのは、恐らく次に何をしなければならないかということばかりを考えて生きる必要が無くなるということだと思います。それから、どうすれば今よりもよくなるのかということを考える必要が無くなる人生を生きることだろうと思います。

　信心と菩提心と金剛心の関係の話になりますが、やはり信心というのは、初めであり最後であって、その間ではないのだと思います。浄土に生まれることが決まっているという人生を生きるということは、次のステップを

問題にしないということで、今を生きることができるわけです。

司会：予定していた時間を大幅に超過しております。フロアからのご質問はまだまだあろうかと思いますが、時間が参りました。皆さまのご質問から、学ぶということはどのようなことであるのか、信心とは何か、今の私にとっていかなる意味を持つのかということについて、また問いを深めることができたのではないかと思います。本日お配りされました資料をじっくりとご覧になって頂きまして、その上で、現実の問題に向き合い、また学んでいくという事が出来れば本日のシンポジウムは意義あるものとなったのではないかと思います。本日は大変ありがとうございました。

以上

真宗先哲の地獄論―近世・近代を中心に―

高田　文英

1　はじめに

　今回の発表では、地獄の思想について、近世・近代の真宗先哲がいかに取り上げているのかを考察してまいりたいと思います。

　最初に少し問題意識を申しておきますと、真宗の聖教においては、とくに源信の『往生要集』に地獄が詳細に説かれるわけですが、それを現代的な関心のもと、真宗学においてどのように受け止めていくかということであります。

　だいたい近世の終わり頃までは、いわゆる須弥山説が、少なくとも仏教界においてはそのままに通用していたわけですから、地獄の存在についても、文字通り地面の下にあると言ってとくに問題はなかったわけで、おそらくは大半の仏教信者がそのように捉えていたものと思われます。しかし、西洋の科学的な世界観を受け入れるなかで、現代の我々は地獄をどう捉えるべきか、自信をもってこうだと言い難くなっているのではないか。

　ただしそれは、今になって始まった問題ではなく、すでに近代に入って以来、一つの課題として問われてきたものであると言えます。そこでこの問題を考える上には、近世から近代へと展開していった先哲の議論を踏まえておく必要がある、そうでなければ、着実な議論を積み重ねていくことにはならないでしょう。

　ただ今回の発表では、とりあえず先哲の議論を網羅的に見渡すことを念頭に置きましたため、まだ十分にそれらの議論を整理し今後の方向性を検討する段階には至っておりません。お聞き苦しい点もあろうかと思いますが、今回いろいろご意見いただくなかで、私自身、頭の中を整理できればと、このような少々虫のよいことを考えております。

(1) 本発表の資料

　さて、対象とする文献ですが、近世は『往生要集』の講録に限定し、近代は『往生要集』の講録以外にも種々の文献を参照します。真宗学において地獄の思想は、教義論題に数えられるような教義上の重要テーマとして扱われるものではありませんので、やはり『往生要集』に説かれる八熱地獄に関する講録が、最も体系的に地獄を論じたものということになります。ですから、とくに『往生要集』の講録に限定する必然性があるわけではありませんが、近代については『往生要集』の講録を対象としました。ただ、明治以降については『往生要集』の講録以外にも種々の文献を取り上げています。これは、時代の事情により、地獄について言及するものが比較的多く散見されるためです。今回の発表で取り上げました文献名を、最初の【資料１】に挙げております。このなかで言えば、1864年講義の松島善譲『往生要集聴記』までが近世・江戸時代、そして1885年講義の南條神興『往生要集乙酉記』からが近代・明治ということになります。

　近世から近代になったからといって、議論が突然変わるかというと、『往生要集』の講録においてはそれほど大きな変化はないのですが、一部のものには、江戸の宗学を継承しながら、それだけではなく、科学的な世界観が世間の主流となるなかで、それにどう答えていくのかという議論が見られるようになります。また講録以外では、全く近世とは様変わりして、須弥山説などもう古いといった主張も多く出されるようになります。そして視点としては、近代と近世でどう変わったかということもありながら、同時に、両者のつながりを見て、近世の議論を引き継ぎつつどう展開させているか、という流れを見ていく必要もあると思われます。

　なお、地球説や地動説は、明治になって初めて入ってきたものではなく、地球説などは、すでに17世紀には日本に入ってきています。キリスト教の宣教師によって紹介され、日本人もこれをかなり議論しています。そこで問題となるものの一つが、仏教の須弥山説です。ただ、これはより綿密な調査が必要ですが、今のところ、江戸時代の真宗の講録の中で、こうした議論を取り上げているものは見当たりません。『往生要集』の講録では、明治に入ってからの南條神興『往生要集乙酉記』が、地球説を取り上げているのが最初かと思われます。

もちろん近世の学哲が、こうした議論を知らなかったわけではないでしょうが、概して近世の宗学においては、外来思想に対しての反応は鈍いように思われます。

（２）源信『往生要集』の地獄

さて、最初に『往生要集』の中では地獄についてどのような記述がされているかを概観したいと思います。まず、地獄の説かれる大文第一「厭離穢土」全体の主旨ですが、ここでは六道全体を穢土と規定し、これらの世界を厭い離れよと説かれております（【資料２】参照）。『往生要集』の地獄の描写は有名ですが、地獄だけを特別な世界と見ているのではなく、我々の人間世界も含めた六道全体が穢土として捉えられているという点は、押さえておくべきものと思います。

天台の十界互具というような思想とは違いますが、地獄を我々の側の世界として捉え、そこに共通性を見ているという視点があります。賢励の『往生要集説教』の「又モ又珍シカラヌ三悪道ヘヤミヽト落チルトハサテモ残念ヤ」という言葉を資料に挙げましたが、その辺の地獄に対する捉え方が表されている言葉ということになります。

さて、大文第一「厭離穢土」の「地獄」では、八熱地獄を一つひとつ解説していくという形で、【資料３】に図表を挙げましたが、名称、方処、縦広（縦横）、寿命、業因というように整然と説明されています。それぞれの地獄の苦相が具体的に詳細に説かれ、また諸経論の説に基づき、方処、縦広、寿命などがやはり具体的な数字を挙げて示されます。これは『往生要集』の特徴というよりは、参考にした経論のところにすでにそのような具体的な地獄が説かれているわけです。そして、閻浮提の一千由旬の下に等活地獄があり、その一万由旬の下に黒縄地獄、さらにその下に衆合地獄という形で、須弥山説を前提として地獄の方処（場所）が定められています。縦広や寿命も具体的に示されます。

また、こうした具体的な数字とともに、業因をまた具体的に示しつつ、獄卒の言葉などを通して、地獄が因果の道理に基づく業報の世界であることが強調されています。これは業因についてとくに具体的な記述のある『正法念処経』などに依ったものです。【資料３】に挙げました表の付記には、獄卒の言葉を

いくつか抜き書きしております。だいたいこれら獄卒の言葉では、自らの業によって自ら苦しみを受けるのだ、誰も代わることはできないというように、自業自得の道理が説かれています。業因を詳細に論じることのなかにも、地獄が業の果報の世界であることを強調する意図があるように思われます。

　近世・江戸時代になると、真宗先哲によって『往生要集』が詳しく註釈され始めるわけですが、その註釈の際には、具体的な地獄の表象の面と、因果の道理という理論的な面の両方が大事にされながら論じられていきます。それが近代になっていくと、具体的な地獄の表象の面が捨象されていく傾向があります。近世と近代の解釈の特徴は、大きく分けるとそのように言えるでしょう。ただ江戸時代の議論においても、具体的な世界を絶対的なものとして取り上げるということではなく、仏教教理に基づく柔軟な解釈というものも加えられていて、そのようなところが近代の解釈につながっていくという側面を持っています。

2　近世の先哲の地獄論

(1) 真宗教義上の地獄の解釈

　『往生要集』の講録では、語句解釈を行いながら詳しく註釈していく傾向があり、読んでいると少し退屈なところもありますが、その中で、真宗教義としてどのように受け止めていくのかということが押さえとして説かれています。そのことに注目してみたいと思います。それからもう一つは、具体的な表象について、例えば経典によって時間の説示がそれぞれ異なる場合、それをどのように会通していくのかというときに、理論的な面が説かれていきます。これも後で見ていきます。

　【資料4】の僧叡『往生要集偏帰箋』では、『往生要集』に地獄が説かれる意図について、穢土の相を明かすことは弥陀発願の縁を明かすことであると説かれます。つまり、なぜ阿弥陀仏によって本願が発されたのかという理由が明かされているのが、厭離穢土の一門であるとします。本願が発された理由は何か、それは穢土の中で迷っている衆生があったからだといい、その理由を明かしているのが厭離穢土だというように論じられていきます。

　【資料5】の徳龍『往生要集講義』でも同様で、少し論じ方は違いますが、厭離穢土の一門が示される経論上の根拠として、『無量寿経』の四十八願（中

でも第一願・第二願)を挙げ、六道(地獄)が本願思想との関連の中で捉えられています。つまり、弥陀の大願の内容を説いているのが厭離穢土であるという押さえをしています。とくに大願の中でも、第一願(無三悪趣の願)・第二願(不更悪趣の願)が六道思想の中で捉えられると述べています。なぜ本願が発されたのかというと、地獄に堕ちる私がいたからだ、そのことを明らかにするのが厭離穢土だという解釈です。これは当然、真宗の信心の問題と関わってくることです。

　そして【資料6】から【資料8】は、機の深信のところで地獄を捉えていくという解釈をしています。【資料6】の徳龍『往生要集講義』のところでは、「出離ノ縁ノ機ノ真実ヲ顕ハス厭離穢土ナリ」、つまり厭離穢土の一門は「機の真実」(信心の上に明らかとなる自身の真相)をあらわすものであると押さえられています。

　【資料7】の石川了因『往生要集講録』では、「所被ノ機ヲアラハス」と述べられていますが、これも内容的には徳龍と同じ押さえであると思います。

　次の【資料8】僧叡『往生要集偏帰箋』のところでは、「仏の所見此に至つて以て信機の法門と作る」とあります。これもやはり表現は違いますが、同じことを述べています。

　これらの理解は、つまり『往生要集』の厭離穢土を、要門のところで押さえてそれは自力方便の教えですと切ってしまうのではなく、第十八願の弘願のところでその教えを受け止めているということになります。他力の法門で捉えるならば、地獄の思想というものは、信心の内容に、機の深信のところに含まれているものなのだと、すでに本願が発された理由のところに、地獄に堕ちるしかない私ということが入っているのだということです。このように、第十八願、信心との関わりの中で地獄を捉えるという理解が、江戸宗学のところで見られます。法義の上での押さえということになると、やはりこうした信心のところでの解釈が、結論的なものになってくると思われます。

　しかし、近代に入って、地獄があるかないかといった議論をする場面では、こうした信心の立場から地獄の存在を主張することは、あまり行われていないという印象があります。対外的な説得性の問題でしょうか。ただ、ないわけではなく、私が目にしたものでは少し飛びますが【資料30】『法の園』434号

（1925年、顕道書院内法園社）をご覧ください。内容を見ると、西本願寺系の雑誌とわかるのですが、この雑誌のなかでは懸賞課題というものがありまして、この回では「地獄極楽の存在に就て」という課題に対して読者がそれぞれの意見を寄稿されています。その読者の寄稿をいろいろと載せた後で、編集部が「懸賞回答」というものを出しています。回答というのはなかなか思い切った編集部ですが、そこには次のように記されています。

　　地獄極楽は有ると思ひます。仏説にうそいつわり無きが故に、若し無いならば、大悲のお阿弥陀様が私一人の為に五劫の御思案兆載永劫の御苦労の南無阿弥陀仏が用無しになります。御教のめがねで拝見させてもらいますと地獄も極楽も見えます。御教をのけて肉身の目にては拝見できません。

　このように、地獄や極楽というものは、信心のところで初めて受け止められるものだと述べられているわけです。これはやはりいま言うように、機の深信のところで受け止めるという近世の宗学の解釈を継承した押さえだと言うことができます。

　また、地獄について、倫理的規範としての意義というものも論じられております。【資料9】の僧叡『往生要集偏帰箋』の文がそれです。地獄の存在が念仏者の生活において倫理的な規範としての性格、意義を持つのだということです。これは、機の深信のところで受け止めるという理解とつながっていると思いますが、とくに業因のところに注目して論じられるものです。真宗においては戒律ということを直接は言いませんから、地獄の思想が規範的な役割を担うものとしてあるということでしょう。こうした地獄の理解は、近代でも見られます。

（2）地獄の表象（寿量・方処・苦相）についての解釈

　次に、真宗教義上の地獄の解釈と別のことではありませんが、とくに最初に申した現代の、科学的な世界観のなかでの地獄の思想という関心から、近代の先哲が、寿量や方処・苦相などの地獄の具体的な表象について、どう解釈しているかを見ていきたいと思います。

まず【資料10】の崇廓『往生要集唯称記』では、寿量について、

> 無間獄是重悪生処。重悪不同。逆罪見₌二万量₌。謗法見₌八万量₌。已上業報非₋一。感見不₋同。亦引₋経大小不₋同。　（『真宗全書』16、126頁）

と述べています。『往生要集』では、それぞれの地獄の寿量が明確に書かれているけれども、その背景となる経論を見るといろいろな説があるわけです。そうすると地獄の寿量の異説について、一つには、業が違うからだというわけです。業は無量にあるのだから、それをうける果報も無量だということです。つまり、感見不同というところで捌くわけです。もう一つは、大乗の経論か小乗の経論かというところで会通して、両者に相違がある場合は、大乗の経論に依拠すべきであるというように捌くわけです。

次の【資料11】の慧然『往生要集略讃』では、『往生要集』の阿鼻地獄にはそこへ到達する前に二千年の間、頭を逆さにして落ち続けるという中有があるのだと説かれており、一方、別の経論には極悪人は中有を経ず直ちに地獄へと堕ちるという説もあり、これら二つの説をどのように会通するかということが説かれています。そのことが次のように説かれています。

> 業力所₋見。猶如₌処処見₌種種境₌。……謂業処₋感罪人所₋見。於₋近見₋遠。如₋下説₌。無間獄中有。亦此義也。　（『真宗全書』16、40頁）

二千年堕ち続けるということは、実際の長さの話ではなくて、罪人は実際近くても遠いと感じるのだというわけです。感じるのだけれども、実際に二千年堕ち続けているわけではなくて、中有を経ずにすぐさま阿鼻地獄に行っている。しかも罪人の実感としては二千年堕ち続けていると、このように会通しています。これもやはり、業の感見不同という考え方に基づく解釈です。また同書に次のような文言もあります（【資料12】）。

> 仏説何生₋疑乎。自迷自倒。自業自得。自心所₋詫。業因無量。故寿命長短。苦相軽重。亦千差万別。其中説₌一分₌令₌人厭離₌也。

(『真宗全書』16、46頁)

　ここでは、業因の差別により業果は無量であり、経論の文はその一分を説いたものとして、経論の異説を会通しています。ですから経論の説が絶対唯一ということではなくて、感見不同、業因の差別というところで多様な説の可能性を認めていく解釈です。このような柔軟性というものを理論のところで持っています。これは江戸宗学の特色というよりも、地獄の思想がもともと持っている特色といえると思います。
　次の【資料13】も慧然の『往生要集略讃』ですが、次のような文言があります。

　　獄相為_愚夫遮_レ行_悪故。巧説_其相_。浄国十楽為_凡小之勧_修善_故。比_此界_説。並是無実虚仮之談。俗愚誘引之方便矣。若欲_見_得真仏法者。無相無性。空無_所有_。無之一字。大悟之本。
　　　　　　　　　　　　　　　　　　　　　　　　（『真宗全書』16、5頁）

　ここでは、大乗の空思想から地獄・極楽の説は方便説だという批判があると、地獄とか極楽というものは「俗愚誘引之方便」だという批判があるけれども、それに対してどう答えるのかということです。
　それに対する答えが次の【資料14】です。

　　諸仏菩薩徹見自知。説_其百万分之一_。其極苦相。多順_此洲_。又顕現成就説_無量中之一_。其楽受相。多順_此方_。名_之近諭_。名_之大悲_。然則徹見自証。苦楽豈不_レ欣哉。　　　　　（『真宗全書』16、6頁）

　ここでは、地獄の苦相は、人間世界（閻浮提）に準じて説かれた「近諭」であり、仏の「大悲」であると示しています。地獄の苦相の相対化という点で、後の時代に通じていくと考えられます。
　近世の『往生要集』の講録の中で、「近諭」というように、地獄・極楽というのは、私たちに理解できるように譬えて説いているのだというような理解は、

私が確認したかぎり、この慧然の『往生要集略讃』のみであるように思います。近代になってくると盛んに言われてくるところです。慧然のところですでにこのような言い方がされているということは、一つ注目すべき点だろうと思います。ただし、一言に喩えと言っても、いかなる意味で喩えなのか、後の時代に言われるところが慧然の解釈と同じであるかは、慎重に見るべきであろうと思います。

　さて、こうした経論の異説をどう会通していくかという問題意識において、地獄の具体的な表象に、理論的な解釈がされていくわけです。主には、業の感見不同という理論のところで捌くという解釈です。しかも最終的には、いずれも仏説である、仰信すべし、という態度があるということも、注意すべきです。そこには、たとえ異説を会通できなくとも、それはこちら側が深い仏意を知られないだけであるという態度があり、仏説の側に失があるとは、決して見ないわけです。

3　近代の先哲の地獄論

　それでは近代の地獄論を見てまいります。おおよそ年代順で、最初は【資料15】からの南條神興『往生要集乙酉記』です。

　　コノ南閻浮洲ノ下無間ノ底ニ至ルマデハ凡ソ四万由旬ナリ。一由旬四十里トスレバ四百二十万里トナル。コレニ就テ近来地球説ガ行ハレテ諸人ミナコノ地獄ノ説ヲ疑フヤウニナレリ。地球説デイヘバ全世界ガ僅カニ九万里ニタラズ。コノ亜細亜洲ノ下ハ亜米利加ニアタル。シカレバコノ亜細亜ノ地下一千由旬ヲスギテ等活地獄アリ。ソレヨリ四百万里ノ間ガ地獄ナリトイフトキハ。亜米利加ヲ貫キテ遙カ向フニ地獄アリトイハネバナラヌ。然レバ隨処地長ナレバ亜米利加ヨリ云フトキハ地獄ハ頭ノ上ニアリト云フベシ。然レバ望遠鏡ニテモ地獄ノ国ガ幽カニミヘサウナモノナリ。近来全世界ヲ航海スレドモ地獄ヲミタルモノナシ。然レバ決定地獄ノ説ハ仏家ノ虚誕ニシテ信ズルニ足ラズト云フ俗難ニ就テ。動モスレバ仏門ニ衣食スルモノニ至ルマデ大ニ地獄ノ有無ヲ疑フコトニナル。（『真宗大系』12、268頁）

『往生要集』の講録の中で、恐らくは初めて地球説が取り上げられます。地獄がそれほど遠いのであれば、地球を貫いてアメリカのはるか頭上にきてしまうと。そのようなことであるから、みな地獄の説を疑うようになったということです。地球説を前提として、それと地獄の距離の問題をどのように考えていくのかということが取り上げられています。

これに続くのが【資料16】です。

> コヽガ心得ベキコトデ。仏法ノ器世間建立ハ善悪業ノ優劣ニ就テ六趣四生ノ報果ノ位置ヲ安立シタルモノナリ。ヨリテ有漏ノ最上ノ善業所感ノ果ハ色界ノ色究竟天ユヘニコレヲ頂上ニ置き。極悪最下ノ悪業所感ハ地獄ナルユヘ人洲ノ地下一千由旬に地獄アリト説イテ。ソノ果ノ優劣ニ隨テ方処分量ヲ安立ス。ユヘニ大地ニ穴アケテ一千由旬下レバ地獄巡リガ出来ルト云フヤウナコトニアラズ。コノ処スナハチ地獄ナリ。

（『真宗大系』12、268頁）

ここでは、六道の方処、つまり場所的な問題に関して、上下というものは、善悪業の優劣を表しているのだと理解しています。そうすると場所が絶対的なものではなくて、天界というものは善業の素晴らしい世界を表しているから上にあるのだと。地獄というのは最低の世界であるということを位置によって表しているのだと言います。ここでは、まず理性的というか、象徴的な解釈というものを行っています。

近世の議論の中でも、六道と五道が経論に出てくるけれども、どちらが正しいのかという議論があり、最終的に六道を取るわけですが、そのときの一つの根拠となるのが、善業に上・中・下があって、修羅・人・天と3つあるわけだから、悪業のところにもやはり上・中・下があって、地獄・餓鬼・畜生に該当するのだ、だからやはり六道であってしかるべきなのだと結論づけられます。

もう一つの文言は、【資料17】ですが、象徴的な解釈と同時に、「感見不同（業の感見の相違）」の上から、地獄の方処、ならびに須弥山説にも実質的な意味を認めていく解釈です。

シカルニ我輩何ゾ知ルコトガ出来ヌゾト云フニ。コレガソノ業ノ異ナルガユヘナリ。若シ堕獄ノ業道成弁スレバ爰ニアリナガラ忽チ地獄ノ悪相ヲ感ズル。シカレバ地ノ下一千由旬ニ等活アリ。四万由旬ニシテ無間ノコソニ至ルトアルハ仏ノ仮説方便説ナリヤト云フニシカラズ。タトヒコノトコロ地獄ナリトモ業力ノ然ラシムルトコロ実ニ四万由旬ヲヘテ地獄界ニ至ル。タトヘバ夢中ニアリテ数百里ノ路ヲ過ギ。数年ノ星霜ヲフルガゴトク。モシ無間ニ堕スル者ハ頭下足上ニシテ矢ノゴトクオチユク間ガ二千年ヲフルトアル。左様ナ遠方ハ他世界ナラバ格別娑婆世界ニアルベキ筈ナシ。コヽガ自身ノ業力ヨリ遠方ト感見スルナリ。シカレバ人間ノ業果ノ眼ヨリ見エザル故ニ地獄ナシト云フハ笑フベキノ愚難ナリ。既ニ孤独地獄ハ山林幽谷広野ニアリト説ケドモ誰アリテ見タモノハナイ。コレガ感見ノ不同ト申スモノナリ。……固ヨリ欲界ハ共変ナレドモソノ中ニ共受用アリ不共受用アリ。シカレバ閻浮提ノ北ニ須弥アリ九山八海アリト説ケドモ見タモノガナイユヘニナシト云フベカラズ。 (『真宗大系』12、268〜269頁)

経論の説では具体的な数字が挙げられているが、それは業力によってそれぞれの人が感見したところのあり様を説いているわけだと解説しています。さらにこれは地獄だけではなく、須弥山説というもの自体が感見の不同であるとして、我々はそれを見る業がないから見ることができないだけであると説明されています。ですから、須弥山世界をないなどと言ってはならないと指摘しています。

次の【資料18】も同じです。

妙玄七 二十右寂光理通如㆑鏡如㆑器諸土別異如㆑像如㆑飯業力所㆑隔感見不㆑同トアリ。仏ヤ聖者ハミナ此諸ノ業ニ通達シ六通ニ出入シテ済度シタマフコトナレドモ闇昧ノ凡見ヲ以テ地獄ノ有無ヲ議スベキコトニアラズ。
(『真宗大系』12、270頁)

ここでは、「感見不同」の出拠に智顗『法華玄義』(大正32、767頁上)を挙げています。人間の見ている世界は「凡見」により把握された一面的世界であ

るから業の相違する地獄を見ることができないのであり、六道すべてに出入りできる仏・聖者のみがその全体を知ることができると述べています。

つまり、科学的世界観を仏教思想の中に取り込みつつ、その一面性・限定性を指摘するわけです。科学的世界観を認めないわけではなく、それは我々の業によって感見された一面的・限定的な見方であり、それがすべてではないということを述べています。このような形で須弥山説や地獄の実在を担保しています。

次に【資料19】です。

　　地獄モシナクンバ悪業モナカルベシ。悪業モシナクンバ因果撥無ノ邪見ナリ。焦熱ノ来果実ニ想像スベキコトナリ。　　　（『真宗大系』12、270頁）

このような表現は、近代の先哲全般に見られることです。因果の道理の上から地獄の存在することを述べています。因果の道理があるのだから、地獄は存在しないとおかしいじゃないかという指摘です。

以上が南條神興の解釈ですが、とくに感見の不同というところで、西洋の地球説を一面的なものであると相対化し、業の思想に基づく仏教の重層的な世界観を主張していくという方法は、注目すべきではないかと思います。近代では少数派ということになると思いますが、近世の宗学の成果を踏まえて、そこから科学的な世界観に応答している例ということになります。

次の【資料20】佐田介石のところに進みます。

　　モシ世界ハ地球ノ形ノ如キモノトシ須弥ヲ以テ仮立方便説トスルトキハ百難百失アリトイヘトモソノ中ニ最モ大ナルモノヲコヽニ挙クヘシ一ニ三界妄説ノ難二ニ煩悩妄説ノ難三ニハ六度三学妄説ノ難……十二地獄極楽妄説ノ難十一ニ二十五有妄説ノ難十二ニ五道六道妄説ノ難十三ニ生死輪廻妄説ノ難十四ニ三世因果妄説ノ難……　　　　　　　　　（1丁右〜左）
　　十二地獄極楽妄説ノ難トハ地獄ハ何レノ処ニアルソトイヘバ須弥四洲ノ中ニハ須弥ノ南面コノ閻浮提ノ下ニアリトス因テ須弥モシ妄説トナルトキ四洲ノ説モ虚妄トナルヘシ四洲ノ説虚妄トナルトキハ地獄モマタ妄説トナル

ヘキコト是レ論ヲ俟タサルトコロナリ四洲ト地獄ト一列ニ鎖リ合フタル中
ニ於テ一ハ虚ニシテ一ハ実ナルヘキ理アランヤ　　　　　（7丁右〜左）

　佐田介石は、須弥山と地獄を同次元で捉えていきます（須弥山説が妄説であれば地獄も妄説となる）。地獄は南閻浮提の地下にあるから、須弥山と地獄の実在は一連のものであると述べていきます。しかし、佐田介石が須弥山説に対するような科学的・実験主義的な議論の俎上に地獄を取り上げることはありません（地獄の実在は論証しようとしない）。地獄には、須弥山説と同次元（すなわち実験主義的立場）では論じられない隔たりのあることが黙認されているといえます。
　佐田介石は、須弥山説を立ててそれこそが真実であるという立場を取りますが、この後、島地黙雷や前田慧雲、清沢満之などの学哲になってきますと、佐田介石のような説は古い説であるとして、須弥山説は不要であり、しかし地獄は意義のあるものだと、こう解釈されていきます。
　島地黙雷を見てみたいと思います。【資料21】です。

　　地獄極楽とは如何なる物ぞと云ふに、仏世尊の説によりて之を窺ふに、取りも直さず苦・楽二趣の異名と云ふべき者なり。……人の行為に善悪の二つがある以上は之を報ふて顕るゝべき苦楽に二報あるは必然の理なり。……原因ありて苦楽の結果なき者には非ざるべきが故に、此に報ひざれば彼に酬ひ、今に発せざれば後に顕る。是れ三世因果、善悪苦楽の関係にして、其相即追随する恰も形影声響よりも著しければ、善悪の差別に随て苦楽の等級あり。遂に地獄極楽の現起すべき所以も見得て分明なるもの也。
　　　　　　　　　　　　　　　（『島地黙雷全集』4、238〜239頁）

因果の道理のところから演繹的に地獄の実在を論じています。そして次の【資料22】ですが、

　　若し人有て地獄極楽と云ふ名を喜ばず、地獄極楽の画が気に入らずば、地獄極楽の名は止めてもよし。名は畢竟仮に施したる符牒にて、何と名付く

> るも差支なし。画は殊更に筆のあやにて、苦楽の想を画顕はすには、人の平生恐るゝ処、或は耳は目に喜ばしむる処を以て之を形容せざれば画顕し難し。つゞまる処苦楽の二つに云ひかへて地獄極楽の趣きを掲げ出して、蓮池宝閣、荘飾厳麗の楽国とし、又は刀山剣樹、鑊湯炉炭の苦境とするのみ。
> 　　　　　　　　　　　　　　　（『島地黙雷全集』4、240頁）

と述べて、具体的な表象は仮のものであるから気にしなくてもよいと述べていきます。須弥山説についても次のように述べていきます（【資料23】）。

> 如此の説は今日印度・希臘等に於て絶て唱ふる者なし。然る所以は是れ古昔想像架像の講説にして、今日実測精算、天地を掌中にし、日月を解剖するが如きの世に当て、奚ぞ久しく之を存するを得んや。
> 　　　　　　　　　　　　　　　（『島地黙雷全集』3、299頁）

　須弥山説は古い説なのだという形で廃されています。ですから地獄についても具体的な表象は「筆のあや」であり、須弥山説は古い学説だと述べて、ただし因果の道理のところで地獄は存在しているのだと説明しています。地獄という言葉が気に入らなければ、苦楽の異名、苦しい世界ということで構わないと述べます。時代を象徴していると言いますか、非常に近代的な解釈を施していると言えるでしょう。
　次の前田慧雲も島地黙雷と同じような立場で、須弥山説や地獄を語っています（【資料24】【資料25】）。

> 要するに吾人の生死するは業の連鎖である。（『前田慧雲全集』6、28頁）

> 彼の須弥山説の如きは明かに釈尊出世以前から行はれた説であつて、釈尊は之を経中に利用せられたのに過ぎない。さすれば経典中から須弥山説を削除しても、仏教教理の上には何等の痛痒も感じない。然るにこの三世因果の説に至つては頗る重大な問題であつて、三千年間盛んに攻究せられたにも拘らず、現今も猶は疑問を存して居る。

(『前田慧雲全集』5、20頁)

　前田慧雲も、須弥山説を経典の記述から削除しても痛くも痒くもない、と述べています。ただし、三世因果の説に関しては重大な問題であると指摘しています。
　続いて【資料26】ですが、清沢満之は次のように述べています。

　　宗教の事が彼れ此れ評判せらるゝ様になりた時、第一番に議論の種となつたのが、須弥天文の説や、天地創造の説であります、仏経中に顕はれてある須弥天文の説を議論する為に、佐田介石、禿安慧と云ふ様な人々が、非常に尽力せられたことは、世人の知る所であります、又耶蘇教の旧約全書中に顕はれてある天地万物創造の説に対しても、弁難攻駁頗る盛なことでありました、（今日でも動もすれば同様な事がある）つまり世界の構成や万物の組織に就いての説は、学説としては色々の研究が必要なれども、宗教に関しては、何れの説にても、差支はないといふことが明らかならぬが、当時の状況であつたと申して宜しい。　　（『清沢満之全集』6、296頁）

　須弥山説の論争に触れて、それは世界の構成や万物の組織についての話であるから、須弥山説であろうがなかろうが何も差支えないというように、宗教的な問題と須弥山説を切り離して論じる態度です。
　次の【資料27】の言葉は、理解が難しいのですが、次のようにあります。

　　私共は神仏か存在するか故に神仏を信ずるのではない。私共か神仏を信するか故に私共に対して神仏か存在するのである。又私共は地獄極楽かあるか故に地獄極楽か信するのではない。私共か地獄極楽を信する時、地獄極楽は私共に対して存在するのである。　　　　　　（『精神講話』、18頁）

　主観的宗教的な問題として地獄極楽が捉えられています。そして須弥山説というのは、客観的現象界の問題とは切り離していると言えます。読むのを略しますが、続く【資料28】の佐々木月樵『実験之宗教』（1903年、文明堂）もま

た、いまの清沢満之と同じ立場で地獄を理解するものであろうと思われます。

次の勝山善巧『通俗往生要集法話』（1908年、顕道書院）にはこのようにあります（【資料29】）。

> 世には論者ありて、過去もなければ、未来もなく、地獄もなければ、極楽もなしなど、主張するものがある、中には又釈迦が地獄などのことを説きしものは悪を懲さんが為の方便にして、寓言であるなど、評する者もある、決して方便でしなければ寓言でもなく必ずあるに違ありませぬ、何で有るに違ないかと云ふは是に就ては現量、比量、聖教量、と云ふことから御話を致さねばならぬ、現量とは火あるを見て、火あると知り、水あるを見ては水ありと知るが如きもので、所謂今日実見々々と云ふは、此現量のことであります、……私共も地獄や極楽は未来のことである、それを見せよとはそれは明日の日月を今見せよと云ふが如き難でありて、到底現在見せることはならぬものと思ふて居たこともありましたが、能く考へて見れば決して見せられぬものではない、空論でもなく実見説にも反対はせぬものと思ふのである、そのゆへは現に観経に於ては御釈迦様は韋提希夫人の為めには光台現土で諸仏の御浄土を御見せなされたではないか、韋提は実見したのである、……今日の我人も観法さへすれば実見が出来る、しかし観法の出来ぬ人は致方がない……三世了達の仏説を信ずべきである自分は観法は出来ぬ出来ぬから見ることがならぬ、見ることがならぬからとて無いものであるとか空論であるとか実見に反するのとか云ふて難すること甚不都合と云はねばならぬ、次に比量とはこれを推測して知ること現に火の体は見ざれども烟あるを見て火ありと推測するが如きもので、因果の道理から推して見れば地獄も極楽もなければならぬこと、断定するのである
>
> （勝山善巧『通俗往生要集法話』、61～64頁）

地獄極楽を我々が観測できないのであるからそのような世界はないのだという者がいるけれども、それは、我々が観法を行えないから見られないだけのことであり、見える人には見えるのだと述べています。つまり、我々の見ている世界が一面的な世界でしかないということを指摘している点において、南條神

興が指摘した「感見不同により我々は地獄を見ることができない、仏・聖者のみ六道に出入して知ることができる」とする説に類似しています。人間の認識能力の限定性を指摘し、また因果の道理からも論証していくわけです。

次の【資料30】『法の園』434号（1925年、顕道書院内法園社）は、先ほど述べました通り、信心や本願との関わりの中で地獄の存在を論じています。

それから【資料31】の佐々木憲徳『往生要集概論』ですが、これはすでに昭和に入っています。ここでは何を問題にしているのかといいますと、

> 地獄を見失った明治時代以後の智識人並に一般大衆は、自然科学的世界観察に於ては一進歩を劃したけれども、過去の日本人が地獄等の思想あるために道徳的努力をなし得たやうな点がなくなつてしまつたのは事実である。　　　　　　　　　　　（佐々木憲徳『往生要集概論』、193頁）

と、地獄の思想があるために道徳的努力を為し得たという点がなくなってしまって、それに代わるようなものを私たちは獲得していないと述べます。つまり、地獄の思想がもつ倫理的な効用を重視して、地獄の必要性を論じています。

そしてより宗教的な面の意義としても、「罪悪感を深刻ならしめて人心の実相を顕彰し、以て仏教信仰の第一義に向つて直入させやうとする仏意が蔵せられている」（【資料32】）と、その意義を強調しています。

それから【資料33】ですが、唯物的世界観察と唯心的世界観察というものを分けて、仏教的世界観は唯心的世界観察の結果であるから、科学的世界にたつ唯物世界観察と一緒にしてはならないのだと指摘します。これもやはり須弥山説に対しては意義を認めずに、仏教の地獄は唯心的世界だという形で別領域に切り離して、その存在を論じるというやり方です。

次の岡村周薩『真宗大辞典』の「地獄」の項でも、その最後に「吾人の地獄観」という項目を立てて論じています。地獄は本当に火に焼かれる世界なのか、地獄は地下にある世界なのか、という二つの問いを立てて答えています（【資料34】）。

> 地獄を八寒八熱の地獄と別ち、十六附属小地獄を説くが如きは、要するに

惨状劇苦の種類別・程度別を示さんが為に、仮に設立せられたる説であつて、既に地獄の果報を招感すべき罪悪業に百千種の別あるが故に、その果報も亦百千種の別があつて、実は八とも十六とも限定すべきではないと思惟する。……。
　八寒八熱の地獄の説は畢竟するところ、大劇苦に悩まされつゝある世界なることを示すに在て、猛火に焼かれ、熱鐵汁を飲まされ、利刀を以て寸断せられ、寒氷に鎖さるゝ等の説の如きは、仮説的比例的の説であつて……地獄は地下に存在すると云ふも、また仮説的比例的の説であつて、吾人は地獄が地下に実在すると信ずることが出来ない。元来地とは天に相対する言葉であつて、古人は天を以て最尊至上と認められたことは、仏典中に仏を敬称して第一義天又は天尊と云ひ、世間に皇帝を尊称して天皇又は天子と云へるを以て知るべきである。従つて天に対すれば則ち地は下賤下劣となるべし。此を以て一切衆生の果報中に於て、即ち六道中に於て最劣等最下級の世界であることを示して、地の底一千由旬乃至二万由旬の処に在りと説いたのであつて、実は地下に在る世界にあらざるべし。

（岡村周薩『真宗大辞典』、1527頁）

　まず、経論に説かれる地獄は仮の説であって、実体的に見るべきものではない、地獄の数や苦相・方処に関する具体的な説示は、仮説的比例的なものであると論じていきます。それで地獄はどこにあるのかといいますと、次の文言です（【資料35】）。

　果して然らば地獄は実際的に何処に存在するのであるか、曰く地獄は固より人類界以外の謂ゆる他方世界である。他方世界なるが故に人類の住居する地球を離れて外に客観的に実在する世界である。……空間なるものは渺々として無際無限なれば、其の中に存在する世界も亦無量無数なりと云ふのである。されば地獄は彼の無数の世界の中の一として、無限の空間中に実在する世界なりと信ずる。

（岡村周薩『真宗大辞典』、1527〜1528頁）

地獄というのは、人類界以外の他方世界（地球の外）に存在するのだという新たな説を出しています。確かに地獄を地球の外に置いておけばその存在は、取りあえずは否定されないということがあると思います。ただし、この説だとロケットがあれば地獄に行けるという話にもなってしまうように思います。

前に見た説のように、唯心的や唯物的と分けて、同次元で論じられないものだという解釈ではなく、科学と同じ土俵に立って、客観的に地球の外に存在する世界だと論じている点が特異な点です。

4　結びにかえて

長々と先哲の解釈を見てまいりました。それで、一応のまとめということですが、岡田正彦氏が「須弥山の行方―近代仏教の言説空間―」（『天理大学おやさと研究所年報』10、2003年）という論文の中で、次のように述べておられます。「宗教的観念にもとづく像＝世界と現実世界の即応性は、近代以前の「宗教」をめぐる知の枠組みにおいては自明でありながら、近代の宗教論においては捨象されたものであり、結果として、その不在を前提に議論する言説空間が創りだされてきた」（【資料36】）。

宗教的観念に基づく世界と現実世界、つまり須弥山説や地獄という世界と現実世界というのは、近代以前においては、一つに統一された世界であったが、近代になると、それが現実世界に即応しないものであり、宗教的観念に基づくものは現実世界から分離したところでその意義が論じられていくという流れがあると指摘されています。今回の発表の関心から言えば、地獄というものが須弥山説から切り離されていくということがあるわけです。

そのことに関連して、浄土宗の福田行誡（1806〜1888）という方が、明治の始めに『須弥山略説』（1877年）という書物を書いています。その中で（【資料37】）、

　　涅槃経ニ曰、十二因縁ハ天人阿修羅ノ所作ニ非ス、夫レ十悪ノ因アルモノハ必ス三途ノ果ヲ得、十善ノ因アルモノハ必ス天宮ノ果ヲ報ス。猶魚ノ河水ニ游キ、鳥ノ林叢ニ翔ルカ如シ。今ヤ十悪ヲ説テ三塗ヲトカス、十善ヲ説テ須弥天宮ヲ説カスンハ、果シテ魚ヲ説テ水ヲ略シ、鳥ヲ説テ林ヲ省カ

如シ。因果ヲ闕損スルノ謂ニアラスヤ。

(『明治仏教思想資料集成』6、1982年、104頁)

と述べています。須弥山説だけを省いて因果の道理だけを説くことは、魚を説くけれど水は略す、鳥を説くけれど林を略すという状態になっているのではないかと言うのです。これは大事な指摘だと思います。

　近代に入り、科学的な世界観を全面的に受け入れつつ、しかも地獄の思想についてはその意義を残そうと、須弥山説から地獄が切り離されていくということが行われました。もちろんそれは、仏教の思想をその時代に生かしていこうとする先哲の営みでもあったわけですが、果たして今日それで十分であるかということです。

　宗教というものは日常の生活と切り離してあるものではありませんから、地獄の思想が現実世界との即応性を失っているのではないか、地獄の生々しい具体性というものが、現代においては著しく希薄なものとなっているのではないか。そうした点が、現代的な関心においては、改めて問われるべきではないかと感じております。

　その意味では、感見不同という仏教の業の理論に立って、あくまで地面の下にある地獄というものの具体性を保持していく、そして同時に、人間のものの見方の限界性ということをそこに打ち出していく南條神興の説というものは、現代においても学ぶべきものがあると思います。十分ではありませんが、とりあえずこれで発表を終わらせていただきます。

ユニット3研究会発表資料
真宗先哲の地獄論―近世・近代を中心に―

1　はじめに

　本研究は、近世・近代の真宗教学史のなかで、地獄がいかに論じられているかを検討するものであり、その主たる関心・目的は、科学的な世界観に生きて

いる現代の我々は、いかに地獄の思想を受け止めていくべきであるかという、今日的な問題意識に発している。

　右の関心からすれば、近世・近代のうちでも、西洋の科学的な世界観を踏まえた近代の地獄論が検討の中心になるべきであるが、近代の地獄論を真宗教学史の上に位置づけ評価するためには、近世の議論を押さえるところから始める必要がある。

　検討対象とする文献は、近世は『往生要集』の講録、近代は『往生要集』の講録以外にも種々の文献を参照する。その理由は、真宗学において地獄の思想は、教義論題に数えられるような教義上の重要テーマとして扱われるものではなく、『往生要集』大文第一厭離穢土のなかに明かされる八熱地獄に関する講録が、最も体系的に地獄を論じているためである。とくに『往生要集』の講録に限定する必然性があるわけではない。

　明治以降については『往生要集』の講録以外にも種々の文献を参照する。その理由は、同時代の事情により、地獄について言及するものが比較的多く散見されるためである。

【資料１】本発表の資料
〈近　世〉
　慧然（1693〜1764）『往生要集略讃』（1754年講義、真宗全書16）
　崇廓（1729〜1786）『往生要集唯称記』（真宗全書16）
　柔遠（1742〜1798）『往生要集講録』（真宗全書16）
　僧叡（1753〜1826）『往生要集偏帰箋』１巻（真宗叢書６）
　徳龍（1772〜1858）『往生要集講義』６巻（1826年講義、1916年出版）
　松島善譲（1806〜1886）『往生要集聴記』７巻（1864年講義、1872年出版）
〈近　代〉
　南條神興（1814〜1887）『往生要集乙酉記』７巻（1885講義、真宗大系12）
　佐田介石（1818〜1882）の著作
　島地黙雷（1838〜1911）の著作
　石川了因（1843〜1922）『往生要集講録』（1905年出版、真宗高倉学寮）
　前田慧雲（1857〜1930）の著作

清沢満之（1863〜1903）の著作
佐々木月樵（1875〜1926）著作
勝山善巧『通俗往生要集法話』（1908年出版、顕道書院）
賢励『往生要集説教』（1910年出版、護法館）
『法の園』434号（1925年、顕道書院内法園社）
岡村周薩『真宗大辞典』（1936年出版、永田文昌堂）
佐々木憲徳（1886〜1972）『往生要集概論』（1936年出版、山崎宝文堂）

【資料２】源信『往生要集』の地獄

　　大文第一厭離穢土者、夫三界無安、最可厭離。今明其相、総有七種。一地獄、二餓鬼、三畜生、四阿修羅、五人、六天、七総結。第一地獄、亦分為八。一等活、二黒縄、三衆合、四叫喚、五大叫喚、六焦熱、七大焦熱、八無間。　　　　　　　　　（『真聖全』1、729頁）

→六道全体が「穢土」。

〈参考〉賢励『往生要集説教』10頁

　　「又モ又珍シカラヌ三悪道ヘヤミヽト落チルトハサテモ残念ヤ」

【資料３】『往生要集』の八熱地獄

名称	方処	縦広（縦横）	寿命	業因	付記
等活	閻浮提の下一千由旬	一万由旬	四天王天の寿命を一日一夜として五百歳	殺生	十六の別処（小地獄）も説かれる。以下の地獄も同様。
黒縄	等活の下	一万由旬	等活の四倍（利天の寿命を一日として一千歳）	等活の業因＋偸盗	獄卒の言葉「心はこれ第一の怨なり。……この怨よく人を縛りて、送りて閻羅の処に至らしむ」
衆合	黒縄の下	一万由旬	黒縄の四倍	黒縄の業因＋邪婬	獄卒の言葉「自らの業をもって自ら果を得」別処の一つに刀葉林。
叫喚	衆合の下	一万由旬	衆合の四倍	叫喚の業因＋飲酒	獄卒の言葉「いま悪業の報を受く」

大叫喚	叫喚の下	一万由旬	叫喚の四倍	等活の業因＋妄語	獄卒の言葉「妄語は第一の火」
焦熱	大叫喚の下	一万由旬	大叫喚の四倍	大叫喚の業因＋邪見	
大焦熱	焦熱の下	一万由旬	半中劫	焦熱の業因＋浄戒の尼を汚す	地獄に生ずる前に中有あり（中有にして大地獄の相を見る）。獄卒の言葉「火の焼くはこれ焼くにあらず。悪業すなはちこれ焼くなり」
阿鼻	大焦熱の下	八万由旬	一中劫	五逆罪を造り、因果を撥無し、大乗を誹謗し、四重を犯して、虚しく信施を食らふ	地獄に生ずる前に中有あり（先づ中有の位にして……二千年を経てみな下に向かひて行く）。獄卒の言葉「業羅の繋縛するところなり」

※八寒地獄については「広述するに遑あらず」と略される。
→各地獄について、苦相が詳細に説かれるのに加え、諸経論の説にもとづき方処・縦広・寿命が具体的に示される。
業因を具体的に示しつつ、獄卒の言葉などを通して、地獄が因果の道理にもとづく業報の世界であることが強調される。

2　近世の先哲の地獄論

【資料4】僧叡『往生要集偏帰箋』
　　然れば宗蔵の中に穢土の相を明すに略して二意あり、一に弥陀発願の縁と為す、『論註』上の如し、二に釈迦興教の縁と為す、此は『安楽集』上の如し、三に行者の発行の縁と為す、即ち今文の如し……蓋し夫れ自力自摂の法門は宜しく是の如くなるべきが故なり、今は則ち然らず、衆生の自心は単妄にして真なく、唯三界を造つて諸仏を造らず、弥陀の発願は正に此が為なり　　　　　　　　　　　（『真宗叢書』6、570頁）
→『往生要集』に地獄が説かれる意図について。穢土の相を明かすことは弥陀発願の縁を明かすことである。すなわち、なぜ本願が発されたのか、その理由が明かされているのが厭離穢土の一門。

【資料５】徳龍『往生要集講義』

此集ニ局テ初メニ厭離穢土ノ一門ヲ示シ玉フニ附テ此経論ノ源ヲ示スベシ、先ヅ約二弥陀大願一次ニ約二釈尊経説一三ニ依二龍樹論本、先ヅ弥陀ノ大願ヲ述ストハ法蔵菩薩ノ初メハ我誓テ仏ヲエタランニ普ク此願ヲ行シテ一切恐懼ノ為ニ大安ヲナサシメントノ玉フ、一切恐懼トハ六道ノ衆生苦悩ヤムトキナク、……故ニ法蔵比丘願ハセラル、ハ速カニ正覚ヲ成シテ諸ノ生死勤苦ノ本ヲ抜ント願ヒ玉フ、……故ニ四十八願ノ初メガ無三悪趣ノ願ナリ、不更悪趣ノ願ナリ　　　　（『往生要集講義』巻１、24丁左）

→厭離穢土の一門が示される経論上の根拠として、『無量寿経』の四十八願（なかでも第一願・第二願）を挙げる。六道（地獄）が本願思想との関連で捉えられる。

【資料６】同

今コノ浄土ノ法門ハ是ヲ求ムル人二乗ノ聖者ニアラズ、地上ノ薩埵ニモアラズ、タヾ六道輪廻ノ凡夫ナリ、六道ノ凡夫ナレバコソ、コノ六道ニオヒテ厭離ヲ生ジテ浄土ヲ欣求スルナリ、ユヘニ出離ノ縁ノ機ノ真実ヲ顕ハス厭離穢土ナリ、依テ最先ニアリ、……コノユヘニ浄土ヲ欣ブ人ハ先ズ穢土ヲ厭フベシ　　　　　　　　　　（『往生要集講義』巻１、7丁右）

今浄土門ノ此集ニ示シ玉フ所ノ集主ノ御本意ハ斯ル地獄ニ落ベキ業ノミ悪業深重無他方便ノ身乍ラ其地獄ヲ二乗ノ如ク恐ル、コトモナク、菩薩ノ如ク堅固ナ大悲ヲ発スニモ非ズ、カヽル極悪ノ衆生ガ順次ニ浄土ニ往生シテ此地獄ヲ免レ、加之ソノ地獄ノ衆生皆悉ク世々生々ノ父母兄弟、夫ヲ浄土ヨリ摂化スル大悲自在ノ身トナルゾト顕ハシ玉ハンガ為ニトテ説キ玉フ此地獄ノ相タナリ、コヽノ道理ガ明カニ心得ラレ子バ往生浄土ノ身ニ所用モナキ地獄ノ沙汰ナリト思フモノモアルベシ

（『往生要集講義』巻１、56丁右～56丁左）

→厭離穢土の一門は「機の真実」（信心の上に明らかとなる自身の真相）をあらわす。

【資料７】石川了因『往生要集講録』

最初ニ厭離穢土ヲ明スコトハ正シク所被ノ機ヲアラハスオヨソ浄土ノ法門ハ上ハ龍樹世親ヲオサメ下ハ逆謗闡提ヲオサメ接受セサルトコロナシトイヘトモソノ正所被ヲ論スルトキハ諸ノ賢聖ハ却テ傍機トナリ六道輪回ノ凡夫ヲ正機トス　　　　　　　　　　（『往生要集講録』懸談、11丁右）

随自意ノ正本意ニヨレハ悪人堕獄ノ相ヲ示サ、レハ極重悪人無他方便唯称弥陀得生極楽ノ大悲ノ至極ヲ顕スニ由ナシ故ニマツ地獄極苦ノ相ヲアケ玉フナリ　　　　　　　　　　　　　　（『往生要集講録』上、13丁右）

→厭離穢土の一門は「所被の機」（本願の救いの対機）をあらわす。

【資料8】僧叡『往生要集偏帰箋』
　『註』に所謂仏の所見此に至つて以て信機の法門と作る、何ぞ止発行の縁たるのみならん　　　　　　　　　　　　　　　（『真宗叢書』6、571頁）
　上に厭相を明す中に四念処を以て穢土の着を破り、今の十楽の中に数〻苦界に対揚する等は此れ厭欣より欣厭に入らしむる広例の意なり、要例の意は念仏を全うじて厭欣心と為す、修行相貌の中の三種心は即ち此に当る、穢は機なり浄は法なり、中に於て厭欣するは信機と信法とにして即ち是れ三を全うずるの深心なり。　　　　　　　（『真宗叢書』6、573頁）

→厭離穢土の一門は「信機の法門」（信心の上に明らかとなる自身の真相を説く法門）。

【資料9】僧叡『往生要集偏帰箋』
　吁、当今の行状は三塗の業に非ざるもの能く幾人かある、吾祖愍惻して真門を開闢して此人に望みたまふ、既に已に剃染して慈容に左右しながら、而も苦も懼れず心も亦修らず、放逸無慚にして却つて以て得たりと為し、曾〻真に修するものあらば厭悪し誹謗して毒心もて相向ふ、何等の意楽ぞや、無常儵然たり、到来遠きに非ず　　　（『真宗叢書』6、570頁）

→倫理的効用を論ずる近代の佐々木憲徳の論にも通ず。

【資料10】崇廓『往生要集唯称記』
　　～原文は本論を参照～

→地獄の寿量について感見不同・大小（大乗・小乗の教え）不同により会通する。

【資料11】慧然『往生要集略讃』
　　〜原文は本論を参照〜
→阿鼻地獄に堕する者は、二千年の間落ち続ける（中有あり）とする『往生要集』の説と、極悪人は中有を経ず直ちに地獄へ落ちるとする経論の説との会通。感見不同により捌く。

【資料12】同
　　〜原文は本論を参照〜
→業因の差別により業果は無量。経論の文はその一分を説いたものとして、経論の異説を会通する。

【資料13】同
　　〜原文は本論を参照〜
→大乗の空思想から地獄・極楽を方便説とする見方を取り上げる。左記がそれへの反論。
　（近代の議論と背景は異なるが、地獄・極楽を方便説とする批判がすでに近世の段階でも取り上げられていることは注意される）。

【資料14】同
　　〜原文は本論を参照〜
→地獄の苦相は、人間世界（閻浮提）に順じて説かれた「近諭」であり、仏の「大悲」であるとする。
　地獄の苦相の相対化という点で、島地黙雷や岡村周薩の論と通じる。

3　近代の先哲の地獄論

【資料15】南條神興『往生要集乙酉記』
　　〜原文は本論を参照〜

→『往生要集』講録の中で、初めて科学的世界観（地球説）をうけて地獄の有無が論ぜられる。

【資料16】同
　　〜原文は本論を参照〜
→六道の方処は「善悪業の優劣」を表している。地獄の方処を象徴的に解釈。

【資料17】同
　　〜原文は本論を参照〜
→象徴的な解釈と同時に、「感見不同（業の感見の相違）」の上から、地獄の方処、ならびに須弥山説にも実質的な意味を認める。

【資料18】同
　　〜原文は本論を参照〜
→「感見不同」の出拠に智顗『法華玄義』（『大正蔵』33、767頁上）を挙げる。人間の見ている世界は「凡見」により把握された一面的世界であるから、業の相違する地獄を見ることができない。六道すべてに出入できる仏・聖者のみがその全体を知ることができる。
　科学的世界観を仏教思想の中に取り込みつつ、その一面性・限定性を指摘。

【資料19】同
　　〜原文は本論を参照〜
→因果の道理の上から地獄の存在することを言う。

【資料20】佐田介石『須弥須知論』
　　〜原文は本論を参照〜
→須弥山と地獄を同次元で捉える（須弥山が妄説であれば地獄も妄説となる）。地獄は南閻浮提の地下にあるから須弥山と地獄の実在は一連のものと述べる。しかし、佐田介石が須弥山説に対するような科学的・実験主義的な議論の俎上に地獄を取り上げることはない（地獄の実在は論証しようとしない）。地

獄には、須弥山説と同次元（すなわち実験主義的立場）では論じられない隔たりのあることが黙認されている。

【資料21】島地黙雷「地獄極楽の分れ道」
　　　〜原文は本論を参照〜
→因果の道理から演繹的に地獄の実在が論じられる。

【資料22】同
　　　〜原文は本論を参照〜

【資料23】島地黙雷「須弥山に就て」
　　　〜原文は本論を参照〜
→因果の道理を表とし、須弥山や地獄の方処・表象には、ほとんど意味を認めない。
　地獄の抽象化、具体性の希薄化。

【資料24】前田慧雲「同味一甞」
　　　〜原文は本論を参照〜

【資料25】前田慧雲「仏教人生論」
　　　〜原文は本論を参照〜
→地獄の具体的な表象には意味を認めず、理論的な側面（業の思想・三世因果）を強調。
　島地黙雷と同じ立場。

【資料26】清沢満之「精神主義（明治34年講話）」
　　　〜原文は本論を参照〜

【資料27】清沢満之『精神講話』（1902年、浩々洞）
　　　〜原文は本論を参照〜

→須弥山説と地獄の議論を切り離す。
　須弥山説＝「世界の構成や万物の組織に就ての説」、客観的な現象界の問題。
　地獄極楽＝主観的・宗教的な問題。

【資料28】佐々木月樵『実験之宗教』（1903年、文明堂）
　　私共は是非此を主観的に求むべきである。即ち曖昧不確実の客観をすて、此が実在の証明を、最も明白で、最も確実なる自己の心中に求めよといふのである。成程、地獄は深い、地下何万由旬の所にありと教へらる、。されど、私共、一たび妄念煩悩の心起る時は、地獄の猛火忽然我胸を焼き尽すではないか。……これ実に心霊的経験の自覚である。……これ実に宗教的信念の自証である。要するに地獄極楽実在の証明は決して之を人に求めたり。また之を外にさがすの要はない。唯自己に求むべきである。内にさがすべきである。畢竟、自証である。　　　　　　　　（91〜92頁）
→清沢満之と同じ立場。

【資料29】勝山善巧『通俗往生要集法話』（1908年、顕道書院）
　　〜原文は本論を参照〜
→考え方としては南條神興の「感見不同により我々は地獄を見ることができない、仏・聖者のみ六道に出入して知ることができる」とする説に類似。人間の識知能力の限定性を指摘する。また因果の道理からも論証する。

【資料30】『法の園』434号（1925年、顕道書院内法園社）
懸賞課題「地獄極楽の存在に就て」の「懸賞回答」
　　地獄極楽は有ると思ひます。仏説にうそいつわり無きが故に、若し無いならば、大悲のお阿弥陀様が私一人の為に五劫の御思案兆載永劫の御苦労の南無阿弥陀仏が用無しになります。御教のめがねで拝見させてもらいますと地獄も極楽も見えます。御教をのけて肉身の目にては拝見できません。余を探すに及ばず今日一日に地獄極楽が見えます、仏説の下にて承はると朝より晩まで身口意の仕事が三途の業と承はれば地獄が見えます。其の地獄行きの者を御六字のひとりばたらきで御助けと承はれば蓮師の御文の如

く浄土の往生は疑なく思ふて喜ぶと同じ極楽が見えます故に有ると信じます。　　　　　　　　　　　　　　　　　　　　　　　　　　　　（50頁）
→地獄極楽は、信心のところで初めて受け止められること、という立場。
科学的世界観との矛盾、取り上げない。仰信的立場。

【資料31】佐々木憲徳『往生要集概論』（1936年、山崎宝文堂）
　かゝる時勢に存在した智識人が、須弥山説の打倒と同時にそれによりて立てる地獄世界の存在を否定し、地獄などは古代人の夢物語として考へてゐるようになった　　　　　　　　　　　　　　　　　　　　　　（193頁）
　地獄を見失った明治時代以後の智識人並に一般大衆は、自然科学的世界観察に於ては一進歩を劃したけれども、過去の日本人が地獄等の思想あるがために道徳的努力をなし得たやうな点がなくなつてしまつたのは事実である　　　　　　　　　　　　　　　　　　　　　　　　　　　　（193頁）
　泰西の自然科学の洗礼を受けしために、一面大切な道徳的信仰的の生活原理たりし地獄等を見失うて、未だそれに代るべき何者をも彼等が所有してゐない　　　　　　　　　　　　　　　　　　　　　　　　　　　（194頁）
→倫理的な効用論。

【資料32】同
　地獄の世界説明は「罪悪観を深刻ならしめて人心の実相を顕彰し、以て仏教信仰の第一義に向つて直入させやうとする仏意が蔵せられている」と、その意義を強調する。
→宗教的な効用論。

【資料33】同
　「唯物的世界観察」と「唯心的世界観察」を分け、仏教の世界説明は「唯心的観察の結果」であることは、六道の世界が「天上世界を最頂上として最下に地獄世界」となっていることから明らかであるとする。
　「仏教に所謂地獄は善悪報応の因果律の上に建立せられた世界相の一部であつて、地獄の経典文学的な叙述は因果律による正義感の具象化として

見るべきものであらう。」
→須弥山説や自然科学との切り離し。象徴的解釈。

【資料34】岡村周薩『真宗大辞典』（1936年）
　　　　　「地獄」の項目中「吾人の地獄観」（1527〜1528頁）
　　〜原文は本論を参照〜
→地獄の数や苦相・方処は「仮説的比例的の説」。

【資料35】同
　　〜原文は本論を参照〜
→地獄は人類界以外の他方世界（地球外）に存在。新説。
　地球を離れて外に客観的に実在する世界として位置づける。その意味では科学的世界観と同次元。

4　結びにかえて

【資料36】岡田正彦「須弥山の行方―近代仏教の言説空間」
　　　　　　　　　　　　　　（『天理大学おやさと研究所年報』10、2003年）
　　〜原文は本論を参照〜

【資料37】福田行誡（1806〜1888、浄土宗）『須弥山略説』（1877年）
　　〜原文は本論を参照〜

　近代、科学的な世界観を全面的に受け入れつつ、しかも地獄の思想を存立させるため、地獄の思想は須弥山説から切り離された。今日的な関心として、現実世界との即応性の欠如、具体性の希薄化という点が問われる。その点においては、業の理論にもとづきつつ科学的な世界観の一面性を指摘、感見の不同により経論の具体的な地獄の説示の意義を明示した南條神興の解釈は、改めて見直されるべきではないか。

Locating the Path : Shinran's Identification of *Shinjin, Bodaishin* and *Kongōshin*

Richard K. Payne

I PREFACE

At the very outset, I would like to clearly state that I do not consider myself a scholar of Shinran's thought. Having been part of the Shin community for almost three and a half decades, however, I have come to have a deep appreciation for both the profundity and the importance of Shinran's contributionto the development of the *buddhadharma*, and see it as a tradition that can make a very significant contribution to the lives of Buddhist adherents and practitioners in the West. I can only hope that my reflections here might be of some value toward that end.

II SHINJIN, BODAISHIN AND KONGŌSHIN

At several points in his writings Shinran equates *shinjin* 信心 with both bodaishin 菩提心 and *kongōshin* 金剛心.[1]

In the "Chapter on Shinjin" of the *True Teaching, Practice and Realization of the Pure Land Way*, §66 (*The Collected Works of Shinran* [hearafter CWS], 113), says in part :

> True and real *shinjin* is the diamondlike mind [*kongōshin*]. The diamondlike mind is the mind that aspires for Buddhahood [*bodaishin*] ⋯. This mind is the mind aspiring for great enlightenment.

In the *Hymns of the Pure Land Masters*, #19, CWS 365, he says :

> Shinjin is the mind that is single ;
> The mind that is single is the diamondlike mind.
> The diamondlike mind is the mind aspiring for enlightenment ;
> This mind is itself Other Power.

In the *Lamp for the Latter Ages*, #1, CWS 523, Shinran repeats :

> *Shinjin* is the mind that is single; the mind that is single is the diamondlike mind; the diamondlike mind is the mind aspiring for great enlightenment; and this is Other Power that is true Other Power.

Given that this three-way identification of *shinjin, bodaishin*, and *kongōshin* is repeated by Shinran in several different writings intended for different audiences indicates that this was neither a casual association made once and then forgotten, nor a purely polemical one. Instead, it seems that we must consider it an enduring expression of his own understanding of *shinjin*.[2]

Ⅱ. A Shinjin Decontextualized

Reading these quotes and thinking about Shinran in the context of medieval Japan, I sense a much more radical claim than is usually presented in the Western representations of Shin Buddhism. In popular Western religious representations of Shin or Pure Land or Japanese Buddhism, *shinjin* is rarely mentioned, and if it is, it is usually presented as "faith." Rendering *shinjin* as "faith" sets the ground for the many interpretations of *shinjin* that place it into the pre-existing system of religious thought in the West, an identification that takes place in both popular and professional religious discourse.

At the popular level, *shinjin* is frequently presented as the Shin Buddhist equivalent of faith, an equivalent that appears inadequate for most Christians and problematic for many convert Buddhists. For the latter, faith often connotes a sense of dependency on something or someone outside oneself, that is, faith in Jesus or in God. The ease with which an understanding of *shinjin* as faith leads to this kind of dependency is evidenced by Huston Smith's interpretation of Pure Land. Employing the terms "entrustment" and "trust" for *shinjin*, Smith presents a highly Christianized image of Pure Land Buddhism. "What should we do to purge our lives of blind passion and inverted views. Pure Land Buddhism's answers [sic] is: deepen our entrustment to the Primal Vow and hold fast to that trust in the face of life's trials and afflictions."[3] Simply replacing "Pure Land Buddhism" with "Christianity" and "Primal Vow" with "Jesus" reveals how this interpretation sounds to many, if not most convert Buddhists, whether they find it problematic because it is what they were seeking an alternative to, or reassuring because it is so familiar.

At the level of professional comparative thought we find, even with a brief search, comparisons of Shinran's thought with Kierkegaard,[4] Luther,[5] Calvin,[6] and other Western religious and philosophical figures. While comparisons may reveal similarities and differences, it is unclear what the theoretical framework of such comparative approaches may reveal. Without an adequately articulated theoretical framework, simply identifying similarities and differences can establish nothing significant about the concept of *shinjin* in Shinran's usage. This becomes especially true when such comparisons employ inadequately nuanced understandings of *shinjin*, since the inescapable connotative entailments of "faith" will lead to the greater appearance of similarity than might be well-founded.

II. B "Faith" Contrasted with Reason and with Works

When *shinjin* is rendered simply as "faith," it is placed into a system of religious thought that commonly frames its understanding of faith in terms of two oppositional pairs. The opposition of faith and reason is the first such semiotic pairing, while the opposition of faith and works is the second. The opposition of faith and reason is a long-standing one in Christian theology, and continues to structure popular Western religious culture. The polarity of faith and reason leads to an understanding of faith as irrational or, more strongly, as anti-rational.[7] The opposition of faith and good works denies the efficacy of moral actions in the absence of faith in the saving power of Jesus.[8] These two sets of contrasting themes run through Christian thought.[9]

When, in the context of Western religious discourse, *shinjin* is understood as the Shin Buddhist term for faith, *shinjin* becomes freighted with the connotations of opposition both to reason and to works.[10] Thus, despite there being little in either Shinran or the Buddhist tradition more generally that would support this interpretation, *shinjin* is understood as opposed to reason. Other cultural entailments following from the idea that experience is non-rational, and that religious experience is inherently transformative lead to *shinjin* being interpreted as a fundamentally irrational, transformative experience of some kind. Alternatively, the interpretation of *shinjin* as opposed to works, can (and in some Shin adherents I've met in the US, has) led to a kind of fatalism — not just about one's ability to attain full awakening on one's own, but in all aspects of life, a kind of abandoning of individual will or intent in favor of some "higher power."

In the context of Buddhist thought, which is the context within which Shinran himself lived and worked, these oppositional interpretations created by the identification of *shinjin* with (Christian) faith are pseudo-problems. That is, since *shinjin per se* does not operate in an intellectual world where those oppositions define it (as is the case with faith in the intellectual world of Christian thought), equating *shinjin* with faith leads to either (gross) misunderstandings, or seemingly interminable attempts to explain a different nuance of faith, but a nuance that is immediately lost once the conversation ends.

In the presentation of Shin Buddhism within the Western Shin community, the emphasis seems — from my admittedly unsystematic familiarity with that community — to often be on the unique status of the concept of *shinjin* as a distinct contribution of Shinran's religious genius. In other words, *shinjin* is frequently presented as if it were entirely disconnected from the rest of the Mahayana Buddhist tradition. In the context of the broader Western Buddhist community, such exceptionalism makes Shin appear to be a largely closed system, and being disconnected from the more familiar forms of Buddhism, only makes it more difficult for many to see its relevance to their lives and practice.

The equation that Shinran himself makes between *shinjin* and both *bodaishin* and *kongōshin* may provide a way of avoiding the pseudo-problems that follow from an overly facile identification of *shinjin* with faith. At the same time, the equation could provide a way of presenting *shinjin* to the broader Western Buddhist community that will help them to see how it is integral to their own conceptions of Buddhist thought and practice.

III THE PATH BEYOND FAITH : SUDDEN AND EXTERNAL

What is then the significance of Shinran's equation of *shinjin* with both *bodaishin*, the awakening mind, and *kongōshin*, the vajra mind? Shinran seems to be equating *shinjin* with both the beginning and end of the path. *Bodaishin* is the beginning of the path in that it is the arising of the intent to attain full awakening. And *kongōshin* is the end of the path, for vajra mind identifies the final stage of the bodhisattva path, when the bodhisattvas at this stage are equal in attainment to buddhas, and are about to destroy all adventitious defilements (*kleśa*, J. *bonnō* 煩悩).

The three terms — *shinjin, bodaishin,* and *kongōshin* — occur together frequently enough that the expression seems to be formulaic in nature, that is, that they are three expressions of the same idea, or a clustering of complementary expressions creating a more complete understanding. This threefold conception allows us to consider the relation between Shinran's conception of the path and those found in the broader Buddhist tradition. To do so, we will examine two pair of oppositions, and propose a fourfold matrix based on those two.

Ⅲ. A First Distinction : Sudden and Gradual

Basic to much of the discussion of the Buddhist path is what can be seen as a pair of root metaphors, that is, sudden and gradual. This semiotic pairing sets the two in opposition to one another as mutually exclusive conceptions of the path.

Ⅲ. A. 1 Groner's Shortening of the Path

Paul Groner introduced the phrase "the shortening of the path" in his discussion of Tendai interpretations of the concept of "becoming Buddha in this body" (*sokushin jōbutsu* 即身成仏)[11]. The "shortening of the path" identifies a characteristic quite widespread thoughout not just medieval Japanese Buddhism[12], but which having originated as a concern in Indian Buddhism, is found throughout the Buddhist tradition. Luis Gómez explains that

> [the] fundamental rift as seen in Indian Buddhism can be defined as an ideal polarity between those who understand enlightenment as a leap into a state or realm of experience which is *simple* (integral, whole), *ineffable*, and *innate* (that is, not acquired), and those who see enlightenment as a gradual process of growth in which one can recognize degrees, steps, or parts — a process, that is, which is amenable to description and conceptual understanding, and which requires personal cultivation, growth, and development.[13]

The two understandings of the path as either sudden or gradual was a source of contention in Tibet. According to some sectarian histories, the issue was decisively settled in the eighth century at the (legendary) debate at Samyé (*bSam yas*). The result favored a gradualist approach, which has tended to dominate Tibetan Buddhist thought — but not without ongoing contest. The Nyingma tradition, for example, promoted the Great Perfection (*rDzogs chen*) teachings, which are fundamentally a sudden approach to awakening.[14]

The sudden/gradual distinction influenced discussions of the Pure Land teachings in Tibet as well. For example, the late nineteenth century rNyingma teacher Mi-pham 'Jam-dbyangs rnamrgyal asserted that "the scriptures are not mistaken in saying that by the power of faith and so forth some people will transfer immediately to Sukhāvatī."[15] He qualifies this by noting that the "right time" for this to happen is dependent upon "a person's karma (*las*), fortune (*skal-ba*), and capacity (*dbang-po'i-rim-pa*)"[16] being as inestimable as the emanations of a Buddha. That there are these qualifications regarding the status of a person who can transfer immediately to the Pure Land may be an expression of concern about antinomian interpretations of the efficacy of Amida's vows, concerns that also found expression in the history of Pure Land in Japan.

Robert Sharf summarizes the core issue and points to the extensive spread of this dichotomy between sudden and gradual in East Asian Buddhism.

> The sudden/gradual moiety emerges from a tension or paradox that lies at the very heart of Buddhist soteriology, namely: how is it possible that conditioned dharmas — that intentional action or religious practice of any kind — could ever give rise to unconditioned liberation? While Indian Buddhism was profoundly transformed as it migrated through the distant cultural worlds of Tibet and East Asia, Buddhist exegetes everywhere continued to hone their dialectical skills on (or, one might

say, bang their heads against) this intractable if philosophically fecund problem. The main Buddhist schools of East Asia — Zen, Tiantai, Pure Land, and so on — can all be viewed as different approaches to the seemingly insuperable gap between path and goal.[17]

The distinction between sudden and gradual lies at the background to the developments of Pure Land thought in Japan.[18] The idea of awakening in this body (*sokushin jōbutsu*) is an expression of the sudden perspective, and is based on the idea of originary awakening (*hongaku* 本覚).[19]

The distinction between sudden and gradual is evident when Ueda Yoshifumi notes that in traditional Pure Land thought, that is, as it developed prior to Shinran, birth (*ōjō* 往生) "meant to be born in the other world (Pure Land) at the end of life in this world (the defiled world). In the Pure Land, one attains the stage of non-retrogression through performing practices, and thereafter continues to practice until attainment of the supreme Buddhahood."[20] This is an instance of the gradual approach. Ueda goes on, however, to point out that for Shinran, "birth came to signify attaining supreme Buddhahood."[21] Indeed, Shinran asserts that both Maitreya bodhisattva (Miroku bosatsu 弥勒菩薩) who has the diamond-like mind equal to that of perfect awakening (samyaksaṃbodhi, J. *tōshōgaku* 等正覚), and the Pure Land adherent who has the diamond-like mind of the crosswise leap (*ōchō* 横超) are equal.[22] Rather than gradual awakening as in traditional Pure Land thought, Shinran introduces a radically different interpretation, one that places his understanding of Pure Land firmly on the sudden side of the rhetorical opposition between sudden and gradual.

Similarly, Shinran's ideas regarding one's being already assured of birth in Sukhāvatī, and the equation of birth with awakening[23] shortens the path, further suggesting that the meaning of the crosswise leap is sudden awakening. In this way Shinran participates in the broader religio-intellectual milieu of his time. Shinran's repeated equating of *shinjin*, *bodaishin*, and *kongōshin* suggest that Shinran was formulating his own understanding of the shortening of the path in terms familiar to his contemporaries.

This interpretation of Shinran's view of the Pure Land path as being completed suddenly is explicitly made by Shinran, who in the eighth letter of *Mattōshō*, places Pure Land into the sudden category.[24] Shinran writes, "The two teachings are: first, sudden attainment; second, gradual attainment. The present teaching belongs to the sudden."[25] Elsewhere, he also places Zen into the same category. Thus, in Shinran's own conception, Pure Land and Zen are members of the same approach to the teachings that awakening is sudden.

Ⅲ. A. 2 Inherent Awakening

One approach to sudden awakening is to emphasize the internal dimension of human existence as the location where progress along the path takes place. This is found for example not only in the schools that promote such ideas as the *ālayavijñāna*, the *tathāgatagarbha*, or buddhanature, but also in some strains of the tantric tradition, as well.[26]

A hallmark of Shinran's idea of *shinjin*, particularly as further developed later by Kakunyo, is the assurance of birth in the Pure Land without any qualifications and that shinjin is not the cause of birth, but rather arises in response to the power of Amida's vows. The recitation of nenbutsu, then, is not an instrumental practice leading to some end result, but rather an expression of gratitude to Amida for the assurance of birth. The assurance of birth conjoined with the equating of birth and awakening reveals the underlying logic of the Shin teaching of sudden awakening, a teaching similar to that of Zen and some forms of tantric (*mikkyō* 密教) thought.[27]

Considered solely in terms of sudden and gradual awakening, Shinran's understanding of *shinjin*, Zen, and some forms of tantra all emphasize sudden awakening. We know, however, that there are significant differences of some kind between the sudden path as described by Shinran and the sudden path of Zen or *mikkyō*, indicating that there must be some additional distinction that needs to be taken into account.

Ⅲ. B Second Distinction: The Locus of Awakening

While analysis of the path as sudden or gradual has been extensive in Buddhist thought, as well as much discussed in contemporary scholarship, there is another important aspect of Buddhist thought regarding awakening that has not been formulated as a topic of analysis. I refer to this here as "the locus of awakening," meaning whether the main agency of awakening is intrinsic to or extrinsic to a person. This is expressed abstractly so as to include a variety of disparate aspects of awakening, but as will I hope become clear in the following they all can be grouped together under these two more general rubrics.

The distinction between interiority and exteriority in the construction of the self is not an absolute one, however. It is itself a construct, or as Phillip Cary has noted, inwardness "is a concept, a way of thinking about the human self, and therefore an element in human self-understanding…. Without the concept, people would describe their experiences differently."[28] Future work on this distinction as it applies to conceptions of the path in Buddhist thought will need to carefully delineate the cultural dimensions of the concept. Cary describes the contemporary Western conception of the self as a "private inner space or inner world—a whole dimension of being that is our very own, and roomy enough that we can in some sense turn into it and enter it, or look within and find things there."[29] But this concept—and way of formulating experience—derives from Augustine's attempt to reconcile Christian conceptions of the soul with neo-Platonic conceptions of introspection. As such it now pervades Western popular religious culture, but cannot be assumed to be universal. Local conceptions, both South and East Asian, will need to be considered when analyzing different Buddhist conceptions of the locus of awakening.

Ⅲ. B. 1 Intrinsic Awakening

One approach to sudden awakening is to emphasize the internal dimension of human existence as the location where the leap to the end of the path takes place. This is found for example not only in the schools that promote such doctrinal concepts as *ālayavijñāna, tathāgatagarbha*, and buddhanature, but also in the tantric tradition.[30] Although frequently found in conjunction with a notion of sudden awakening, there is nothing inherent to the idea of intrinsic awakening that would preclude a gradual process of awakening.

Ⅲ. B. 2 Extrinsic Awakening

In the case of Pure Land thought both the agency for awakening, that is, the efficacy of Amida's vows, and the realm in which awakening takes place, that is Sukhāvatī, are external to the individual. Taitetsu Unno has described the nature of Shinran's thought in such a fashion as to clarify the location of the "always already present" — the assured birth — which is the basis for what we can call "Pure Land sudden awakening" is outside the individual person, in the Primal Vow. Unno says :

> wisdom cannot be found within the calculations (*hakarai*) of the small-minded, ego-self ; it comes as a gift from without, enabling the most foolish and ignorant to ultimately manifest wisdom. While in traditional Buddhism the attainment of wisdom is simultaneous with the realization of emptiness, in Shinran's experience wisdom comes about in entrusting one's life totally to the working of the Primal Vow.[31]

Thus, a second distinction, one that serves to delineate different Buddhist conceptions of the path is whether the locus of awakening is internal or external. As described by Unno, the Primal Vow, which is the agency for awakening, is conceived to be external to the individual. Similarly, Ueda's discussion of *shinjin*, although expressed in terms of mind, also employs a model of externality. Citing the chapter on *shinjin* from Shinran's Kyōgyōshinshō, Ueda says, "Shinjin 信心 is the mind of Amida Buddha given to and realized in a person.[32]"

This characterization also applies to the goal, that is, birth in Sukhāvatī. There are historical records of Pure Land adherents setting off in boats toward the Western direction, demonstrating that the goal, that is, Sukhāvatī as a geographic location outside oneself, was understood very literally by some people. And certainly, the portrayals of Sukhāvatī in the Pure Land sūtras is of a literal land located countless leagues to the west where one would be born after death. Such external conceptions contrast with the internal ones found in such ideas as buddhanature and inherent awakening, which are already located within one and only need to be made real, i.e., realized.[33]

III. B. 3 Chan Pure Land in contrast to Shin

The distinction drawn between Shin Pure Land teachings and those of the Chan tradition is made specifically along these lines. While Shin and Japanese Pure Land more generally maintain an external conception of Sukhāvatī, the Chan appropriation of Pure Land in China develops conceptions of Sukhāvatī which understand it to be symbolic of the awakened mind, that is, internal.

That there was no sectarian identity of a Pure Land lineage in China has been demonstrated[34] (and, therefore, it is anachronistic to speak of a Chan-Pure Land synthesis). Chan materials from Dunhuang demonstrate that early Chan masters taught *nianfo* (念仏 *nenbutsu*) practices in conjunction with other kinds of meditations.[35] The orientation of Chan teachers, such as the fourth patriarch Daoxin (道信, 580-651; J. Dōshin), is such that the buddha is identified with the mind of the practitioner. For example, in commenting on the *Mahāprajñāpāramitā sūtra* claim that "Being without an object of contemplation is called 'contemplating the Buddha'," Daoxin explains that

This very mind that is contemplating the Buddha is what is known as "without an object of contemplation." Apart from mind there is no buddha, apart from buddha there is no mind. To contemplate the Buddha is to contemplate the mind ; to seek the mind is to seek the Buddha.[36]

The extent of Daoxin's instructions regarding *nianfo* lead Robert Sharf to conclude that nianfo was a "cardinal practice" among Daoxin's community. Sharf cites several other examples as well, including another Chan document from Dunhuang which lists ten merits of nianfo, including birth in the Pure Land.[37]

The main issue for Chan teachers seems to have been to remind practitioners to avoid conceiving of "the Pure Land or the Buddha dualistically. The object of the contemplation is ultimately mind itself, and the Pure Land to be attained is the fundamental purity of mind."[38] The notion that "the Pure Land is to be sought only in the mind" came to be known as "mind-only Pure Land" (*yuishin nenbutsu* 唯心念仏)[39]. The identity of mind and Buddha is another way of describing the concept of buddha nature or inherent awakening.

Buddha nature is commonly described as something always already present in human existence just as it is, and in that sense the metaphoric qualities of internality come into play. If Ueda's description of *shinjin* as cited is considered, however, the "mind of Amida Buddha" is something separate from, that is, external to the mind of the ordinary person. In contrast to the metaphor of internality, here we see the metaphor of externality.

IV FOURFOLD MATRIX

By juxtaposing these two pair of characteristics — sudden and gradual, internal and external — we can generate a fourfold matrix. In this matrix there would be sudden/internal, sudden/external, gradual/internal and gradual/external understandings of the path. Thus, very speculatively and tentatively, we might construct the follow :

	external	internal
gradual	Theravada	some mindfulness/Zen
sudden	Shinshū	some tantra: Sakya lamdré

This fourfold matrix provides a framework for making evident the similarities and differences between Shin thought, which generally regards shinjin as sudden and at the same time referencing an external locus of awakening, e.g., the Primal Vow or Sukhāvatī, and other sudden awakening traditions that emphasize an internal basis for awakening. In the modern world, however, some authors seem to have difficulty with the external character of Shin thought.

V MODERNIZING INTERPRETATIONS: UENO, UNNO AND FRIEDRICH

Modern cosmology makes it difficult for many people to accept Sukhāvatī as literally an external physical location, while the psychologized character of modern social discourse makes accepting the agency of awakening as located outside the individual person equally difficult. Some modern Shin interpreters seem to move away from a fully external understanding of the locus of awakening, attributing their own "not-literal" understanding to Shinran himself. We can give further consideration to Ueda and Unno as two modernist interpretations, which attempt to resolve this modern discomfort with an external locus of awakening, and at the same time attempt to avoid the internal one. Both Ueda and Unno point toward a non-dual interpretation, one that provides a *tertium quid*, that is, a third position that combines aspects of both the internal and external views.

V. A Ueda Yoshifumi's Interpretation

Ueda interprets Shinran in terms of the classic Madhyamika conception of the identity of samsara and nirvana. He describes the traditional conception of Pure Land Buddhism as one that "is often seen as a future-oriented religion of salvation that offers a path from this defiled world to the world of purity to be attained at physical death.[40]" Ueda wants to shift away from this conception of Pure Land Buddhism as a linear, progressive (gradualist) model, to one that sounds very heroic and dramatic:

> In Shinran's Buddhism, one's mind is transformed by the Buddha's power, so that one acquires the Buddha's wisdom. This realization of shinjin is not a union of our minds and the Buddha's mind brought about through a gradual deepening of human trust or acceptance···. Rather, it comes about through an utter negation in which all our efforts and designs fall away into meaninglessness, being found both powerless and tainted by egocentric attachments.[41]

Ueda goes on to describe this in Zen-like language: "our minds of blind passions are transformed into wisdom-compassion, and at the same time they remain precisely as they are — or rather, their fundamental nature becomes radically clear for the first time.[42]" Ueda's assertion sounds very much like a version of buddhanature theory, that is, that are minds are already inherently awakened and we need only realize this inherently already awakened nature.

V. B Taitetsu Unno's Interpretation

Unno also seems to have some difficulty with an unambiguously external understanding of Shinran. Like Ueda, he interprets Shinran in non-dualistic terms, as when he says that,

> True entrusting, then, is not some kind of reliance on an external agent, grasped objectively, but a non-dichotomous awareness of one's limited

self which is one with unlimited life, the life of Amida.[43]

Such an interpretation, however, sounds as if it has been informed by the Advaita Vedanta identification of atman and Brahman.[44]

V．C　The Value of Unresolved Tension: Daniel Friedrich's Contribution

Although his essay is on a different topic, Daniel Friedrich's discussion of *nishu jinshin* would seem to point to a similar kind of oppositional relation as that between intrinsic and extrinsic awakening. However, as Friedrich has formulated this relation, it suggests that one does not need to seek a *tertium quid* through recourse to a non-dual interpretation. Rather, his formulation suggests that the opposition between the two aspects of deep belief or deep mind can exist simultaneously in tension with one another. Regarding the nature of the goal of the Shin path, Friedrich discusses the idea of the two aspects of the deep mind (*nishu jinshin* 二種深信).

> *Nishu jinshin* is the description of the realization that one's own person is unable to awaken the aspiration for birth in the Pure Land due to one's karmic evilness. Simultaneous with this realization is total entrusting and rejoicing in the fact that one has attained birth in the Pure Land, brought about by the activity of Amida Buddha's primal vow. Simply put, at the very moment one rejoices in the assurance of birth in the Pure Land through the activity of Amida Buddha, one also realizes that one's existence is controlled by samsaric delusions and passions.[45]

This differs from the non-dual interpretations that it seems to me both Ueda and Unno are attempting to read onto Shinran. Instead of resolving into some higher third term, the idea of *nishu jinshin* would appear to simply hold the duality of human existence as a simultaneity.

This idea of *nishu jinshin* is found in Shinran's *Kyōgyōshinshō* in the

Chapter on *Shinjin*. There Shinran cites Shandao to the effect that there are two aspects of *shinjin* :

> One is to believe deeply and decidedly that you are a foolish being of karmic evil caught in birth-and-death, ever sinking and ever wandering in transmigration from innumerable kalpas in the past, with never a condition that would lead to emancipation. The second is to believe deeply and decidedly that Amida Buddha's Forty-eight Vows grasp sentient beings, and that allowing yourself to be carried by the power of the Vow without any doubt or apprehension, you will attain birth.[46]

In discussing the historical origins of this important idea, Ryōshō Yata mentions several interpretations of it. He notes :

> Scholars of Shin Buddhism have long understood these two kinds of deep belief through the concept that "a single [*shinjin*] possesses two aspects" (*nishu ichigu* 二種一具). That is to say, the deep belief as to beings and the deep belief as to Dharma together represent the two aspects of a single shinjin.[47]

It appears that some exegetes have understood the two aspects to be somehow incompatible, and sought to reconcile the two by recourse to nondual interpretations, including such *tertia quid* as a subsumption of "all subject and object dichotomies" or the "transcendence of all human discrimination."[48] Such attempts to resolve the apparent incompatibility sound like they have been influenced by Hegelian or Romantic thought. One wonders, however, whether it is actually necessary to resolve these two aspects of deep belief. A resolution would seem to remove the creative tension between them, a tension that can only exist by their both being true of the human condition simultaneously.

In the same way, the non-dual interpretations that attempt to resolve the modern discomfort with literal understandings of the locus of awakening as external may be obscuring the simultaneous truth of two different aspects of the path. To seek a *tertium quid* that resolves the apparent tension between an external and an internal locus of awakening in favor of a Hegelian or Romantic transcendent would seem to foreclose the chance of discerning the creative tension arising from holding both as valid ways of understanding what it means to follow the Buddhist path.

VI SUMMARY : THREE SUGGESTIONS

In considering the significance of Shinran's equation of *shinjin* with both *bodaishin* and *kongōshin*, we have suggested that these associations are rooted in the common disourse of "shortening the path." As such, the relation of *shinjin* to the broader Mahāyāna tradition can be made more evident for convert Western Buddhists familiar with ideas of inherent awakening.

A second suggestion has been that in addition to sudden and gradual understandings of the path, there are differences based on the locus of awakening. Whether it is the effective agency or the goal that is conceived as internal or external to the individual makes significant differences in how the path is understood. These two are not identical to sudden and gradual, and hence the two pair create a fourfold matrix within which the similarities and differences of conceptions of the path can be more clearly explicated.

The final suggestion has been that while an external locus of awakening may be uncomfortable in light of contemporary cosmology and the primacy given to the psychological, there may be a value in avoiding any attempt to resolve the apparent opposition between internal and external. This final suggestion follows in the same logic as two truths of Nāgārjuna. Both are true, simultaneously and equally. Even the third truth as formulated by Zhiyi is not a *tertium quid* that resolves the two, but rather the middle position of creative tension where both are true.

NOTES

(1) There are some instances in which Shinran only equates *shinjin* with *bodaishin*. *Hymns of the Pure Land*, #107, CWS 354 :
　　Shinjin that is the inconceivable working of the power of the Vow
　　Is none other than the mind aspiring for great enlightenment.
(2) My friend and colleague, Gordon Bermant, has asked about the interpretation of these statements by Shinran as translated. First, he asks whether they might be construed as a statement of inclusion, such that, for example, *shinjin* is one kind of *bodaishin*, there being others included in the broader category of *bodaishin*. Second, he asks whether these might simply be heuristic metaphors. Both of these questions would require the attention of someone who is much more of an expert in Shinran's writings and the kind of Japanese that he used. I can offer some preliminary reflections on these questions, however. Regarding the first, while it is a possible construction of an English sentence, such an interpretation is not only unlike the style of argumentation one finds in many different Buddhist texts, but it would also require greater explanation given Shinran's polemical strategy. As I understand him, in addressing an audience of learned monks, he is wanting to make the strong claim that the arising of *shinjin* simply is the same as the arising of the mind intent on awakening and the mind of perfect clarity. As for the second, again I don't believe that treating these categories/descriptions of mind as metaphors works for his polemic intent. They may well be heuristic, in the sense of intended to explain his view of *shinjin* to those more familiar with the other two categories, but not in a metaphoric sense.
(3) Huston Smith and Philip Novak, *Buddhism: A Concise Introducton* (New York : Harper One, 2004), 197.
(4) Domingos de Sousa, "Shinjin and faith: a comparison of Shinran and Kierkegaard," *Eastern Buddhist* ns. 38, no. 1-2 (2007) : 180-202; and Steve Odin, " 'Leap of faith' in Shinran and Kierkeggard," *Pure Land* nos. 18-19, (2002) : 48-65 ; Joel R. Smith, "Human insufficiency in Shinran and Kierkegaard," *Asian Philosophy* 6/2 (July 1996) : 117-128.
(5) Nobuo K. Nomura, " Shiran's shinjin and Christian faith," *Pure Land* ns. no. 7 (1990), 63-79 ; Paul O. Ingram, " Faith as knowledge in the teaching of Shinran

Shonin and Martin Luther," *Buddhist-Christian* Studies 8 (1988) : 23-35.
(6) Kenneth D. Lee, "Comparative Analysis of Shinran's Shinjin and Calvin's Faith," *Buddhist-Christian Studies*. 24, (2004) : 171-190.
(7) For an extended discussion of the history of the opposition between faith and reason in Christendom, see Charles Freeman, *The Closing of the Western Mind: The Rise of Faith and the Fall of Reason* (New York: Random House, 2003).
(8) The use of the term "salvation" (as well as "sin") in relation to Buddhism is another way in which Christian theological themes become conflated with the concerns of Buddhism regarding the path to awakening. These topics lie outside the scope of this essay, however.
(9) The opposition of faith and reason can be traced to (at least) Tertullian (c. 160- c. 220 CE), and was developed as well in the idea of the sacrifice of the intellect discussed by such figures as Ignatius of Loyola, Blaise Pascal, and Søren Kierkegaard.
(10) It lies outside the scope of this essay, but one additional concern I have is with the fatalistic intepretation of Shinran's thought, which I believe mistakenly extends a claim about the goal of awakening to all goal-directed behavior. As Dennis Hirota has written, awakening "cannot be brought about through any exertion of will or effort by the ignorant self, but rather itself represents the abandonment of self-will" (*"On Attaining the Settled Mind*: The Condition of the Nembutsu Practitioner," George J. Tanabe, Jr., ed., *The Religions of Japan in Practice*, 258). There is a difference between what I personally consider to be Shinran's brilliant insight regarding the process of awakening: that the ego cannot liberate the ego, and a complete abandonment of will or intent in daily life.
(11) It should be noted for the sake of clarity, that "shortening of the path" and other similar concepts discussed here are etic concepts useful as ways of generalizing across sectarian divisions.
(12) See for example, Taigen Dan Leighton, "Dōgen's Appropriation of *Lotus Sutra* Ground and Space," *Japanese Journal of Religious Studies* 32/1 (2005) : 85-105.
(13) Luis Gómez, "Purifying Gold: The Metaphor of Effort and Intuition in Buddhist Thought and Practice,in Peter N. Gregory, ed., *Sudden and Gradual: Approaches to Enlightenment in Chinese Thought*, Studies in East Asian Buddhism 5 (Honolulu :

University of Hawai'i Press, 1987), 71.

(14) Sam van Schaik, "The Great Perfection and the Chinese Monk: rNying-ma-pa Defences of Hwa-Shang Mahāyāna in the Eighteenth Century," *Buddhist Studies Review* 20/2 (2003) : 189-204.

(15) Georgios Halkias, *Luminous Bliss: A Religious History of Pure Land Buddhism in Tibet* (Honolulu : University of Hawai'i Press, 2012), 123.

(16) Ibid.

(17) Robert Sharf, " Sudden/Gradual and the State of the Field," paper presented as part of the panel "From San Juan to Sukhāvatī: Reflections on Buddhist Studies and the Career of Luis O. Gómez," held at the Annual Meeting of the American Academy of Religion, Chicago, November 1, 2008 : 4-5.

(18) It may seem that the sudden-gradual dichotomy can be easily equated with two other pairs found in Pure Land thought, other power and self power, and easy practice and the path of sages. As tempting as this may be, such an alignment is not warranted. See the excellent essay by James L. Ford, "Jōkei and the Rhetoric of 'Other-Power' and 'Easy Practice' in Medieval Japanese Buddhism," *Japanese Journal of Religious Studies* 29/1- (2 2002) : 67-106.

(19) Jacqueline Stone, "Seeking enlightenment in the Last Age: Mappō Thought in Kamakura Buddhism," two parts, *Eastern Buddhist* 18/1 (Spring 1985) : 28-56 ; 18/2 (Autumn 1985) : 35-64.

(20) Yoshifumi Ueda, "The Mahayana Structure of Shinran's Though: Part I," trans. by Dennis Hirota, *Eastern Buddhist* XVII, no. I (Spring 1984) : 71.

(21) Ibid.

(22) A personal note: I find the rendering of *ōchō* as "crosswise leap" to be misleading for two reasons. First, the rendering of *ō* 横 as "crosswise" suggests to me a sideways movement, which although supported as one instance of the way it can be rendered, has always seemed odd, when it would be more in keeping with other imagery to use something like "across," or "over." Second, to render *chō* 超 as "leap," predisposes an association with Kierkegaard's "leap of faith," when the two together could more readily be rendered as "crossing over," as in the imagery of "crossing over to the other shore," the shore of awakening, widely used throughout Mahāyāna thought. The consistent use of "leap" in English

language discussion of Shinran's thought effectively overdetermines the association with pietistic theology of the Kierkegaardian type (see for example, Steve Odin, "'Leap of Faith'in Shinran and Kierkegaard," *Pure Land* n.s. 18/19〔Dec. 2002〕: 48-65), and thus distorts the concept of *ōchō* by pre-interpreting it by the way in which it has been translated. One suspects, and at this point this is admittedly purely speculative, that this rendering was purposely done in order to facilitate attempts to link Shin thought to Western theology by members of the Kyoto school, or their translators.

(23) Ueda extends this by pointing out that Shinran teaches that "the attainment of the stage of non-retrogression occurs not in the Pure Land after death, as traditionally taught, but at the moment a person realizes shinjin." Ueda, Part I : 71.

(24) Perry Schmidt-Leukel, "Shinran, Hui'neng and the Christian-Buddhist Dialogue," *Pure Land* n.s. 5 (1988) : 20.

(25) CWS. I, 534.

(26) See for example, Cyrus Stearns, trans., *Taking the Result as the Path: Core Teachings of the Sakya Lamdré Tradition* (Boston : Wisdom Publications, 2006).

(27) The consistent qualification "some" in reference to tantric Buddhist thought is necessary because there are also gradual path understandings of tantra. See for example, Christian K. Wedemeyer, *Āyadeva's Lamp that Integrates the Practices* Caryāmelāpakapradī pa: *The Gradual Path of Vajrayāna Buddhism According to the Esoteric Community Noble Tradition* (New York: The American Institute of Buddhist Studies, Columbia University's Center for Buddhist Studies, and Tibet House US, 2007).

(28) Phillip Cary, *Augustine's Invention of the Inner Self: The Legacy of a Christian Platonist* (Oxford and New York: Oxford University Press, 2000), 3.

(29) Ibid.

(30) The Sanskrit term associated with this idea is *phalayāna*, or *phalamārga* i.e., 果及道.

(31) Taitetsu Unno, "Shinran: A New Path to Buddhahood," in James Foard, Michael Solomon, and Richard K. Payne, eds., *The Pure Land Tradition : History and Development* (Berkeley : Berkeley Buddhist Studies Series, 1996), 319.

(32) Ueda, Part I : 70.

(33) Such conceptions were probably inherited into Buddhism as part of the transition in Indic religious culture in the 'sramana period when the focus of practice was internalized, and ritual performances which had previously been conducted externally were now conducted within the body of the practitioner. This kind of physiological internality is similar to but distinct from the mental visualization that is more familiar to us in discussions of this topic.

(34) Robert Sharf, "On Pure Land Buddhism and Ch'an/Pure Land Syncretism in Medieval China," *T'oung Pao* LXXXVIII (2002) : 282-331.

(35) Ibid., 302.

(36) Ibid., 304.

(37) Ibid., 306.

(38) Ibid., 304.

(39) Sharf, "On Pure Land Buddhism," 313.

(40) Ueda, Part I: 60. Although Ueda rejects this conception, like many stereotypes there is some basis for it, that is the external conception as discussed above.

(41) Yoshifumi Ueda, "The Mahayana Structure of Shinran's Thought: Part II," trans. by Dennis Hirota, *Eastern Buddhist* XVII, no. 2 (Autum 1984) : 49.

(42) Ibid.

(43) Unno, " Shinran," 319.

(44) There is a methodologically problematic aspect of Unno's argument. Unno justifies this interpretation by citing a line of poetry from the *myōkōnin* Saichi (1850-1932), and then claiming that this explains Shinran's thought. The counter-historical character of this interpretation, however, feels a bit disturbing to me. In other words, the claim is that the writings of someone who lived six centuries after Shinran explains Shinran's meaning seems more to be simply an association that Unno feels to be significant than a theoretically informed hermeneutic.

(45) Daniel Friedrich, "Identity in Difference : Reading Nishida's Philosophy through the Lens of Shin Buddhism" Pacific World : *Journal of the Institute of Buddhist Studies*, third series, no. 12 (Fall 2010) : 46.

(46) CWS, vol. 1, 649-650. Quoted from Ryōshō Yata, "An Examination of the Historical Development of the Concept of Two Aspects of Deep Belief, Part 1," David Matsumoto, tr., *Pacific World: Journal of the Institute of Buddhist Studies*,

third series 2 (2001) : 158.
(47) Ibid.
(48) Ibid., 159.

親鸞における還相の思想
―死者との共生という視点から―

井上 善幸

はじめに

　浄土教思想の伝統では、この世界を迷いの境界として捉え、それに対する悟りの境界として浄土が語られる。また、命の終わりが浄土世界への往生と表現されることで、浄土は死後の生という文脈でも理解される。つまり、浄土とは、他として在る世界であり、死して後に往く世界でもある。ところで、浄土が「どこか」遠くに在る他世界、「いつか」往く死後世界として捉えられ、「いま・ここ」での我々と無関係に語られるならば、親鸞の死生観を考察する際に、浄土をめぐる諸問題は除外されることになる。そこで本論では、還相という教義概念を手掛かりにして、親鸞の死生観を考察してみたい。還相とは往相と対になって親鸞教学の根幹をなすものであり、浄土世界から再びこの世界に還り来る相状という意味を持つが、その具体相についての解釈は多様である。それらの類型化については別稿で概略を論じたので[1]、本論では、死生観と超越という主題のもとに、特に、死者と共に生きるという観点から論を進めていきたい。

1　親鸞における還相の思想

1-1．親鸞の証果論の特色

　まず親鸞思想における還相の思想について概観しておこう。法然が開宗した浄土の教えでは、阿弥陀仏によって選択され本願に誓われた念仏によって、誰もが浄土に往生できると説かれる。法然にとっての救済論的課題は、浄土往生の行を称名念仏に一元化し、その根拠を阿弥陀仏の本願として示すことであった。浄土往生を最大の関心とする法然に対し、法然の弟子であった親鸞は、浄

土往生だけでなく、仏果を得る、すなわち成仏するということを積極的に語っていく(2)。そして、親鸞は、成仏論に関連して、現生正定聚、往生即成仏、還相という三つの特徴的な理解を展開していく。

まず、現生正定聚に関して、正定聚とは、一般的に仏に成ることが定まった者という意味であるが、それがどの時点で決定するのかという点で、親鸞は従来の理解と一線を画す。浄土教の伝統では、正定聚は浄土往生後に得られる利益として語られてきた。そのため、浄土往生が確定的となる臨終の有様が重視され、浄土からの来迎が期待されてきた。それに対し親鸞は、浄土往生が確定的となるのは、一切衆生を必ず浄土に往生させたいという阿弥陀仏の願いを聞き信じる、いまこの場であるとし、それゆえ現生において正定聚の位に定まるという理解を示す。

この理解にしたがって、浄土往生の意味づけにも特徴的な理解が示される。伝統的に、浄土世界は、迷いの境界であるこの世界に対して、阿弥陀という仏が現に在す悟りの境界として捉えられ、浄土に往生した者は阿弥陀仏や菩薩のもとで仏道修行に専念し、やがて仏果を得ると考えられてきた。それに対して親鸞は、「臨終一念の夕べ、大般涅槃を超証す(3)」と述べるように、悟りの境界である浄土に往生することが、そのまま仏果を得ることであるとする。成仏論を課題とする親鸞において、救済は究極的には覚証と重なることになるが、その根拠を阿弥陀仏の本願力のみに求める立場が、ここでも一貫されている。このような親鸞の浄土往生・仏果得証理解は、「往生即成仏」とまとめることができる。

ところで、仏果とは智慧と慈悲の完成を意味するから、成仏は必然的に大悲の活動、すなわち、他の迷える衆生を導き救うはたらきとして展開されなければならない。親鸞においては、そのことは還相という概念で示される。ただし、正定聚や往生・成仏に関する親鸞の理解が従来のものと相違するように、還相についても伝統的な理解とは大きく異なる点がある。そこで節を改めて、還相の思想の教理史的背景と親鸞の理解の特色について確認しておこう。

1-2. 教理史的背景

親鸞は、浄土真宗の系譜を伝える祖師として、インド以来の七人を選定する

が、その一人である天親（世親　4-5世紀）が著したとされる『浄土論』（無量寿経優婆提舎願生偈）には、浄土往生に特化された実践方法として五念門と五功徳門が説示される。五念門とは、浄土往生を目指す行の体系であり、身体的行為として阿弥陀仏を敬い拝む「礼拝門」、光明と名号のいわれを信じ、口に仏名を称えて阿弥陀仏の功徳をたたえる「讃嘆門」、一心に専ら阿弥陀仏の浄土に生まれたいと願う「作願門」、阿弥陀仏・菩薩の姿、浄土の荘厳を思いうかべる「観察門」、そして、自己の功徳をすべての衆生に振り向けて共に浄土に生まれたいと願う「回向門」という五種の実践からなる。浄土に往生すると、五種の功徳が得られ、それらは、礼拝によって仏果に近づく「近門」、讃嘆によって浄土の聖者の仲間に入る「大会衆門」、作願によって止（奢摩他）を成就する「宅門」、観察によって観（毘婆舎那）を成就する「屋門」、回向によって悟りの世界から迷いの世界にたちかえって、自在に衆生を教化・救済することを楽しみとする「園林遊戯地門」として体系化される。五念門と五功徳門は、いずれも最初の四つが自利の側面を、五つ目が利他の実践を表しており、仏道の究極目標を自利と利他の完成とする大乗仏教の理念に基づく修道体系である。

　『浄土論』に示される五念門・五功徳門を受けて、北魏の曇鸞（476-542？）は『浄土論』の注釈書である『往生論註』（無量寿経優婆提舎願生偈註）において、回向に「往相」と「還相」という二種の区別を立てる。曇鸞によれば「往相」とは、「己が功徳を以て一切衆生に回施して、共に彼の阿弥陀如来の安楽浄土に往生せむと作願する」ことであり、「還相」とは、「彼の土に生じ已りて、奢摩他・毘婆舎那を得、方便力成就すれば、生死の稠林に廻入して一切衆生を教化して、共に仏道に向かふ」ことであるとされる(4)。つまり、往相とは、自己が修めた功徳を他に振り向けて共に浄土往生を願うことであり、還相とは、阿弥陀仏の浄土世界に生まれた後に、より高度な修行を完成させ、救済の能力を身につけた後に、再び迷いの世界に還ってきて、他の迷える衆生を教化することであると示されるのである。利他行である回向について、「往相」と「還相」の二種を立てるのが、曇鸞の理解の特色の一つである。

　これらの説示を受けつつ、親鸞は、六巻で構成される主著『教行証文類』の第一巻「教文類」において、

謹で浄土真宗を案ずるに、二種の回向あり。一つには往相、二つには還相なり。[5]

と述べ、阿弥陀仏の本願によって浄土に往生し仏に成るという真実の教法は、往相と還相という二種の回向を綱格とするという理解を示す。天親や曇鸞において回向の主体はあくまで浄土を願生する行者であったが、親鸞は、回向の主体を阿弥陀仏であるとし、回向される内容について、往相と還相という二種を見るのである。「教文類」では続けて往相について真実の教行信証があることが述べられ、証の内容については、四巻目の「証文類」で論じられていく。親鸞の「還相」理解が詳述されるのは、この「証文類」後半部においてである。

『教行証文類』は、各巻の始めに阿弥陀仏の四十八の誓願から巻の主題と関連する願が選ばれ、経文と祖釈によって論述が進められるが、「証文類」後半では、還相に関して、曇鸞の『往生論註』がひたすら引用される。しかし、その引用は、本来の文脈から大きく変更されている。曇鸞の『往生論註』では、還相は仏果を得るための因としての利他行として位置づけられる。それに対して親鸞は、浄土に往生して仏と成った後に起こす大悲の行として、還相を位置づけている。親鸞において往相とは浄土に往生して仏果を得るまでの因であり、還相とは仏果を得た後に展開される大悲のはたらきとして理解され、そのいずれもが、阿弥陀仏の本願力の回向によるとされるのである。

とりわけ還相に関する曇鸞と親鸞の理解の相違は、「証文類」の引用の文脈の相違として現れてくる。上述したように、親鸞は、この世界において仏の願いに出遇う時にすでに正定聚の位につくとし、浄土に往生するということはそのまま成仏することであるとする。それゆえ、親鸞においては、浄土往生後の還相のすがたは、すでに仏果を得た者が、さらに大悲を展開する相として理解されることになる。親鸞が還相の内容を表す意図で長文にわたって引用する『往生論註』の内容は、本来、浄土世界の菩薩のすがたを説いたものである。浄土世界が仏果を得るための仏道修行に最適な環境として捉えられる場合には、浄土の菩薩は聞法し修行に励む因位のすがたとして示されることになるが、親鸞は、浄土の菩薩について、それらは浄土に往生して、ただちに仏果を得た後のすがたであると見ていくのである。したがって、親鸞における還相とは、迷

いの世界に再び還ってくることだけではなく、浄土において菩薩の姿を示すことをも意味することになるのである。

1-3. 浄土往生と神通方便

　ところで、「還相」という概念自体の有無は別にして、浄土に往生することで慈悲のはたらきがより実効的となるという理解は数多く見られる。例えば、曇鸞の事蹟を讃えた碑文を見て浄土教に帰依した道綽（562-645）は、その主著、『安楽集』で、浄土教の信仰に対して当時加えられていた批判的な見解を取り上げ、それらを論破していく文脈において、次のような見解を示している。

> 問ひて曰はく、或いは人有りて言はく、穢国に生じて衆生を教化せむと願じて浄土に往生することを願ぜずと。是の事云何。答へて曰はく、此人に亦一の徒有り。何者ぞ。若し身不退に居して已去なれば、雑悪の衆生を化せむが為の故に、能く染に処すれども染せず、悪に逢へども変ぜず。鵝鴨の水に入れども、水の湿すこと能はざるがごとし。此くのごとき人等能く穢に処して苦を抜くに堪へたり。若し是実の凡夫ならば、唯恐らくは自行未だ立たず、苦に逢はば即ち変じ、彼を済はむと欲せば相与倶に没しなむ。鶏を逼めて水に入らしむるがごとし。豈能く湿はざらむや。是の故に智度論に云はく、若し凡夫発心して即ち穢土に在りて衆生を抜済せむと願ずるをば、聖意許したまはずと。[6]

　批判者は次のように考える。「実際に苦しんでいる人々は、まさにこの世界に数多くいるわけであるから、浄土往生を願うより、この世界で苦しむ人々を教化していくべきではないのか」。それに対して、道綽は、浄土に往生して慈悲のはたらき、方便力を身につけることによってこそ、本当の意味で人々の苦を抜くことができるのだと主張する。

　同様の理解は、源信（942-1017）の『往生要集』の中にも見出せる。源信は、浄土に往生することによって得られる楽しみとして、人は生きている間は、心に求めることも意のままにならないが、極楽に生まれると、智慧は明晰となり、超人的な力（神通）があきらかに得られるから、世々に生まれるたびごとに、

恩恵を与えてくれた人々を、思いのままに極楽につれてくることができると述べている。さらに、法然（1133-1212）も消息において、

> とくとく浄土にむまれて　さとりをひらきてのち　いそきこの世界に返りきたりて　神通方便をもて　結縁の人をも無縁のものをも　ほむるをもそしるをも　みなことことく浄土へむかへとらんとちかひをおこして……

と述べるように、慈悲の心をもって多くの人を救いとっていくために浄土に往くのだという理解を示している。

　これらには、直接「還相」という語は示されない。また、浄土往生後の利他のはたらきが、成仏のための因なのか、成仏した後の果のはたらきなのかという点で、親鸞の理解と相違するところもある。しかしながら、いずれも、浄土に往生することによって慈悲のはたらきが飛躍的に実効性を増すという点において、共通の認識を示している。

1-4. なぜ還相の具体相は明示されないのか

　親鸞の還相理解は「証文類」において詳述されるが、それらは浄土の菩薩のすがたとして示されるのみで、日常経験できるような具体相という文脈では示されていない。では、なぜ親鸞は、教義の根幹である還相について自らの言葉で具体例を明示しなかったのだろうか。私見では、それは以下のように考えられる。すでに見てきたように、親鸞の還相理解の最大の特色は、仏果に至る因行として理解されてきた還相を、仏果得証後の大悲の必然的展開として示した点にある。浄土往生により神通力を得て利他の活動がより実効的になるという共通理解は、あらためて強調するまでもないことであり、親鸞の立場を具体的かつ明確に示すのは、浄土往生後の菩薩のすがたを因位ではなく果位として捉える独特の『往生論註』理解にある。したがって、親鸞がこの世界で経験しうる具体的事例として殊更に還相を論じないのは、当然のこととも考えられる。

　いずれにせよ、還相の具体相が議論の対象とされることはほとんどなかったため、今日、多くの論者によって、還相の解釈がなされている。以下、章を改めて、比較的最近に提示された見解を主に取り上げ、それらを類型化しながら

検討を加えていきたい。

2　還相の解釈をめぐって

親鸞における還相理解に関する解釈は、①他界観念と関連づけるもの、②社会倫理と関連づけるもの、③還相の主体をめぐるものに類型化することができる。②は主に真宗における社会倫理の構築を目指す意図から、現生において念仏者自身が還相を行うべきであるとするものであるが、死生観と超越を大きなテーマとする本論の考察範囲からは外れるため、ここでは触れず、①と③を特に検討する。

2-1．日本古来の他界観念と関連づける解釈

還相を日本古来の他界観念と関連付ける解釈は、親鸞の思想をより広い思想的文脈で理解しようとする論において見られる。例えば阿満利麿は次のような見解を示している。

- 親鸞が、浄土に生まれたものは、ただちに現世の衆生を救済するためにこの世にもどってくるという、還相菩薩を強く主張した背景の一つには、伝来の民族宗教における他界観念の復活があったのではなかろうか。[10]
- 他界の復権という一般的状況にてらしてみるならば、親鸞の浄土論は、民族宗教としての、伝来の神祇思想にみられる、感覚的、日常的他界観を、凡夫の情に属することとして、それを一度否定した上で、仏教という世界宗教の論理の側に身をおくことで再生させようという、飛躍の思惟とみることができるのではなかろうか。[11]

ここでは、神祇思想などにみられる他界観を、仏教の論理による否定を媒介にして復権させたものとして、親鸞における還相が捉えられている。還相という浄土教思想に特有の概念を、日本的な他界観と関連させて論じる見方は、梅原猛にも見られる。梅原は、日本人の「あの世」観について、「源信から法然への浄土教の発展において、すべての人があの世に行くことが出来るようになり」、「人間ばかりか、すべての衆生成仏の可能性を認め」る天台本覚思想を受

けて、「法然から親鸞への浄土教の展開において、還相という考えによって、あの世からこの世へと還ってくる道が認められ」、「浄土教は親鸞に到って、古来から日本人が持ち続けた「あの世」観に、まことによく似てきた」と評している。「まことによく似てきた」とする梅原の見解は、仏教の論理による否定を経た再生という視点から還相を捉える阿満の視点とは異なるものの、親鸞の浄土往生理解が、日本人が古来、持ち続けてきた他界観念を復権させたものであるという見解においては、着眼点を共有しているといえる。

　ところで、親鸞における還相の思想を、生まれ変わり、転生の浄土仏教的解釈という文脈に位置づける理解においては、還相の具体的な様相は、人間であるか否かはともかく、身体をともなって、この世界に再び存在することとして理解されることになる。この点に関して、本来無我を説く仏教において、転生は輪廻として超克されるべきものであり、生まれ変わりという通俗的な死生観によって還相を捉えるべきではない、という反論が想定される。すでに確認したように、還相は浄土教理史的な観点から論じられるべきであり、他界観念や転生に引き寄せることで、教理が抜け落ちることになってはならないが、転生そのものを通俗的と斥けることについては留保が必要である。親鸞は「証文類」において『往生論註』から「種々応化の身を示す」という文を引用して、還相とは、相手に応じて様々なかたちとなって教化することであるという理解を示しているからである。還相が迷いのこの世界に生きる我々へのはたらきかけであるとすれば、何らかの意味で、我々と接点を持たなければならない。この問題については、後に考えてみたい。

2-2. 還相の主体をめぐる解釈

　還相の主体に関しては、それを自己とするもの（A）と他者とするもの（B）に分けることができ、A、Bはともに還相を現生のこととして捉える立場（A1、B1）と、往生後のこととして捉える立場（A2、B2）に分けることができる。還相の主体を現生の自己とするA1は、真宗における社会倫理の構築を目指す②の立場として論じられることが多いが、本論の主題は「死生観と超越」にあるため、②については、ここでは触れない。

　A2、B2は「彼の土に生じ已りて、奢摩他・毘婆舎那を得、方便力成就すれ

ば、生死の稠林に廻入して一切衆生を教化して、共に仏道に向かふ」という伝統的な還相理解である。それに対して、B1は、還相の主体について、阿弥陀仏（B1-1）、菩薩全般（B1-2）、具体的人格（B1-3）とするなど様々な解釈が示されている。

B1-1：還相の主体を阿弥陀仏とする理解

　教理史的展開を見る限り、還相の主体は浄土往生後の念仏者ということになるが、それ以外を設定する解釈の中には、仏そのものを還相の主体として捉える立場がある。例えば、神子上恵龍は『教行信証概観』において、「往生人が証果の悲用として、再びこの現実界に還来して起す宗教的活動」を往相門中の還相とするだけでなく、「如来が私共を救済するためにこの現実界に示現して、種々の宗教的活動をしたまへる面」を正覚門中の還相と位置づけている。この理解は、「しかれば弥陀如来は如より来生して、報・応・化、種々の身を示し現じたまふなり」という「証文類」冒頭の親鸞の言葉に依ると思われるが、還相の主体を阿弥陀仏とする理解は、曾我量深の理解に顕著である。曾我は、還相のはたらきによってこそ我々が信を得ることができるとし、次のように述べる。

> ○われわれは普通に信の一念といふものを起点として、信前・信後を分別するならば、いはゆる信以後相続を以て往相とし、それに対して信開発以前を以て還相と理解すべきであらう。……われわれは家庭や社会の有縁の人々を始として、天地万物の上に順にも逆にも不可思議なる還相廻向の事実に対面するのであります。この還相廻向に対面せしむることによって、自身の往相を成就し証明せらるるのであります。還相廻向は単なる果後の来生の要請に止まるものではない、過去・現生における限りなき還相の養育に対する自身の反逆が来生の還相の裏づけであります。

　ここでは、獲信以前、我々が阿弥陀仏の本願を聞き受けるまで、「家庭や社会の有縁の人々を始として」還相のはたらきに出遇っているという理解が示されている。還相を浄土往生・成仏後の大悲の展開として捉えるならば、「家庭

や社会や有縁の人々」は、迷いの世界に生きるわたしと共にありながら、実は浄土に往生して仏果を得た後に、再びこの世界に仮に現れた化身としての姿であるということになるが、次の言葉からは、曾我はそのようなことを述べているのではないと思われる。

・この仏が、生死の世界に来たりたまひて本願を起させられたといふことそのことが、大きな一つの還相といふものではなからうかと思うのであります。仏が南無阿弥陀仏をもつてわれわれを喚び覚してくださる、その事柄がわれわれに一つの還相といふものを示してくださるのではなからうか。それあるがゆえに、われわれはそれをめじるしとして、往相というものがはじめて成立するのである。そうして、それが結局はその大いなる還相のなかに帰入されて、それに摂め取られてしまう道理であろうと思うのである。……どこまで行つても自分一人が救はれる。自分一人が救はれてそれで済ましてをるといふことはないわけ。それゆえに限りなき生死流転といふ。はてしないところの宿業のうちにありながら南無阿弥陀仏が限りなく流行して行くのであります。それは如来の面から見れば還相であり、衆生の面からみれば往相である。往相即ち還相であり、還相即ち往相であると言はざるを得ないと思ふ。(18)

曾我は、「生死の世界に来たりたまいて本願を起こさせられたということ」自体が、「大きな一つの還相」であるとする。そして、阿弥陀仏の慈悲が南無阿弥陀仏として遍在し流行することによって、「天地万物の上に順にも逆にも不可思議なる還相廻向の事実に対面する」ということになると述べる。曾我においては、「家庭や社会の有縁の人々」そのものが還相の主体となるのではなく、南無阿弥陀仏が遍く行きわたることによって、「家庭や社会の有縁の人々」や「天地万物」の上に還相の事実を見ると捉えていると考えられる。同様の理解は、曾我の『歎異抄聴記』においても見られる。

・往相回向は直接のご縁、還相回向は間接のご縁、往相回向はお念仏を申してお浄土へ往生する、南無阿弥陀仏が一念帰命の信心として、仏恩報謝の

念仏としてはたらいていくところが往相回向である。還相回向とは、その南無阿弥陀仏が人事百般にはたらいてくることが還相回向である。南無阿弥陀仏がいろいろの方面にはたらいてくる。南無阿弥陀仏が南無阿弥陀仏の姿をかくし、和光同塵してさまざまの方面にはたらいてくる。これがつまり還相回向であろうと思う。還相回向という場合になると範囲が広くなる。還相は広くして浅い。往相は狭くして深い。だいたい往相・還相はこのように考えられる[19]。

　ここでも、「南無阿弥陀仏が人事百般にはたらいてくることが還相回向である」と述べられ、阿弥陀仏の還相回向によって我々が往相の念仏者になっていくという理解が示されている。
　曾我の見解を大きく受ける寺川俊昭は、還相の主格を阿弥陀如来とした上で、その具体相を「師教の恩厚」として捉えている。

○阿弥陀という名で表される如来は、これらの報身そして種々の応化身として具体的にその恩徳を現前しているのであると、親鸞は了解したのであった。そしてこの応化身を「回向」という視点に立ってとらえる時、それはまさしく本願力のはたらく形としての還相回向の具体相にほかならないことが、改めて知られるのである。師教の恩厚は、実はそのまま如来の還相回向の恩徳である[20]。

　また、寺川は、A2、B2のように還相の主体を浄土往生後の菩薩とする伝統的な理解に対して、次のような見解を示している。

○還相回向とは、真実信心をおこして仏道に立つ者にまで衆生を教化し育くむ、より深い如来の恩徳である。それは決して往相道を全うした「我」が、再び流転の現実へ還って他の衆生を救うことではない。流転の中に苦悩する救いなき我に還相して、仏道を求める者にまで我を教化し、信心をおこして如来の功徳を受ける者にまで我を育くむ如来の恩徳であると、親鸞は語るのである。そしてこの還相回向の具体相を、「智慧光のちからより」

応化して真実教を語って止まぬ師法然に、さらに根本教主釈尊に、親鸞は明確に自証していたに違いないのである。

寺川は還相は如来の恩徳であるとし、さらに、「それは決して往相道を全うした「我」が、再び流転の現実へ還って他の衆生を救うことではない」とするのである。

ところで、阿弥陀仏による還相という理解については、近代以前から見られたようで、江戸期に活躍した東本願寺派の学匠、香月院深励は、阿弥陀仏による還相という理解は妥当性を欠くと指摘した上で、次のように述べている。

○ 吾祖一代御撰述ニ右ノ通リニ仰セラレタ事ハナイ。回向ト云フハ弥陀ノ方ニオイテアレドモ。往相還相ト云ハ衆生ノ方ヨリ付ケタ名デ。弥陀ノ浄土安楽世界ガ成ジ已リテ後。衆生ガ浄土ヘ往生スル相タヲ往相トイヒ。又浄土ヘ参ッタモノガ再ビ諸有世界ヘ立戻リテ衆生ヲ済度スルノガ還相。ソノ往相モ還相モ悉ク弥陀ノ本願力ヨリ回向成就ナサル。ソコデ往還二種ノ回向ト云フナリ。

深励が指摘するように、阿弥陀仏の浄土へ往生する相である往相の対概念として還相を捉える限り、阿弥陀仏の還相という理解は根拠を持ちえない。ところが、阿弥陀仏自身の還相という理解は意外に多く見られ、例えば田辺元は、次のように理解している。

○ 如来大悲の願が法蔵菩薩因位の修業に媒介せられるとする浄土教の思想そのものが、既に全体として如来廻向の還相性を根柢とするのであって、如来における自己内還相即往相ともいうべき循環性が、衆生の救済における往相即還相というべき事態を成立せしめると考えなければならぬことも否定出来ない。
○ 阿弥陀如来の絶対還相性は大悲として直接にはたらくのではなくして、釈迦如来その他の諸仏の還相廻向を媒介として実現せられるのである。
○ この相対の協力参加なくしては絶対の相対に対する救済は不可能である。

法蔵菩薩に象徴せられた自己内媒介性が対自化せられたもの、すなわち還
　　　相廻向にほかならない。還相廻向は大悲本願そのものの絶対転換性の具体
　　　的展開なのである。⁽²⁶⁾
○ 如来はもと無始以来の過去における法蔵菩薩の因位の修業を媒介とするこ
　　　とに依って、衆生済度を行うものとせられる。これは既述の如く如来自身
　　　の絶対還相性にほかならない。⁽²⁷⁾
○ 衆生が済度せられ往生において成仏するのであるとするならば、絶対とし
　　　ての如来と衆生すなわち諸仏と相即して、ここに絶対と相対との相即媒介
　　　は完全に具現化せられる。往相即還相、還相即往相ということも、かくし
　　　て往相的にでなく還相的にはいわれる訳である。如来の立場から自己内展
　　　開であるものが、衆生の立場からは救済摂取であって、後者の前者に対す
　　　る媒介性が後者の交互性の平等により実現せられることが、前者の対自的
　　　現成である。此二重の交互性が如来の絶対媒介を成立せしめる。その構造
　　　はすなわち往相即還相、還相即往相というべきものでなければならぬ。⁽²⁸⁾

　田辺元は、仏の大悲は必然的に展開するものであり、それが衆生にとっては、
仏の還相として実現されるという理解を示している。ここでは、自利と利他と
を完成させたものが仏であるという基本理解に基づいて、阿弥陀仏の往相と還
相が語られている。迷いを超えた悟りは、同時に迷いにはたらきかけるもので
あるという理解は、久松真一の所論にも見られる。久松は、必ずしも浄土教の
伝統で用いられる意味には限定しないと断った上で、⁽²⁹⁾次のように述べる。

○ 往相・還相、還源・起動と、言葉は変わっても、本来のものにおいては、
　　　それらは実質的に同じものである。浄土門においても、往相を入と表わし
　　　還相を出という言葉で表している場合もあるのである。⁽³⁰⁾
○ 仏教において、真宗とか浄土教の言うところの往相・還相というものは、
　　　二つながら欠くことのできないものと言わなければならない。言葉は違っ
　　　ても、華厳における還源・起動の二門、あるいは天台における本門・迹門
　　　も、結局、同じ意味のものになってくるが、この二つがどうしてもなけれ
　　　ばならない。⁽³¹⁾

このような理解は、いわば聖から俗への立ち返りという文脈で、還相を捉えたものである。しかしながら、仏の衆生救済のはたらきを、還相という語で表現しなければならない必然性はあるだろうか。例えば田辺が「往相即還相」という語で述べようとする内容は、「自利即利他」や「他利利他」など他の語で十分に表現することができる。また、「結局、同じ意味のもの」と括る久松の所論にいたっては、表現上の差異に込められた置換不可能な固有の意味に対する思慮が欠けていると言わざるを得ない。

これまで、あえて区別して論じなかったが、阿弥陀仏の還相という発想においては、「還相」と「還相回向」とが混用されているように思われる。阿弥陀仏の本願力の回向によってこそ、我々衆生が迷妄の世界から悟りの世界に往くことができ、また悟りの世界から迷妄の世界に還来することができるのであって、阿弥陀仏を主体として語るのであれば、それは回向を主題とすべきである。また、阿弥陀仏の還相という理解を示すのであれば、阿弥陀仏の往相についても明確に論じるべきである。

浄土往生後の菩薩のすがたを還相と見なす親鸞の理解は、現生正定聚説や往生即成仏説の必然的帰結であるが、「阿弥陀仏こそが還相の主体である」とか「還相とは衆生が浄土往生後になすものではない」というのが親鸞の還相理解であったとすれば、親鸞の門弟の間では大きな混乱が生じたはずである。しかし、親鸞の消息や『歎異抄』、『口伝鈔』や『改邪鈔』を見ても、そのような理解は見られないし、そのことをめぐる異義、混乱についても伝えるところがない。やはり、阿弥陀仏による還相という理解は、支持しがたいというのが本論の立場である。

B1-2：還相の主体を菩薩全般とする理解

阿弥陀仏を還相の主体とする理解については賛同しがたいが、その表現によって、往相の念仏者たらしめる促しとして他者による還相を捉えようとした視点は重要である。往相への促しとしての還相に出遇うという事実は、あくまで現生のことであるからである。亀井勝一郎は、還相の活動が我々に応じて変化することではたらくことを表す「応化身」という語に着目することによって、還相の菩薩が人生のいたるところに遍在すると述べている。

○ 実をいえば、往相そのものがすでに還相の促しの相なのだ。危機の意識といい、発心といい、ないし死を観念するのも、ことごとく己の力によるのではなく、すでに還相にあるものの促しにもとづく。
還相にあるものはいうまでもなく菩薩だ。しかし菩薩はつねに菩薩らしい姿をもって立ち現われるとは限らない。あるときは師となり、友となり、路傍の人となり、いわば千変万化、あらゆる人に親しく身を化して衆生を救うものである。菩薩はどこにでもいる。往相にあるものの苦悩の身に即して、その身と化して、常住に存在する。人生のいたるところに遍在し、人生そのものの叡知としてたえず作用しているのである。[32]

○ 一切は往生のための機縁として与えられたものなのだ。その機縁を機縁たらしめるものは、すなわちさきに述べた還相の相である。還相は菩薩行であり、菩薩行を根源において統べているものはいうまでもなく如来の本願力である。すなわち往相は還相の促しにおいてはじめて真の往相となるのは、還相という如来の本願力が当初からそこに作用しているからである。[33]

ここでは、「あるときは師となり、友となり、路傍の人となり、いわば千変万化、あらゆる人に親しく身を化して衆生を救うもの」が還相として捉えられ、往生のための機縁が還相として理解されている。

還相が遍在するという亀井の理解は、現に共に生きる人格と、非人格的物体との双方に現れているが、この世界を共に生きる人について、迷妄の中にある存在としてではなく、還相の具体相として捉える視点は、親鸞自身の還相理解から導かれる。親鸞は門弟宛の消息において、聖道門、権教に関して次のように述べている。

聖道といふは、すでに仏になりたまへるひとの、われらがこゝろをすゝめんがために、仏心宗・真言宗・法華宗・華厳宗・三論宗等の大乗至極の教なり。仏心宗といふは、この世にひろまる禅宗これなり。また法相宗・成実宗・倶舎宗等の権教、小乗等の教なり。これみな聖道門なり。権教といふは、すなはちすでに仏になりたまへる仏・菩薩の、かりにさまざまのかたちをあらはしてすゝめたまふがゆへに権といふなり。[34]

親鸞は聖道門について、すでに仏と成ったものが、「われらがこゝろをすゝめんがため」に「かりにさまざまのかたちをあらはしてすゝめたまふ」ものであるという理解を示している。親鸞の晩年、関東の門弟の間では、弥陀一仏への信と諸仏・諸菩薩への礼拝との関係が問題となっており、上掲の消息はそのことに配慮した一面もあると考えられるが、聖道門を教化の上での方便として捉える発想自体は主著、『教行証文類』に現れている。

　　おほよそ一代の教について、この界のうちにして入聖得果するを聖道門と
　　名づく、難行道といへり。この門のなかについて、大・小、漸・頓、一
　　乗・二乗・三乗、権・実、顕・密、堅出・堅超あり。すなはちこれ自力、
　　利他教化地、方便権門の道路なり(35)。

　このように親鸞自身が、「化身土文類」において聖道門を「利他教化地」「方便権門の道路」とする理解を示しているのである。「化身土文類」に示される聖道門理解に即して、稲葉秀賢は次のように述べている。

　○「化身土巻」は、従来注意せられて来たように、それはただ真実に対し仮
　　と偽を簡別するのみでなく、却て仮と偽にすら積極的意味を認めて、従仮
　　入真の過程を示したものであるから、そこに大悲の善巧摂化の意を見るこ
　　とができる筈である。そしてこの大悲の善巧摂化こそ、無上涅槃の用大
　　であって、浄土の菩薩の所証が真実証としての大涅槃である限り、浄土の菩
　　薩にもその徳はある筈である。若し然りとすれば、「化巻」の従仮入真の
　　過程をそのまま還相利他の化用と見て差支ない筈である。従て「化巻」は
　　還相廻向の具体的表現と云っていいのではないであろうか(36)。

　上述したように、『教行証文類』第四巻の「証文類」後半において、『往生論註』の引用によって還相が説示されるが、稲葉は「化身土文類」が還相回向の具体的表現であるという理解を示している。同様の見方は、普賢大円にも認められる。

○聖道の法門は還相に摂する。「証巻」に還相廻向を指して「利他教化地益也」と云へるものと、「化巻」に聖道を呼んで「利他教化地方便権門之道路也」と云へるものとを対照し、これを関連せしめる時は、聖道一代は還相といふことになる。即ち聖道の法義は弥陀の浄土よりこの世界に還来して聖道一代の法を説き、終に真実に入らしむる方便であつて、これまた真実体上の権用である。

外道も亦「化巻」に引用せられてゐる『弁正論』によれば、還相に属して真実体上の権用といふことになる。[37]

ところで、このような理解は、親鸞自身の第二十二願理解を根拠としている。『無量寿経』第二十二願には、浄土に往生した菩薩は、次の生涯には仏と成ることができる位についた上で、自身の願いにより様々な仏国土の衆生を教化することが出来るという内容が誓われる。その際、通常の菩薩道の階位を超越して、普賢の徳を修めるという内容が、「超出常倫諸地之行　現前修習普賢之徳」と表現されるが、この箇所について、曇鸞は、浄土に往生すると、通常の菩薩の階位を超越して速やかに仏果に至ることが誓われていると解釈し、それは阿弥陀仏の本願力によるという理解を示している[38]。そして親鸞は、阿弥陀仏の本願力により、速やかに仏果に至るという理解を受けつつ、浄土に往生した後、他方仏国土の衆生を教化するすがたを還相として捉え、「超出常倫諸地之行　現前修習普賢之徳」という対句表現を、「常倫に超出し、諸地の行現前し、普賢の徳を修習せん」[39]と読むことで、還相の菩薩は「常倫」すなわち通常の菩薩道の階位を超越すると同時に、「諸地の行」を「現前」させ、「普賢の徳を修習」するという意味を読み込んでいる。この訓により、さまざまな仏道修行のすがたを示すということ自体が還相の一つの現れであるとする受け止め方が導かれるのである。

B1-3：還相の主体を具体的人格とする理解

私の往相を促す機縁として還相が理解される場合、明らかに還相の主体でないと言い切れるのは、自分自身だけである[40]。しかし、このことは、自分以外のすべてが還相の主体である、ということを意味しない。他者は、還相の菩薩が

私のために仮に現れた者かも知れないし、自分と同じく往相の身を生きている者かも知れない。そうすると、往相を促す機縁として還相を捉えるとき、還相の主体は汎神論的に遍在するとともに、匿名性を帯びることになる。

　それに対して、還相の主体を往生人に限定し、具体的な個人において見る捉え方がある。岡亮二は、往相の利他行と還相の菩薩行は区別するべきであるという立場から、親鸞にとって亡くなった法然はどういう人であったのかという問題提起を行い、次のような理解を示している。

- 「行巻」に明かされる道綽以後、法然に至る念仏の讃嘆も、すべて正定聚の機の、往相の利他行としての念仏行である。自分自身が獲信するための念仏行ではなく、他に対する念仏の讃嘆である。……この称名念仏のみが、大乗菩薩道としての浄土真実の行となるのである。ただしそれはどこまでも往相廻向の利他行であって、還相廻向の菩薩道ではない。この世の凡夫は、往生すべき衆生であって、浄土から来たった衆生ではないからである。ではこの世における還相の行とは何なのだろうか。
- 法然の没後、往生した法然は、親鸞にとっていかなる方であったのだろうか。この法然を親鸞は決して過去の方だと捉えていない。法然上人のお姿は、はるか彼方の阿弥陀仏の浄土に往生しているのではなくて、今まさに現実の場で、還相の菩薩として、親鸞に利他行がなされていると体解されているのである。
- 往相の行者である七高僧のすべてが、まさに親鸞その人においては、還相の菩薩として領解されていたのであり……さらに言えば、もし父や母が浄土にましますのであれば、『歎異抄』の「神通方便をもて、まづ有縁を度すべきなり」の言葉よりして、なによりもまず、私の往生を願って、私と共に礼拝し讃嘆し作願観察したもうている、父母の還相の姿を、私たちはこの中に見出すことになるのである。[41]

　還相は利他のはたらきであるが、それゆえに親鸞浄土教の解釈において、現生での利他行を語る際に、獲信者による還相が取り上げられることがある。しかし、このような主張は、利他行は還相に限定されるという前提を立てている。

これは、往相における利他行を無視したものである。岡は、正定聚の念仏者の利他行は往相におけるものであるとした上で、没後の法然は、還相の菩薩として利他行を行っているとするのである。法然に関して言えば、和讃において親鸞自身が勢至菩薩の化身として讃仰しているため、生前に関しても還相の菩薩として捉えていたという見方も成り立つが[42]、法然や亡くなった父母などについて、還相の活動を行っているという捉え方は、具体的な人格をもった特定の個人に即して還相を理解するものである。

そこで、次に章をあらため、以上までの考察を踏まえて、死者との交わりという観点から還相を考えてみたい。

3　他者との共生としての還相

2-1やB1-3で見たように、還相の解釈にあたっては、故人との関係において捉えるという視点が考えられる。ただし、死後の人格的存在に関して、霊魂という概念を持ち出すのは、無我を説く仏教においては困難である。したがって、霊魂の存在を前提として還相という教義を説明することはできないが、我々は故人の非肉体的人格と交渉するということがある。

葬儀という宗教儀礼研究において、デュルケムの弟子、ロベール・エルツは、遺体処理という側面だけでなく、死者の霊魂、残された生者という三つの観点から、葬儀の構造分析を行った。現代日本の死と葬儀について、葬祭業の展開と死生観の受容という観点から論じた山田慎也は、エルツの分析を援用しつつ、波平恵美子から示唆を受けて、現代日本においては、二つめの観点を霊魂に限定せず、「死者の肉体を超えて表象される死者の人格」「死後も表象される人格」という視点として捉え直している。山田が述べるとおり、このような「非肉体的人格」という視点は、霊魂の存在を認める、認めないに拘わらず有効である[43]。

ここではひとまず霊魂を用いる代わりに非肉体的人格という概念を登場させたが、本論においては、より厳密には、それは死者の人格に限定されない。我々は通常、肉体をともなって存在する具体的人格と共に生き、交渉している。ごく日常の人付き合いがそれである。しかしながら、そのような間柄の人物が、たとえば転居などで遠方に移動した場合、電話などで直接言葉を聞くのではな

く、その人があたかもすぐ側にいるように、心で対話をするということがある。また、このような心の対話は、遠方の生者だけではなく、生死不明、あるいはすでに亡くなった故人との間でもなされる。対話相手が生者か死者かという点では決定的に異なるが、非肉体的人格との交渉という点では、相手の人格は生と死の二つの領域にまたがっていると言える。

　互いに異なる人格同士の意思疎通とは厳密には言えないこのような関わりは、単なる主観的な思い込みと見なすこともできるが、現代のようにコミュニケーション・ツールが極度に発達している社会を迎える以前は、むしろ非肉体的人格との交渉のほうが多くの場面を占めていたのではないだろうか。そして、このような関わりは、コミュニケーション・ツールの発達という社会状況の変化にともなって廃れるものではなく、個々の局面において、強く意識されると思われる。

　そのことを端的に示すのが、「千の風」という歌である。昨今、流行したこの歌は、もともと英語詞であって、さしあたり仏教とは無関係である。故人が墓の中にとどまることなく、ある時は風になり、ある時は光や鳥、星になって、常に傍にいるという内容であり、説明は要しないであろう。この歌が、多くの人の心を捉えたということは、新井満の訳詞の内容に頷くところが多かったということを示している。つまり、故人の身体的特徴を備えた肉体は消滅しているが、故人を表象する人格は、死後もなお生者との関係性において存続しており、折に触れて交流しているということである。

　阿弥陀仏の本願を信受して念仏者となり、いのち尽きるとき浄土に往生して仏に成るという浄土真宗の教義の上からは、故人が風になる、という歌詞の内容は受け容れ難いとする意見もあるが、布教師である西脇顕真は、新井訳以前に「千の風」の原詩に出遇い、仏教讃歌として改訳をしている。

　　私のお墓の前で　泣かないでください
　　私は永遠の眠りになんてついてはいません
　　ほら　もう千の風になって世界をめぐっています
　　雪にきらめくダイヤモンド
　　穀物に降り注ぐ陽の光

優しい秋の雨の中にいます
　　毎朝起きて窓をあければそよ風がふわっと入ってきてあなたの周りをくる
　　くるまわる
　　夜には星になってそっと光っています
　　あなたはおおきないのちに包まれているのです
　　私に会いたくなった時ナモアミダブツと呼んでください
　　私はいつでもあなたのそばにいます
　　だから　もうお墓の前で泣かないでください
　　私は死んではいません
　　永遠の眠りについてはいません
　　いつでもあなたのそばにいます(44)

　あらためて述べる必要もないが、この歌は親鸞が説く還相の思想に即している。故人が風になるのではなく、故人が浄土に往生し、仏に成ったからこそ、還相の徳として風になるという理解である。風になり雪や光になるということが可能であれば、当然、仏壇や墓前で故人の非肉体的人格に出遇うということも可能である。我々は様々な縁で故人を思慕するが、仏となり還相の菩薩となった存在として非肉体的人格に出遇うとき、それは単にかつて生きていた故人への追憶ではなく、今ここで故人と共に生きるということを意味する。そして、仏と成った故人と出遇うということは、私が迷妄の中に生きているということを知らされることでもある。

まとめにかえて

　90年の生涯を送った親鸞は、数多くの死別を体験している。法然教団弾圧の中で処刑された同門の僧、遠方で逝去の報に接した師、法然、あるいは同朋の念仏者など、共に往相の念仏者として生きた人と、この世の倣いとして死に別れている。しかし、親鸞にとって、彼らは常に、浄土に往生し仏に成った人として身近に感じられていたと思われる。還相は往相と対になる概念であり、浄土往生と不可分の関係にあるが、往生浄土を現実のこととして受け止めている者にとって、先に浄土に往生したものが還相しているということは、今ここで

の現実のことである。逆に言えば、還相のリアリティを持ち得ない者は、往相のリアリティも、本願や浄土のリアリティも持ち得ないであろう。

　以上、雑駁ではあるが、命が尽きることを往生と表す親鸞の浄土教理解に即して、還相という概念を手掛かりに、非肉体的人格との共生について考察した。[45]

註

（１）　拙稿「親鸞の証果論の解釈をめぐって」（「常設研究　現代社会と浄土真宗」『龍谷大学仏教文化研究所紀要』第50集、2011。
（２）　往生と成仏に関する法然と親鸞の力点の相違は、法然没後に法然批判を展開した明恵による論難に起因すると考えられる。菩提心正因説を主張する明恵にとって、法然の教学は、称名念仏に行業を一元化させる点で誤解であり、成仏ではなく往生を主題とする点で不徹底であった。親鸞にとって、阿弥陀仏の本願力を救済の根拠として明示することと、成仏論を構築することは、法然教学の弁証のためにも大きな課題であったと思われる。
（３）　「信文類」『真宗聖典全書』二、宗祖篇上（以下、『聖典全書』と略記）、本願寺出版社、2011、p.103。原漢文。
（４）　『浄土真宗聖典　七祖篇〈原典版〉』（以下、『原典版七祖篇』と略記）、本願寺出版社、1992、p.121。原漢文。
（５）　『聖典全書』、p.9。
（６）　『原典版七祖篇』、pp.242-243。原漢文。
（７）　同、pp.971-973。原漢文。
（８）　法然『捨遺語燈録』巻下「御消息第三」、『昭和新修法然上人全集』p.576。
（９）　なぜ親鸞が往相の具体相を明示しないのか、という問いを立てても同様の結論に至ると思われる。また、還相のはたらきは、そもそも具体的事例によって限定的に規定されるべきものではない、という点も考慮する必要がある。
（10）　阿満利麿『中世の真実―親鸞・普遍への道』人文書院、1982、p.189。
（11）　同、p.210。
（12）　梅原猛『日本人の「あの世」観』中央公論社、1989、p.42。
（13）　もっとも梅原猛は、『親鸞の告白』（小学館、2006）や『日本の伝統とは何か』（ミネルヴァ書房、2010）において、法然や親鸞は、自らが極楽浄土からかえった還相回向の人であることを固く信じていたとし、今日の宗教者も自らが還相回向の

人であることを自覚すべきであるとする。この理解には賛同できない。
(14) 民俗学的には、故人が近隣に転生するという類の信仰は数多く認められる。教学的には根拠付けることはできないが、還相の一つの受け止め方として、転生という捉え方を全面的に否定することも困難である。
(15) 神子上恵龍『教行信証概観』明治書院、1943、p.246。
(16) 『聖典全書』、p.133。
(17) 曾我量深『大無量寿経聴記』丁字屋書店、1953、pp.14-15。
(18) 同、pp.18-20。
(19) 曾我量深『歎異抄聴記』東本願寺大谷出版協会、1999（初版1947）、p.234。
(20) 寺川俊昭「願生の仏道―親鸞の二種回向論」、『藤田宏達博士還暦記念論集インド哲学と仏教』所収、1989。
(21) 寺川俊昭「親鸞の二種回向論」、『宗教研究』283、1989。
(22) この点に関して、曾我は、A2、B2のように還相を念仏者が往生後に展開するすがたとして捉える理解も示している。上掲『歎異抄聴記』、p.235参照。
(23) 『広文類会読記』、『真宗大系』第18巻、p.18。
(24) 田辺元「親鸞の三願転入説と懺悔道の絶対還相観」、『懺悔道としての哲学』（1963初出）、長谷正當編『京都哲学選書　田辺元「懺悔道としての哲学・死の哲学」』燈影舎、2000、p.226。
(25) 同、p.228。
(26) 同、p.230。
(27) 同、p.231。
(28) 同、pp.231-232。
(29) 久松真一「還相の論理」、白井成道編『久松真一仏教講義』第三巻、1948、p.278。
(30) 同、p.328。
(31) 同、p.386。
(32) 亀井勝一郎『親鸞』春秋社、2010（『亀井勝一郎・宗教選集第2巻、1964初出）、p.18。
(33) 同、pp.21-22。
(34) 『末灯鈔』第1通、『聖典全書』p.778。
(35) 『聖典全書』、pp.196-197。
(36) 稲葉秀賢「還相廻向の表現」『大谷年報』第10号、1957。
(37) 普賢大円『真宗概論』百華苑、1950、p.250。

(38) 『原典版七祖篇』、p.178。

(39) 『聖典全書』、p.139。

(40) もっとも、南無阿弥陀仏という名号自体が還相の活動を行っているとみなす立場からは、自分自身を媒介とすることで実は自らが意識せずに還相の活動を行っている、とする理解も生まれる（曾我『歎異抄聴記』pp.235-236）。ただし、このような利他行は、常行大悲など別の言葉で表現可能である。実は私は還相している、と主張することは、実は私は仏果を得ている、と主張するのと同じことであろう。

(41) 「親鸞思想に見る「往相と還相」（下）」（『龍谷大学論集』446、1995）。

(42) なお、還相と化身との相違について、気多雅子『宗教経験の哲学―浄土教世界の解明―』（創文社、1992、pp.59-60）は、往相と対をなす還相という概念は、回向という大乗仏教の原理的思想の理論的展開であるのに対し、化身という観念は、「崇敬という情念的現象を土台にした想像的成果以外のなにものでもない」と述べている。

(43) 山田慎也『現代日本の死と葬儀　葬祭業の展開と死生観の受容』東京大学出版会、2007、pp.4-5。

(44) 西脇顕真『千の風〜大切な人を失ったあなたへ〜』本願寺出版社、2006。

(45) 本論では様々な立場の解釈を取り上げたが、還相の理解は往相や往生浄土の理解と密接に関連している。それぞれの見解の考察にあたって、不十分な点、誤解を含む点もあるかと思う。御叱正を賜れば幸いである。

IV

妙好人における死生観と超越

石見の妙好人

神　英雄

はじめに

　私は龍谷大学の卒業生です。この本館は、私にとって特別な思いのあるところです。本館1階に仏教文化研究所があり、長い間お世話になりました。そして、龍谷大学名誉教授の故日野昭先生の輪読会もこの建物で行われていました。講堂は修士課程の修了式の時に入らせて頂きました。そのような特別な場所に立たせて頂いて、正直、いま足が震えています。私のような者がここに立たせて頂いて本当にいいのかと強く思っています。

　今年（2012年）の3月だったと思います。龍谷大学で「妙好人展」を開催することになったというお電話を頂きました。「本当ですか」と私は聞き返しました。かつて大学での妙好人研究が大変だったということを朝枝善照先生から聞いていましたので、母校で妙好人展が開催されるということが俄かに信じられなかったのです。

　その際、平成15（2003）年に石正美術館で開催した「妙好人展」でどのように展示をしたか教えて貰えないかということでしたので、当時作った拙い展示企画書をお送りしました。読み返してみると、誤りや気負いが目立つ文章で実に恥ずかしいものでした。そこで、内容を今一度検証し始めました。すると、今度は公開講義の講師をご依頼くださいました。私は、先学の成果を学ぶよい機会と思い、お引き受けすることにしました。ところが、1か月ほど前に「会場が決まりました」と案内を頂き、そこに龍谷大学大宮学舎本館講堂と書いてあるのを見た瞬間、緊張でお腹の調子が悪くなりました。今日も緊張で一杯です。

　平成12年（2000）4月、私は長年住み慣れた京都を離れ石見へと参らせて頂

きました。ご縁を作ってくださったのは、今は亡き朝枝先生です。朝枝先生は大学の先輩にあたりますが、私が大学院を出た頃から、就職のことや今後の研究のことについて親身になってご心配くださいまして、ご自分のご研究のこともいろいろとお教えくださいました。本当によくして頂きました。そして、「日本画壇でご活躍されている石見出身の石本 正（しょう）先生の美術館を地元につくるから、そこへ行かないか」と声をかけて頂きました。「朝枝先生がおっしゃるのなら私はそうさせて頂きます」とご縁を頂きました。

　石見について、皆さまはどのようなイメージをお持ちでしょうか。

　山陰といいながらも、石見は紺碧の空が広がり明るい陽光が降り注ぐ暖かい場所です。何かに「じめっとした暗いところ」と書いてありましたが、きっと石見を知らない人が書いたものでしょう。石見は実に明るいところであります。狭い谷や小さな平野に集落が点在していて、この集落のほとんどの家の屋根は赤瓦です。初めて訪れたのになぜか懐かしいと感じる場所、それが石見です。

　石見には、江戸時代から数多くの妙好人が現れました。その中に、念仏に出遇えた喜びを歌や詩に表現した方がいらっしゃいます。

　石正美術館は、2001年のオープン以来、石本正先生の作品を収蔵・展示するだけでなく、地域の魅力を発信しよう、石見のすぐれた文化や作家を多くの人に知って貰おうと考えて、「石見の作家展」や「石見の人物展」を積極的に行ってきました。

　そして、朝枝先生にご指導頂きながら「石見の妙好人」という展覧会を開催させて頂いたのです。その際、数多くのお寺さんがご協力くださいました。すると、ある真宗のお寺さんが次のようにおっしゃいました。「公立の美術館が一宗教・一宗派の特定の人物を採り上げるということについて、市民から反対の意見、あるいは異論が出されるのではないのですか、大丈夫ですか」と。それに対して私は、「妙好人は一宗派の問題を超えて、石見の文化そのものではないでしょうか。展覧会では妙好人を特別視したり、彼らを顕彰したりするのではなく、現代に生きる我々の生き方を問う、そのようなものにしたいと思っています。決しておっしゃられるようなご批判はないと思います」とお伝えいたしました。実は、この言葉は朝枝先生が考えたものでして、私はそのままお伝えしただけでした。

12日間の会期中、2,328名の方が小さな町の小さな美術館に足を運んでくださいました。普段の2倍から3倍ほどの人出でした。展示会場の端が一日中見えないほどの人ごみでした。しかも来館された方は、食い入るようにして才市さんの言葉や善太郎さんの言葉を読んでくださいました。中には「南無阿弥陀仏」を称える人もいらっしゃいました。実に嬉しかったです。そしてこの展覧会を通して、石見の多くの人が妙好人の生き方や死生観にたいへん興味を持っていることを教えて頂きました。

　展覧会を終えた時、朝枝先生が私におっしゃいました。「自分が65歳になったら、妙好人について共同研究をしよう。神さん、あなたは歴史地理学を専門にしているのだから、なぜ石見に妙好人が多いのか、それを一つ報告してもらえないだろうか」と。私は、「わかりました」とお答えしました。しかし、朝枝先生は62歳の時にお浄土へ還られました。結局、私はその約束を果たせないままでいました。このことが私にとっての大きな宿題でした。今から報告させて頂くのは、その宿題のレポートだと思って聞いて頂ければ有り難いと思います。

　今日は、浅原才市さんをアメリカやヨーロッパに紹介した鈴木大拙先生（1870-1966）が「石見の国は、実によく妙好人の出るところと見える」と述べたことを受けまして、数多くの妙好人が石見から出たその理由について、朝枝先生の研究に導かれながらご報告をさせて頂きます。

1　山陰の浄土真宗の展開

　朝枝先生の調べによると、山陰地方には約1,800の寺院があります。このうち特に多いのは曹洞宗（約500カ寺）と浄土真宗（同）で、両派合わせて約1,000カ寺あります。島根県だけで見てみますと、出雲地方では本願寺派が94カ寺、真宗大谷派が34カ寺です。本願寺派の山陰教区教務所は松江にありますが、石見には本願寺派が362カ寺と出雲を圧倒します。山陰地方の本願寺派寺院の約70％が石見に集中するのです。それに対して石見の真宗大谷派は29カ寺です。一方、鳥取県に行きますと、本願寺派はわずか28カ寺しかありません。このように本願寺派の寺院がとても多いことが石見地方の特徴です。

　では、どうしてこのように石見に真宗寺院が集中するようになったのでしょ

うか。

　浄土真宗の教化活動を見てみますと、まず第Ⅰ期として覚如上人（1271-1351）の時代までに江ノ川流域から出雲地方へと教線が拡大する一方、赤名から江ノ川への道を通って邑智郡にも真宗が広がっていったようです。

　第Ⅱ期の蓮如上人（1415-1499）の時代になると、安芸北部から邑智郡・那賀郡へと真宗僧侶が動きました。紀州の武士能美権太夫は蓮如上人に帰依して遊善となり、安芸の西泉坊（広島県山県郡北広島町）に住みましたが、後に広浜街道の三坂峠を越えて市木（島根県邑智郡邑南町市木）に移って浄泉寺を建て、邑智郡と那賀郡一帯に教線を拡大しました。現在の浜田自動車道に沿った地域とご理解ください。このほか、三次の照林坊の教線の拡大によって照立寺（美郷町長藤）が成立したほか、邑南町鱒淵の高善寺や大田市温泉津町井田の涅槃寺（ねはん）はじめ、複数の寺院がこの時期に建立されたと伝えます。

　第Ⅲ期は、顕如上人（1543-1592）の時代です。石山合戦に参戦した石見の武将が戦いに疲れ、人を殺すことに苦しみ、浄土真宗へと帰依し、故郷に帰って寺院を創建し開基となりました。邑智郡邑南町阿須那の西蓮寺や市山の正蓮寺も石山合戦時に建立されたと伝えます。これらの動きと別に、日本海沿岸の港湾周辺にも真宗寺院が建立されていきました。大田市仁摩町の満行寺は、それまであった照善坊を満行寺と改め、石山合戦の時に上山したとされます。

　また、Ⅰ・Ⅱ期に成立した寺院は、石山合戦時に兵糧・軍資金を上納したり、石山本願寺に籠城してともに戦いました。これを機に石見の真宗寺院は深い連帯感で結ばれていき、それらの寺院を拠点として周辺の集落に次々に寺院がつくられていきました。

　このような事情から、石見の真宗寺院は、江ノ川流域の旧邑智郡・旧那賀郡・旧安濃郡およびかつて交易で栄えた港湾集落に集中するのです。そして、それらの寺院の興隆を背景に、やがて石州学派と呼ばれるすぐれた学僧が次々に現れていきました。

2　石州学派の学系

　清らかで白い蓮華のように厚い信仰を持ち、念仏に生きる人のことを妙好人と呼びます。親鸞聖人は「御消息」の中で、

この信心の人を釈迦如来は、「わが親しき友なり」とよろこびまします。この信心の人を真の仏弟子といへり。この人を正念に住する人とす。この人は、〔阿弥陀仏を〕摂取して捨てたまはざれば、金剛心をえたる人と申すなり。この人を上上人とも、好人とも、妙好人とも、最勝人とも、希有人とも申すなり。

と述べておられます。

　その妙好人を集めた『妙好人伝』の研究は、江戸時代に活躍した仰誓和上を始まりとします。

　仰誓和上は享保6（1721）年に京都でお生まれになりました。14歳で得度し、僧樸の門に入って宗学を学び、20歳代で伊賀上野の明覚寺に入寺しました。伊賀では約21年間教化に努めましたが、寛延2（1749）年2月頃、吉野の鉾立村という所に清九郎というご同行のいることを知り訪ねて行きます。清九郎さんの生き方に感銘した仰誓さんは、後に母親の妙誓（みょうせい）さんや同行ら24名で再び吉野に出かけ、この時の感動を「世間の人は吉野の花を詠（な）めんとて、はるばる至る人多けれども、我々はいかなる仏祖の御引合にや、信者の花盛りを詠めんとて吉野の奥に下りしは、まことに不可思議の因縁なり」と歌に詠みました。

　仰誓さんは、清九郎さんの言行と他の9人の念仏者の逸話を編集して、宝暦3（1753）年頃に『親聞（しんもん）妙好人伝』をまとめました。33歳の時でした。それは、親鸞聖人の説く念仏の教えをそのままに受け継ぎ、希有な人のありのままの姿を記録したものでしたが、これが最初の『妙好人伝』でした。

　その後、宝暦年間（1751-1764）になって、長州・安芸・石見に円空という僧侶が現れ、「一如秘事」と呼ばれる独自の思想を広めました。このような邪義が現れるということは、それだけ教学の研究が進んでいるということでもあります。信仰が厚い時に邪義が現れるということも考えられると思います。ともあれ、石見の人々はなんとかしてほしいと本山に訴えました。すると本山は泰巌・道粋・僧樸の三学匠に命じて円空を糾明させましたが、その後も円空の教えを信じる人々がいました。そこで、宝暦11（1761）年に仰誓さんが派遣され、4カ月間石見のほか安芸・備後・周防・長門などを巡り、正しい教えを伝えました。仰誓は熱心に教化に励み、これにより各地に多くの同行が現れたと

伝えます。

　島根県と広島県の県境にほど近い浜田道瑞穂インターで降り、県道５号浜田八重可部線を浜田方向に向かって少し走ると、かつて広浜街道の宿場町として栄えた市木集落に入ります。そのほぼ中央に甍の美しい浄土真宗浄泉寺があります。この浄泉寺の第10世のご住職と坊守が相次いで亡くなりました。残されたのは環という小さな娘さん一人です。このままではやがて無住になってしまいます。そこで、分家の円立寺（広島県北広島町大朝）・金蔵寺（浜田市国分町）・真光寺（浜田市真光町）が連名で、本山に対して住職を派遣してほしいとお願いします。本山は、仰誓さんに市木へ行くよう指示しました。これに対して、伊賀上野の明覚寺門徒から抗議の声があがりました。その結果、１年間は伊賀へ、次の１年間は石見へと隔年で滞在することになりました。

　浄泉寺の境内には私塾が作られました。後にこれはご子息の履善さんによって「無成館」と名づけられます。この私塾には多くの子どもたちが入ってきました。仰誓さんは自分にも厳しく、門弟たちにも厳しく接しました。その行動は「真宗律」と呼ばれました。日常の振る舞いはもちろん、各自のお寺へと戻ってからの行動規則なども指導していきました。

　この私塾で学んだ人たちは、長男は自坊へと戻り、次男・三男などは、周辺寺院へ養子として入寺していきます。そして、ここで学んだことをご同行に伝えていったのです。

　仰誓さんは、天明４（1784）年頃、64歳の時に26人の話をまとめて『妙好人伝』を著しましたが、そこには、石見・越前・備後・播磨・安芸・三河・大坂・伊豆・近江・出羽・出雲・加賀・越後など、九州を除く全国の妙好人が紹介されていました。『親聞妙好人伝』同様、複数の写本が残っています。妙好人伝が書かれた動機としては、異安心問題が起きる中、同行に対して手本となるべき篤信な信者の言行を伝えようとしたものと考えられます。しかし、この『妙好人伝』は刊行されることはありませんでした。

　履善さん（1754-1819）は10歳の時に父の仰誓さんとともに浄泉寺に入りました。17歳の時に『論語釈義』、次いで19歳の時に『大学集解』を著すほどの秀才でした。29歳の時に仰誓さんの後を継いで浄泉寺住職となり、その際、先々代の住職の娘、環と結ばれます。

病弱だったため、寛政10（1798）年、まだ44歳でしたが引退します。ところがこの頃、本山では三業惑乱という事件が起きます。学林の能化職であった智洞（1736-1805）は、三業、つまり体と口と心に頼み、合掌して念仏を称え、救われたいと願うことでしか安心は頂けないと説いたのです。すると履善さんは、「そのような考えでは自力救済になってしまい、浄土真宗の教えとは異なってしまう」と安芸の大瀛らとともに反論しました。文化元（1804）年、大瀛は古市の道隠とともに江戸で智洞と論争して屈服させましたが、その際、履善は本如上人の求めにより本山に上り、教学顧問として仰誓の高弟自謙とともに平定に努力しました。

この論争の後、能化が一人では学問上の誤りが生じるとして、勧学十人制が敷かれるようになりました。

文化15（1818）年、履善さんは、弟子の克譲とともに父の著した『妙好人伝』を出版しようとしましたが、それを果たせぬまま、翌年66歳で亡くなりました。

結局、同書は天保13（1842）年に美濃国の僧純によって、三、四本の写本を集めて独自の解釈を加えたものを『妙好人伝』（5編）として公刊されました。いま私たちが読むことのできる妙好人伝は、僧純によって作られた本です。この本では、近江の次郎右衛門や、伊賀の三左衛門、そして石見の善兵衛、源三郎などが紹介されました。

その際、時代を反映して封建体制の中で幕府に忠誠を誓う妙好人の逸話も加えられました。さらに真宗大谷派の松前の僧侶象王は『続妙好人伝』（1編）を編集し、これら6編は12冊セットで版行されました。このほか、克譲が24の話を集めて『新続妙好人伝』を著しました。

三業惑乱の後、仰誓さんと履善さんは勧学となりました。二人に連なる系譜を石州学派と呼びますが、石見の石州学派からは、その後も自謙、服部範嶺、菅洪範、梅田謙敬、山内晋卿、小笠原宣秀などたくさんの勧学が続いていきます。また、寺本慧達、西谷順誓、工藤成性、緇川涀城など優れた学僧が次々に生まれていきます。

これらの人々の中で、自謙は病弱だった履善を助け、三業惑乱の際は本山にあって、西田の瑞泉寺が所有する山林田畑を売って法門再建に当たりました。

彼は96歳で亡くなる前、「後世に残す価値なし」として自らの著作を焼き捨てました。また、本山から頂いた数々の宝物も焼いてしまいました。「私たちが最も大切にしなければならないものは、阿弥陀如来から頂いた安心であり、子孫が法や宝物を誇り、念仏を忘れてはならない」という理由でした。自謙は「真宗律」を忠実に守った人として、今も念仏者の間に語り継がれています。

　浅原才市と交流のあった寺本慧達氏は、大正8（1919）年に雑誌『法爾』において才市さんを世間一般に初めて紹介しました。これを知った鈴木大拙氏は、寺本氏の協力を得て浅原才市はじめ多くの妙好人を研究し、欧米の大学で彼らの人生を紹介しました。その結果、妙好人の存在は欧米の人々の知るところとなりました。また、紀開城氏は小川仲造さんを雑誌『米国仏教』で紹介しました。

　その後、藤秀璿氏や富士川游氏、川上清吉氏、朝枝善照氏、林智康氏などが積極的に妙好人や妙好人伝を研究なさいました。

3　江戸時代の妙好人

(1) 近重善太郎 (1782-1856)

　地元の人々は、この人のことを善太郎さんと呼びます。善太郎さんは、天明2（1782）年10月に有福温泉近くの村で生まれました。5つの時に母親を亡くし、素行が悪くなっていったといいます。若い頃は、怖い顔で人を睨みつけ、周りからは「毛虫の悪太郎」と呼ばれて嫌われ恐れられていました。年頃になって同じ村のトヨさんと結婚します。しかし、30歳の時に僅か2歳になる娘サトを失います。そして40歳を過ぎるまでにルイ、ノブ、ソメの合わせて4人の娘を亡くしてしまいます。それがきっかけとなり、命懸けで法を求めるようになったと伝えられています。

　その時に彼を導いたのが、宇野順興寺の僧確、千田浄光寺の祥応、有福光現寺の労謙などの学僧たちでした。この中、労謙は履善さんの愛弟子でもありました。これらの学僧に導かれ40歳半ばから罪悪深重の自分が救われていくことに阿弥陀如来の愛と光を感じ、仏法に照らされて生きる「この善太郎」として新しい人生を始めて行きます。善太郎さんの文章には、「この善太郎」と必ず付いています。以後、報恩感謝の日々を過ごしました。

法要開始を知らせるお寺の鐘の音が聞こえるところに住みたいと言って、光現寺の真ん前に引っ越しています。毎月のお勤めの時には、そこで無人販売の店を開きます。そうすると集まって来た人々や門徒さん方は、お金を入れてそれを食べながら、あるいはお土産にしながら本堂の中へ入って行きました。誰一人としてインチキをする人はいませんでした。とにかく皆が愛した。それが善太郎さんでありました。
　善太郎さんには不思議な話がたくさんあります。例えば干し柿泥棒の話。干し柿を盗みに来た人に、「若い衆、怪我せんように取って帰りんさいや」と声をかけたといいます。泥棒もたまったものではないですね。
　またよく本山参りをした人でもありました。その帰りに広島の可部というところに泊まりました。その家では新しい袷を出してくれました。善太郎さんは、それを使わせてもらって、次の日、お礼を言って出発します。ところが、彼が帰った後でその袷がなくなっていることに主人が気づきます。すると、女中の一人が、善太郎さんが盗るのを私はこの目でしっかりと見たと告白しました。それを聞いた主人は怒り、懲らしめてやると言って、有福温泉まで湯治に来た時にわざわざ立ち寄って、「おい善太郎。お前は俺の家に来て泥棒をしただろう」と言って、罵詈雑言を浴びせます。それに対して善太郎さんは、「済まないことです、済まないことです」とただただ頭を下げて弁償をしました。ただの一言も言い訳をしなかった。そして、その主人が帰る頃、善太郎さんは、「お詫びのものは何一つないが、今朝、家内が作った草餅を持って帰ってください」と言って、仏壇にお供えしてあった草餅を包んで渡した。その人は、忌々しいと思いながら帰宅し、皆の前で自分の今やってきた手柄話をした。「あの善太郎というやつはたいそう酷い奴だ」と散々罵った後で、「だが草餅にはなんの罪もない。皆で頂こうではないか」と言ったその時、女中の一人が「わぁーっ」と泣きました。女中は泣きながら、「実は旦那さん、あれは私がしたことですけぇ」と告白をするわけです。そこで初めて主人は自分のした罪の深さに気づきました。これは「草餅説法」という話です。是非とも皆さま方、有福温泉に行かれましたら、草餅説法付きで草餅（善太郎餅）を買ってください。
　善太郎さん、いつも柔和な顔つきでブツブツブツとお念仏をしておられまし

た。ですから念仏ガニの善太郎さんと呼ばれていました。これらの話の中には不確かな伝説も多くあります。これに対して、紙に書かれた彼の言葉は真正な史料です。そのようなお念仏の生活から生まれた言葉を紹介したいと思います。

　おがんでたすけてもらうじゃない　おがまれてくださる如来さま。

　私たちは拝むことが信心だと思っています。しかし、阿弥陀様は拝み通すことのできない私の身になって温かいお慈悲の中に包み込んでくださる。いつの間にか、もったいないと手を合わせずにはいられなくなっている自分がいる。

　むこうから思われて　思いとられる　この善太郎。

　阿弥陀様から願われ、願われ続けている私善太郎。なんて幸せなのだろうか。そのような思いが述べられているようです。

　立っても居てもうれしや　なむあみだぶつ　この善太郎はしあわせもの。

　念仏者としての喜びと、反面、自らの不徳を恥じています。
　私は、善太郎さんの全作品を読んだわけではありませんが、今まで読んだ中で判ったことは、2歳、3歳で亡くなった我が子を想うそのような詩は皆無であります。子どもたちの死を通して、残された自分が如何に生きるべきか、そのことを詩に読んでいるのです。

　どのように腐りた水でも、またどのような汚れもの洗うた水でも　海にあれば海の徳として　海に流れては海の徳として　みな潮となりて、みな塩水となる　その海の水が天に雨になりて　天に上がれば天の徳として　その海の水が天に上がりて　干てから下にさがれば　天の徳として　塩水が下に天から下にさがれば清水となる天の徳。

　あの汚い水でもやがては海水となり、天に昇って、再び清らかな水となって

降り注いでくる。この詩は、かつて小説家の水上勉さんが採り上げられ、この詩が親鸞聖人の『高僧和讃』に出てくる「名号不思議の海水は　逆謗の屍骸もとどまらず　衆悪の万川帰しぬれば　功徳のうしほに一味なり」を意識していると書かれていました。しかし、善太郎さんが『高僧和讃』を読んでいたのかは聊か疑問です。この詩は、『正信偈』の「凡聖逆謗斉回入　如衆水入海一味」に近いようにも思われます。いい人も悪い人も本願に帰依すれば、海の水がどんな水も同じ味にしてしまうとありますが、『正信偈』であれば、善太郎さんは毎朝お勤めしておりましたから身近なものであったと言えます。また、『正像末和讃』の中に、「無慚無愧のこの身にて　まことのこころはなけれども　弥陀の回向の御名なれば　功徳は十方にみちたまふ」とあります。

　いずれにせよ、善太郎さんは知識で仏法に触れていったというよりも、感覚の世界の中で仏法に触れていったと言えると思います。身体で会得していっている。もちろんそこに優れた学僧の導きがあったことは疑いようがございません。

(2) 磯七（1760？－1851？）

　邑智郡上田所村田ノ迫（現、邑南町）に住んでいた磯七。今も人々は磯七さんと呼びます。この人は、浄泉寺の履善さんの指導のもとで聞法に励んでいました。有福の善太郎さんと仲が良く、よく行き来していました。ある時、善太郎さんがお酒を持って磯七さんのところへ遊びに来ました。そして囲炉裏を囲んでお互いが話し始めたのですが、一方が「うれしや、うれしや」と言えば、一方が「ありがたや、ありがたや」と言う。お酒を呑むことも、ご飯を食べることも忘れて、「うれしや」「ありがたや」と踊りながら朝方まで続けていたといいます。

　しばらくして善太郎さんから半紙四枚のお礼状が届きました。その半紙四枚のお礼状には、「ありがたや、ありがたや、ありがたや、ありがたや、ありがたや、ありがたや、ありがたや……磯七どの　善太郎より」とびっしり書かれていました。そのことに恥じ入った磯七さんは、善太郎さんに返事を送ります。半紙四枚に「おはずかしや、おはずかしや、おはずかしや、おはずかしや、おはずかしや、おはずかしや……善太郎どの　磯七より」とびっしりと書かれて

いました。

　この善太郎さんの「ありがたや」と磯七さんの「おはずかしや」は、石正美術館での妙好人展では、掛け合いするように二人の言葉を書いたパネルを並べて掛けました。すると、来場者が「ありがたや」のパネルと「おはずかしや」のパネルを交互に見ながら笑っていかれます。この二人は本当に仲が良かったと御理解下さったのでしょう。

　しかし、磯七さんについては、残っている資料が少なく、よく判らないことばかりです。ただ、僧純の編纂した『妙好人伝』には次のような文章が残っています。

　　この田の迫の磯七は八十になります。どうでもこうでも近々に命が終わるような気がする。無始よりこのかた作りたる悪業煩悩に引かされて八万地獄のどん底へこけ落ちまするこの者を阿弥陀如来のお慈悲深いみ仏が手を挙げての喚び声こりゃ磯七の大罪人、罪は深くとも悔やむなよ、限りがあっても嘆くなよ、その身そのままそのなりで、助けてやるぞ、救うぞと、懇ろなるお喚び声、そのお言葉にしたがえば、かかる磯七までのお助けとは、ああうれしや阿弥陀仏、負いの責め苦にあう冥加、花の台へと引き取りて弥陀に変わらぬ覚えとは、ああうれしやうれしや　南無阿弥陀仏。

　何もかも超越して念仏の歓びとともに生きたのが磯七さんでした。

4　明治・大正の妙好人

（1）小川仲造（1842-1912）

　この方を地元の人々は仲造さんと呼びます。天保13（1842）年、那賀郡嘉久志村（現、江津市）に生まれた仲造さんは、色黒で目が大きく、一見恐ろしい顔だったと言います。しかし性格は温厚で、人に優しく父母に忠孝を尽くした人でした。とにかく正直な人でした。江ノ川沿岸で麻布を買い付け、これを船で沿岸の村々を訪ね、遠くは萩周辺の人々にも売って歩いていました。仲造さんがどう正直だったのかと申しますと、大きな箱に麻がしまわれていて、下にいけばいくほど上等な麻が入れてあり、上にいけばいくほど安物の麻が載せて

ありました。それで、お客さんは手持ちのお金に合わせて、ちょうど頃合いの麻を抜き出して買います。嘘をつかないのです。このような商売をしていましたから、少しずつですが蓄財はできたようです。

　35歳の頃、子どもたち3人を相次いで失ってしまいます。それ以来、聞法求道の志を持つようになりました。たまたま布教使として丹波国の明覚寺・菊藤大超氏がお見えになりました。これはご縁というほかない出遇いでありました。菊藤先生のもとで聞法に励み、その聞かせてもらった喜びを多くの人に伝え、方々に念仏の種を蒔いて行かれました。「うれしや、うれしや」と言って人に伝えて回りました。彼は字が書けませんでしたので、長男の市九郎さんが代筆しました。

　市九郎さんは、尋常小学校高等科に入ったものの教科書を買うお金がありませんでした。そこで友達のものを借りて、夜なべして写し、自分だけの教科書を作っていきました。父親を助けてよく働きましたが、20歳を過ぎた頃から目を悪くします。27歳の時、ついに両目とも視力を失ってしまいました。仲造さんはそれを悲しみ、市九郎さんを励ましました。市九郎さんも妻ウメノさんと協力して家業を続けました。

　仲造さんは、各地で大火・地震・津波などが起きると、すぐに義援金を送りました。今のようにニュースで災害の情報が知られるわけではありません。恐らく菊藤大超先生がお教えになったのだろうと思います。どこそこで災害があったということを聞けば、我がことのように悲しみ、持っているお金を寄付してしまいます。この行動は彼一人に止まりませんでした。彼には親友がいました。浅原才市さんです。仲造さんが才市さんに災害のことを伝えると、才市さんもお金を寄付しました。

　さて仲造さんのお子さん、お孫さん、現在は曾孫さんの代になっていますが、皆さん念仏者です。そのことで忘れられない出来事があります。

　石正美術館で妙好人展を開催する時に、仲造さんの資料を貸して頂けないだろうかと尋ねたことがありました。そうしたらお孫さんに当たる小川キヨエさんが、「こらえてくれや。うちのじいさんはそんな偉い人ではないわい。妙好人といって奉られたら恥ずかしゅうて町中を歩かりゃせんわい」と言われました。私は「そんなことするつもりはない」とお話ししましたが、その時は資料

をお借りすることができませんでした。そこでご子息の小川義雄さんに事情をお話ししました。すると息子さんは「わかった、わかった」と言ってくださり、しばらくしてキヨエさんから電話がありました。「神(じん)さんや、先だっては悪いことを言うたね。息子が言うとるんです。神さんは何も妙好人というのは偉い人だと言うとらんで。ありゃ普通の人だと言うとると聞いた。本当かね」と言われたので、「本当です。妙好人は何も特別な人ではなくて、あのような素晴らしい生き方があるのだということを私は教えて頂いたのです。そのように思って言ったのですよ」と答えました。するとキヨエさんは、「それなら使ってください」と言って仲造さんに関する資料を全部貸してくださいました。嬉しかったです。仲造さんのお家は子や孫やひ孫の代にまで、ちゃんと念仏の歓びやあるべき姿が伝わっています。

　　鬼はうち　福はそと　お慈悲の豆は耳でひろえ

我が家でも「鬼はうち」とやります。すると子どもが「なぜ家は鬼がうちなの」と聞いてきます。鬼というのは、実は自分自身の心の中にいるわけです。自分の煩悩が鬼です。ですから「鬼はそと」とやったら、自分の煩悩を世間中にばらまいていることになります。「そんなことはやってはいけん」と言います。念仏のいわれを聞けば、他人の幸せを念ずる美しい心が生まれてくる。だからこそ「鬼はうち、福はそと」と。このことを仲造さんに学んでから、我が家でもこれを真似しております。

　　くらしがよすぎりゃ　浮き世にのぼせ　大事な後生をしくじるに

物に心をとらわれてしまって、自らの生死出ずべき道を失ってしまっている。私たちも襟を正して聞かなければと思います。仲造さんは、そんなことを言いながらも、

　　ご恩知らずたぁわたしのことよ　ご恩わすれて日を暮らす

と、ついつい阿弥陀様の御恩を忘れてしまう自分がいて、その恩知らずの自分がいるのだけれども、それでも私のような者を見放すことはない、阿弥陀様、ありがとうございます。このような詩を残しています。この方も善太郎さん同様、我が子の死や家族に降りかかった災いを悲しむ言葉を残していません。愛する子どもの死や幾多の困難を通して巡り合えた念仏の歓びが書かれています。

（２）浅原才市（1850-1932）

　次は才市さんです。浅原才市さんは、嘉永3（1850）年、那賀郡小田村（現、江津市桜江町小田）に生まれました。幼い頃に親と離れ、大工の弟子として年期奉公に出されました。父親は宗教生活のほうに興味がありまして、西教という法名を貰って僧侶の生活を送ります。

　才市さんは11歳の時に福岡へ行きました。福岡の博多万行寺において七里恒順先生（1835-1900）と出会います。当時の万行寺では月に2回、「要籍会」という会を催しておりました。これは現代で言うところのカウンセリングに相当します。この「要籍会」に才市さんも参加していたようです。

　ある時、惨めな生活を送る父親に「一緒に暮らそうや」と言いました。しかし、父親は「嫌じゃ」と言いました。親を呪うこともあったようです。しかし、父親の生き方を理解できるようになりました。

　彼は、小浜に帰って58歳の時から下駄職人を始めました。近くの安楽寺には、梅田謙敬氏（1869-1938）が住職としておられました。

　梅田先生は現在の龍谷大学、当時の学林で学ばれました。明治の後半に創刊された『反省会雑誌』のメンバーです。この『反省会雑誌』が後に『中央公論』になっていったのは有名な話ですが、故郷に帰ってからは、温泉津を中心にして「宣教会」を作りました。

　「宣教会」とは何か。梅田先生がご本山に対して述べている次の内容から窺い知れます。「今のあり方でよいのか。そして自分たち僧侶はこのままでよいのか。いま何をなすべきか」。このことをテーマに立ち上がった会が「宣教会」です。彼らは毎月勉強会を開きました。実はこの「宣教会」、今も石見で残って活動しているのです。この中心メンバーでした。

　才市さんは、梅田先生や宣教会のメンバーの指導を受けながら、聞法に励ん

でいきます。そして心に浮かんだ「口あい」と呼ばれる言葉を、下駄を作ったときの木屑（木っ端）に書き始めていくのです。開催中の展覧会「妙好人における死生観と超越」をご覧になられましたか。才市さんが作ったとされる下駄が展示されていますが、売り物にならないような下駄です。才市さんの作った下駄は完成度が低いのです。右左の高さが多少違っていても本人は気にしなかったのではないでしょうか。いずれにせよ、その下駄の木屑にお念仏を喜ぶ言葉が記されていきました。浅ましい自分、仏と一体である自分を赤裸々に書いていきます。

64歳の時に、梅田謙敬先生が才市さんにノートに清書することを勧めました。才市さんは、「この詩は何も人に読ませるためのものではありません」と断りました。それに対して、梅田先生は、「何も人に読ませるのではない、ただ私が読むだけだから」と答えたそうです。やがて才市さんはノートに清書していきました。ノートに書かれた才市さんの詩は、１万首とも５千首あるとも言われています。実はどれほどの詩があるのかわからないわけです。というのも、才市さんの詩すべてを読んだ者が誰もいないからです。

阿弥陀様をうたい、自然の喜びもうたっていきます。晩年、若林春暁という絵師が、才市さんの肖像画を描いてくれたときに、この姿は私の本当の姿ではないといって、自ら角を書き足したことで知られています。この話は後々まで語り継がれています。

よく若い方が言うのですが、「角があるのは前世の報いだ」と。これは誤りです。また、「心に角があるから修行をして鬼の角が取れるようになりなさい」と言う人もいますが、やはり間違いです。「角があっても助けてくださる」ということがなぜ判らないのだろうと思って、温泉津へ行くといつもこの話を思い出してしまいます。

才市さんの思想は、寺本慧達先生や、藤秀璿先生などによって広く紹介され、鈴木大拙先生が『日本的霊性』の中で希有な宗教詩人として紹介されました。

　　さいちはどこにおる　　浄土もろうてしゃばにおる　　これがよろこび　なむあみだぶつ

苦労に苦労を重ねた末に浄土を見出した。念仏の中で娑婆も浄土も一つであると語っています。

　　一月は大事な月よ　祖師の命日　わしが命日　南無阿弥陀仏のご命日

　親鸞聖人の御命日の朝、その90年のご苦労を偲ぶ。聖人のお蔭により私は真実のみ教えに出遇うことができましたと感謝する時、その時が私の命日というわけです。

　　死ぬるは浮世のきまりなり　死なぬは浄土のきまりなり

　念仏によって往生即成仏することを知って、浮世の死を覚悟することができた。生死の中にあって生死を超えた大安堵心を恵まれることができた。

　　才市が極楽どこにある　才市が極楽胸にある　南無阿弥陀仏のことよことよ

「胸」というのは自分のことです。自分のことを私たちは意外と知りません。お念仏によって極楽浄土がどこにあるのかを知らせて貰った。

　　道理理くつでできくじゃない　味にとられて味をきくこと

　私たちはついつい理屈で物事を考えようとするけれども、そうではないんだと。そうではなくて味わうことが大事なのだと語っています。つまり感動なのだと彼は教えてくれます。石見の人に共通することは、感動ということを本当に心から大切にしていることです。ただ才市さんは知識として信仰を学んだ形跡はありません。あくまでも感動で受け取っていると言えると思います。

　　才市よ　われの先の後生は　どがあなかや　明るうなったかや　いいや、まだ明るうなりません　やっぱり昔の通りであります　それではつまらん

ではないかえ　わしの後生は　如来さんの　ええようにして　負うて下さるでな　わたしゃ　お手をあわせて　なむあみだぶつ　なむあみだぶつ

何もかも超越してこの境地まで達しています。

5　昭和の妙好人

妙好人と言うと、学がなくて江戸時代から明治にかけて現れた人だという先入観があります。しかし、石見には、今もなお妙好人さんや妙好人的な方々がたくさんおられます。その中には学者や医者もいます。例えば、川上清吉先生などがそうです。

(1) 川上清吉 (1896-1959)

　川上清吉先生は、明治29（1896）年、浜田町にお生まれになった。教育者・哲学者でありました。浜田中卒業後、家業を継がれます。若い頃、トルストイに心酔し、その後、京都鹿ヶ谷に西田天香（1872-1968）を訪ね、一燈園同人になりました。島根で代用教員をした後佐賀に移り、鹿島中や佐賀高等師範学校で長年教員をし、終戦直前に島根に戻ります。津和野中・浜田第一高校（後の浜田高校）校長などを務めた後、昭和24（1949）年に島根大学教授になりました。

　佐賀に移った頃より浄土真宗に接近。調円理と親交を結び、『葉隠』思想の研究の一方、精力的に説法をしていきます。島根大学退官後、自宅で「歎異抄の会」を主催。昭和34（1959）年に亡くなるまで活動を続けられました。著作には、『教育の宗教的反省』『歎異抄私解』『石見の善太郎』ほか多数あります。

　皆さまは「分陀利華」という仏教賛歌をご存知ですよね。あれの作詞家でございます。それから私たちの地域では、お通夜やお葬式の時に「人の世の」という歌を歌いますが、それも作っておられます。

　川上清吉先生は、『歎異抄』を深く深く読んでいかれます。一方で、善太郎さんや才市さんら妙好人の研究もなさいました。そして、真宗僧侶の在り方として、「異常な歓喜を狙っての聞法は毒である。それがどれほど新興宗教への転落のよき動機となっているだろう」と記しました。法話を聞いて感動させな

ければいけないと思うことが間違いであるというのです。さらに「才市さんと言う人は、特別な人間ではない。この人を偉人扱いしてはならない」と川上先生は記しています。「伝説や逸話めいたものは排除していかなければならない。そうしなければ寺院と民衆は引き離されていく」と考えていました。川上清吉先生は本当にストイックな生活をされた方でした。

1958（昭和33）年暮れ、胃ガンの宣告を受け手術しましたが、すでにガンは転移していました。翌年5月26日、病状が悪化し、余命1週間と告げられて自宅に帰りました。そして、6月1日、死期の間近なことを予知し、『正信偈』を読誦しながら静かに浄土に還られました。

亡くなる直前の歌は、

　　西の方へ脚をさし向け臥せれど枕上に在り「教行信証」

でした。

（2）井上功（1889-1966）

続いて井上功先生です。井上先生は、明治22（1889）年、新潟市に生まれました。その後京都に移り、金沢の第四高校に進学し、哲学者西田幾多郎（1870-1945）と出会いました。

京都帝国大学医科大学卒業後、京大産婦人科教室に勤務したのち、昭和6（1931）年に石見の仏教界が社会活動の一環として設立した興仁会病院に赴任して、長く産婦人科医として活動しました。そして、一度浜田に入ったその日から、お亡くなりになられるまで一度も石見を離れたことがありませんでした。井上先生は、「自分に旅行をする暇はない。患者さんや赤ん坊が待っている」といつもおっしゃっておられました。すると、地域の人々から、「そんなことをしていたら最新の医療から、学問から、研究から、技術から離れるのではないですか」と質問されます。それでも井上先生は、自分はこの道を絶対貫き通すのだとおっしゃいました。夜中であろうが、どんな時であろうが、人に尽くした人です。

仕事の時間が終わると、家の近くの本屋さんで川上清吉先生と会って、楽し

そうに話をしていたそうです。

　生涯を石見の医療に捧げた井上先生は、一方で西田幾多郎の哲学の学習と浄土真宗の聞法に勤みました。晩年、自らの死期を悟り病の床につくと、一切の原稿を自らの手で焼き捨てています。まるで自謙和上と同じようにしたのです。そして、自分の屋敷をすべて売るようにとの遺言を残したのです。屋敷を売ったお金で、火災にあった光西寺の再建費用に充てよというものでした。井上先生は、すべてを無に戻して亡くなっていかれました。亡くなった後、人々によって追悼遺稿集『歌稿いさを』『空と水』という本が出されました。「真宗律」とともにあったような方です。

（３）秀浦健一（1920-1969）

　最後に秀浦健一さんです。秀浦さんは、大正９（1920）年、広島県との県境に近い島根県美濃郡道川村臼木谷（現在の益田市匹見町道川）に生まれました。

　幼い頃からの喘息もちで体が弱かったのですが、炭焼きと木挽きや植林などの山仕事を手伝いながら成長しました。厳しい山の暮らしは辛く、若い頃はこの山から抜け出して勉強したい、今度生まれてくることができたら作家になりたいと願うこともあったようです。

　15、16歳頃から益田に住む歌人大谷嘉助氏（1897-1959）に師事して短歌を作るようになり、時折指導を受けていました。復員後も、炭焼きや木挽き・植林などの山仕事を続けましたが、ひどい喘息に苦しみました。

　喘息の発作が起きると体を弓なりにして咳こみました。腕は度重なる注射のせいで硬くなり、やむなく自分で大腿部に注射して発作の治まるまでじっとしていたといいます。彼は、四季の移ろいの感動や大自然に囲まれて生きる歓びを短歌にすることで、山の暮らしや喘息の発作に耐えました。

　昭和32（1957）年７月、益田に移り住み、食料品店を営みながら司法書士業務を始めました。大谷氏の紹介で広島の足利浄円氏（1878-1960）と交流を深めるようになり、さらに広島の藤秀璻氏（1885-1983）との交流も始まりました。すると、念仏に出会った喜びや生死の苦悩を超えた静かな歓びに満ちた歌が詠まれるようになりました。自然を詠んだ作品にも、天地にひれふすような謙虚な姿勢が強く表れるようになり、生かされている喜びや、安らかさに満ち

た作品が多くなりました。

　　赤色赤光白色白光　光一群のコスモス　西日に対ふ道下
　　しゃくしきしゃっこうびゃくしきびゃっこう　　　　　　　　　　　　　　　　むか　　くだる

　『阿弥陀経』の「青色青光　黄色黄光　赤色赤光　白色白光　微妙香潔」に依ったものであることは明白ですが、山あいに咲き誇るさまざまなコスモスを通して生命の美しさが詠まれています。生きとし生けるものすべてが輝いている、そんな歓びが伝わってきます。西日とあるのは如来の光明でしょうか。私たちはつい、いい子だったら、いい子でよかったなあと思います。やんちゃな子どもを見れば、まったくこの子どもはと腹を立ててしまう。成績が良ければいい子で、成績が悪ければ悪い子だと思ってしまう。でも本当にそうでしょうか。赤い色は赤い光を放ち、白い色は白い光を放つ。すべてが宝である。そのようなことを秀浦さんも感覚で理解しています。

　　灌木の幹も梢も雪まとひ　浄土の門のごとき浅峡
　　かんぼく　　　　　　　　　　　　　　　　　あさだに

　秀浦さんのふるさとの渓に雪が降ってすべてが真っ白になっている。そこに生える灌木が浄土の入り口のように立っている。

　　ゆくりなく浄土に逢へり　白梅の花咲き　山鳩並びてえ歩む

　ここが浄土かもしれないと思わせる美しい里。山鳩の夫婦でしょうか、二羽が並んで歩いています。
　このように、安らかな心中がうかがえる作品をたくさん残しています。
　昭和43（1968）年から翌年の正月にかけて、秀浦さんは次のような歌を作りました。

　　悪童のまま定命に至りたり　雲照らす除夜の月仰ぎたつ
　　夜の更けて凝然と開きゐたる　眼にうかびきし師の横顔きびし

まるで自らの命が間もなく終えることを知っているような歌です。そして、２月１日、彼は益田市幸町の自宅で突然亡くなりました（享年48歳）。遺歌集『無華光』において、三男修氏は、「一鉢に納められた松が枯れて行くように、小雨の降る朝、静かに静かに絶えていった」と記します。命の燈火が燃え尽きるまで、大自然と念仏に生きる歓びを歌にしつづけた念仏者でした。

6　石見の妙好人

（１）石見の土徳

　石見地方からたくさんの妙好人が出た理由を考えてみたいと思います。石見には、「人に認められなくてもよい、褒められなくてもよい、念仏の感動に生きる喜びがあればそれでよい」と考えている方、静かに生きておられる方が今もたくさんおられます。その中にあって、石見の妙好人は例外であったり、特異な人であったり、ましてや偉人でもありません。

　石見のあちこちに「泰雲院殿」と書かれた頌徳碑がたくさんあります。これは大森銀山（石見銀山）の代官だった井戸平左衛門正明（1672-1733）という人物の頌徳碑です。

　井戸正明は、凶作が続いている折に救済作物としてサツマイモに目をつけ、薩摩藩から種芋を持ちこみ、それを領民に配って植えさせました。何年か失敗が続きましたが、ついに一株から芋ができたことで多くの人々が喜びました。これがきっかけとなり、石見全域でサツマイモの栽培が始まりました。そして、享保の飢饉では、年貢を減免し、代官所が持っていた米を放出しました。その結果、ただの一人も餓死者を出さなかったと言われています。

　井戸正明が亡くなった後、石見の人々は頌徳碑を作りました。そして、その石碑の前で芋法事を行い、井戸の功績に対して感謝の念を捧げてきました。頌徳碑は石見のほか、島根半島や隠岐・鳥取県弓ヶ浜半島・萩などに及び、その数は400基以上にのぼります。

　大田市大森町にある井戸神社の境内には井戸公250年記念碑が建っていますが、そこには「恩は石に刻め」と大書してあります。

　大森を中心として石見各地に見られる井戸正明の膨大な頌徳碑は、江戸時代後期から昭和にかけて次々に建立されました。その理由について、地元の歴史

研究者河田竹男氏は、浄土真宗の盛んな地域において、報恩思想を背景として、井戸公への感謝の気持ちが地域ぐるみの建碑に発展したと考察しています。確かに妙好人を輩出した地域と石碑の分布は重なります。それはまた石州学派の流れを汲む学僧が「善知識」として活発に教学研究に勤しみ、民衆教化に励んだ地域に他なりません。真宗の僧侶が、人々に「かけた情けは水に流し、ご恩は石に刻め」と話し続けたものと思われます。今日の私たちがあるのは、井戸さんのお蔭であるぞと教え、みなで大事にしていこうと話し、その結果、各地で頌徳碑が建立されたと考えられるようです。

今の石見の小学生に、尊敬する人を尋ねたら何と答えると思いますか。多くの子どもたちが井戸平左衛門さんと答えます。

一方、浄土真宗があまり盛んでない益田を中心とする地域には、井戸平左衛門の頌徳碑はありません。その代わり、柿本人麻呂を祀る人丸神社が多くあります。

江戸時代、石見や長門・周防の村人は益田市郊外の高津にある柿本神社にお参りし、お札を貰って帰りました。その理由は、赤痢が流行った時、人丸の名を唱えたら病気が治った。大火に悩まされている村が火防を祈ってお札を貰ったら火事が起きなくなった。それは、「火止まれ」という言葉が人丸に通じるからというように、語呂合わせで御利益があると信じられたからです。普通なら、貰ってきたお札は翌年のとんど焼きで燃やしてしまいますが、この地方では燃やさずに、集落に小さな祠を建てて人丸神社と名づけてお札を納め、そのご恩を後世に伝えていったのです。

人丸神社は、石見・周防・長門に約150社あります。歌聖・人麻呂の崇拝から成立したものは、益田市高津の柿本神社ほか一、二例に過ぎず、他は、江戸時代になって五穀豊穣、産業振興、疫病予防、火防などの現世利益的要求が契機となって高津の柿本神社を分祀したものです。

ということは、浄土真宗の僧侶に関係するしないではなくて、「受けた情けは末代まで伝えなければならない」という石見人特有の考え方があるということになります。つまり、石見人は恩を忘れないという土徳を持っているということなのです。

（2）仏法の師としての学僧の存在

　石見では、教学を研究し自己研鑽を怠らなかった学僧が数多く現れました。かつて源了圓先生が、「妙好人が生まれた背景には善知識がおられる。善知識という人は学僧である。一つは宗教家であり、一つは研究者であり、一つは教育者である。善知識と呼ばれる僧侶は、仏と民衆の間に立って仲立ちをする役割を果たしてくれた。そこに説法の上手下手は関係なかった。自らの栄誉を求めることもなく、ただ阿弥陀如来の教えを伝える道案内の役割に徹した」と考察しておられます。そのお蔭で石見に住む多くの同行は、いのちの意味、生きることの意味を深く知ることができました。ここで言う石見の善知識こそ、仰誓に始まる石州学派の学僧です。仰誓和上に連なる学僧たちが一所懸命に研究に励み人々と共に歩んだ時に、ある時期に妙好人のような人々が次々に現れ出て来たのです。

　多くの民衆は、特に霊的なもの、宗教的な霊性とでも申しましょうか、直観的に南無阿弥陀仏が理解できるということではないと思います。そのような時に、仏法の師である学僧たちが中に入り、私と仏という関係を作ってくださったわけです。お寺でそのような学僧と出会い、喜びを見出し、その感動を文章や詩にしていく、それをすかさず学僧たちが見つけてこれを広く紹介していく。こうして石見にたくさんの妙好人が現れてきたと私は考えています。決して偶然ではありません。いろいろなご縁が重なって、それが必然となっていった。このように石見の土徳と石州学派の学僧の存在が、石見に妙好人が多く現れ出てきたもう一つの理由だと考えます。

むすび―妙好人研究の今後―

　山陰教区教務所や石見の真宗寺院は、妙好人の言葉を紹介する刊行物を通して、多くの妙好人の言葉を紹介してきました。しかし、元となったそれぞれの妙好人のノートなどは、未整理のまま眠っています。

　才市さんを例にとれば、膨大なノートのうち、ある部分が焼失してしまいました。しかし、その焼失したノートは、奇跡的にハワイ大学にマイクロフィルムとして保管されているといいます。ということは、その気になれば、才市さんの詩を最初から最後まで分析し、年代別にどのような言葉があったのかを知

ることができます。しかし、それをやるためには個人の力では限界があります。やはり、教学センターのようなものが必要になってきます。残念ながら、石見にはその力はありません。

　一方、土井順一先生や朝枝善照先生がこれまで試みられたように、種々の『妙好人伝』の原本はどうであったのか、写本と刊本では記載内容がどのように変わるのか、そんなことを比較検討する必要があると思います。これも一個人の力では無理があります。組織立って動かなければならないのではないかと思います。もし可能であれば、そのことを母校の先生方にお願いしたいと強く思っているところです。

　現代の人間は、飽食やおごりの時代を経験し、今や内省の時代へと向かっています。かつて清貧の思想というものが流行った時代がありました。しかし、石見の人々にとってはピンとこないわけです。清貧なんていうことは、ここに住む人々は昔からやっていることです。でも彼らは清貧だけではないのです。それだけでは生きていけません。石見に住む人々は、清貧に加えて宗教の感動を持っています。生きる意味を常に考えています。生ある意味を毎日考えています。私はむしろこれから先は、清貧ではなく、宗教や哲学に裏打ちされた妙好人的な生活が必要なのではないかと思うようになってきました。昨年（2011）の東日本大震災や原発事故を経験して、人々の多くが死生観について多くの関心を持ち始めました。このような時期に、私たちには妙好人の思想を正しく伝えていく責務があるのだろうと思います。そのような意味でこの度の「妙好人における死生観と超越」展は、たいへん意義のあることだと思います。石見に住む者として、心からよくやってくださったと御礼申し上げる次第です。

　2003年の石正美術館における妙好人展のことを今も思い出します。毎日、わらわらと人が来てくださり、私の手を握って言うのです。「よーやりんさったなぁー」と。そう言いながら、一日中過ごしてくださいました。「神さんや、お疲れが出ませんように」と行く先々で労われました。何度も励まされ、妙好人展の準備作業は、心優しい石見人に出遇う旅だったように思います。

　石正美術館では毎年義援金集めを行ってきました。去年はもちろん宮城県、岩手県、福島県の皆さまに送らせて頂きました。その前は北海道佐呂間の突風災害に、宮崎の水害も、霧島の噴火も、ジャワ島の津波災害でも送りました。

なぜ募金活動を行い続けるのかといいますと、義援金を送りたいと言えば、石正美術館のある三隅の人々が美術館に持ってきてくださるからです。ある時、義援金を持ってきた方に尋ねると、「やらにゃーいけん気がする。わしらは昭和58年の山陰水害の時にえらい人に迷惑をかけた。しかしその時に日本中の人々が義援金を送ってくれて、お蔭で私たちは助かった。恩返しをせにゃならん。いや、恩を誰かに伝えにゃいけん。そのように思っております」とおっしゃられました。

私は石見に暮らして13年が経ちます。今改めて思います。石見というところは、妙好人のような人で満ちているのだと。そのような場所に住まわせてもらえることに心から感謝します。

是非皆さま、一度石見にお越しください。いいところですよ。そしてお越しいただいたら一人でも多くの人に話しかけてあげてください。もしかすればその人が、本当に優しい方で妙好人的な生き方をしている人である可能性があるかもしれません。

改めて最後に申し上げます。本日、このような集まりを作ってくださいました先生方、ありがとうございました。心からお礼申し上げます。拙い内容でしたが朝枝先生から頂いた宿題を発表させて頂くとともに、石見に住む者として石見の妙好人の一端を皆さまにお伝えしたいその一心でお話しをさせて頂きました。最後までご清聴頂き心より御礼申し上げます。

参考文献

本稿の記述に際して、下記の文献を引用・参考させて頂いた。

・禿氏祐祥『山陰地方と真宗寺院』(山陰教区教務所、1947年)。

・鈴木大拙『妙好人』(大谷出版社、1949年)。

・柏原祐泉「近世庶民仏教の研究」(法藏館、1971年)。

・川上清吉『川上清吉選集』上・中・下(柏村印刷、1972年)。

・大原義峯『石見妙好人伝』(真光寺、1978年)。

・宮脇英世『浄土真宗石州派の確立過程―指導者仰誓・履善・自謙師の実像を探る』(浄泉寺、1978年)。

・菅真義『妙好人有福の善太郎』(百華苑、1980年)。

- 小林俊二『土と石の思想』(石見詩人社、1980年)。
- 土井順一『妙好人伝の研究―新資料を中心として―』(百華苑、1981年)。
- 朝枝善照『妙好人伝基礎研究』(永田文昌堂、1982年)。
- 高木雪雄『才市同行―才市の生涯と周縁の人々―』(永田文昌堂、1991年)。
- 朝枝善照『続妙好人伝基礎研究』(永田文昌堂、1998年)。
- 山陰教区教務所『山陰妙好人のことば』(1999年)。
- 源了円『妙好人と蓮如上人』(東京本願寺、2000年)。
- 土井順一『仏教と芸能―親鸞聖人伝・妙好人伝・文楽―』(永田文昌堂、2003年)。
- 菊藤明道『妙好人伝の研究』(法藏館、2003年)
- 河田竹夫「井戸公の碑について」(『朝枝善照博士還暦記念論文集　仏教と人間社会の研究』永田文昌堂、2004年)。
- 『大法輪』73巻7号(2006年)。
- 龍口明生「『妙好人伝』とその周縁」(「印度学仏教学研究」56-1、2007年)。
- 児玉識「『妙好人』および『妙好人伝』研究の経緯」(『大系真宗史料』伝記編8『妙好人伝』解説、2009年)。
- 神英雄『柿本人麻呂の石見』(自照社出版、2010年)。
- 朝枝善照『妙好人と石見文化』(永田文昌堂、2011年)。
- 『妙好人における死生観と超越』(龍谷大学人間・科学・宗教オープン・リサーチ・センター、2012年)。

妙好人の死生観と願い
―その言行から苦悩を超える道を学ぶ―

菊藤 明道

はじめに

本日は「妙好人の死生観と願い」というタイトルで次の3つに分けてお話しさせていただきます。

最初に、「妙好人」(みょうこうにん) という言葉がどのような意味を持っているかということ、次に『妙好人伝』の成立と研究の進展について、最後に妙好人の死生観と願いを窺い、現代社会に生きる私たちの問題に関連させて妙好人の意義についてお話しさせていただきます。

1 「妙好人」の意味

まず「妙好人」という言葉の意味から説明させていただきます。

「妙」とは、「たえ」ということで、「不思議なくらい優れている。霊妙」という意味です。「好」とは「好ましい」ということです。

そこで、「妙好人」という言葉が一体どこからきたのかということです。インドで釈尊が説かれた悟りの内容からさまざまな経典が誕生しました。とくに大乗経典となりますと、神話的な物語を通して悟りの内容が説かれてきます。その中で、阿弥陀如来の極楽浄土へ往生する教えが説かれた経典が「浄土三部経」と呼ばれます。「浄土三部経」とは、『無量寿経』『観無量寿経』『阿弥陀経』の3つの経典です。その中の『観無量寿経』の中に「分陀利華」という言葉が出ています。「もし念仏するものは、まさに知るべし。この人はこれ人中の分陀利華なり」(『浄土真宗聖典』註釈版、117頁) と記されています。「分陀利華」とは白蓮華のことです。

『観無量寿経』は、釈尊在世中に起きたインド・マガダ国の首都王舎城の悲劇を通して極楽浄土への往生の方法を説いた経典です。

マガダ国の頻婆娑羅王と韋提希夫人の間に生まれた阿闍世太子は、提婆達多にそそのかされ、父・頻婆娑羅王を牢屋へ幽閉し殺害しようとします。夫である王を助けようとした母の韋提希夫人も、阿闍世によって牢屋へ幽閉されてしまいます。韋提希夫人は牢屋の中から「なぜ私はこのような悲しい目に会わなければならないのでしょうか、どうかお救いください」と、耆闍崛山で説法中の釈尊に向かって訴えます。その悲しみを聞いた釈尊は、直ちに韋提希夫人のもとへ来られ、煩悩の燃え盛る苦悩の世界にあっていかに苦悩を乗り越えることができるかを説かれ、究極的に、念仏して浄土に往生するのだと教えられます。そして経の末尾に、念仏する人は「これ人中の分陀利華なり」と記されています。この「分陀利華」はサンスクリット語のプンダリーカ（puṇḍarīka）の音写で「白蓮華」を意味します。

「蓮華」（ハスの花）は経典に最も多く出る花で宗教的な内容を表します。

『維摩経』の「仏道品」には、「高原の陸地には蓮華を生ぜず。卑湿の淤泥に乃ち蓮華を生ずと言へり。これは凡夫、煩悩の泥中にありて、菩薩のために開導せられて、よく仏の正覚の花を生ずるに喩ふ」と説かれ、親鸞聖人もこの文を『教行信証』や『入出二門偈』に記しておられます。『無量寿経』には、パドマ（padma、紅蓮華）、プンダリーカ（puṇḍarīka、白蓮華）、ウトパラ（utpala、青蓮華）、クムダ（kumuda、黄蓮華）の4種類の蓮華が説かれ、『阿弥陀経』にも極楽浄土の蓮池に青・黄・赤・白のハスの花が咲き、微妙の香りを漂わせていると記されています。

　　（註記）
　　いま龍谷大学深草学舎至心館のパドマ館で龍谷大学人間・科学・宗教オープン・リサーチ・センター主催による「妙好人展」が開かれていますが、配布用の図録『妙好人における死生観と超越』の表紙の蓮池の絵は、妙好人因幡の源左の手次寺、鳥取市青谷町山根の願正寺の本堂内陣の障壁画です。「白蓮華」と「紅蓮華」が描かれています。

4種類の蓮華の中でも「白蓮華」はとくに清浄無垢な花として尊ばれてきま

した。中国唐代の善導大師は、『観無量寿経』の註釈書『観経四帖疏』の「散善義」の中で、「分陀利華」(白蓮華)について五種の名を挙げて念仏者を称讃しています。

> 「分陀利」といふは、人中の好華と名づけ、また希有華と名づけ、また人中の上上華と名づけ、また妙好華と名づく。この華相伝して蔡華と名づくるこれなり。もし念仏するものは、すなはちこれ人中の好人なり、人中の妙好人なり、人中の上上人なり、人中の希有人なり、人中の最勝人なり。
> (『浄土真宗聖典』七祖篇、499-500頁。蔡華＝千葉の白蓮華のこと。聖者が世に出現するとき、白亀が千葉の白蓮華に乗って現れるという言い伝えがある)

念仏する人は「分陀利華」である、清らかな白蓮華のように尊い人である、と言われるのです。ここから「妙好人」という言葉が生まれました。

この「妙好人」という言葉を日本で最初に用いた方は、善導大師の影響を強く受けられた法然聖人でした。『選択集』の「讃歎念仏章」に、「人中の妙好人といふは、これ粗悪に待して称するところなり」(七祖篇、1257頁)と述べています。さらに法然聖人から教えを受けられた親鸞聖人も自らの書物の中に用いています。

2 『妙好人伝』の成立と研究の進展

江戸時代中期に本願寺派の仰誓という学僧が最初の「妙好人伝」である『親聞妙好人伝』を編集しました。仰誓(1721-1794)は京都西六条(現在、京都市下京区新町通正面下ル平野町)の明覚寺に生まれ、22歳で伊賀上野の明覚寺に移住、寛延２年(1749)、28歳の時に大和国の鉾立峯(吉野郡と高市郡の境。現、奈良県高市郡高取町丹生谷)に篤信の念仏者・清九郎を訪ねます。大和を３度訪ねますが、３度目は老母妙誓と同行男女道俗24人を引き連れて行っています(『親聞妙好人伝』)。

清九郎は貧しく文字の読み書きもできませんでしたが、信心深く正直で勤勉で親孝行でした。生存中から多くの人々から敬慕されていたようです。そのこ

とは仰誓編『親聞妙好人伝』、僧純編『妙好人伝』以外にも、大谷大学附属図書館林山文庫に収蔵されている江戸時代に編集された清九郎の伝記が４種類あることからも窺えます。①恵俊編『大和国吉野郡清九郎行状記』（宝暦２年〈1752〉成立、写本）、②帰西編『浄土真宗孝信清九郎物語』（宝暦６年〈1756〉成立、明和４年〈1767〉刊）、③覚順編『崑崙実録』（宝暦13年〈1763〉成立、明和元年〈1764〉刊）、④法安編『和州清九郎伝』（享和元年〈1801〉刊）です。すべて『大系真宗史料』伝記編９・近世門徒伝（法藏館、2012年刊）に収められています。これらの伝記は時代が下るにつれて話の数が増え、後になるほど単なる伝記ではなく、教化本の性格を帯びていきます。

以上のように、『妙好人伝』の成立は、仰誓が大和の清九郎に出会って面談し、その言行に感動してそれを書きとめ、清九郎が亡くなった寛延３年（1750）から３年後の宝暦３年（1753）頃に、10人の篤信者の言行を集めて『親聞妙好人伝』を編集したことに始まるわけです。

『親聞妙好人伝』の第３話「和州清九郎」の記述の中に次の文章が見えます。

> 世間の人は、吉野の花を詠めんとてはるばる至る人は多けれども、我々はいかなる仏祖の御引合にや、信者の花盛りを詠めんとて吉野の奥に下りしは、まことに不可思議の因縁なり。

（『大系真宗史料』伝記編８・妙好人伝、法藏館、12頁）

この文から、清九郎と面談して感動した若き日の仰誓の喜びが窺えます。

江戸時代中期に石見地方（石州、現在の島根県の西部）で異安心問題が起こります。仰誓は西本願寺の門主の命によって石見に赴き解決に当たりますが、43歳頃、門主の命で島根県邑智郡邑南町市木の浄泉寺に入寺し、学寮を建てて多くの僧侶の育成に尽力しました。そして、浄泉寺に移ってからも篤信者の言行を集め『妙好人伝』２巻を編集しています。しかし、『親聞妙好人伝』も『妙好人伝』も原本は失われ、写本のみが伝わり、版行されることはありませんでした。それを、江戸時代後期になって美濃（岐阜県）不破郡垂井町の本願寺派専精寺の僧純が再編し、『妙好人伝』初編として版行したのです。その後、

僧純は自ら編集した第2編から第5編を版行しています。

　僧純（1791-1872）は西本願寺第20代広如門主（1798-1871）に仕え、「天保の改革」と言われる本願寺の財政再建に大坂の石田敬起（大根屋小右衛門）と共に尽力し、親鸞聖人600回大遠忌を前に、大谷本廟の石橋の架設、角坊別院（現、角坊）の建立などの諸事業に携わりました。この僧純が次々と『妙好人伝』を編集刊行したのです。

　僧純編『妙好人伝』は全部で5編です。各編上下2冊・全10冊です。初編は仰誓が編集した『妙好人伝』を僧純が再編し、天保13年（1842）3月に版行（中山園蔵版）しています。さらに同年4月に第2編、弘化4年（1847）に第3編、安政3年（1856）に第4編、安政5年（1858）に第5編を版行していますが、よく売れたようで以後何度も版を重ねています。

　また、北海道松前郡松前町唐津の真宗大谷派専念寺の僧衆の一人であったと推定される象王が、嘉永4年（1851）に『続妙好人伝』上下巻2冊（五梅園蔵版）を版行しました。さらに8年後の安政6年（1859）にかなり改訂した補刻版『続妙好人伝』（文醒堂蔵版）を版行しています。

　僧純編『妙好人伝』（全5編）と象王編『続妙好人伝』（1編）は、その後間もなく版行業者の手で全6編、各編上下、計12冊ワンセットで版行されました。両伝に集録された妙好人の数は157人で、その多くは農民、商人、職人などの一般民衆でした。女性や子供も見えます。ほとんどは学問とは無縁で、文字の読み書きすらできない人もいました。そうした人たちが聴聞を重ねて他力の信心を戴いたのです。

　　（註記）
　　　江戸時代に編集された『妙好人伝』は、すべて平成21年（2009）に出版された『大系真宗史料』伝記編8・妙好人伝（法藏館刊）に収録され、内容と特色については末尾の「解題」（菊藤明道執筆）に、研究の経緯については「解説」（児玉識執筆）に記されています。

　これまで『続妙好人伝』の編者象王については全く不明でした。そこでいろいろと調べていくなかで、象王が北海道松前郡松前町唐津の真宗大谷派専念寺に所属していた僧衆の一人であったことが判明しました。それは以下のような

経緯で明らかになりました。

　象王編『続妙好人伝』（１編、初版本、上下２冊、五梅園蔵版）の上巻の第２話に、松前の商人山田文右衛門の話が収められていました。記述のなかに、文右衛門は能登の出身で蝦夷地（北海道）松前を拠点に場所請負人として活躍したことが記され、編者象王が、文右衛門が営んだ殺した鹿の法要にお参りしたことや、文右衛門が亡くなった際の葬儀にお参りしたことが記されていました。そこで山田文右衛門家の墓が専念寺（真宗の北海道進出第１号寺院）にあるのではと考え、平成10年（1998）７月１日に福島憲俊住職にお願いして探していただいたところ、10日ほどしたある日、福島住職から山田家の墓が見つかったとの連絡があり、墓の拓本を送ってくださいました。その拓本には「釋唯常　文右衛門　文政十三年寅九月廿日」と記されていました。そこで同年９月１日に専念寺を訪ねて墓を確認した次第です。なお、『続妙好人伝』では命日が「天保元年九月廿日」となっていましたが改元のためで、共に1830年です。

　その後間もなくして小樽市在住の文右衛門の子孫の方が「山田家累代系図」のコピーを送ってくださいました。そのなかに「山田家第八代　山田文右衛門　有智　法名釋唯常」と記されていました。現在の子孫の方は山田家第14代目とのことです。

　さらにその後、山田家歴代の活躍の跡を多くの史料によってまとめたロバート・G・フラーシェム、ヨシコ・N・フラーシェム共著『蝦夷地場所請負人―山田文右衛門家の活躍とその歴史的背景―』（北海道出版企画センター、1994年）を入手することができ、文右衛門の実像を知ることができました。

　以上の発見を、以前から『妙好人伝』の研究でご指導いただいていた大谷大学名誉教授・柏原祐泉先生（1916-2002）に報告し、先生の薦めで『中外日報』（㊤1998年12月19日、㊦12月22日）に報告させていただきました。そうなってくると、妙好人が生まれた土地に足を運ばないわけにはいかなくなり、以後、山陰、東北、近畿、九州と全国あちこちをまわり調査を行いました。20年ほどかけて妙好人巡りをしたことになります。各地の寺院のご住職や妙好人の子孫の方々からお話を聞かせていただき、多くの史料をいただきました。それをもとに今日まで研究を進めてきた次第です。

＊

私が『妙好人伝』の研究を続けてきたきっかけは一冊の本との出会いでした。その本とは鈴木大拙著『妙好人』(大谷出版社、昭和23年、後に法藏館) です。龍谷大学に入学した昭和29年 (1954)、同じ下宿の先輩・関秀岳氏からこの本をいただき、その際、「あなたの曾祖父の名前が出ているよ」と言われて読むと、末尾に付された楠恭氏の「小川仲造小伝」のなかに、明覚寺第15代住職菊藤大超 (1834-1898) の名が見えました。楠氏は大谷大学在学中から鈴木大拙博士に師事して妙好人研究をされた方で、私も何度かご教示をいただきました。

　大超は明治20〜30年にかけて本願寺派の布教使として山陰地方を巡回しました。その間、石見の妙好人小川仲造と懇意になったようです。私が昭和33年に龍谷大学を卒業し京都女子高校に奉職した年の夏休み、郷里の寺 (京都府福知山市字呉服明覚寺) に帰ったところ、小川仲造の曾孫の方が訪ねて来られ、仲造に関する資料を置いて行かれました。そんなことから小川仲造研究を始めた次第です。それから次第に有福の善太郎、石見の浅原才市、因幡の足利源左、讃岐の庄松、長門のお軽へと研究領域を広げていきました。

　以上のような経緯で妙好人の研究に入ったのですが、研究していく過程で親鸞聖人のみ教えがどのようにして人々の心の中に入っていったのか、生きる力となったかを知ることができました。そのようなことは、いくらお聖教を読んでも見えてきません。お聖教には浄土や阿弥陀如来のことや、衆生救済の論理―なぜ如来回向の行信によって凡夫が救われるのか、といったことは書かれていますが、その教えがどのようにして人々の心に染み込み、生きる力となったのかを知るには、ご信心をいただいてお念仏に生きた人たちを見るほかないわけです。そうした人たちの中にこそ、浄土真宗の真実性が輝いているように思えた次第です。

3　妙好人の死生観と願い

　お手元の資料に下記の妙好人を紹介していますが、詳しくは妙好人展の『図録』をご覧ください。今は下記の妙好人の中から何人かを選んで紹介させていただきます。

　　①大和の清九郎　　　延宝6年 (1678) －寛延3年 (1750)
　　②六連島のお軽　　　享和元年 (1801) －安政3年 (1856)

③有福の善太郎　　　　天明2年（1782）－安政3年（1856）
④讃岐の庄松　　　　　寛政11年（1799）－明治4年（1871）
⑤石見の才市　　　　　嘉永3年（1850）－昭和7年（1932）
⑥因幡の源左　　　　　天保13年（1842）－昭和5年（1930）
⑦嘉久志の仲造　　　　天保13年（1842）－明治45年（1912）

（1）大和の清九郎

清九郎の伝記を記した江戸時代の書物は全部で7本あります。
まず『妙好人伝』としては次の3本です。
①仰誓編『親聞妙好人伝』（宝暦3年〈1753〉頃）
②仰誓編『妙好人伝』2巻本、第1巻（天明4年〈1784〉頃）
③僧純編『妙好人伝』初編（天保13年〈1842〉）
　　　　　（『大系真宗史料』伝記編8・妙好人伝〈法藏館、2009年〉所収）
次に清九郎個人の伝記としては次の4本があります。
①恵俊編『大和国吉野郡清九郎行状記』（宝暦2年〈1752〉成立、写本）
②帰西編『浄土真宗孝信清九郎物語』（宝暦6年〈1756〉成立、明和4年〈1767〉刊）
③覚順編『崑崙実録』（宝暦13年〈1763〉成立、明和元年〈1764〉刊）
④法安編『和州清九郎伝』（享和元年〈1801〉刊）
　　　　　（『大系真宗史料』伝記編9・近世門徒伝〈法藏館、2012年〉所収）

これらの伝記の内容は必ずしも同じではありません。話の数も仰誓編『親聞妙好人伝』では10話ほどですが、最後の法安編『和州清九郎伝』では61話と増えており、親鸞聖人や蓮如上人の書物、さらに中国の書物からも引用するなど、伝記というより教化本としての性格が強くなっています。

以下、「清九郎伝」の概略をお話しさせていただきます。なお、伝記によって内容は異なっています。

清九郎は延宝6年（1678）に大和国高市郡矢田村に生まれ、幼くして父と死別、母に育てられます。文字の読み書きはできませんでしたが、信心深く、正

直者で、勤勉で、慈愛深かったそうです。

　清九郎は33歳の時に妻を亡くしてから聴聞を重ね、お念仏を喜ぶ身となりました。一人娘（名は小まん）があり、久六という若者を養子に迎えました。久六は博打・大酒・喧嘩口論を好む悪者でしたが、清九郎の養子となってから一月たたぬうちに悪事が止み、親孝行をし、ご法義を喜び、念仏するようになったので、人々は「清九郎の信徳の顕れ」と讃えた、と記されています。また、薪を売るときは高利を貪らず、その日の飯料ほどで満足したとか、留守中に盗人に入られても怨むことなく、却って盗人に同情し、「自分も同じ凡夫で盗みをしかねない者なのに、今はお慈悲から盗む心も起こらず、恥辱にもならず、同行中の顔を汚さずに済んだ」と喜んだ話もあります。さらに、清九郎が晩年に吉野左曾村浄光寺の看坊・玉潭師に請われて越中に旅したとき、その帰路、馬に乗るよう勧められたが馬の苦痛を思って固辞した。たっての願いで乗ったとき、「本願の船に乗り、その上馬に乗り、ありがたや南無阿弥陀仏　南無阿弥陀仏」と念仏し、次の駅で馬から降りて粉糠を五升ほど買い求め、馬子に与え、馬の背を撫でてお礼を言って別れた、と書かれています。つねにご法義を喜び、お念仏を称え、それを有縁の人々に伝え、人々からたいへん敬慕されました。

（２）石見の浅原才市

　浅原才市は嘉永３年（1850）に現在の島根県江津市桜江町小田で生まれ、大田市温泉津町小浜で育ちました。成人して船大工となり、博多に出て仕事をしながら萬行寺（福岡市博多区祇園町）の七里恒順師から教化を受け、58歳で郷里の温泉津に帰り、下駄造りに勤んだそうです（高木雪雄『才市同行—才市の生涯と周縁の人々—』永田文昌堂、1991年）。

　才市の手次寺は大田市温泉町井田井尻にあった本願寺派涅槃寺（1974年、江津市後地町に移転）でしたが、才市の家は涅槃寺からかなり離れた温泉津町小浜にあり、才市は近くの安楽寺によく聴聞に行きました。当時、安楽寺には梅田謙敬（1869-1938）という学僧がいて、才市はこの方の教化をいただきました。ある時、近くの若林春暁という画家が才市の肖像画を描きました。現在、涅槃寺に収蔵されている肖像画には、額に２本の角が生え、手に念珠をして合

掌している姿が描かれています。その念珠は梅田謙敬師の甥にあたる寺本慧達氏（浅原才市と面識がありノート70数冊を貰う。龍谷大学教授、ハワイ本願寺ヒロ別院輪番、東京千代田女学園校長）が京都で土産に買って贈ったものだそうです（寺本慧達『浅原才市翁を語る』長円寺、1952年）。

　この肖像画に描かれた額の角は、人間のあさましい煩悩を表しています。煩悩を抱えたまま阿弥陀様のお慈悲に抱かれてお念仏させていただく喜びが、おだやかな微笑みと合掌の姿から窺えます。

　肖像画の上には梅田謙敬師の筆になる次のような画賛が記されています。「大正九年三月」の日付と才市の法名「釋秀素」の字も見えます。

　　　　有角者機　合掌者法　　角あるは機なり　合掌するは法なり
　　　　法能摂機　柔軟三業　　法よく機を摂す　柔軟なり三業
　　　　火車因滅　甘露心惬　　火車の因滅す　甘露心にあきたる
　　　　未至終焉　華台迎接　　未だ終焉に至らざるに　華台迎接す

　ここで言う「機」とは人間のことです（信心を意味する場合もあります）。法の光、如来様の光明に照らされて浮かび上がる自分のあさましい地獄行きの姿です。自分は煩悩悪業の存在である、鬼が寺参りをしているのだ、と才市は言っているのです。しかし、その鬼が合掌している、角（煩悩）を持ったまま合掌する身にさせていただいている。これをさせてくださったのは法、阿弥陀様のおはたらき、本願他力です。「法よく機を摂す」とありますが、法とは南無阿弥陀仏の六字の名号です。その法が煩悩を持った私をおさめ取ってくださっている、というのです。「三業」とは身・口・意の三つの行為です。身（しん＝からだ）と口（く＝ことば）と意（い＝こころ）の行為です。自分はつねに身口意の三業を煩悩で行っている。その煩悩による三業が、如来回向の信心によって柔軟になるというのです。「火車の因」とは、臨終の時に地獄から迎えに来るといわれる火の車です。その火の車はもう来ない、ということです。「甘露心にあきたる」とは、法の喜びが心に満ちているということです。煩悩の心に南無阿弥陀仏のお名号が満ちあふれ、つねに私を摂取してくださっていると喜んだのです。「いまだ終焉に至らず」とは、まだ臨終を迎えていないの

に、すでに蓮の台が迎えに来てくださっている。つまり才市は未だ臨終に至らないのに、いますでにお念仏の世界に生き、慚愧と感謝報恩の思いで生きているのだ、と讃えられたのです。

　昨年（平成23年）11月3日、涅槃寺で親鸞聖人750回忌法要が勤められた際、お参りし、お話しさせていただきました。前日、大田市温泉津町小浜の安楽寺にもお参りしましたが、近くに才市の家がそのまま保存されていました。部屋には才市が下駄造りに使ったカンナやノミなどが展示されていました。才市は64歳頃から、下駄を造るときに出るカンナ屑や木片などに、口から出るお念仏の詩を書き、夜ノートに書き写したといわれています。その詩は昭和7年（1932）、83歳で亡くなるまで8千首以上つくられたといわれています。寺本慧達氏が才市から貰った70数冊のノートのうち、鈴木大拙氏に贈った30数冊が現在鎌倉の松ヶ岡文庫に収蔵されています。あとの30数冊は寺本氏が東京に置いていたために空襲で焼失したとのことです（寺本慧達『才市翁を語る』長円寺、1952年）。

　今年（平成24年）5月10日に、6月11日から龍谷大学深草学舎のパドマ館で開催される「妙好人展」の準備のため、龍谷大学の先生お二人と北鎌倉の松ヶ岡文庫を訪ねました。その際、松ヶ岡文庫の伴勝代事務局長さんが、最近、鈴木大拙（1870-1966）の「妙好人浅原才市」に関する英文原稿「A STUDY OF SAICH THE MYOKONIN」を発見したと言って、実物を見せてくださいました。その原稿は今回の「妙好人展」に出展されています。そこには才市の詩23首が引かれ、才市の信心の内実、煩悩・罪悪・苦悩と阿弥陀如来の限りない慈悲に関する深い洞察が縷々述べられています。その原稿は今年酒井懋氏によって和訳され、2013年発行の『松ヶ岡文庫研究年報』（第27号）に収録されます。

　大拙氏が初めて妙好人を取り上げたのは、昭和18年（1943）に刊行した『宗教経験の事実』（大東出版社）でした。その中に「讃岐の庄松」の言行を紹介しています。翌昭和19年（1944）には『日本的霊性』（大東出版社）を出版、昭和20年（1945）の終戦の年から3年後の昭和23年（1948）には、『妙好人』（大谷出版社）を出版して浅原才市や小川仲造などを紹介しています。終戦直前と終戦後間もないわが国未曾有の混乱期に、大拙氏は妙好人たちの宗教経験を世に紹介したのです。このことはたいへん重要な意味をもつと思います。日

本はいよいよ負ける、しかし日本にはすばらしい宗教思想がある、それが妙好人なのだ、と大拙氏は語っています。戦争に敗れ、意気消沈する日本人を何とか立ち直らせたいとの、大拙氏の熱い思いと平和実現への悲願が窺えます。

才市が博多時代に聴聞を重ねた萬行寺の七里恒順師は、法話を前後二席に分け、前席では如来回向のご信心の話が行われ、二席目には信心をいただいた者はどのような生き方をするのか、という話をされたといわれます。

明治29年（1896）に三陸沖大地震が起こり、津波が発生して多くの人々が亡くなりました。その時、本願寺も全国の寺院と門徒に呼びかけ義捐金を募りましたが、才市や仲造も多額のお金を拠出しています。今も宮城・岩手・青森三県の知事の連署による才市への感謝状（明治32年7月1日付）が涅槃寺に保管されています。

才市がこのような慈善的行動を行った背景には、恒順師の次のような言葉があったといわれています。

> 楽をして金儲けはできない。金儲けをするなら、正しい金儲けをいくらでもせねばならない。その儲けた金の使い道は、み教えを弘める資本にすることである。
> 少しづつでも倹約して貯蓄し、余分があれば大火・洪水・救助の事に出金するよう心掛けなさい。（「七里和上ご訓戒」、高木雪雄『才市同行―才市の生涯と周縁の人々―』永田文昌堂、1991年、81-82頁）

お念仏の日暮しをする者は、日ごろから少しでも倹約し貯金して、大きな災害が起こった時には寄付をして人々を救いなさいという話を七里師はしていた、それが自然に言行となって外に現れ出たのでしょう。

才市は、今この世において阿弥陀如来の大悲に包まれた生活をしたのです。臨終に阿弥陀如来の来迎を待つのではないのです。すでに阿弥陀如来のお働きに遇っているのです。昨年（平成23年〈2011〉）11月2日に訪ねた才市の家のお仏壇の前に、才市の詩が刻まれた木の板が数十枚（来訪者への土産用）置かれていました。私がいただいた板には次のような詩が記されていました。「生

きることを聞かせてもろたが南無阿弥陀仏　うれし　うれし　生きるがうれし」と。

「生きることを聞かせてもらった」と才市は言うのです。生きるとはどういうことかを「聞かせてもろた」と言うのです。その聞かせてもらった感動から「なむあみだぶつ」が出たのです。「なむあみだぶつ」は、阿弥陀様を向こうに眺めて「どうかお救いください」と願う祈願の言葉ではありません。才市と阿弥陀さま「親さま」の間で交わされた「いのち」の呼吸ではないでしょうか。

南無阿弥陀仏の「南無」の原語はサンスクリット語のナマス（namas）という語で、「南無」はその音写です。「敬意」「尊敬」「崇拝」の意味です。漢訳して「帰命」（きみょう）と言います。「帰依」（きえ）という意味です。一般的な表現で言うと、「あなたを尊敬し、あなたに従います。すべてをお任せします」という意味です。阿弥陀仏とは、限りない光明（智慧）と寿命（慈悲）を体とする仏を指します。ですから、「はかりなき智慧と慈悲の阿弥陀如来に帰依信順します」という意味が「南無阿弥陀仏」のお名号です。親鸞聖人は「南無」とは「帰命」であり、阿弥陀様が私たちを喚んでくださるお喚び声「本願招喚の勅命」（『教行信証』行巻、註釈版、170頁）である、と言われました。「帰命は南無なり、また帰命と申すは如来の勅命にしたがふこころなり」（『尊号真像銘文』註釈版、651頁）とも言われています。凡夫が「帰依する」と言っても、自らの力で帰依できるほどすぐれた私ではないのに、私がなぜ阿弥陀様に帰依することができるかといえば、阿弥陀様のお働き「他力」「利他力」によって帰依信順させてくださるのです。

才市は次のような詩を詠んでいます。

　　　しんじつしんじんうるひとわ　うたがいとられてはすのはな
　　　　　　　　（真実信心うる人は　疑いとられて蓮の華）

私の好きな詩です。この詩には「疑いとって」ではなく「疑いとられて」と記されています。自分の力で「疑いをとる」のではなく、阿弥陀様のお働きによって「疑いとられた」喜びを詠んだのです。

わしが泥田に弥陀のはす　植えてもろたよ　なむあみだぶを

　　ありがたや　あさましや　法（弥陀の救いのはたらき）は歓喜（喜び）で機（人間、私）は慚愧（恥じ入ること）　慚愧歓喜のなむあみだぶつ

　　うれしや　ごくらくを先に見て　ご恩とつれてなむあみだぶつ

　　才市や何がおもしろい　迷いの浮世がおもしろい　法をよろこぶ種となるなむあみだぶのはなざかり

　　わたしゃしやわせ　死なずにまいる　生きさせてまいる浄土が　なむあみだぶつ

　このような詩は、才市が自意識で詠んだのではなく、他力回向の信心体験から自然と口からこぼれ出たものでしょう。「念仏が田んぼのなかから湧き出る」とも言っています。「田んぼ」は泥田です。煩悩の泥田です。煩悩の中からお念仏が湧き出てくださるのです。また「念仏は弥陀の直接」「機法一体」とも言っています。阿弥陀様が念仏となって才市の口から出てくださると言っても過言ではないでしょう。「かぜをひけばせきが出る　才市が御法義のかぜをひいた　念仏のせきがでる　でる」「わしがねんぶつ　となえるじゃない　ねんぶつのほうから　わしのこころにあたるねんぶつ　なむあみだぶつ」と詠んでいます。それは才市の口から自然に出たものであり、そのままが阿弥陀様の利他行、衆生済度の働きではないかと私は思います。

　才市と阿弥陀様「親さま」は二つであって一つなのです。阿弥陀様は今ここに「なむあみだぶつ」となって働きかけ、私をお救いくださっている、そこが念仏三昧の世界であり、自分にとってはお浄土なのだ、と才市は言っています。煩悩渦巻く娑婆世界でありながら、仏の願力の躍動する世界でもあると。浄土は死後に参る世界と思って安堵するだけではないのです。だからこそ、「さいちわどこにをる　浄土もろをて娑婆にをる　これがよろこび　なむあみだぶつ」「いきることをきかせてもろたがなむあみだぶつ　うれしうれし　いきる

がうれし」「いまをよろこべ　いまをよろこべ　今日をよろこべ　今日をよろこべ　なむあみだぶつ」となるわけです。浄土のさとりが今ここに「なむあみだぶつ」としてたしかにある、疑いようのない事実なのです。才市のノートには「あさまし　あさまし」「なむあみだぶつ　なむあみだぶつ」と数十回書いてある所があります。おのれの煩悩、罪業深重の姿が如来の光明に照らし出されたのです。そして「ごをんうれしや　なむあみだぶつ」となります（鈴木大拙編著『妙好人浅原才市集』春秋社、1967年）。才市にとって、煩悩あるままの救いであり、慚愧と歓喜は一つであり、阿弥陀様「親さま」と自分、娑婆と浄土は別の世界でありつつ、しかも離れないのです。いつも「なむあみだぶつ」「親さま」と一緒でした。

（3）有福の善太郎

　次は有福の善太郎です。

　善太郎については僧純編『妙好人伝』第4編巻下に「石州善太郎」として収められています。そのほか、菅真義『妙好人有福の善太郎』（百華苑、1966年）、能美温月『この善太郎』（探究社、1988年）、松塚豊茂『石見の善太郎』（永田文昌堂、1988年）、ハーベスト出版編『妙好人有福の善太郎』（ハーベスト出版、2011年）などに紹介されています。

　善太郎は天明2年（1782）に現在の島根県浜田市下有福町の農家に生まれ、安政3年（1856）に75歳で亡くなっています。千田村浄光寺（江津市千田町）の門徒でしたが、有福の光現寺（浜田市下有福町）にもよくお参りして聴聞しました。若い頃は「毛虫の悪太郎」と言われ、皆からたいそう嫌われていたそうです。結婚して四人の娘を授かりますが次々に亡くし、深い悲しみに遇います。それ以後、生死のことについて深く考え聴聞を始めたそうです。子供に先立たれるということは大変な悲しみです。しかし、そのことが縁となって仏法に出遇った時、先立った娘たちは自分を仏法に導いてくれた善知識であったと思えるようになりました。熱心に聴聞を続けた善太郎は、やがて光現寺の前に家を構えます。お説教を聴くためでした。現在も光現寺の前に善太郎が住んでいた家が残っています。

　善太郎にも多くの逸話が伝えられています。

「草餅説法」の話は今も人口に膾炙されています。

　人から身に覚えのない盗人の濡れ衣を着せられ罵られても弁解せず、後で間違いだったことがわかって謝りに来た人に優しく接しました。また、ある夜、若者二人が庭の梨の木に登っていたとき、梯子を持ってきて掛け、また家の外に懸けておいた干柿を若者が盗みに来たとき、善太郎は家の中から「若い衆、暗いけのう、ケガせんように取って帰んさい」と言ったので、若者たちはそそくさと逃げ帰ったという話があります。さらに、ある日、夜中に盗人が入った際、善太郎が、「わしが前生で借りたものを取りにきんさったとは、ご苦労なことでござんす」と言ったので、盗人はあきれて品物をそのまま置いて帰ったという話もあります。

　善太郎は自己の罪業を徹底して吐露しています。自分を「地獄行きのこの善太郎」と呼んでいますが、それは阿弥陀如来の光明に照らされて見えた己の姿でした。親鸞聖人のお言葉「さるべき業縁のもよほさば、いかなるふるまひもすべし」「地獄は一定すみかぞかし」(『歎異抄』) や、和讃の「悪性さらにやめがたし　こころは蛇蝎のごとくなり　修善も雑毒なるゆゑに　虚仮の行とぞなづけたる」(『正像末和讃』悲歎述懐讃、註釈版、617頁)に通じるものがあるのではないでしょうか。そのような地獄行きのこの自分を、阿弥陀如来が引き受けてお助けくださることを、「この善太郎を仏にしてやろうとのご意見とはうれしや　とうとや　もったいなや　この善太郎　なむあみだぶつ」「金剛の信心ばかりにて　ながく生死をへだてける　この善太郎が」「やれやれうれしや　ありがたや　生々世々のはつごとに　わたしは全体悪太郎なれど　おかげで善太郎」「この善太郎　いのちのあらんかぎりは　ねてもさめても　ご恩報尽の念仏として申すこと」(菅真義『妙好人有福の善太郎』百華苑、1966年)と語り、生涯、慚愧と感謝報謝のお念仏を称えました。

（4）讃岐の庄松

　続いて讃岐の庄松です。

　庄松は讃岐三本松（現在の東かがわ市三本松）の真宗興正派勝覚寺の門徒でした。字が読めず、あちこち雇われて生計を立てていたそうです。生前からその篤信は遠近各地に聞こえ、あちこちの法要の座に招かれたそうです。噂を聞

いた松前函館の篤信者柳沢徳太郎氏が庄松に会いたいとはるばる讃岐へやって来ましたが、すでに庄松は亡くなっていました（明治4年〈1871〉、73歳没）。仕方なく友同行数名から彼の言行を聞き取り、それを布教使の華皐大仙氏に依頼して筆録してもらいました。それが『庄松ありのまゝの記』（小砂説教所、明治14年〈1881〉）です。その中に多くの逸話が記されています。

ある時、船旅をしたが強風で海が荒れ、船が沈みそうになり、人々は恐怖に怯えていましたが、庄松は船底でぐっすり寝込んでいたそうです。目覚めたとき「ここはまだ娑婆か」と言ったので、人々は驚いたということです。また、病気になった際も、見舞いに来た人に「どこに居ても寝て居るところが極楽の次の間じゃ」と言い、見舞い人が「あなたが亡くなったらお墓を建ててあげよう」と言うと、「わしは石の下にはおらぬぞ」と答えたと言われます。庄松はすでに阿弥陀様「親さま」からご信心をいただいて生死の問題を解決し、今の「いのち」を喜んだのです。

鈴木大拙博士は終戦（昭和20年〈1945〉）の2年前の昭和18年（1943）に、庄松の信心と言行を『宗教経験の事実』（大東出版社）で紹介しました。その「まえがき」で、庄松の宗教経験を「彼の信仰のうちには実に雄大なものがある。この思想は今日の日本をして世界的に重きをなさしめるところのものである」と高く評価しています。

また、次の「因幡の源左」のところでも触れますが、日本民藝運動の創始者・柳宗悦氏も妙好人に深く傾倒し、自ら集録した因幡の妙好人・足利源左衛門の言行録『妙好人因幡の源左』（大谷出版社、昭和25年。柳宗悦・衣笠一省編『同書』百華苑、昭和35年）を出版するなど、多くの妙好人に関する論考を発表しています（寿岳文章編『柳宗悦妙好人論集』岩波文庫、1991年）。柳氏が亡くなる昭和36年（1961年5月3日、72歳没）の約1か月前の4月に病室で書いた「無対辞文化」（『柳宗悦全集』第19巻、筑摩書房、所収）には、二元の対立―対立概念をこえる「無対辞」（対立概念を持たない言葉）の文化を提唱、生命の尊重、平和の実現、非暴力の思想を説いています。他力の信心から生まれた妙好人の思想に通じるものがあるのではないでしょうか。

しかし、妙好人に対しては真宗の学者からきびしい批判がなされました。

大谷派の曽我量深氏や金子大榮氏は、妙好人に対してきびしく批判していま

す。とくに讃岐の庄松については、「妙好人というのは、何といいますか、一つの謀叛人みたいなもんだ」「ああいうのは叛逆者みたいなもんだ。本当の妙好人ではありません」とか、「昔でよかったね。今あんな人があると困るね」と語っています（『曽我量深対話集』新装版、彌生書房、2000年、「大拙先生をしのんで」）。庄松が本山へお参りしお剃刀を受けたとき、ご門主の衣の袖を引っ張って、「あにき、後生の覚悟はいいか」などと説諭したり、僧侶や武士に信心の大切さを説くなど、身分や地位をわきまえない非常識者、謀反人、反逆者と見られたのではないでしょうか。しかし、彼が他力の信心をいただいて生死の迷いを超え、いのちを豊かに生き、仏恩報謝のお念仏を称え、多くの人々から敬慕されたことは間違いないでしょう。相対的な世俗の倫理道徳を超える如来回向の信心から生まれた言行でした。

（5）因幡の源左

　因幡の源左は江戸時代後期の天保13年（1842）に鳥取県気高郡青谷町山根（現、鳥取市青谷町山根）に生まれ、昭和5年（1930）に89歳で亡くなっています。当時としてはかなり長命でした。

　源左の言行については、柳宗悦氏（1889-1961）が昭和24年（1949）8月に願正寺を訪れ、同寺に1か月あまり逗留して衣笠一省住職と村人20数人から聴き取って集めた源左の言行録『妙好人因幡の源左』（大谷出版社、昭和25年。柳宗悦・衣笠一省編『同書』百華苑、昭和35年）に詳しく紹介されています。

　源左は家のすぐ近くの浄土真宗本願寺派願正寺の門徒でした。18歳の時、父親が急死する直前「おらが死んだら親さまをたのめ」と遺言し、それから聞法に励みました。願生寺の住職芳瑞師から教化を受けましたが、なかなか「親さま」のことがわかりませんでした。ある日の早朝、草刈りに出かけ、刈り取った草の束を牛に担わせ、自分も担って帰る途中、急にしんどくなり、牛に背負わせたところ「ふいっとわからせてもらった」と言い、「珍しいことだ。凡夫が仏になるということは」と救われた安堵を語っています。それ以後、つねに阿弥陀如来「親さま」のお慈悲を喜び、さまざまな苦しみをのりこえて喜びと仏恩報謝の生活を送りました。いつも「ようこそ　ようこそ」とお慈悲を感謝し、人はもとより動植物にも慈愛深く接しました。ある日、麦に追肥をしよう

と肥桶をかつぎながら行くと、ふと他所の麦が痩せているのを見て、「どれ、こっちが先だがや」と言ってその麦に施肥してさっさと帰った話、庭の柿を盗まれるのを惜しんだ倅の竹蔵が、木に茨(いばら)をくくりつけているのを見て、「竹や、よそさまの子に怪我させたらどがあすつだら」と茨をはずし、かわりに梯子を掛けた話などが伝わっています。二人の息子に先立たれましたが、悲しみをこえて阿弥陀様のお慈悲を喜ぶご縁といただいています。

まとめ

　他の妙好人（②六連島のお軽、⑦嘉久志の仲造）についても紹介したかったのですが、時間がなくなりましたので一言まとめさせていただきます。
　妙好人というのは、先ほど申しましたように、本来は釈尊が念仏する人を泥池に咲く白蓮華に喩えて称讃された言葉であるという点を押さえておかなければならないと思います。私たちが妙好人を取り上げるということは、妙好人を美化し崇拝することではありません。阿弥陀如来の光明によって自らの無明煩悩・罪悪に目覚め、すべてを包む如来の大悲に摂取され、生死の苦悩を超えて尊い「いのち」を生きた妙好人から、私たちが真実なるものを学び取ることが大切でしょう。妙好人のうちには、時と歴史を超える真実が流れているのです。
　妙好人が生まれた土地からは多くの篤信者が出ています。妙好人は、熱心な僧たちの長年の教化によって耕された土徳から生まれたことを忘れてはならないでしょう。「法田を耕す」ことがいかに大切かを改めて思い知らされます。
　妙好人に共通する点は、聴聞を重ねて阿弥陀様からまことのご信心をいただき、日々、阿弥陀様「親さま」と「なむあみだぶつ」の息を通わし、自分の煩悩・罪業の姿を知らされ、「あさまし　あさまし」の慚愧の念と、すべてを「おかげさま」「もったいない」「ようこそ　ようこそ」と感謝の生活を送っていることです。そこには、自力のはからいや驕慢（おごり）の心は微塵も見られません。しかも、それは妙好人個人を超えた人類全体、すべてのいのちあるもの（衆生）にかかわるものです。ですから妙好人は、世の人々や多くの生き物のお蔭で生かされていることに感謝し、ご恩を忘れません。いのちあるものはすべて平等であり、兄弟であると思って、相手の立場に立って考え、相手に寄り添い、自分をかえりみてはお念仏を称えています。しかも、自分一人がお

慈悲を喜ぶのでなく、周囲の人々にお念仏の素晴らしさを伝えています。それぞれに、それぞれの仕方で人々にみ教えを伝えたのです。そこには親鸞聖人の「世のなか安穏なれ、仏法ひろまれ」の願いに通じるものがあったと思います。

　妙好人の行為は、道徳律の順守でも戒律の実践でもありません。「善をなすべきである」といった道徳的義務意識も、自分が善を行っているという自意識もなく、「させていただいている」「ありがたい」「もったいない」「おかげさま」といった感謝の思いがあるだけです。その言行は、すべてのいのちに阿弥陀様の御本願が懸けられているという思いから自然に生まれたものです。妙好人は、このようにして人々の心を和らげ、阿弥陀様のお慈悲を伝え、他力のご信心をいただくよう誘ったのです。まさに聖人が仰せになった「常行大悲」(『教行信証』「信巻」、註釈版、251頁)のお徳をいただき、仏恩報謝のお念仏とともに人生を生きた人たちでした。

　現代社会はかつての時代とは大きく異なっています。科学文明・物質文明の進展は人間の欲望をますます肥大化させました。人々は欲望の赴くまま競争に明け暮れ、対立・抗争を激化させ、世界のいたるところで紛争を起こしています。自己を喪失し、人間としての本当のあり方、生きる意味を問うことを放棄して浮き草のように漂っています。内面はうつろで、不安感・焦燥感に苛まれているのではないか、結果として抗争・戦争や犯罪の増加・凶悪化など、この世の地獄を招いているのではないでしょうか。まことの信心をいただいて自己の存在に目覚め、生死の迷いを超えて尊く「いのち」を生きた妙好人に学ぶことは、今の世の在り方、私たちの生き方を振り返るきっかけになるのではと思うのです。

妙好人と聖教

龍口　明生

はじめに

　ご紹介いただきました龍口でございます。「妙好人と聖教」という題で発表させていただきます。配布いたしましたレジュメは、聖教の一節の一覧表になっていますので参考にしていただければと思います。

　「妙好人伝」に掲載されている妙好人たちが直接・間接に接したであろう聖教は、具体的にいかなるものであったかを考察してみたいと思います。具体的には仰誓撰『妙好人伝』（二巻本）所載の各説話を、以下のごとく三つの観点より検討いたしました。

　すなわち、一つには、各説話の地の文と聖教との関係であり、二つには、妙好人の信仰表現と聖教との関係であります。妙好人と呼ばれる方自身がどのような言葉を発しているのか、それは聖教とどのように関わっているのかという点でございます。三つには、教化者の言葉と聖教との関係について、であります。具体的には各地の寺院の住職や説教師の方々が伝道に際しどのような話をされているのか、それが聖教に基づくものであるならば、その聖教は何であったのかということを取り上げたいと思います。この三点に注目する理由は何かと申しますと、これらの諸点から妙好人が何を聴聞し、拝読していたのかが明らかになります。それと同時に、その領解によって、他力の念仏の教えが妙好人の言動にいかに表れているのかを明らかにすることができると考えるからであります。

　なお、仰誓撰『妙好人伝』（二巻本）のテキストでございますが、ここでは児玉識・菊藤明道編『大系真宗史料　伝記編8　妙好人伝』（法藏館、2009）に収録されている二巻本の仰誓撰『妙好人伝』を使用致しております。

1　各説話の地の文と聖教

　配付資料の中でまず最初に取り上げましたのは、『妙好人伝』第一所載の第四話、当国（伊賀国）六兵衛です。

　　（六兵衛は）モトヨリ无智不才ニシテ、片仮名ヲオホユルホトノコトモナラス、<u>三帖ノ和讃</u>モ、平仮名ニカキタルヲ求テ朝夕ノツトメヲシ、<u>御文章</u>モ平カナニ写シタルヲ拝読ス。（以下、傍線、筆者）

この一節によれば六兵衛は家庭での朝夕のお勤めに、「三帖和讃」（『浄土和讃』『高僧和讃』『正像末和讃』）や『御文章』を用いており、それも漢字、片仮名は読めないので、平仮名に書き改めたものを使用していたということです。
　同様に、第九話、常州忠左衛門の説話には次のようにあります。

　　本尊ヲトリ出シ、御机三具足ヲカサリ、<u>正信偈・和賛・五帖ノ御文章</u>ヲソナヘ、女ノ身ニテトリアケ拝読スルハオソレアレト、真宗ノ教ヲキヽ度オホシメスユヘニ、ヨミテキカセ申サン。コレハ蓮如上人ノ直説ナレハ、謹テキヽ玉ヘトテ一通ヲヨム。ソノ文ニ云、<u>末代无智ノ在家止住ノ男女タラントモカラハ</u>、（中略）第十八ノ念仏往生ノ誓願ノコヽロナリト。

忠左衛門は、『正信偈』『和讃』、五帖八十通の『御文章』、「末代無智ノ章」を拝読していたことが具体的に述べられています。
　次は、『妙好人伝』第二所載の第一話、石州儀兵衛です。

　　儀兵衛、墨ヲスリ、ナニヤランシタヽメ、サテ小児ヲスカシネサセテ仏前ニ灯明ヲアケ、花ヲ立カヘテ勤行シテ、<u>御文</u>マテヲ拝読ス。

鉄砲自殺する儀兵衛は、その直前に『御文章』を拝読しているのであります。
　次に、第四話、越前荒川総右衛門です。

凡ソ念仏ノ縁タルヘキ書ノ、自身ノ智力ニタエタル程ノモノハ、見聞ニツ
　　ケテ求乞テコレヲヨム中、蓮如上人ノ御文ヲヨミテ、大ニ感嘆シテ真宗ニ
　　傾注セリ。サレト、第五帖、コノ心ノツユチリ程モウタカヒナケレハ、ト
　　アル御言ニ不審オコリ、

　総右衛門は諸種の仏教書、特に『御文章』第五帖の一節を拝読していたよう
です。「念仏ノ縁タルヘキ書」というものが具体的に如何なる書籍であったか
は不明でありますが、談義本、往生伝のようなものが含まれるのかも知れませ
ん。
　次に、第七話、安芸喜兵衛です。

　　其コロハ、本尊・御文等、今時ノ如ク、何時ヲイハス御免アルコトナク、
　　預メ願ヒ入オカスシテハ、急ニ頂戴申コトカタカリケルニ、

とあり、喜兵衛は『御文章』を入手するのであります。
　次に、第九話、安芸甚右衛門です。

　　家人ハ気ヲイラチ、何故ノ遅滞ソトイヘハ、イヤ、盗人ノ入タルコト某已
　　ニ知レリトテ、サラニサワカス。仏壇ニ灯明ヲカヽケテ、例ノ如ク勤行、
　　御文マテヲ拝読シテ、

とあり、『御文章』を拝読したとあります。
　次に、第十五話、近江五兵衛です。

　　五兵衛、ソレヨリ好物ノ酒ヲ禁シ、酒料ヲ積テ、ツイニ五帖一部、及ヒ仏
　　具ヲ求ケレハ、

とあり、ここでは『御文章』を購入しています。
　次に第二十二話、加賀久兵衛ノ女です。

(九兵衛の七歳の娘、阿南は正月に『御文章』の御紐解に関連して次の発句を詠んだ。)
ニキリ葉ノ蓮ノイハレヤ御紐解

とあり、ここも『御文章』であります。

　さて、以上八話の中の地の文には、妙好人が拝読した『和讃』『御文章』および『正信偈』に言及されています。仰誓撰『妙好人伝』二巻には、第一巻に十話、第二巻に二十五話、合計三十五話ありますが、具体的に聖教名が明記された説話は八話でございます。

2　妙好人の信仰表現と聖教

　次に妙好人の信仰表現と聖教に移りたいと思います。これは妙好人自身が語っている言葉でございます。
　『妙好人伝』第一所載の第一話、播州治郎右衛門の信仰表現としては、治郎右衛門と菱屋了玄との会話の一節にございます。

　　我モシハヤク往生セハ、各留半坐ノ約ハタカヘシナト、イトコマヤカニ語合テ去ラントスルトキ、

「おのおの半坐を留むの約」というのは、私が先に死んだならば、お浄土で隣に席を空けてあなたが来るのを待っていますよ、という意味です。このようなことを治郎右衛門が菱屋了玄に語っているのであります。この表現は彼が勝手に作った言葉ではなくて、善導大師の『般舟讃』に出てくる言葉を使用しています。

　　『般舟讃』(『註釈版七祖篇』753頁)
　　おのおの半坐を留めて来る人に与ふ　無量楽
　　同学あひ随ひて法界に遊ぶ　願往生

この文を踏まえたうえでの治郎右衛門の言葉であることが知られます。つま

り、説教での場このこの言葉を聞き、そして理解しているということがわかります。それが日常的な御同行同志の会話の中で語られているのであります。同じ会話の中で、

　　　一味ノ信ヲ玉ハル身ハ、四海皆兄弟也。

という表現は、『安心決定鈔』に次のようにあります。

『安心決定鈔』（『註釈版』1397頁）
　曇鸞この文を、「同一に念仏して別の道なきがゆゑに」と釈したまへり。「とほく通ずるに、四海みな兄弟なり」。善悪機ことに、九品位かはれども、ともに他力の願行をたのみ、おなじく正覚の体に帰することはかはらざるゆゑに、「同一念仏して別の道なきがゆゑに」といへり。またさきに往生するひとも他力の願行に帰して往生し、のちに往生するひとも正覚の一念に帰して往生す。心蓮華のうちにいたるゆゑに、「四海みな兄弟なり」といふなり。

　お念仏を頂く者はみな御同朋御同行だということを治郎右衛門が語っています。これも治郎右衛門が説教の場で『安心決定鈔』を聞いているということを示しています。
　次に、第二話、河州利右衛門女阿霜です。阿霜（オシモ）が善立寺に住む僧正空師に語った一節です。

　　　一念ノ信ヲ決定スレハ、速ヤカニ往生ヲユルシ玉フコト、マコトニアリカタク、タウトクハ存シ候ヘトモ、

　小さい娘が語っている言葉ですが、この「速ヤカニ往生」云々の表現は『歎異抄』に見られるものです。

『歎異抄』（『註釈版』846頁）

Ⅳ　妙好人における死生観と超越　255

摂取不捨の願をたのみたてまつらば、いかなる不思議ありて、罪業ををかし、念仏申さずしてをはるとも、すみやかに往生をとぐべし。また念仏の申されんも、ただいまさとりをひらかんずる期のちかづくにしたがひても、いよいよ弥陀をたのみ、御恩を報じたてまつるにてこそ候はめ。

あるいは、『往生要集』に次の文があります。

　『往生要集』（『註釈版七祖篇』1003頁）
　『華厳』の偈にのたまはく、「如来の自在力は、無量劫にも遇ふこと難し。もし一念の信をなすは、すみやかに無上道を証す」と。

彼女もおそらく説教の場で『歎異抄』や『往生要集』などの話を聞いていたのだろうと思います。次の文章ですが、阿霜は子供のころに盗みをした。その行為について語っている場面です。寺の仏前の賽銭を拾って菓子を買った。その自身の行為を反省して、

　盗ヲスルハ大ナルトカニテ、地獄ノ業也トノ御教化ヲウケ玉ハリシユヘ、

と語っています。因果応報、悪因苦果ということが、恐らく説教の場で語られたのだと思います。『般舟讃』には次のような文が出てきます。

　『般舟讃』（『註釈版七祖篇』763頁）
　三宝・衆生の物を劫盗すれば　　願往生
　一たび泥犂に堕して出づる期なし　無量楽

また、『往生要集』にも次のようにあります。

　『往生要集』（『註釈版七祖篇』802頁）
　人間の一百歳をもつて忉利天の一日一夜となして、その寿一千歳なり。忉利天の寿をもつて一日夜となして、この地獄の寿一千歳なり。殺生・偸盗

せるもの、このなかに堕つ。

　このような説教の内容が、幼い娘阿霜の心に深く残っているのであります。
　次は、第四話、当国六兵衛です。六兵衛は真言律の寺院の比丘某より五戒を持つよう勧められますが、それを断り、

　　我ハ愚痴ノ身ナレトモ、弥陀ノ本願ニヨリ、念仏シテ浄土ニ往生スル也。
　　コノ念仏ヲ申モノ、必ス極楽ニ生ルヽト云コトハ、十方恒沙ノ諸仏ノ証誠
　　シ玉フ所ナレハ、コレハタシカニ存シ候也。

と応えています。この内容は、善導大師の『観経疏』の、

　　『観経疏』（『註釈版七祖篇』437頁）
　　十方恒沙の諸仏の証誠虚しからずと。またこの『経』（観経）の定散の文のなかに、ただもつぱら名号を念じて生ずることを得と標せり。

という文言を踏まえて発言されたものと考えられます。
　次に、第六話、和州辰三郎です。辰三郎は夢の中で老僧と出会い、その会話の中で次のやり取りが行われたと語っています。

　　　今クルモワカレハ同シ道シバノ
　　ト告玉フ。辰三郎ナニコヽロナク、
　　　誓ノ舟ニノルソウレシキ
　　ト下ノ句ヲソヘケレハ、老僧、又、
　　　ヨム人モヨマスル人モ大悲ヨリトリモナホサス機法一体
　　ト告玉フ。

　この中の「誓ノ舟」に関しては、『高僧和讃』龍樹讃の第四に次のようにあります。

『高僧和讃』龍樹讃（『註釈版』579頁）
龍樹大士世にいでて
難行易行のみちをしへ
流転輪廻のわれらをば
弘誓のふねにのせたまふ

とあり、また『高僧和讃』龍樹讃の第七にも次のようにあります。

『高僧和讃』龍樹讃（『註釈版』579頁）
生死の苦海ほとりなし
ひさしくしづめるわれらをば
弥陀弘誓のふねのみぞ
のせてかならずわたしける

これらの文言が辰三郎の言葉に関係していると思われます。そしてまた「機法一体」に関しては『御文章』に次のようにあります。

『御文章』（『註釈版』1147頁）
しかれば「南無」の二字は、衆生の阿弥陀仏を信ずる機なり。つぎに「阿弥陀仏」といふ四つの字のいはれは、弥陀如来の衆生をたすけたまへる法なり。このゆゑに、機法一体の南無阿弥陀仏といへるはこのこころなり。

『御文章』（『註釈版』1183頁）
されば弥陀をたのむ機を阿弥陀仏のたすけたまふ法なるがゆゑに、これを機法一体の南無阿弥陀仏といへるはこのこころなり。これすなはちわれらが往生の定まりたる他力の信心なりとは心得べきものなり。

とあります。なお『御文章』には、「機法一体」の使用例が上記の他にも二か所あり、計四通に教示されています。また『蓮如上人御一代記聞書』にも一か所、『安心決定鈔』には十七か所使用されています。

次に、第七話、江州次郎右衛門です。次郎右衛門の生業は馬方であり、馬を引きながらも念仏を称える日常でした。ある時、長州萩の侍毛利監物が次郎右衛門の引く馬に乗りました。監物より再三「イマイマシキ念仏ヲ申スヘカラス」と禁ぜられ、一旦は中止するも、しばらくするとまた念仏を称えるという有り様でした。監物は怒り斬首しようとします。

　　スクニ刀ヲ抜テ後ニマハリ振上ルニ、ナホスコシモ驚カス、首ヲサシノヘテ念仏シ居ケルヲ見テ、刀ヲサラリト投ケ、アア至心信楽忘己トハ、実ニ御身ノコト也。我モマコトハ萩清光寺ノ門徒ニテ、代々真宗ノ教ヲウケタリ。（後略）

その後二人は生涯同行の交わりをしたということです。ここで語られている「至心信楽忘己」という表現は、次郎右衛門の言葉ではなく監物の言葉です。この言葉は『報恩講私記』に次のようにあります。

『報恩講私記』（『註釈版』1069頁）
　しかるに祖師聖人（親鸞）、至心信楽おのれを忘れてすみやかに無行不成の願海に帰し、憶念称名精みありてとこしなへに不断無辺の光益に関る。身にその証理を彰し、人かの奇特を看ること勝計すべからず。

このように監物が語っている言葉の一節は、『報恩講私記』からのものであることが知られます。
　次に、第九話、常州忠左衛門です。宗教的に熱心ではあるが、信心の定まらない夫忠左衛門に向かって、真宗信者である妻は真宗の教えを語っていきます。

　　弥陀ノ本願ハ、我等コトキノ愚癡無智ノモノヲタスケ玉ヘルユヘニ、アリカタク存スル也。

　妻のこの言葉は、『御文章』に次のようにあります。

『御文章』(『註釈版』1167頁)
　われらごときの衆生をたやすくたすけたまふ阿弥陀如来の本願のまします
ときけば、まことにたのもしく、ありがたくもおもひはんべるなり。

このような表現に基づき語られていると言えます。

さて以上、『妙好人伝』第一所載の十話の中、六話を取り上げ、妙好人ある
いは彼等に接する人々の語っている言葉に注目いたしました。彼等が自己の信
仰を語るその表現は聖教に基づくものであり、法座で聴聞し、また自身が拝読
した結果によるものであります。彼等が耳にし、拝読していたであろう可能性
の高い聖教としては、『般舟讃』『安心決定鈔』『御文章』『歎異抄』『往生要集』
『観経疏』『高僧和讃』『蓮如上人御一代記聞書』、あるいは『報恩講私記』等で
あったと考えられます。必ずしもこれらを妙好人たちが読んでいたというわけ
ではなく、法座で聞いていたであろうということも含まれています。

3　教化者の言葉と聖教

それでは次に、教化者の言葉と聖教について触れてみたいと思います。寺院
で僧侶や説教者がどのような言葉を用い法を語ったかを見ていきたいと思いま
す。

『妙好人伝』第一所載の第二話、河州利右衛門女阿霜に対して語られた言葉
について。善立寺の僧正空師は、八歳の少女阿霜がよく参詣し、信仰が篤いの
で浄土真宗の教えを説いて聴かせます。

　本願不思議ノ威力、ヨク五障三従ノモノヲシテ安養往生ノ業ヲ成セシメ玉
　フ道理ヲ、コマヤカニ教化シ玉フニ、宿善ヤ催シケン。

この正空師の教化の言葉は、『正信偈大意』の中に次のようにあります。

『正信偈大意』(『註釈版』1023頁)
　阿弥陀仏の、むかし法蔵比丘と申せしとき、思惟してやすきみのりをあら
はして、十悪・五逆の罪人も五障・三従の女人をも、もらさずみちびきて

浄土に往生せしめんと誓ひましましけり。

あるいは、『御文章』にも次のような内容があります。

　『御文章』(『註釈版』1098頁)
　おほよそ当流の信心をとるべきおもむきは、まづわが身は女人なれば、罪ふかき五障・三従とてあさましき身にて、すでに十方の如来も三世の諸仏にもすてられたる女人なりけるを、かたじけなくも弥陀如来ひとりかかる機をすくはんと誓ひたまひて、すでに四十八願をおこしたまへり。

なお『御文章』の中には、このような類似の表現が他の箇所にも見られます。

また娘阿霜は、かつて仏前の賽銭を拾ったことを後悔し、その罪を如何にして懺悔すべきかを正空師に尋ねたところ、正空師は次のように返答しています。

　汝必ス往生ヲ疑コト勿レ。五逆誹謗トテ、至テ重キ罪障スラ、改悔スレハ往生ヲ得。況ヤ、汝ノ二銭ハサマテノ悪業ニ非ス。往生ノサハリトナラス。サレハトテ、罪ヲオソレサレト云ニハ非レトモ、カク懺悔スレハ、ソノ咎ハトク消滅シテ、如来ヲタノミシトキ、ハヤ往生ハ定リタル也。

阿霜の心配に対して、住職は懺悔することで救われていくのだと説明しているわけです。このような教化の文言は、『口伝鈔』の次の文言に基づいてのものであると言えましょう。

　『口伝鈔』(『註釈版』909頁)
　謗法罪はまた仏法を信ずるこころのなきよりおこるものなれば、もとよりそのうつはものにあらず。もし改悔せば、生るべきものなり。しかれば、「謗法闡提回心皆往」(法事讃・上)と釈せらるる、このゆゑなり。

次は、『妙好人伝』第二所載の、第四話、越前荒川総右衛門です。総右衛門

は、蓮如上人の『御文章』を読み、感嘆して真宗の教えに傾注するようになったけれども、『御文章』第五帖の「コノ心ノツユチリ程モウタカヒナケレハ、トアル御言ニ不審オコリ、凡情ノアサマシサ、露塵ホトモ疑ハヌ心ニハナリ難シ。イカヽハセン。」との不審について、功存師を招いて質問致します。それに対して功存師の応えは、

　　仏ニマカセ奉リシ上ハ、イカニ往生スマシト思フトモ、仏ノ大願業力ニテ必スツレユカセ玉ヘハ、力ナクシテ報土ニハ生ルヽ也ト、

というものでした。このような表現は、『口伝鈔』に次のようにあります。

　　『口伝鈔』（『註釈版』878頁）
　　「弘願」といふは、『大経』の説のごとし。
　　一切善悪凡夫の生るることを得るは、みな阿弥陀仏の大願業力に乗りて増上縁とせざるはなし」となり。されば宿善あつきひとは、今生に善をこのみ悪をおそる。

とあります。また『安心決定鈔』にも次のような文言があります。

　　『安心決定鈔』（『註釈版』1401頁）
　　おほよそ念仏といふは仏を念ずとなり。仏を念ずといふは、仏の大願業力をもつて衆生の生死のきづなをきりて、不退の報土に生ずべきいはれを成就したまへる功徳を念仏して、帰命の本願に乗じぬれば、（後略）

　このような文言とも繋がりを有していると考えられます。また功存師の「力ナクシテ報土ニハ生ルヽ也」という言葉は、『歎異抄』の次の言葉に基づくものであると考えられます。

　　『歎異抄』（『註釈版』837頁）
　　なごりをしくおもへども、娑婆の縁尽きて、ちからなくしてをはるときに、

<u>かの土へはまゐるべきなり</u>。いそぎまゐりたきこころなきものを、ことにあはれみたまふなり。

　以上、二話のみの検討ではございますが、教化者が説く教えの根柢には、『正信偈大意』『御文章』『口伝鈔』『安心決定鈔』『歎異抄』等の聖教が予想されます。

むすび

　仰誓撰『妙好人伝』（二巻本）掲載の説話に見られる聖教は、およそ『観経疏』『般舟讃』『往生要集』『正信偈』『和讃』（『高僧和讃』）、『歎異抄』『口伝鈔』『報恩講私記』『御文章』『正信偈大意』『蓮如上人御一代記聞書』『安心決定鈔』等であります。

　妙好人の宗教的言動の基盤は、家庭において日常的に接する聖教であり、また法座において聴聞するその教えです。教化者の使用する聖教も聴聞者が慣れ親しんでいるものと同様なものであります。聴聞者は同一内容の説法を繰り返し聴き、同一の聖教を繰り返し拝読していたのであります。このことは修習に他なりません。そのことにより日常生活を送る根柢が、聴聞する教えと拝読する聖教の教えとが一体となってきます。限られた分量の聖教を繰り返し聞き、繰り返し読むことにより、その教えを体得していくわけであります。得た教えは限られた分量の聖教からのものではありますが、当人の日常生活のあらゆる場面でその言動に自在に顕れています。

　先ほど申しましたように、三十五話のうち聖教との直接的関連を指摘することが可能なのは十六話しかございません。しかしながら他の十九話中の何れの妙好人も、聖教の中核を体得した上での言動であることは確かなことでございます。

　最後に「妙好人における死生観と超越」の企画に関連して、私の感想を一言述べさせていただきたいと思います。「妙好人」と言えば、ややもすれば妙好人自身を有難い者と受け取られる傾向が見られますが、有難いのは他力の念仏の教えでございます。妙好人が有難いのではなくて、妙好人を通してその言動に顕れ出る他力の教えが有難いのでございます。

以上で私の発表を終わらせていただきます。ご清聴ありがとうございました。

『妙好人伝』『続妙好人伝』の出版と流通

万波 寿子

はじめに

　本日はどうぞよろしくお願いいたします。私は先ほど林先生のご紹介にもありましたように、真宗の研究者というわけではありません。にもかかわらず、このような場所にお招きいただきまして、たいへん光栄だと思っています。ありがとうございます。

　タイトルで私が入れ忘れたのですが、今回の発表は江戸時代が中心で明治時代のものは含みません。江戸時代の文化の大きな特徴として、出版文化の盛行があります。多くの本が商業的な出版によって生み出され、流布するわけでして、お金を払えば誰でも手に取ることができるという時代が初めて訪れた、それが江戸時代でした。そういう時代に『妙好人伝』や『続妙好人伝』が出版されまして、出版されたが故に多くの人に読まれ、現在も門徒さんのお仏壇の下から発見されるという状況になっているわけです。出版というとどうしても商業的な営みで、信仰の世界とは無縁のように聞こえますが、一つひとつ真面目に紐解いていきますと、妙好人という存在に対する当時の人々の気持ちというものが見えてくると思います。本日は、信仰的なお話ではなく、商業的な話になりますが最後までよろしくお願いいたします。

　国文学の分野では、この『妙好人伝』や『続妙好人伝』という書物は、「勧化本」というものに分類されます。以前は、「通俗仏書」とも呼ばれまして、仏教学でいう「談義本」のことです。勧化本というのは、お説教をする際の台本資料として取り扱われるもので、ですから大抵は大衆向けの仏教書ということになっています。

　江戸時代というのは、仏教の信仰ということに関して、現在とは少し趣が異

図1　江戸後期刊『正信偈訓読図会』、三巻五冊。英文蔵求版（架蔵本）・半紙本

なっていました。信仰の場というのは、学びの場であり、また同時に娯楽の場でもあったのです。詳しくは和田恭幸先生の「江戸時代の庶民文学と仏教」（『教化研究』147号、真宗大谷派教学研究所、2010年1月）などをご覧になっていただければよいかと存じます。特にこの勧化本というのは、当時の人々にたいへん人気がありまして、信仰、学び、娯楽というものが一体となっている当時の仏教の在り方をよく伝えていると言え、出版ジャンルの中でも大きな地位を占めています。仏教書ではあるけれど、特別な難しい本ではないということです。

1　開版に関して

次に開版に関して見ていきたいと思います。資料には図1と図2として2種類の勧化本を挙げています。図1は、江戸後期刊の『正信偈訓読図会』（三巻五冊）です。図2は、『妙好人伝』（初編、二巻二冊）です。

図1『正信偈訓読図会』は、とても挿絵が立派であるということに気づきま

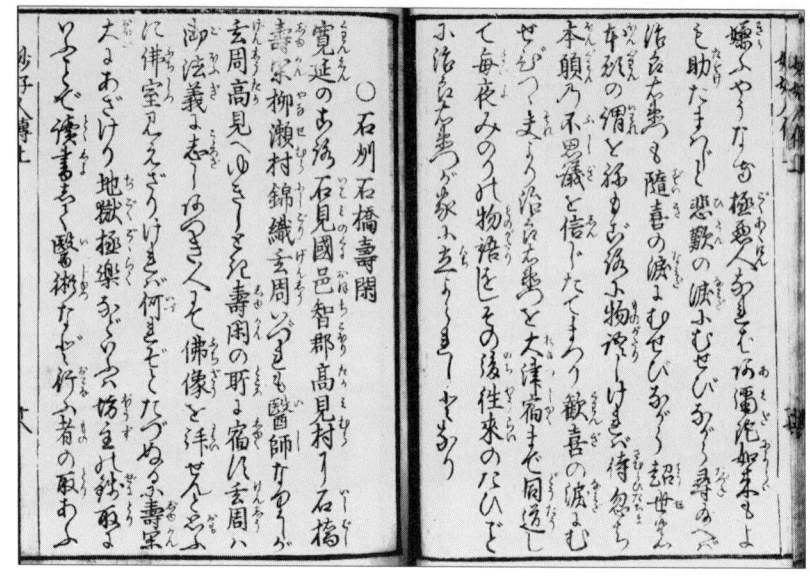

図2　『妙好人伝』初編、二巻二冊。中山園蔵版（架蔵本）・半紙本

す。優美な挿絵というよりは、まるでその場を見てきたかのような、写真でパシャリと押さえてきたような劇的な場面を詳細に語っている絵が付いています。また文字もやや小さいですが、ルビが振られていることから、誰が手にとっても安心して読めますよということがアピールされています。

　一方、図2『妙好人伝』のほうは、挿絵がなく、文字がずいぶん大ぶりで、洒脱さがありません。そして、先に挙げた『訓読図会』同様、文字にはほとんどすべてにルビが振ってあります。ですから平仮名が読めれば何とか読みこなせるという本に仕上がっています。本のサイズは、『妙好人伝』はいずれも半紙本と呼ばれるサイズのものです。

　江戸時代において価値あるものといえば、歴史のあるものということになります。仏教書というのは、もちろん歴史があるものですから身分の高いものということになりまして、「大本」（A4判くらい。縦30cm×横21cm）という堂々とした大きなサイズで出版されます。しかし、『妙好人伝』というのは、一回り小さい「半紙本」（B5判より少し小さいくらい。縦24cm×横16cm）と

いうサイズで出版されます。半紙本は大本より立派でない代わりに、取り回しが便利で手軽な読書に向いております。ですから通俗的な書物は、この大きさのサイズで出版されることが多いのです。『妙好人伝』がこのサイズで出版されたということは、学僧が読む難しい書物ということではなくて、門徒さんも比較的気軽に手に取れる本であったと言えると思います。

（1）蔵版者

　この時代に書物を出版するには、かなりのお金が必要でした。整版印刷といいまして、最初に原版の版木というものを作らなければなりません。まずこれに高額なお金が必要になります。ちなみに、その版木を持っている人を「蔵版者」といいます。版木とはすなわち出版権であり、著作権などは当時はありませんから、版木を持っている蔵版者がその本の出版権をすべて持つということになります。ですから、誰が蔵版者であるかは重要なポイントですので、ここで確認したいと思います。

　『妙好人伝』は、江戸時代に六種類が出版されており、蔵版者は以下の通りです。

①仰誓集、僧純編『妙好人伝』（初編）　天保13年（1842）3月刊　僧純蔵版
②僧純編『妙好人伝』（二編）　　　　　天保14年（1843）夏刊　　僧純蔵版
③僧純編『妙好人伝』（三編）　　　　　弘化4年（1847）5月刊　僧純蔵版
④象王編『続妙好人伝』　　　　　　　　嘉永4年（1851）正月刊　五梅園蔵版
⑤僧純編『妙好人伝』（四編）　　　　　安政3年（1856）11月刊　僧純蔵版
⑥僧純編『妙好人伝』（五編）　　　　　安政5年（1858）10月刊　僧純蔵版

　僧純が編集したものは僧純自身が蔵版者となっています。また象王が編集した『続妙好人伝』は、五梅園という人が蔵版していますが、そのような名前の本屋がありませんので、象王自身の別号か、象王に極めて近い本屋以外の誰かだと思われます。いずれにせよ『妙好人伝』六種類すべて、本屋さんの資本ではなくて、編集者の僧純や、象王または象王に近い人物が自分たちのお金で出版したことを窺わせます。

だったら僧純が大変なお金持ちであったかというと、決してそうではなくて、恐らくこれに先立って妙好人の話というものが好評だった、人々の心を打つものであったと想像されます。それゆえに、そのような話をお説教などでする僧純のような説教者の周りには人々が集まり、ご懇志が集まるということがあったと思います。『妙好人伝』はそのようなお金で出版されたのだろうと推測されます。

（2）支配人の存在

　江戸時代において出版を行おうとすれば、必ず本屋仲間という本屋で構成された株仲間を通す必要がありました。現在では本屋というと、本を店頭で売るお店を想像しますが、当時の本屋は販売だけでなく、企画や出版も行います。ですから蔵版者というとたいていは本屋です。本屋仲間に所属せずに出版しようとする者は「素人」と呼称され、本屋仲間のメンバーである本屋を支配人として立て、版木の作成や製本、流通を代行させることが法律で定められていました。ただし、本屋仲間は、天保の改革によって天保13年（1842）5月から嘉永6年（1853）12月まで活動できなくなっていたので、この間は誰でも本を出版でき、検閲は本屋仲間ではなく奉行所が行っていました。

　さて、資料1をご覧ください。『続妙好人伝』の初版本ですが、『大系真宗史料　伝記編八巻　妙好人伝』（法藏館、2009年）にある菊藤明道先生の解題には次のように記されています。

資料1

　（『続妙好人伝』初版本の）巻下末尾には「嘉永四年辛亥正月　五梅園蔵版」と記されている。また、同巻裏表紙の内側の広告用の紙に「弘所　京都五条通堺町東へ入　菱屋友七」と記されている。

　　　　　『妙好人伝』（『大系真宗史料』伝記編八巻）菊藤明道解題（437頁）

　「弘所」とは、「出版権は持っていないけれども販売窓口ですよ」ということを意味しています。「菱屋友七」というのは、たいへん規模の小さい本屋さんで、当時はそれほど出版点数もないというような規模でした。五条通りは仏教

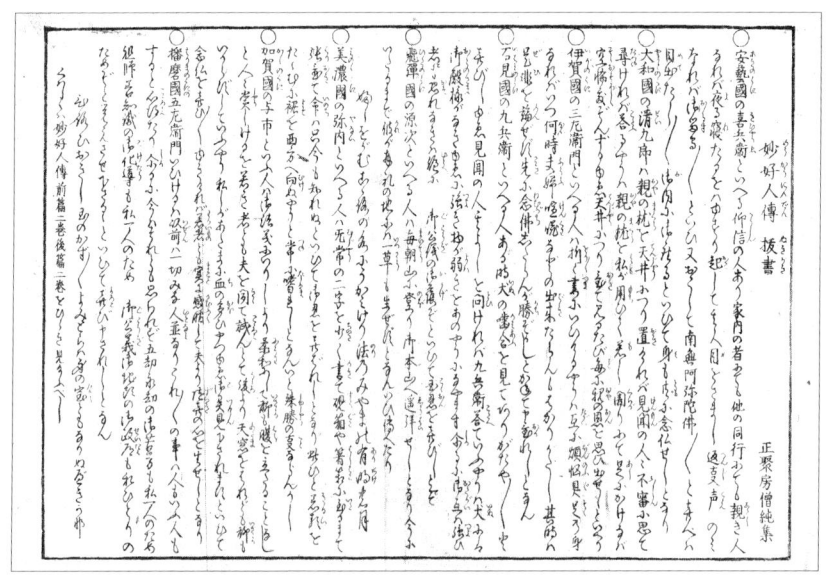

IV 妙好人における死生観と超越　269

資料２　「妙好人伝抜書」（一枚摺。架蔵資料）

書を扱う本屋さんが多いので、その中の小さなお店の一つという印象があります。そういうものが『続妙好人伝』の初版本に名前を連ねているということは、象王か、象王に近い人物が『続妙好人伝』を出版した際に世話をしたためと考えられます。ですから菱屋友七が一部販売をしている弘所として名を連ねているのだと思われます。ただし、この菱屋の広告はもともと本に印刷されていたものではなく、貼り紙です。後から本に貼られた可能性がありますので、そうだとすると、菱屋は開版時には無関係かも知れません。これについてはなお研究が必要です。

　では資料２をご覧ください。

　こちらは私がたまたま見つけました「妙好人伝抜書」というもので、『妙好人伝』の広告です。一番最後の行には「くわしくは妙好人伝前篇二巻後篇二巻をひらき見たまふべし」とあります。ここにある前篇二巻、後篇二巻というのは、『妙好人伝』初編と二編を指していると思われます。前篇、後篇と読んでいますので、三編が出る前にこのような広告を作ったのだと思います。

広告といっても全く本屋の名前が書いてありませんので、恐らく販売していた本屋などが、顔見知りの人々に配布したのではないかと推測できます。不特定多数を相手にした広告ではありません。

資料1の菱屋友七はそれほど大きくない本屋であり、また資料2の広告の効果も、小規模な広がりしか想定できません。ですから、この時点では全国各地に『妙好人伝』が流通していたという形跡は見られません。

以上のことをまとめますと、『妙好人伝』『続妙好人伝』は、その造本や開版時の蔵版者から、僧侶の説教資料というよりは、門徒に配布させるための読み物として刊行されたことを間接的にうかがわせます。一部販売もしていたようですが、不特定多数を相手にした商品というよりは、信仰を背景に企画された本であると推測されます。恐らく当時のご法座などで妙好人に関するお話がたいへん人気があり、それらをまとめて出版する機運が充ちていたのだろうと推測できます。その中心であったのが僧純や象王だったのだと思います。

2　流通に関して

（1）一般流通に関して

『妙好人伝』がいつ一般流通するようになったのかということをみていきます。それを示すものが資料3の『御趣意中板行御赦免書』というものです。御趣意中というのは、天保の改革中（1830-1843）であるという意味です。天保の改革中というのは、株仲間は解散させられており、本屋仲間も例外ではありませんでした。ですからこの間は、本を一般に流通させようとする場合、本屋仲間の代わりに奉行所に検閲を受けて販売許可をもらうということをしなければいけませんでした。この『御趣意中板行御赦免書』は、奉行所が販売許可を出した本の目録です。申請者ごとに並んでいまして、ここに挙げていますのは越後屋治兵衛という本屋の嘉永5年閏2月ものです。越後屋治兵衛というのは、たいへん大きな本屋さんでして、当時の京都第一の総合出版をしていたお店です。

下線部にありますように、「一、続妙好人伝　　弍冊先役中へさし出候事」、「一、妙好人伝初編　　弍冊先役中へさし出候事」、「一、同　　弍編　　弍冊同」、「一、同　　三編　　弍冊同断」と書いてあります。すなわち、嘉永5年

閏2月の時点で、『続妙好人伝』と『妙好人伝』初編から三編が販売許可を得て一般流通が開始されたと考えられます。恐らく一般の流通網に乗せても利益が見込まれるほど人気の本だったのでしょう。

また波線部分をご覧ください。これは後からの書き込みですが、「安政四年己年五月十六日　添章出ス、願主近江屋宇兵衛」とあります。添章というのは販売許可書のことです。嘉永５年からしばらくたった安政４年からは、越後屋治兵衛に代わって近江屋宇兵衛という本屋さんが『妙好人伝』の販売を行ったということもわかります。

なお、資料中に「先役中へさし出候事」と書いてあります。このことが何を意味しているのかは現在不明です。『御趣意中板行御赦免書』の中で、この文

資料3　『御趣意中板行御赦免書』。越後屋治平衛の項のうち、嘉永五年（一八五二）閏二月六日部分

嘉永五年閏二月	子閏二月六日		
		一、開巻驚奇侠客伝五集	五冊
同	同	一、続妙好人伝	弐冊 先役中へさし出候事
同	同	一、万世小謡大全	壱冊 未刻
同	同	一、双葉百人一首栄岬	壱冊 同
同	同	一、万職図考四編・五編	弐冊

（中略）

嘉永五年閏二月	子閏二月六日		
		一、妙好人伝初編	弐冊 先役中へさし出候事
同	同	一、同　　弐編	弐冊 同
同	同	一、同　　三編	弐冊 同断

改済〈安政四巳年五月十六日、添章出ス、願主近江屋宇兵衛〉
〈　〉内は後の書き込みを示す

嘉永五年閏二月より、越後屋によって一般流通始まる。安政四年五月からは、近江屋卯兵衛が支配人、または蔵版者となった。なお、資料中「先役中へさし出候事」が何を指すかは不明。

言が出てくるのは、『妙好人伝』だけです。もしかしたら、西本願寺かどこかからか、販売に対するクレームが入ったのかもしれません。

さて、越後屋はたいへん規模の大きな本屋ですが、近江屋はものすごく小規模な本屋です。なぜ当時人気の本であった『妙好人伝』が、大規模な本屋さんから小規模な本屋さんへと販売元が移ったのかということが謎として残ります。このことは後ほどもう一度触れてみたいと思います。

（2）西本願寺の把握

さて、もう一点、注意する事項として、『妙好人伝』の流布に関して西本願寺の反応ということが挙げられます。資料4の「『興復記一件』。嘉永5年（1852）閏2月の記事（西本願寺が世上の出版動向に関して受けた報告の一

```
          覚
                 作者谷森種松
一帝皇略譜          全部一冊
                 作者池田東籬
一京名所寺社細見記     全部一冊
                 作者
一山水名跡図会       全部一冊

右之書、此度彫刻流布仕度旨、当二月十日願出候。
                 作者荻屋蒜園
一開巻驚奇刺客伝     画師柳川重信  全部五冊
                       （マヽ）
①一続妙好人伝    作者釈象玉    全部二冊
 一万世小謡大全   編者池田東籬   全部三冊
 一双葉百人一首栄草 編者同人     全部壱冊
 一万職図考四編・五編 絵師葛飾戴斗  全部二冊
 一消息往来     筆者山田賞月   全部壱冊
 一庭訓往来     筆者同人     全部壱冊
 一日用／重宝女教伝心珠文庫 編者国本侍女 全部三冊

右之書、此度彫刻流布仕度旨、当二月六日願出候。
②一妙好人伝初編  作者釈仰誓    全部二冊
 一同   二編  作者釈僧純    全部二冊
 一同   三編  作者同人     全部二冊

右之書、美濃国ノ垂井専精寺方ニテ新板行出来、蔵板ニ仕居候処、此度世上江流布仕度旨申之ニ付、堀川二条下ル町越後屋治兵衛方ニテ売弘申度、別書面夫々右治兵衛より閏二月六日願出候ニ付、此段申上候。以上。

    閏二月六日                  藤井権八
```

（資料4 『興復記一件』。嘉永五年（一八五二）閏二月の記事（西本願寺が世上の出版動向に関して受けた報告の一部）

部)」をご覧ください。これは、江戸中後期に物議を醸した論難書である『興復記』の出版に関する記録ですが、それ以外の出版に関する記録も含まれており、その中に『妙好人伝』に関する記事も少しですが出てきます。これは、西本願寺が世上の出版動向に関して、恐らく奉行所から受けた報告の一部です。先ほどの資料３と同じ嘉永５年閏の記事です。

　傍線部①に『続妙好人伝』、傍線部②に『妙好人伝』初編から三編までがやはりチェックされています。その横に「右之書、美濃国ノ垂井専精寺方ニて新板行出来、蔵板ニ仕居候処、此度世上江流布仕度旨申之ニ付、堀川二条下ル町越後屋治兵衛方ニて売弘申度」とあります。やはりここでも先ほどの資料３と同じで、越後屋治兵衛から一般に流通させるための販売許可が下りたということを、西本願寺側が把握していたことがわかります。また「美濃国ノ垂井専精寺方ニて新板行出来、蔵板ニ仕居候処」とあることから、少なくともこの時期までは、専精寺（僧純）が『妙好人伝』の出版権を持っていたことがわかります。

（３）幕末から明治にかけて

　『妙好人伝』と『続妙好人伝』は大変な人気だったようで、多くの後印本（後刷本）が登場します。これらの刊記（奥付。刊行年など、出版事項の記載）も非常にバリエーションに富んでいます。そこで、よく見かける刊記をご紹介したいと思います。

刊記①（『続妙好人伝』補刻本）
　　嘉永五　［壬子］　十月
　　安政六　［己未］　年五月補刻
　　　皇都
　　　　　　文醒堂蔵
　　　書林

　これは『続妙好人伝』の補刻本で、一部改訂されて出されたものです。安政６年に文醒堂という本屋さんから出されています。『続妙好人伝』は五梅園が出版していたわけですが、安政６年に文醒堂に出版権が移っているということ

になります。文醒堂というのは、実は先ほど出てきました近江屋宇兵衛の堂号です。この時点で近江屋宇兵衛が出版権を握っていたということになります。

刊記②（二都版『妙好人伝』二編後印本）

　　　　　　大坂心斎橋筋北久太郎町
　　　　　　　　　河内屋喜兵衛
　　発行　京都醒井通魚店上ル
　　　　　　　　　丁子屋庄兵衛
　　　　　　同　東六条下珠数屋町
　　　　　　　　　丁子屋九郎右衛門
　　書林　同　五条橋通高倉東ヘ入
　　　　　　　　　菱屋友七郎
　　　　　　同　醒井通五条上ル町
　　　　　　　　　近江屋卯兵衛

これは一般的に二都版と呼ばれるもので、二つの都市で売られていたものの刊記になります。最初は大坂の本屋である河内屋喜兵衛が名前を挙げています。心斎橋付近というのは、当時は本屋が軒を連ねていまして、その中でも河内屋一門というのは最も規模の大きな本屋になります。河内屋一門の河内屋喜兵衛は、河内屋の宗家ですので、現代的に言えば講談社や小学館といった非常に大きな本屋だと思ってください。一般流通をさせるのに、その都市の大手が販売窓口になるのは当時は一般的なことです。その他に、丁子屋庄兵衛、丁子屋九郎右衛門と名前が挙げられています。丁子屋庄兵衛とは、西本願寺の寺内町にあった本屋です。丁子屋九郎右衛門は、現在の法藏館さんの遠い先祖で、東本願寺寺内の本屋です。『妙好人伝』は真宗の本ですから、寺内町で売るのは自然なことです。また菱屋友七郎は、先ほどの『続妙好人伝』に名前を挙げていた菱屋友七と同一人物です。そしてやはり最後に、近江屋卯兵衛が挙げられていまして、なぜ小規模な本屋の近江屋が名前を挙げているのか謎が残ります。

刊記③（三都版・『妙好人伝』五編後印本）

江戸	芝神明前	岡田屋嘉七
大坂	心斎橋馬喰町角	河内屋茂兵衛
	同　　安堂寺町	秋田屋太右衛門
皇都書林	西六条花屋町西洞院西入	永田調兵衛
	同　　醒ヶ井通魚店上ル	丁子屋庄兵衛
	同　　魚店油小路東入	丁子屋藤吉
	五条通高倉東入	丁子屋嘉助
	東六条下珠数屋町	丁子屋九郎右衛門
	同　　上珠数屋町	丁子屋七兵衛
	同　　魚店間之町東入	丁子屋平兵衛
	西六条油小路魚店上ル	三文字屋和助
	同　　油小路魚店下ル	菱屋宇助
	五条橋通柳馬場西入	菱屋友七
	醒ヶ井五条上ル	近江屋宇兵衛

　先ほどの刊記を持つ本よりも、もっと後に印刷された『妙好人伝』の刊記です。ここではもっとたくさんの本屋さんが並びます。幕末の刊記にこれだけ多くの本屋が挙げられることはそれほど珍しいことではありません。江戸、京都、大阪で販売されていたことがわかります。江戸では岡田屋、大阪では河内屋など非常に大手の本屋さんが名前を挙げています。これはよくあることです。次の永田調兵衛から丁子屋藤吉までは西本願寺の寺内町の本屋さんです。それから丁子屋九郎右衛門、法藏館の先祖である丁子屋七兵衛、丁子屋平兵衛などが東本願寺の寺内町の本屋さんです。そしてやはり最後に近江屋宇兵衛が名前を挙げています。ここから言えるのは、他の都市でも売られたけれども、特に京都の両本願寺の寺内町で売られたということがわかります。

　また刊記において本屋名がたくさん挙げられる中で、一番最後に挙げられる本屋が主導権を持っているということがよくあります。この名前の並びからすると、近江屋宇兵衛が販売において主導権を握っていた本屋であった可能性が高いと言えます。

刊記④（永田長左衛門独版・『妙好人伝』二編後印本）
　各宗書籍製本發賣所
　　京都書林　　　　永田長左衛門
　　　　下京區第廿三組花屋町通油小路東入山川町

刊記⑤（永田長左衛門ほか、四人・『続妙好人伝』後印本）
　各宗書籍製本發賣所
　　　　京都市下京區花屋町通油小路東入山川町五番戸
　　發行者　　　　永田長左衛門
　　　　京都市下京區上珠数屋町東洞院角
　　大賣捌所　　　永田榮次郎
　　　　東京市淺草區北東中町五番戸
　　同　　　　　　吉田久兵衛
　　　　肥後國熊本市新二丁目
　　同　　　　　　長崎治郎

　刊記④と刊記⑤は明治以降のものです。ここからは、永田長左衛門に出版権が移ったということが知られます。永田長左衛門は、西本願寺の寺内町にある永田調兵衛と同一人物、あるいは同門の人だと思われます。永田調兵衛は西本願寺の御用書林です。人気のあった勧化本『妙好人伝』の出版権がこの人物に移ったことは、ごく自然なことであろうと思います。永田長左衛門は他にもいろいろな真宗の本を流通させています。その人の流通網に乗って、さらに広範囲へと明治以降も販売されていったのだと思われます。そして、近江屋の名前はこの時点ではなくなっています。

3　僧純と近江屋卯兵衛

（1）『小本六要鈔開版記録』、万延元年（1860）の記録

　なぜ明治にいたるまで近江屋卯兵衛が販売元としてメインであったのかということが考えられます。普通であれば、寺内町でよく売られた本屋であるならば、西本願寺寺内には永田調兵衛（永田文昌堂）という御用書林がありました

し、もっと大きな本屋さんはいくらでもあったはずです。なぜ近江屋だったのかということを考える上で、一つ参考になる資料をご紹介いたします。

　『小本六要鈔開版記録』という安政４年（1857）から万延２年（1861）までの記録です。これまで『六要鈔』という書物は西本願寺において教科書として発行されてきましたが、いずれも大きいサイズ（大本）で出されていました。この大きいサイズでは、静かに一カ所で勉強するには向いていますが、大きすぎるため頻繁に持ち運ぶのは無理です。ですから、学僧が活発に交流するには不向きだということになります。そこで従来の半分の、小さいサイズ（大本の半分の大きさ。新書版サイズ）で出版しなおそうという意見が提案されます。そうなるとお金も必要になりますし、校訂作業もありますから学力も必要になります。このような様々な問題を乗り越えて出版までこぎつけた立役者が、実は僧純ということになります。安政４年でしたら僧純はおよそ60歳頃になるわけでして、恐らく若い人たちのために企画したものと思われます。この記録を見ると、僧純が出版に向けて大変な苦労をされたことがうかがい知れます。お金がなくて御用商人を呼んできて立て替えてもらったり、自分が御法義に出向いてもらった御懇志を回したり、校訂作業の最終段階で新しく参考にすべき写本が出てきて大慌てをしたりと、大変な苦労に見舞われながらも出版までこぎつけたというものです。

資料５　『小本六要鈔開版記録』、万延元年（1860）の記録

　一　小本六要鈔御上木ニ付ては、近江屋宇兵衛義、兼て骨折、正聚房ニ随従、判木屋并ニ筆工へ日々相通、心配ニ付、仕立方之義は同人江仰付度承り候は、永田調兵衛・丁子屋庄兵衛仕立之義、頻に申立候由ニ候へとも、更ニ心配も無之、唯自作之勝手ニ任申立候義、甚心得違ニ御座候。元来右両人之内ニても別て調兵衛義、商売向に相成候ては強ニ成り、不当之儀申出候、右は御取用無御座候様仕度、猶又仕立直段之処も宇兵衛義は仕立并ニ本屋両こう故、下直ニ相成候儀は勿論、仮令同様之儀直段調兵衛より申出とも、紙之善悪ニて如何様とも相成候故、調兵衛申出は難取用奉存候事、猶又、正聚房よりも左之通り申出候事。

御蔵板掛江示談可有之候事。(この行朱書)

別紙
小本六要鈔仕立之儀ニ付、御蔵板懸り大㐂多左司馬江も示談仕候処、右ハ近江屋宇兵衛兼て骨折候義承知仕候故、同人江被仰付ニ方御尤ニ候哉、御出入書林永田調兵衛等申出候義は不当ニ付、先達てより申聞、会得仕候段、左司馬より申出ニ御座候事。是ニて宜候。

口上
先達て　六要鈔小本上木被仰付候古前鎌田板下認候砌、拙僧代ニ近江屋宇兵衛数千返為通申候。其上ニ板下書賃も心配為致候、彼是以六要鈔仕立之儀、右近宇江被仰付候様御取成候程、偏ニ奉願上候。以上。
　　三月朔日　　　　　　　　　　　　　　　　　正聚房
　　　御懸り
　　　　教宗寺様

　下線部①をご覧ください。『六要鈔』を従来の半分のサイズで出版する際に近江屋がたいへん骨を折ってくれて、正聚房(僧純)に付き随っていろいろと心配りをしてくれたので、西本願寺の『六要鈔』を出版する際には、近江屋宇兵衛に任せてくれないか、と学僧たちが上層部に上申しているわけです。下線部②や③では、西本願寺の本の仕立てを請け負っている永田調兵衛や丁子屋庄兵衛がしきりに『六要鈔』の製本も請け負いたいと申し出ているが、彼らは自分のことばかりで親切でない。近江屋は自分の所で製本も行えるので、仕立ての値段も押さえられると述べられています。
　下線部④をご覧ください。僧純自身が近江屋宇兵衛にたいへん世話になったから『六要鈔』の製本を仰せ付けてほしいという旨の口上書が添えられています。すなわち僧純というのは、この時点で近江屋宇兵衛の世話になっており、近江屋卯兵衛もたいへん苦労しながら僧純に付き随っていたということがわかると思います。

参考までに、資料に『妙好人伝』の刊記の写真を載せています。「中山園蔵版」と書いてある横に「御本山　書物調進所　藤井宇兵衛」と書いてあります。藤井宇兵衛とは近江屋宇兵衛のことです。大寺院の調進所をしているということは、京都の本屋にとって最高の名誉です。その最高の名誉は、僧純の世話をしたが故のことであったというわけです。余談ですが、永田調兵衛はそのことにたいへん腹を立てまして、異議を申し立てる嘆願書などを提出していますが、結局、近江屋宇兵衛のほうに御用が回ってきたということになります。ですから『妙好人伝』の刊記にも、近江屋の肩書きに御本山書物調進所と記されているものがあります。

　このように個人的に僧純と結びついていたので、近江屋宇兵衛は少なくとも僧純が生きている間は『妙好人伝』販売の主導権を持ち続けたのだと思われます。

まとめ

　僧純の『妙好人伝』全五編と象王の『続妙好人伝』は、本屋ではない者が行う素人蔵版の特徴を持っており、周囲の門徒に私的に頒布されることを目的に開版されたように思われます。嘉永5年（1852）からは京都出版界最大手の越後屋治兵衛によって広く世上に流通しました。西本願寺はこの時点で把握していたと考えられます。安政4年（1857）からは越後屋に替わって小規模な近江屋卯兵衛が販売を行い、2年後までには『続妙好人伝』出版権を入手して補刻本を刊行しています。近江屋は西本願寺寺内町に店を持っていない小規模な本屋ではありますが、学僧らが使う小型の『六要鈔』開版計画において僧純のために尽力し、万治元年（1860）には西本願寺からの同本の仕立てを任されました。明治に入ると、版権は西本願寺寺内町の御用書林永田調兵衛（長左衛門）に渡ったと考えられます。まだいくつか不明な点も残されていますが、『妙好人伝』という書物は、おおよそ明治にいたるまでこのような経過を辿り出版されてきたと考えられます。

　商業的な営みというのは、俗的かもしれませんが、これだけ多くのドラマがあるのだといえます。このようなことを研究しつづけるということは、最初に申しましたように、人々がどのように『妙好人伝』を受け止め、あるいは『妙

『好人伝』の本を手に取っていくことになったのかということが徐々にわかっていくのだろうと思っています。発表は以上になります。ありがとうございました。

〈質疑応答〉

龍口：万波先生の配布くださいました資料に、『妙好人伝』『続妙好人伝』は「商品というよりは、信仰を背景に企画された本であると推測される」とございますが、もう少し詳しくお聞かせいただきたく存じます。

万波：商品として出版されたものというのは、最初にご紹介しました『正信偈訓読図会』などが挙げられます。そこには劇的な場面の挿絵があったり、タイトルにも「図会」や「絵鈔」とつけられていて、挿絵を重視した商業用出版物というものがよく出されます。

その一方で、『妙好人伝』はどうかということです。僧純は文政年間から御本山の命令で全国各地を駆け回っていた僧侶でして、その法座で『妙好人伝』を語った時に多くの聴衆が受け入れていったのだと考えられます。出版にはたいへんお金がかかります。にもかかわらず、僧純が立て続けに五編もの書籍を出版していけたということの背景には、法座で聞いた『妙好人伝』の内容に感動した門徒のご懇志がまず考えられるわけです。単に妙好人のお話は尊いから出版しよう、と僧純が個人的に思っただけでは刊行できません。ですから『妙好人伝』の出版に先立って、そのような雰囲気や機運があったと思われます。僧純や象王の名前が作者や蔵版者としてそこに載っていても、その後ろには当時の多くの門徒さんの、妙好人への共感やあこがれがあるのです。そのことを踏まえて『妙好人伝』の版面を見ますと、お金のかかるような挿絵などはなく、素朴ですが誰にでもわかるように大きな文字で、漢字は総ルビで記されています。商業目的で出版されたものではなく、信仰を背景に出版された書物であろうと考えられるわけです。

林：僧純『妙好人伝』には、仰誓『妙好人伝』から多くの改訂が施されているという意味において、僧純に対してあまりよい評価がこれまでなされてきませんでした。万波先生のご発表を通して、僧純がたいへん苦労をして

『妙好人伝』を出版されたということがとてもわかりました。ありがとうございました。

井上：今回の妙好人展の企画を林智康先生と進めさせていただきまして、企画しながらもまだまだ不勉強な点が多々ありまして、今回はたいへん勉強をさせていただきました。万波先生のご発表の中で『妙好人伝』の流通や開版にあたって、特に僧純に関してですが、「周囲の門徒に私的に頒布されることを目的に開版されたように思う」とおっしゃいました。これは本のサイズのことですとか、版権が移っていくことなども含めたことだろうと思います。その一方で僧純は西本願寺の様々な場面で活躍されたという状況もあります。そのように見ると、「私的に」というだけではなくて、僧純の担っていた立場といいますか、西本願寺の中で尽力されたということから考えると、もう少し異なった側面があるのではないかなとも思いました。

それからもう一点ですが、僧純のお寺である垂井の専精寺という寺院がどのようなお寺であるのか、何かご存知であれば教えていただければと思います。

万波：ありがとうございます。2つご質問をいただきました。最初の質問ですが、確かに僧純は学僧でありながら、西本願寺の行政僧でもあったと思います。中山園というのもその功績により広如上人より賜ったものだともうかがっています。ですからただの学僧、ただの住職というわけではなくて、西本願寺の政治のために動いた僧侶であったということは間違いないと思います。確かにそれは考慮しなければならないことであり、私の不勉強なところでもあるわけですが、私の知っている僧純というのは、『小本六要鈔開版記録』の中の僧純であるとか、天保の御改革とか大根屋改革という、要するに西本願寺の慢性的な財政難を打破するための改革に尽力し、大活躍をした僧純の姿です。

改革は少なくとも短期的には大成功でした。その大成功の理由というのが、一人ひとりが自らの心を開放して人を見下さずに見ること、余計なものを持たないことというように、人の心に訴えかけるような仕方で行ったところにあります。その精神を伝えて回ったのが僧純です。西本願寺窮乏

の時代から、みんなが心を開き懇志を出して西本願寺が再建されていったという二つの時代を経験しています。『小本六要鈔開版記録』においては、自らのお金にならないことや、名誉にならないようなことを引き受けています。それ以前に西本願寺は『真宗法要典拠』というものを出しています。この出版費用も僧純が集めています。このように無私の立場と言いますか、自分の名誉やお金のためではなくて、後学の学僧のために新しい教科書を作るという姿が私の印象には残っています。政治的な僧侶ということも言えると思いますが、むしろ西本願寺、学僧、門徒など、周囲の人の要望をよく理解し、それに応えられる人物という印象を受けます。

　もう一つ、専精寺がどのようなお寺なのかということですが、私も一度足を運んでいますが、正直なところどのようなお寺であるのか存じ上げません。もとは天台宗のお寺だったと御住職からお伺いしています。ここに「垂井専精寺方ニテ」とあるのは、お寺を表しているのではなく、恐らく僧純自身を表しているのだろうと思います。文書の中ではお寺の名前で人物が記される場合がありますので、恐らく僧純のことを指していると思います。専精寺のご門徒さんはたいへん熱心な方々でして、天保の御改革の時には、女性の方が一人で何両もの懇志を上げておりますので、周りの門徒さんにも恵まれた方であったと言えると思います。専精寺について、それ以上のことは存じ上げません。

質問者A：この『妙好人伝』の発行部数というのは、どれほどになるのでしょうか。

万波：発行部数ですが、実際にどれくらいであったのかという記録は残っていません。まだ調査しておりませんが、この『妙好人伝』というのは木版刷りで作られています。それを調べようと思いましたら、木の摩耗具合でどれくらい刷られたのかわかります。また、専門的な話になりますが、版面の四方を囲んでいる匡郭という枠線の間の幅を測っていくと、何回新しく版木が作り直されたのかということも推測できるそうです。可能であれば、そのような点を調べていく必要があるのかとも思います。ただ当時において、相対的ですが他の書籍に比べてたいへん多く刷られているとは思います。

質問者B：今回の展示、また講演とたいへん興味を持たせていただきました。万波先生にご質問をさせていただきます。お配りの資料に挙げておられます『正信偈訓読図絵』三巻五冊がありますが、この図柄に興味を持ちました。両開きに描かれている図柄は、『正信偈』のどういった場面を指して描かれているのでしょうか。またこのような図会は何ページにわたり描かれているのでしょうか。

万波：ご質問ありがとうございます。龍口先生のご発表の中で、妙好人の方々がどのような資料を実際手に取っておられたのかという中で、『正信偈』というのはご門徒さんにとって耳慣れており、口馴れているお聖教であったわけです。ですから『正信偈』の中身はわからなくても、耳慣れておられた方は数多くおられたと思います。『正信偈』というのは漢字で構成されていますので、耳で聞くだけでは意味が解らないことがあります。それをご法話の中で僧侶が、勧化唱導といいますか、わかりやすく語って聞かせるわけです。その時に喩え話を挿入します。その喩え話が面白ければ多くの募財が集まるということです。ですから人気のないお説教は淘汰されて、人気のあるお説教だけ残っていきます。人気のあるご法座の席に本屋さんが混じっていて、この話はいけると思うと出版されていくわけです。あまり私も不勉強でわからないのですが、この場面は『正信偈』の「五劫思惟摂受　重誓名声十方」の部分に添えられた喩え話にあたる部分で、阿弥陀様の本願に深く帰依した遊女の墓を掘り起こしてみたら、口から蓮が生えていたという奇跡を絵にしたものです。羽織を着たお侍さんが、明月という遊女の墓を掘り起こしてみると口から蓮の花が咲いていたという劇的なシーンが、まるで写真で撮影されたかのように描写されています。恐らく、当時罪深いとされていた女性であっても、まして男性を騙すのが仕事である遊女であっても必ず救済されるという、阿弥陀如来の四十八願の強さ、有難さを強調したかったのでしょう。

　ご法座でたいへん人気であった喩え話が、このような本にまとめられているということです。『正信偈』というものは、耳慣れたお聖教ですから、このような勧化本というものはたくさん出版されています。

質問者B：もう一つ質問をさせていただいてもよろしいでしょうか。龍口先生

に質問をさせていただきます。『妙好人伝』に取り上げられている人物に関することです。「妙好人における死生観と超越」の企画展を拝見させていただきました。その中で取り上げられている妙好人は、だいたい西日本を中心に7名の方が紹介されていると思います。それと海外の方が3名ほど紹介されていました。この他にも、東日本、また全国各地にも妙好人と呼ばれた方々はおられたと思います。例えば、加賀の千代女などもそうだと思います。企画展で取り上げた以外の妙好人の方々を、どのように理解されておられるのかをお伺いできればと思います。

龍口：重要な、核心をついた質問でございます。

　私が一番関心のある点は、ある特定の人物を妙好人として取り上げた仰誓であります。先ほどあまり言及いたしませんでしたが、仰誓の取り上げた妙好人というのは、人物として立派であるというのではなくて、浄土真宗の教えが具体的にその人に現れているというところにあると思います。仰誓が妙好人伝を編集した動機は何かと申しますと、人はややもすれば、たとえ浄土真宗の信者であろうとも、世俗の雑事に追われ聴聞を怠り、報恩謝徳の念仏を疎かにしがちであります。このような状況の中で仰誓は、このように身体の悪い方でも背負われてまでして聴聞に出かけていますよ、これほど多忙の人が寺に足を運んでいますよ、等々ということを示さんとして「妙好人」を取り上げ、妙好人伝を編集したものと思います。

　万波先生のご発表の中にもご指摘がございましたが、『妙好人伝』というのはもともと本として出版するものではなかったわけです。僧侶が『妙好人伝』を用いながら教えを説く、つまりは説教の導入部分としてこれを使用していたわけです。それが読み物として上梓された。版行された以上は、面白おかしく、あるいはありがたく、何であれ売れることが優先されます。万波先生が先ほど言及なされた『正信偈訓読図絵』にもあるように、奇跡譚、奇瑞譚といったものが挿入されてきます。したがって妙好人の概念も、どんどん変化していきます。

　ご質問のごとく、もちろん東北や北陸にも妙好人はいらっしゃるでしょう。それなの今回の企画展では東北・北陸出身の妙好人は誰一人取り上げられていません。このことは今回この企画を計画された先生方の妙好人観

と密接に関連しているかと思います。"妙好人観"は人によってそれぞれ異なるわけでございます。ですから妙好人と一口に言いましても、仰誓と僧純とではその妙好人観は全く違います。同様に鈴木大拙には彼自身の妙好人観があります。僧純の妙好人観というのは、人の面白い話や他人の取り上げた妙好人説話をそのまま自らの書物の中に反映させていきます。それは奇跡譚や奇瑞譚というものです。

　時間があれば万波先生にもお聞きしたいと思ったのですが、僧純の『妙好人伝』の中には、鳩翁という方の書かれた『鳩翁道話』の中の話がそっくりそのまま転載されています。ということは、僧純の場合、念仏者の話であり且つ読者が関心を持ってくれるような話であるならば『妙好人伝』に掲載する、という立場を取っていたのではないかと私自身は思っている次第でございます。

　全国各地に妙好人という方々はおられただろうし、現にいらっしゃることと思いますが、他力のお念仏をいただいた人という意味での正信念仏者をどう捉えるのか、取り上げる側の妙好人観が問われなければならないのだろうと思います。

林：今回の展示では、大和の清九郎などは東本願寺に所属するご門徒さんですし、讃岐の庄松などは真宗興正派に所属するご門徒さんですから、様々な宗派の妙好人を取り上げさせていただいています。また正直なところを申しますと、展示会場のスペースの問題、オープニングまでの時間の問題などがありまして、特にこの７人の妙好人と３人の海外の妙好人を取り上げさせていただいたわけです。また土井順一先生の遺稿集『仏教と芸能』の中にも妙好人が取り上げられていまして、文楽などの芸能を通して教えが伝わり、妙好人と関係していたのだということも言われます。

　それから赤尾の道宗という方も妙好人に位置づけられる方もおられますし、必ずしも一般庶民の方だけではなくて、蓮如の弟子の中にも妙好人と呼ばれるであろう方々がおられたということです。ですから少しずつ妙好人と呼ばれる定義が拡大されてきたということもあるのだろうと思います。

龍口：今回企画をしてくださった林智康先生、井上善幸先生の妙好人観を簡単に聞かせていただければと思います。また海外の妙好人としてヨーロッパ

の妙好人を3名取り上げられていますが、その方々に対する妙好人観というものをもお聞かせいただければと思います。

井上：今回の展示を企画した側としましては、先ほど龍口先生がおっしゃられましたように、妙好人そのものを顕彰するということではなくて、妙好人を通じて伝わってきます他力の教えをご紹介したかったというところに趣旨があります。もちろんそれは、浄土真宗という一宗の教えということだけではなくて、その教えを通して見えてくる死生観や、生死の苦しみを超えていくような道筋、それを表してくれている妙好人という点に着目しました。同様に、ヨーロッパの方にも真宗の教えに出遇っていかれた方々が何人もいらっしゃいます。特にヨーロッパということだけではなくて、世界各地に真宗の教えに出遇われた方々はたくさんいらっしゃるわけです。今回はヨーロッパを特に取り上げて、その方々を通して海外における念仏世界の伝播、また死生観を超える道をご紹介させていただいたということがあります。

　もう一つは先ほどもありましたが、具体的にこのような方々を選んだのかということですが、調査にかける時間と経費の問題がございましたので、一言申し添えさせていただきます。

林：短時間の間にこれだけの資料をご紹介することができて、所蔵先の方々には大変なご協力を頂戴いたしました。所蔵先である子孫の方々にも妙好人の生き方、念仏者としての生活が受け継がれておるように感じました。おっしゃられるように、念仏者イコール妙好人ですが、その中でも人間と人間のつながりということが問われている昨今、お念仏のみ教えを通して、人間と人間のつながりを深めていくということが大切なのだろうと思います。本来ならばもっと多くのお念仏者をご紹介したかったのですが、私たちのできる範囲でご紹介をさせていただいたということです。

　それではそろそろ時間が参りましたので、本日のワークショップは以上で終了させていただきます。ありがとうございました。

以上

世界に広がる妙好人―ヨーロッパの念仏者たち―

佐々木 惠精

はじめに

　「世界に広がる妙好人」というテーマでお話しさせて頂きます。ヨーロッパのなかで妙好人と呼ばれるような方を紹介してほしいというお話を頂きましたので本日寄せて頂きました。
　他のアメリカだとかカナダとかにおいては、100年以上も前から日系人の社会でブディスト・チャーチと呼ばれる教団的なものが形成されております。それとは趣の異なったヨーロッパにおける念仏を求める人々の集団の姿を見て頂いて、聞法の糧にして頂ければと思います。
　お配りしました資料をご覧ください。
　「1．妙好人―Myokonin」のところには、「妙好人」という表現や概念に関する基本的な内容を書いております。ここは読んでおいて頂ければと思います。ただ一言お伝えさせて頂きます。もう20年ほど前ですが、禅の勉強に来ていたアメリカ人の青年に私の英語の論文を見てもらう機会がありました。その論文の中で、私が「ヨーロッパの妙好人」という言葉を使ったところ、その青年は不思議な顔をして、「妙好人というのは、学者のような人とは違うのではないでしょうか」と質問してきました。確かにこれからご紹介する方々は、ある程度の学識を身に付けている人たちであり、その中で親鸞聖人の教えや他力の道に出遇われた方々です。そのような意味では、日本における一般的な妙好人の姿とかけ離れているかもしれません。鈴木大拙氏が「浄土教信仰の中で育って無学無知とも見える人々の上に日本の霊性の閃き出るのを認める……」(『宗教的経験の事実』序) と言われています。文字も知らないような人々が素晴らしい信仰に目覚められたというか、信心を戴いておられる人々を一般的に妙好人

と呼ぶわけです。しかし、これからご紹介するヨーロッパの妙好人と呼ばれる方々は、大学を出て多くの知識を身に付けておられます。そのなかで、お念仏のみ教えに出遇って素晴らしい信仰生活を送っておられる。そういう意味においては日本で一般に言われるような妙好人の姿とは少し違うのかもしれません。しかし、信心に目覚めている、信心の智慧を戴いているという根本においては全く同じだと思います。

1　ヨーロッパの念仏者たち

ヨーロッパで「浄土真宗」が知られるようになってから、まだ60年弱しか経っておりません。その間に篤信の念仏の人が現れてきています。そのほとんどは、仏教を、大乗仏教を勉強し、お聖教の翻訳出版によって親鸞聖人の著述に出遇い、また篤信の人に出遇って他力回向の信心に安住されていきます。いわゆる学識者が、人間中心・自己中心の精神文化から大逆転して他力回向の信心に徹していることが知られます。

それでは具体的にヨーロッパの妙好人をご紹介させて頂きます。

（1）欧州の浄土真宗信徒第1号：ハリー・ピーパー（欧州玄師　釋勝厳）

まずはじめは、ハリー・ピーパー（Karl Erdmann Harry Pieper〈1907-1978〉）さんです。

この方はドイツのベルリンの人です。第二次世界大戦中はベルリンにおいてたいへんご苦労をされて、一時はナチスドイツ軍に捉えられ捕虜となり、当時、ソ連のほうへ半年ほど抑留されるという苦難の体験もされています。戦争が終わると、ベルリンを治めていたアメリカ軍の通訳官として多忙な日々を過ごされました。当時のドイツ語圏において通訳を務めるということは、たいへんな語学力を持っている方ということになります。ちょうどこの頃に仏教と出遇われました。

第二次世界大戦後あたりから、ヨーロッパにも仏教が学識者を中心に求められるようになっていきました。最初は上座部仏教やチベット仏教などが親しまれており、いわゆるキリスト教社会とか科学合理主義的な世界にあって、仏教の中にイメージされる神秘的なものに惹かれているという場合が多かったのか

もしれません。

　そのような、当時の仏教理解の状況にあって、ハリー・ピーパーさんも、タイで仏教修行を終えて帰国してきたドイツ人が開く仏教の勉強グループに入り、タイ仏教とは少し異なったチベット仏教的なものを学んでおられました。その後、次第に上座部仏教では満足できず大乗仏教の勉強に入っていかれます。

　その頃、電磁気学研究をされていた名古屋出身の山田宰(おさむ)先生がドイツに留学されました。この方のご両親がたいへん信仰に厚い方で、ご両親のご縁もあり、また花田正夫先生（1904-1987）の教えなども受けておられました。山田先生がドイツへ留学をされる際に、花田正夫先生が「ドイツは宗教改革があったところだから、浄土真宗のみ教えも人々に伝わるにちがいない。向こうへ行かれたら『歎異抄』を紹介するような勉強会を開催しなさい」と言われ、山田先生は池山栄吉先生のドイツ語訳『歎異抄』を携えてドイツへと向かわれたといわれます。それで、ピーパーさんたちが毎月２回ほど行っていた勉強会に参加するようになり、しばらくすると『歎異抄』をその勉強会で読み解くようになっていったわけです。ピーパーさんはその勉強会で代表をされていましたが、恐らく最初は浄土真宗という言葉もお知りでなかったのではと思います。日本の仏教さえ知っておられなかったわけですから……。しかし、『歎異抄』を読んでいくうちに浄土真宗に惹かれていったとおっしゃっています。山田先生が帰国されて述懐されたのには、ピーパーさんは『歎異抄』第十三章に入って、初めて親鸞聖人の思想に惹かれたようだということです。『歎異抄』の第十三章には、親鸞聖人がお弟子の唯円房に向かって「私の言うことは何でも信じるか」と語りかけられると、唯円房は「はい」と答えます。親鸞聖人は「ならば人を千人殺したなら浄土往生は間違いない」と語るのですが、唯円房は「私には人を一人でも殺すような器量はございません」と断りました。すると親鸞聖人は、「先ほど言ったことと話が違うではないか」と言いつつも、「これでわかるだろう」と言われ、「何事も心にまかせられるならば、人を殺せと言われれば人を殺せるはずだ。しかし私たちは、人を害するという無数の縁が揃わなければ人を害することもできない。自分の心が善いから人を殺さないのではない。逆に人を害そうと思っていなくても、人を害してしまうことだってあるのだ。〔自分の心の良し悪しが、往生のためのよいわるいになると勝手に思って、本

願の不可思議のはたらきによって救われるということを知らないでいることを示されたのだ〕」と語られます。ピーパーさんは第十三章のこの箇所に惹かれたようだと山田先生はおっしゃっていました。ヨーロッパの文化圏に育ったピーパーさんは、人間中心の思想、そこから生まれた合理主義の世界に生きておられた方であったと思います。そこで『歎異抄』を通して、人間の行いというものは因縁によってどうにでも変化するものであり、人間性などというものは到底中心になれるようなものではないという親鸞聖人の教えに出遇われたのだろうと思います。ヨーロッパの伝統である人間中心性といいますか、我々人間を中心とするという考え方をへし折られたように私は受け止めております。

　それ以来ピーパーさんは熱心に勉強されました。それから半年ほどして西本願寺の大谷光照門主（1911-2002）がドイツを訪ねられ、お慈悲についてご親教されました。ピーパーさんは大谷光照門主のお姿を拝して、「浄土真宗を学ぼうと決心した。私もあのような（ご門主のような）人になりたい……という気持ちが湧いてきた」と語っています。人格を通して教えが伝えられていくと言われますが、ピーパーさんの場合も『歎異抄』に触れてはいましたが、大谷光照門主という人格を通して、浄土真宗のみ教えを学んでいこうと決心されたということです。これまで、外国の人に浄土真宗のみ教えは理解できないだろうと言われてきました。しかし、ピーパーさんなどにお会いすると、本当に深いものを身に得ておられるように思います。ピーパーさんは大谷光照門主から帰敬式を受けられ、法名・釋勝厳を戴き、ヨーロッパの浄土真宗信徒第1号になられました。その後、ピーパーさんは小さな集会所をレンタルして浄土真宗サンガを設立し、勉強会を続けながら多くの法友を導いていかれました。

　50代半ば頃からでしょうか、戦争当時の苦しい生活の影響もあり、体のあちこちが神経痛で痛むようになりました。それでも法友などから質問が届くと、手紙で丁寧にやり取りされていました。さらに、痛みで手が使えなくなってくると、カセットに声を録音して送っておられたそうです。晩年、山田宰先生に送られた手紙があります。それをご紹介させて頂きます。

　私はあなたほど宗教経験を言葉に表現する能力に恵まれていません。しかし、これまで聞かされてきたことが真実だったと今はっきりわかりました。

私の体はこのところ病状がひどく、体のあちこちが痛み、強い薬を服用しても治りません、しかし、私は精神的に片時も不幸でありません。……私には全く何もする必要がないのです。はたらいているのは生き生きした阿弥陀様の光明なのです。……今でも、私は毎日『歎異抄』を読んでいます。それは私の人生が終わるまで続くでしょう。それでも読み終えることはできないでしょう。なぜなら、私はその中にいつも新しいものを発見するからです。……肉体は辛くても、私は幸せです。それは、阿弥陀様のすべてを包み込むお慈悲のたまものであり、私は感謝するほかありません。ご恩報謝のために、このみ教えを人々に伝えたいと思っています。

　この手紙通りの生活を実践された方です。日本でもピーパーさんの名前が広まり、浄土真宗の学者さんたちがピーパーさんを訪ねて行かれました。学者さんたちは自分が学んだことをピーパーさんの前で語られるわけです。阿弥陀仏はどうだ、本願はこうだというわけです。そのような学者の姿をピーパーさんは嫌がっておられました。そのことを山田宰先生とのやり取りの中で、「学者の方が語られるような説明は私に必要なのでしょうか。阿弥陀様のお慈悲の光明の中にある、それだけでいいのです」と語っておられます。
　1978年に亡くなられましたが、その間際まで仏さまのお慈悲の中で生きていかれた方であったと言えます。

(2) 敬虔なキリスト教司祭から転向：ジャン・エラクル（釋常安）

　二人目にご紹介するのは、スイス・ジュネーブのジャン・エラクル（Jean Eracle〈1930-2005〉）さんで、ジュネーブに信楽寺というお寺を開設された方です。
　エラクルさんは、もともと熱心なキリスト教徒で、若い時から修道院で瞑想に励むことが多かったようです。25歳の時にキリスト教の司祭になっておられます。キリスト教では他の諸宗教についても勉強しますから、エラクルさんも司祭になった前後の頃から、仏教の教義もある程度知っていたようです。最初は、キリスト教とあまり変わらない教えとして東洋思想を捉えながら勉強されていたといわれます。ですから、エラクルさんに会った方は、この方の考え方

は仏教的だなと思われた方もあったそうです。

　ある時、エラクルさんは、スリランカの人だったでしょうか、神智学協会に所属する人に声をかけられて、ブッダのことを語りかけられたそうです。その時、エラクルさんは、「年代もはっきりしないし、実在したかも不明で神話的な人物であるブッダを祖師とする仏教に興味はありません」と答えたそうです。そうすると、相手の方が、「仏教ではブッダが歴史上に実在していようがしていまいが、そのようなことはそれほど重要ではない。仏教で大事なことはダルマ（法）である。仏教の説くダルマの真実性に揺るぎはない。そのことが大事なことです」と答えられたそうです。それを聞いてエラクルさんは、「なるほどと思い感激した」と後に語っておられます。このエラクルさんの態度がたいへんすばらしいと思います。父親から貰った東洋思想などの本を読み、次第に惹かれて仏教を学ぶようになっていったそうです。もともと熱心に修行（瞑想）される方ですから、仏教も熱心に学ばれ、チベット仏教も学ぶ、漢文も学ぶ、ということで、最初は上座部仏教を学び、大乗仏教に進み、法華経、浄土教などを学ばれました。そういうことをずっと続けられましたが、しかし自分で「解脱」に到る心になかなかなれず、先ほどのハリー・ピーパーさんと文通をするようになり、「正信偈」や『歎異抄』を学ぶようになりました。ピーパーさんの影響を受けながら、キリスト教を捨てたわけではありませんが、次第にキリスト教から仏教へと変わっていかれました。浄土真宗との出遇いについてエラクルさんは、次のように語っています。

　　清浄なる仏教の道をたどるうちに、心の平安が得られるようになり、ごく自然に、キリスト教が古着のように私から抜け落ちた。仏教に改宗したのでなく、気が付くとブッダの弟子となっていた。

　50歳頃になると、キリスト教から、いよいよ浄土真宗へと改宗されていきました。

　エラクルさんは、日本へもたびたび来ておられます。来日された時には西本願寺に参拝し、勤行にも出遇って「正信偈」などを録音していかれます。帰国して、朝夕のお勤めの際には録音した「正信偈」などをその通りにお勤めされ

るそうです。エラクルさんは、よくこんなことをおっしゃっていました。

> 朝夕の「正信偈」の勤行では、「極重悪人唯称仏　我亦在彼摂取中　煩悩障眼雖不見　大悲無倦常照我」（極重の悪人はただ仏を称すべし。われまた彼の摂取のなかにあれども、煩悩、眼を障へて見たてまつらずといへども、大悲、倦きことなくしてつねにわれを照らしたまふといへり）のところになると、感激のあまり、胸が詰まり涙が出てくるのです。

　なぜ源信和尚を讃えるこの偈文で感激されたのかと申しますと、エラクルさんは「この偈文は私エラクルのためにお説きくださっているのです、ありがたいことだといただかれて……」とおっしゃっています。すなわち、「きわめて罪の重い悪人はただ念仏すべきである、私も阿弥陀仏の光明の中におさめ取られているけれど、煩悩が私の眼をさえぎって（その阿弥陀仏の光明を）見たてまつることができない、しかしながら阿弥陀仏の大いなるお慈悲の光明は、そんな私を見捨てることなく常に照らしてくださっている」と（源信和尚が）詠われている、エラクルさんはこのお言葉を、「この私のためにお説きくださっているのだ」と受けておられるのです。ご自身のうえに深く受け止めながら、「正信偈」をお勤めされていたということですね。

　エラクルさんはたいへん温和で優しい方でした。彼を慕って多くの方々が浄土真宗の門に入られました。2005年に亡くなられましたが、現在もジュネーブの信楽寺には約100人の方が所属されています。エラクルさんの後をついでジェローム・デュコール（Jérôme Ducor）さんが住職をされています。

（3）東洋思想に親しみ、親鸞に出遇う：アドリアン・ペル（釋至徳）

　もう一人の方をご紹介します。ベルギー・アントワープのアドリアン・ペル（Adrian Peel〈1927-2009〉）さんです。ペルさんは10代後半から東洋思想を学んでおられました。1930年頃から第二次世界大戦までのヨーロッパにおいては、東洋思想に惹かれる方々が結構おられたのだろうと思います。そのような影響もあって、ペルさんも東洋思想を学んでいかれ、次第に仏教に惹かれていかれたようです。初めはやはり上座部仏教のグループに所属し学びを深めていまし

たが、次第に大乗仏教へと転身されていきました。

　ペルさんのエピソードとして、イギリスのジャック・オースチン（Jack Austin）さんとの仏教談義があります。オースチンさんは、いち早く発刊された英訳『歎異抄』を読んでその教えに惹かれた方です。オースチンさんが手にした英訳『歎異抄』は、1940年代後半に神戸の稲垣最三（瑞劔）先生によって翻訳・刊行されたものです。これを読んでオースチンさんは、すばらしいと感動され稲垣先生に手紙を出されました。稲垣先生はその手紙を読まれて、見込みある人物だと思われ、それ以後毎日オースチンさん宛に手紙を出して、一方的に手紙説法をされました。その手紙に感化されて、オースチンさんはついに浄土真宗に転向されたのです。

　ある時、ベルギーのペルさんの所へオースチンさんが訪ねて来られました。以前からお互いを知っていた二人は、夜通しで大乗仏教と他力回向について語り合い、論議し合ったといわれます。明け方まで続いた仏教談義によって疲れて眠ってしまったオースチンさんの傍らで、ペルさんは、ほのかな朝陽を受けながら「阿弥陀仏の光明に包まれている」という不思議な感覚を覚えたといわれます。それ以降、ペルさんは真剣に浄土真宗の道を学ばれるようになったそうです。

　その後、ペルさんはすぐに日本へ来て得度されます。得度をされる前々日に、手紙でやり取りされていた稲垣最三（瑞劔）先生のご自宅を訪ねられます。その時はちょうど毎月開催のご法座がありまして、ペルさんもその法座に参加されました。私もその法座に参加していましたが、ペルさんは、法座に参加するや開口一番、「三心一心がよくわかりません、三心と一心の関係を教えてください」と言われました。「三心一心」という言葉が出てくるくらいですから、ペルさんはつね日ごろ、真剣に浄土真宗のみ教えを学んでおられたと言えます。その時の法座は、「三心一心」をテーマに、英語と日本語で講義され、ペルさんはたいへん満足しておられました。

　このように、いまご紹介したヨーロッパの方々は、初めは思想として、学問として仏教を学んでいかれたわけですが、次第に学問を超えた信仰へと進んでいかれ、本願力にいだかれるところに到達されているという感じがいたします。

　ペルさんに関しては次のようなエピソードもあります。日本に来られた時に、

ある山村の浄土真宗の寺院を訪ねた時のことです。村のご年配の女性から「浄土真宗の信徒になられたとのことですが、世界の平和についてどう思われますか」と質問されたのです。ペルさんはすぐさま次のように返答されました。「世界の平和は、仏教によってこそ可能です。（あらゆる）人々が煩悩具足の凡夫であるというまなこをいただいたなら、そこに世界の平和が実現すると確信します」と。

またペルさんは、聞法・伝道活動の拠点としてビルの一角に慈光寺を創建し、そこで毎月仏教セミナー、真宗セミナーを開催されました。フランス北部からオランダまで自家用車を走らせて教化活動をし、さらに、英訳『教行信証』や英訳『歎異抄』をもとにオランダ語の抄訳を発刊するなど、積極的に伝道活動をされました。

ペルさんは2009年10月に82歳で亡くなられましたが、慈光寺は2008年8月に得度されたフォンス・マルテンス（釋大乗）さんがその後を引き継がれ、新たな慈光寺の活動が始まっています。

ご法義について彼らとお話をさせて頂いていると、私たち以上に深いものを持っておられるように感じられ、すっと通じ合う世界が開かれてきます。それは、やはり彼らが人間中心的な、自己中心的な伝統を反省し、それを超えて浄土真宗のみ教えに入っておられるからだろうと思います。そのようなところにまで到達されているからこそ、話しをしても通じ合えるのだろうと思います。

（4）その他の念仏者

現在は以上の三名の他に、次のような方々が中心となって浄土真宗がひろめられています。

オーストリアのザルツブルクには、フリードリッヒ・フェンツル（Friedrich Fenzl）さんがおられます。ハリー・ピーパーさんに導かれて仏教関係の諸種の季刊誌に浄土真宗を紹介した記事を数多く発表されました。

スイスのジュネーブには、先ほど紹介したジェローム・デュコール（Jérôme Ducor）さんがおられます。ローザンヌ大学・ジュネーブ大学に学び、存覚研究で文学博士号を取得し、ジャン・エラクルさんとの出遇いにより浄土真宗に傾倒され、エラクルさんの開いた信楽寺を現在継いでおられます。

ハンガリーには、サーンドル・コーサ゠キース（Sandór Kósa-Kiss）さんがおられます。高校の英語教師をしておられ、オーストリア・ザルツブルクのフェンツルさんとのご縁で浄土真宗に傾倒されました。文学的なエッセイで浄土真宗の味わいを発表されておられましたが、持病から、2011年の親鸞聖人750回大遠忌法要参拝の直後、帰国してお亡くなりになりました。

　ポーランドには、アグネス・イェンジェスカ（Agnes Jedrzejewska）さんがおられます。精神科医師であり、自らも持病に苦しみながら仏教を学ばれ、ワルシャワを中心に真宗サンガを創設されています。

　この他にもたくさんのお念仏者がヨーロッパにおられ、ヨーロッパ各地に浄土真宗が広がっています。それぞれのグループは、国や地域によって独自性があり、なかなか全体で一つになるということは難しいと思います。しかし、ご法義に関しては深いところにまで至っておられるわけです。

2　ヨーロッパの特徴

　ヨーロッパの念仏者の特徴は、『歎異抄』に魅了され、親鸞聖人の人間性に惹かれて本願他力の教えに安住するというケースが多いように思います。そこには、『歎異抄』が自然にはたらき出ているという感慨を覚えます。西洋の伝統である人間中心の合理主義、人間主義を、「他力回向」、阿弥陀如来の大智・大悲のはたらきへと転換する姿が見られます。そして、親鸞聖人に出遇い、阿弥陀如来の光明に出遇って、生死海のうちにある人間としていかに生きるかの答えを得られている、このようなことがヨーロッパの主な念仏者の姿かと思います。

　以上で、私からのご報告を終わらせて頂きたいと思います。

世界に広がる妙好人―妙好人の信心と言行に学ぶ―

菊藤　明道

はじめに

　今回のワークショップには「世界に広がる妙好人」というテーマが掲げられています。

　ただ今、佐々木惠精先生から「ヨーロッパの念仏者」についてお話しがありました。そこで私は日本の念仏者・妙好人について、「妙好人の信心と言行に学ぶ」と題してお話しさせていただきます。なお、先週の7月3日（火曜）に龍谷大学深草学舎の顕真館で「妙好人の死生観と願い」と題して講演させていただきましたが、そのときは全般的な妙好人のお話しを申し上げました。今回は少し絞って、妙好人研究の経緯とその意義について資料をあげながらお話しさせていただき、さらに妙好人の信心と言行が世界に向かって開かれるような場面を少しでもご紹介できればと思っています。

1　「妙好人」の意味

　「妙好人」の語は、『観無量寿経』末尾の流通分に記されている、釈尊が念仏者を讃えられた、「もし念仏するものは、まさに知るべし、この人はこれ人中の分陀利華なり」（『浄土真宗聖典』註釈版、117頁）に由来します。「分陀利華」とはサンスクリット語のプンダリーカ（puṇḍarīka）の音写で「白蓮華」を意味します。泥池に咲きながら泥に汚されない清浄無垢な花であり、煩悩の中に生じる清浄真実の信心の意です。

　この「分陀利華」を中国唐代の善導大師が『観経四帖疏』（『観無量寿経』の註釈書）の「散善義」の中で解釈して、次のように述べておられます。

「分陀利」といふは、人中の好華と名づけ、また希有華と名づけ、また人中の上上華と名づけ、また妙好華と名づく。この華相伝して蔡華と名づくるこれなり。もし念仏するものは、すなはちこれ人中の好人なり、人中の妙好人なり、人中の上上人なり、人中の希有人なり、人中の最勝人なり。

(『浄土真宗聖典（七祖篇）』499-500頁)

このように、善導大師は念仏者を五種の嘉誉（五種の褒め言葉）で讃え、その中に「妙好人」という語が見えるのです。

2　親鸞聖人における「妙好人」

親鸞聖人はこの「分陀利華」や「妙好人」について、著書の中でたびたび言及しておられます。『教行信証』「行巻」末の「正信偈」には次のように記しておられます。

一切善悪の凡夫人、如来の弘誓願を聞信すれば、仏、広大勝解のひととのたまへり。この人を分陀利華と名づく。(『浄土真宗聖典』註釈版、204頁)

また『入出二門偈』の末尾には次のように記しておられます。

煩悩を具足せる凡夫人、仏願力によりて信を獲得す。この人はすなはち凡数の摂（凡夫の仲間）にあらず、これは人中の分陀利華（白蓮華）なり。この信は最勝希有人（最もすぐれたまれな人）なり。この信は妙好上上人（この上なくすぐれて好ましい人）なり。安楽土（浄土）に到れば、かならず自然に、すなはち法性の常楽（仏のさとり）を証せしむと（善導大師は）のたまへり。(『浄土真宗聖典』註釈版、550頁)。（　）内、筆者記。

そのほか『一念多念証文』(『同』682頁)、『親鸞聖人御消息』(『同』748頁)、『愚禿鈔』下の「二河譬釈」(『同』538頁)などで説示されています。如来様のご本願を聞信した人、すなわち他力回向の信心をいただいた「正定聚の位に定まった人」（浄土に往生して成仏する位に正しく定まった人）と讃えてお

られます。

3 「妙好人」を取り上げた人たち

　江戸時代の中期から後期にかけて、真宗の僧職者の手で数種の『妙好人伝』が編集されました。他力の信心をいただいた篤信者の言行を数多く収録していますが、その多くは農民や商人、職人その他さまざまな人たちです。女性や子供もいます。ほとんどは学問・知識とは無縁の人たちでした。

　明治から昭和にかけても多くの『妙好人伝』が編集されました。その中には僧職者でない人たちによって編集されたものもあります。それらは版行されて世に流布しました。

　近代に入って妙好人を世界的な思想の観点から取り上げたのは真宗の学者ではありませんでした。それは鈴木大拙氏（1870-1966）でした。この方は東京大学哲学科選科に学び、長い米国時代を終えて帰国後、学習院教授となり、その後、大谷大学教授に就任して宗教学の講座を担当されました。とくに禅の研究につとめ、多くの禅典籍を英語に訳出し、世界に向けて「ZEN」を広めた仏教学者です。

　また、大拙氏は浄土教を研究し、戦時中の昭和17年（1942）に『浄土系思想論』（法藏館）を出版、昭和18年（1943）には『宗教経験の事実』（大東出版社）を出版しています。日本が敗戦を意識しはじめたころに本書を発表し、讃岐の庄松を中心に、物種吉兵衛、三田源七、三河のおそのなどの宗教経験を紹介されたのです。その中で、庄松について、「彼の信仰のうちには実に雄大な思想がある。この思想は今日の日本をして世界的に重きをなさしめるところのものである」（2頁）と評しています。昭和19年（1944）には、赤尾の道宗と石見の浅原才市の信心を論じた『日本的霊性』（大東出版社、後に岩波文庫）を出版し、終戦から3年目の昭和23年（1948）には、浅原才市の念仏の詩を中心に、その宗教意識「霊性」を論じた『妙好人』（大谷出版社、後に法藏館）を出版しました。戦争で焦土と化した中での出版で、物のない当時、紙もザラ紙であまりよいものではありませんでした。大拙氏はこの『妙好人』の中で、「他力教の長所は妙好人を育て上げたところにある」（法藏館、24頁）、「彼（才市）はいつも無限の中に生きている」（同、59頁）、「才市の如き妙好人の言説

に特に力あるものを感ずる」（同、111頁）と述べています。

　また、ハワイ大学での東西哲学者会議やコロンビア大学の講義でも才市の念仏詩を紹介しています。大拙氏は西欧の宗教学者・哲学者の思想に触れながら、妙好人の宗教経験がそれらに勝るとも劣らない素晴らしいものであることを広く世界に宣言したのです。西欧の思想家・哲学者とも交流し、昭和28年（1953）と29年（1954）の夏期休暇中にヨーロッパに赴いて、カール・ユング、マルティン・ハイデガー、カール・ヤスパース、アーノルド・トインビー、ガブリエル・マルセル、フリードリッヒ・ハイラーなど世界の思想家たちと対談しています。また、キリスト教のマイスター・エックハルトの神秘主義と浅原才市の宗教経験を比較した *Mysticism: Christian and Buddhist* を刊行しています（鈴木大拙著・佐藤平訳『真宗入門』新版、春秋社、2011年、「解説―大拙先生の真宗観」、134・148頁、参照）。

　最近、鈴木大拙氏が住んでいた鎌倉の松ヶ岡文庫で、妙好人浅原才市の念仏詩を読み解いた大拙氏自筆の英文原稿「A STUDY OF SAICHI THE MYOKONIN」が発見されました。その原稿は松ヶ岡文庫・伴勝代事務局長様のご好意で、現在、龍谷大学深草学舎パドマ館で開催中の「妙好人展」に出展されています。

　この論文は、戦後の復興がようやく緒に就いた昭和26年（1951）10月より、ロサンジェルス東本願寺 Y.B.A.（Young Buddhist Association）の機関誌「*The Way*」に翌年7月まで4回にわたって連載されたもので、おもに在米の真宗信徒や宗教に関心をもつ若者を対象としたものでした。才市の念仏の詩を23首引いて彼の宗教意識の内実を読み解き、深い思索のうちに絶対他力の真髄が述べられています。人間が抱える「煩悩」「無知」「罪」「悪」「地獄」―個人のみならず国家間の戦争にも罪「悪魔的衝動」が存在する―を底から支え、すべてを摂取する阿弥陀如来の本願力のはたらきが縷々述べられています。宗教的「罪」意識の考察においては、「戦争はかつて人類が考えたなかでもっとも恐るべきことである。最高に不合理、愚劣かつ悪魔的なことである」「戦争は合理的な人類が陥る愚かさの深さを示すだけでなく、個人であれ集団であれ、人類の心にある罪を露出させる」と述べるなど、才市個人の意識にとどまらない普遍的な人間の課題、人類全体、生きとし生けるものすべての安穏、平和へ

の願いが吐露されています。大拙氏の世界平和への熱い思いと、真宗の説く真理を世界に伝えたいとの深い願いが読み取れます。なお、本論文は酒井懋訳「妙好人、浅原才市を読み解く」として、『松ヶ岡文庫研究年報』第27号（2013年3月発行予定）に掲載されます。

*

日本民藝運動の創始者・柳宗悦氏（1889-1961）も妙好人に関する多くの論文を発表しています。それらの論文は寿岳文章編『柳宗悦妙好人論集』（岩波文庫、1991年）や『柳宗悦全集』第19巻（筑摩書房）に収録されています。

柳氏は妙好人について、「妙好人は念仏系の仏教に美しく開いた花の如きもので、一切の念仏の教えが、活きた姿となって現れているとも言える」（『柳宗悦妙好人論集』岩波文庫、135頁、「妙好人」）と述べています。昭和24年（1949）には鳥取市青谷町山根の願正寺に約1か月滞在して因幡の源左の言行を集め、翌昭和25年（1950）に『妙好人因幡の源左』（大谷出版社、後に百華苑）を出版しました。その中で源左を、内面的思索よりも「行為で妙好さを示した」と高く評価しています。知的理解ではなく、生活のすべてが信心と離れず、阿弥陀様のお慈悲のなかで営まれていると見たのです。こうした妙好人の言行について柳氏は、「是非とも西洋に伝えたい。それは宗教の最も新鮮なる課題となるに違いない。充分に世界的意義をもつものなのである」（『柳宗悦妙好人論集』岩波文庫、33頁、「仏教に帰る」）と述べています。

大拙氏と柳氏は師弟関係にありました。柳氏は学習院高等科時代に大拙氏から英語を習っています。柳氏は東京大学哲学科で心理学を専攻、最初はキリスト教に親しみを持ったそうです。学習院中等科のとき新教教会に通い、内村鑑三に傾倒しています。イギリスの陶芸家バーナード・リーチ（1887-1979）と親しく交わり、イギリスの画家・版画家で詩人のウィリアム・ブレイク（1757-1827）の研究をおこない、大正3年（1914）に大著『ヰリアム・ブレイク』（『柳宗悦全集』第4巻、筑摩書房）を著しています。大正10年（1921）頃から朝鮮の芸術に美を見出し、日本の木喰仏との出会いなどを通して昭和元年（1926）頃から日常的な美を重んじる民藝運動を展開しました。また、仏教、とくに浄土教に傾倒し、『無量寿経』の第四願「無有好醜の願」（浄土には差別がないようにしたいという願い）による美についての論考『美の法門』（日本

民芸協会、1948年、『新編美の法門』岩波文庫、1995年、『柳宗悦全集』第18巻、筑摩書房）を著しています。そして「複合の美」と結びつけた平和思想を唱えました（中見真理『柳宗悦―時代と思想』東京大学出版会、2003年、参照）。西洋思想に出会って逆に日本の宗教思想の素晴らしさを強く意識するところから妙好人の研究に入ったそうです。妙好人の信心に見られる普遍性に立脚して、お二人の先生は妙好人を世界に紹介されたのでした。

　なお、お二人は大正11年（1922）に刊行された丹波の篤信者・三田源七の言行録、宇野最勝・竹田順道編『信者めぐり』（大八木興文堂）を愛読し、大拙氏は『宗教経験の事実』に引文し、柳氏は「もし妙好人について、何か一冊の本を選びたいと思われる方があったら、私は躊躇なく『信者めぐり』と題した一冊をお勧めしたい。（中略）この一冊を熟読すれば、念仏の教えがどういうものであるかをよく学ぶことができる」（寿岳文章編『柳宗悦妙好人論集』岩波文庫、「妙好人」、140-141頁）と述べています。他力の信心が顕れている、と本書を高く評価したのです。

　また、柳氏は亡くなる昭和36年（1961年5月3日、72歳没）の約1か月前の4月に病室で書いた「無対辞文化」（『柳宗悦全集』第19巻、筑摩書房、所収）で、二元の対立―対立概念をこえる「無対辞」（対立概念を持たない言葉）の文化を提唱し、平和の実現、生命の尊重、非暴力の思想を説いています。こうした柳氏が到達した「無対辞」の思想は、大拙氏が『日本的霊性』（大東出版社）の緒言で、「二つのもの（精神と物質）が対峙する限り、矛盾・闘争・相剋・相殺などということは免れない。それでは人間はどうしても生きていくわけにいかない。なにか二つのものを包んで、二つのものが畢竟ずるに二つでなくて一つであり、また一つであってそのまま二つであるということを見るものがなくてはならぬ。これが霊性である」と述べ、「今までの二元的世界が、相克し相殺しないで、互譲し、交驩し、相即相入するようになるのは、人間霊性の覚醒にまつよりほかない」と主張したのに通じるものがあるように思われます。

　大拙氏は同じく緒言の中で、霊性とは「無分別智」であり、分別意識を基礎とする精神を超越したものであり、「精神の意志力は霊性に裏付けられていることによって始めて自我を超越したものになる」のであって、「精神力なるも

のだけでは、その中に不純なるもの、即ち自我─色々の形態をとる自我─の残滓がある。これがある限り「以和為貴」の真義に徹し能わぬのである」と述べています。霊性的自覚、すなわち真の宗教意識において「和」を実現しうることを説いているのです。

*

ところが、真宗の学者はこれまであまり妙好人を評価せず、どちらかといえば批判的でした。

(註記)
　この点については、鈴木大拙氏が「学問があるとか、知性に富んでいると信じておるものの間には、余り喜ばれないようである」(『妙好人』法藏館、29頁)と述べ、柳宗悦氏も、「宗門の教学者たちが、妙好人を主題として宗教的真理を考察したものをほとんど見ない。おそらく妙好人たちが民間の無学な人々であるため、その言葉や行いにとりたてていうべき内容もないと考えられたのであろう」(寿岳文章編『柳宗悦妙好人論集』岩波文庫、「妙好人の存在」、156頁)と述べています。

とくに大谷派の碩学・曽我量深氏(1875-1971)と金子大榮氏(1881-1976)は、妙好人の言行についてきびしく批判しています。

曽我氏は、鈴木大拙氏が『宗教経験の事実』(大東出版社)で、「彼の信仰のうちには実に雄大な思想がある。この思想は今日の日本をして世界的に重きをなさしめるところのものである」と評し、柳宗悦氏が、「機鋒が鋭利で、たった一句で真理の奥底を指摘して余すところがないほどであった」(『柳宗悦妙好人論集』岩波文庫)と述べた讃岐の庄松に対して、西谷啓治氏らとの「大拙先生をしのんで」の対談のなかで、「真宗の教法から見れば、妙好人というのは、一つの謀反人みたいなもんです」「ああゆうのは反逆者みたいなもんだ」「何か一つの反逆心みたいなものををもっていますね」「普通の人間とちがいますね」と批判し、金子氏も、「まあ、昔でよかったね。今あんな人があると困るね」(『曽我量深対話集』彌生書房、1973年、68-70頁)と語っています。庄松の、門主や住職や代官に信心の大切さを説論するなどの行為(『庄松ありのまゝの記』)が、権威や秩序を乱す反抗的な人間と映ったからではないでしょうか。

(註記)
　なお、金子氏は最晩年(昭和50年〈1975〉92歳。翌年没)に、高下恵証編『妙好

人源左讃仰』（願正寺、1979年）に「妙好人源左」と題する一文を寄せ、その中で源左を「健全なる常識家」「実行型の妙好人」と呼んで、その言行を紹介しています。また、曽我量深氏も『遇光』第11号（昭和22年〈1947〉12月発行）のなかで、富山のあるお百姓さんの日記を読んで、「ああ云う立派な文章でも内容でも、自分など書けるものではないと思った」と述べています（鈴木大拙『妙好人』法藏館、序、2頁、引文）。

このような曽我・金子両氏の妙好人批判に対して、現代の宗教哲学者で親鸞思想の研究者でもある石田慶和氏（龍谷大学名誉教授・元浄土真宗本願寺派教学研究所所長）が、如来回向の信心の面から反論されています。庄松の言行は他力の信心に徹したところから出たものであって、多くの者は信心において不徹底である、といわれるのです。そして、「大拙さんは妙好人に生きた念仏者を見ていたのである。そういう念仏者こそ仏教の本義につながると考えていたのである」と述べています（『鈴木大拙全集』岩波書店、第10巻・月報11、所収「大拙さんの浄土教理解」。石田慶和『これからの浄土真宗』本願寺出版社、2004年、再録、196-197頁）。

（註記）
なお、大拙氏は、庄松の言行について、彼は「無心の境地」にあり、「この境地に至らぬものがそんな行為をやると、如何にも自ら高く標置するもののように考えられて、俗に云う鼻持ちがならぬのであろう」（『宗教経験の事実』大東出版社、36頁）と述べています。

こうした論議には、他力回向の信心の本質にかかわる問題が存在しているように思われます。庄松の言行は、信心獲得の身となってつねに阿弥陀如来と共に在り、安らぎと喜びと仏恩報謝の思いから出たものと私は思っています。根雪を溶かし、いのちを育てる大地のような存在だったからこそ、彼から信心の大切さを説諭されたご門主もその真意を汲みとり、喜び、感謝し、兄弟の杯まで交わしたのでしょう。同様に説諭をうけた住職や代官も喜び、感謝し、多くの人々が敬慕したのは、彼の無心の言行、如来回向の信心から出る言行を通して、如来様の大悲、お念仏の温かさが伝わったからではないでしょうか。

（註記）
讃岐の庄松（寛政11年〈1799〉-明治4年〈1871〉、73歳歿）。

讃岐国大内郡壬生村字土居（香川県東かがわ市）の小作農民・谷口清七の子として誕生。香川県東かがわ市三本松の真宗興正派勝覚寺の門徒。生涯独身で縄ないや草履造り、子守や寺男をしました。もとは三業帰命派の講に属していましたが勝覚寺の役僧・周天の教化で他力の信心に入り、それ以後つねに如来様と共に在りました。

彼の言行録『庄松ありのまゝの記』（小砂説教所蔵版）は、函館の篤信者・柳沢徳太郎が庄松の歿後讃岐を訪れ、庄松の友同行数人から彼の言行を聴き取り、その記録を明治14年（1881）に布教使・花岡大仙師に頼んで書いて貰い、12名の同行の賛意協力で印刷されたものです。初版は250冊で、取次所は讃岐香川郡高松東浜法輪寺・西京東六条上珠数丁字屋九衛門・大阪心斎橋本町四丁目橋本徳兵衛でした。僧職者ではない篤信の門徒の手で編集版行され、施本として頒布されました。その後、多くの人々から愛読され、何度も版を重ねました。

4　妙好人研究の経緯と意義

私がどのようにして妙好人研究を始めるようになったか、妙好人研究の意義はどこにあるのか、また現代における妙好人の意義についてお話しさせていただきます。いくつかの資料を写真で紹介しながら進めます。

(1) 仰誓編『親聞妙好人伝』 1巻（写本）

写真1は京都大学附属図書館に所蔵されている仰誓編『親聞妙好人伝』です。江戸時代中期の宝暦3年（1753）頃に編集されたと推定される最初の『妙好人伝』です。20年ほど前に京都大学附属図書館でマイクロフィルム化されていたものをコピーさせていただきました。大和の清九郎など篤信者の話が10話収められています。

右側のページに「摂州五百住常見寺本からの転写本」と書いてあります。ですからこの『親聞妙好人伝』は仰誓の自筆本ではありません。自筆本は失

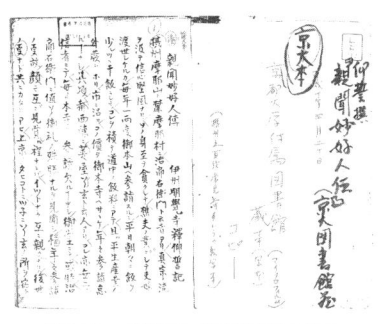

写真1　仰誓編『親聞妙好人伝』
　　　　（京大図書館蔵）

われて伝わっていません。左側のページの下に「伊州明覚寺釋仰誓記」と記されています。仰誓は『親聞妙好人伝』を編集した頃、伊州（伊賀の国、三重県の西部）伊賀上野の明覚寺に居たことがわかります。

写真2は龍谷大学図書館に所蔵されている写本です。京大本とは少し異なる箇所がありますが内容はほぼ同じです。『大系真宗史料』伝記編8・妙好人伝（法藏館、2009年）に収録されています。欠損箇所は京大本で補っています。

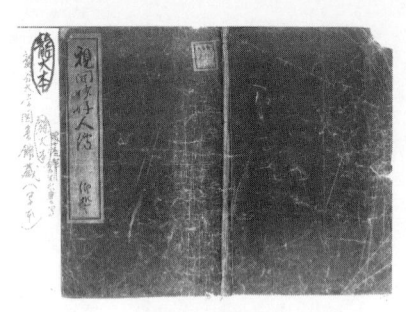

写真2　仰誓編『親聞妙好人伝』（龍大図書館蔵）

なお、龍谷大学教授（仏教史学）をされていた朝枝善照氏（故人）が、『親聞妙好人伝』の写本が現在5種類伝えられていることを、氏の著『続妙好人伝基礎研究』（永田文昌堂、1998年）で紹介されています。京大本・龍大本・浄謙寺本・瑞泉寺本・浄泉寺本です。このうち浄泉寺本の写真と翻刻が同書の付録に付されています。天保13年（1842）に釈氏眞道によって書写されたもので、龍大本に近い写本です。

本伝の成立事情は次のとおりです。

仰誓は寛延2年（1749）28歳の時、大和国吉野郡鉾立村（奈良県吉野郡大淀町鉾立）の裏方（東派）光蓮寺の門徒に清九郎（1678-1750）という篤信者がいるとの噂を聞いて彼を訪ねます（当時、清九郎72歳）。清九郎は無学で文字の読み書きもできなかったそうですが、親孝行で正直で勤勉で信心深く、お念仏を喜ぶ姿が多くの人々の胸を打ち、その噂はかなり広まっていたようです。仰誓は清九郎と対面してその言行に感動し、それを書き止め、清九郎が亡くなる寛延3年（1750、73歳歿）から3年後の宝暦3年（1753）頃に10人の篤信者の話を集めて編集したのがこの『親聞妙好人伝』です。

『親聞妙好人伝』の「和州清九郎」の記述の中に次のような文章が見えます。

　　　世間の人は、吉野の花を詠めんとてはるばる至る人は多けれども、我々はいかなる仏祖の御引合にや、信者の花盛りを詠めんとて吉野の奥に下りし

は、まことに不可思議の因縁なり。

　　　　　　　　　　（『大系真宗史料』伝記編 8・妙好人伝、法藏館、12頁）

この文章から、清九郎と対面して感動した若き日の仰誓の喜びが窺えます。

（2）仰誓編『妙好人伝』2巻（写本）

　写真3です。仰誓が43歳（明和元年〈1764〉）で石見の浄泉寺（島根県邑智郡邑南町市木）に移住してから編集したものです。原本は伝わっていません。浄泉寺の学寮「無成館」で、仰誓の子・履善に学んだ伊予の克譲が書写した写本が愛媛県立図書館伊予史談会文庫に収蔵されています。龍谷大学教授（国文学）であった土井順一氏（故人）が発見し、『妙好人伝の研究―新資料を中心として―』（百華苑、1981年）で紹介されました。同書「資料編」に翻刻収録されています。上巻には『親聞妙好人伝』がそのまま収められ（10話）、下巻には新たに集めた26話が収録されています。『大系真宗史料』伝記編 8・妙好人伝（法藏館）に翻刻収録されています。

（3）克譲編『新続妙好人伝』2巻（写本）

　写真4です。仰誓の子・履善から宗義を学んだ伊予の克譲が、履善の命を受

写真3　仰誓編『妙好人伝』2巻　　　　写真4　克譲編『新続妙好人伝』2巻

けて編集したのがこの『新続妙好人伝』です。上・下巻合わせて24話ですが、浄泉寺の坊守や寺族、石見の人の話が多く収められています。愛媛県立図書館伊予史談会文庫に収蔵されています。土井順一氏が発見し、前掲書の「資料編」に翻刻収録されました。『大系真宗史料』伝記編8・妙好人伝（法藏館）に翻刻収録されています。

（4）覚順編『崑崙實録』3巻（版本）

写真5です。江戸時代に編集された清九郎の伝記6本のうちの1本です。大阪府泉佐野市本町の浄土真宗本願寺派（元、真宗興正派）明嚴寺の第8代住職・覚順が編集版行したもので（宝暦13年〈1763〉成立、明和元年〈1764〉刊）、大谷大学図書館林山文庫に収蔵されています。『大系真宗史料』伝記編9・近世門徒伝（法藏館、2012年）に、他の3種の清九郎の伝記『大和国吉野郡清九郎行状記』『浄土真宗孝信清九郎物語』『和州清九郎伝』と共に翻刻収録されています。

写真5　覚順編『崑崙實録』3巻

「崑崙」とは、中国古代の伝説上の山で、中国の西方にあり、多くの宝石が出たそうです。古くから、その山に石瓦を投げ込むと宝石に変わると言い伝えられてきました。清九郎に触れた人は、悪心を翻してありがたい念仏者になったので、彼を「崑崙山人」と讃えたのです。

（5）僧純編『妙好人伝』5編（版本）

写真6です。美濃国（岐阜県不破郡垂井町）の浄土真宗本願寺派専精寺の僧純が版行した『妙好人伝』5編のうちの「初編」です。龍谷大学図書館・大谷大学図書館等に収蔵されています。各編上下2冊・計10冊です。初編は、仰誓が編集した『妙好人伝』を僧純が再編して、天保13年（1842）3月に版行（中山園蔵版）しています。同年4月に第2編を、弘化4年（1847）5月に第3編を、安政3年（1856）11月に第4編を、安政5年（1858）10月に第5編を版行

しました。よく売れたようで、以後、何度も版を重ねています。『大系真宗史料』伝記編8・妙好人伝（法藏館、2009年）に翻刻収録されています。

（6）象王編『続妙好人伝』1編（版本）

写真7・8は北海道松前の象王が編集版行した『続妙好人伝』（1編・上下）です。7は表紙、8は文面です。序文は真宗佛光寺派の学頭・信曉が書いています。

象王は北海道松前郡松前町唐津の真宗大谷派専念寺の僧衆の一人であったと推定され、後に京都に出て東本願寺の学寮（高倉学寮）で真宗の教えを学んだようです。

写真6　僧純編『妙好人伝』初編

これまで、初版本は嘉永5年（1852）5月に版行されたといわれてきました。ところが平成19年（2007）に、嘉永4年（1851）正月に版行された初版本（五梅園蔵版）が新潟市西蒲区曽根の浄土真宗本願寺派一心寺（田子了祐住職）の書庫から見つかり、田子住職から寄贈を受けて現在私が所蔵しております。なお、この嘉永4年の初版本は、現在のところ龍谷大学図書館にも大谷大学図書館にも所蔵されておらず、他の図書館にも見当たりません。そして8年後の安政6年（1859）5月に改訂補刻本（文醒堂蔵版）が出版されました。初版本・改訂補刻本共に、『大系真宗史料』伝記編8・妙好人伝（法藏館）に翻刻収録されています。

この初版本『続妙好人伝』（五梅園蔵版）上巻の第2話「松前山田文右衛門」の記述のうち、写真8-1の文章が8年後の安政6年（1859）に出版された改訂補刻本（文醒堂蔵版、写真8-2）では大幅に改変されていることが判明しました。どのように改変されていたかといいますと、文右衛門が殺した鹿の法要の話が削除され、代わりに国王・大臣・領主・地頭の恩恵を感謝する文が挿入されるなど、幕藩権力に恭順する話に差し替えられていたのです。この両本の内容の相違に気付いたところから、私の『妙好人伝』研究が始まった次第です。

写真7-1　象王編『続妙好人伝』上　　　　写真7-2　象王編『続妙好人伝』上
　　　　（初版本）表紙　　　　　　　　　　　　　　（改訂補刻本）表紙

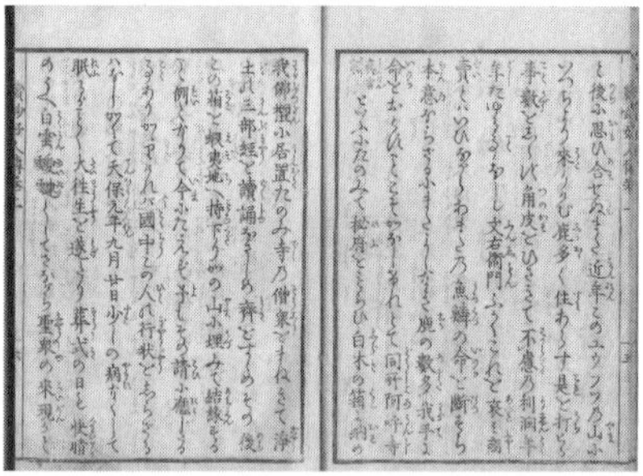

写真8-1　象王編『続妙好人伝』上　　　　写真8-2　象王編『続妙好人伝』上
　　　　（初版本）文面　　　　　　　　　　　　　　（改訂補刻本）文面

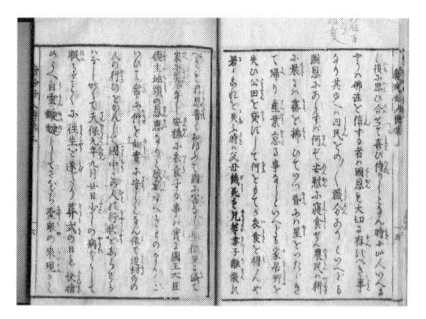

（7）山田文右衛門家の墓石

　これまで『続妙好人伝』を編集した象王については全く不明でした。ところが、『続妙好人伝』の初版本と8年後に出された改訂補刻本を比べて読んでいくうちに、初版本の「松前の山田文右衛門」（蝦夷地場所請負人）の話の中に、象王が、文右衛門が営んだ、商売のために殺した多くの鹿の法要に招かれて参ったこと、さらに、文右衛門の葬儀にお参りしたという記述を見つけました。そこで北海道松前郡松前町唐津の真宗大谷派専念寺（真宗大谷派の北海道進出

第1号寺院。天文2年〈1533〉設立)の福島憲俊住職に、山田文右衛門家のお墓がないか、電話でお尋ねしました。数日後、探したが文右衛門の墓は見当たらないとのことでした。しばらくして再度電話があり、文右衛門家の墓が見つかったとの連絡を受けました。そして墓の拓本を送ってくださったのです。写真9がそれです。そこには山田家累代の11名の法名が刻まれ、その中に第8代文右衛門有智の法名と命日「釋唯常　文政十三寅九月廿日」とあり、間違いなく山田文右衛門の墓だということが確認できました。そこで平成10年（1998）9月1日に専念寺を訪ねました。本堂左側の広大な墓地の中に山田家累代の墓石がありました。写真10がそれです。

　また、山田家の墓の近くにひときわ大きな石碑が建っていました。表に「北進近江商人先達物故者之碑」と刻まれていました。滋賀県知事の筆になるものでした。写真11がそれです。

　石碑の近くに近江商人の墓が30基ほどありました。近江商人たちが蝦夷地（北海道）に渡っていたことが確認できたのです。近江商人には浄土真宗のご門徒が多く、五個荘龍田の松居遊見（1770-1855）など、『妙好人伝』（濱口惠璋編『新妙好人伝』興教書院、1898年）に収められている人もいます。

　その後間もなく、小樽市在住の山田文右衛門の子孫の方（14代目）が「山田家累代の系図」のコピーを送ってくださいました。その中の第8代文右衛門有智のところに、「文政十三寅歳九月廿日　菩提所専念寺　世壽六十九歳」と記されていました。

　さらに山田文右衛門家に関する研究書があるということがわかり、早速入手しました。それはロバートG・フラーシェム／ヨシコN・フラーシェム共著『蝦夷地場所請負人―山田文右衛門家の活躍とその歴史的背景―』（北海道出版企画センター、1994年）という本です。写真12がそれです。多くの史料によって、山田文右衛門家歴代の活躍を解明した実証的な研究書でした。なお、著者のロバートG・フラーシェム氏は、札幌アメリカ文化センターや金沢アメリカ文化センターの館長を歴任された方で、数年前亡くなりましたが、ヨシコN・フラーシェム氏はご健在です。

　以上、さまざまな資料をご紹介させていただきましたが、私が妙好人研究を進めることができたのは、多くの方々のお蔭と心から感謝しています。

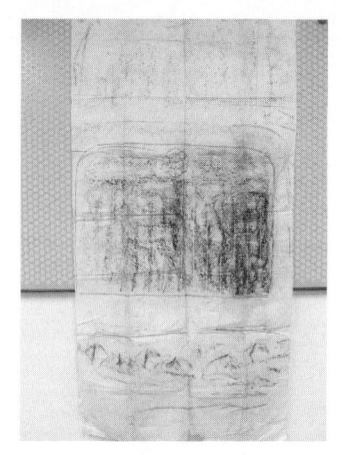

写真9　山田家累代の墓石の拓本

写真10　山田家累代の墓石

写真11　北進近江商人先達物故者の碑

写真12　『蝦夷地場所請負人―山田文右衛門家の活躍とその歴史的背景―』（北海道出版企画センター、1994年）

5　妙好人に対する評価と課題

　江戸時代に版行された『妙好人伝』の妙好人たちの言行についてはきびしい批判がなされてきました。「封建社会の重圧を甘受して、歴史の進展に力をつくそうとする積極的意欲に欠けた人間ばかりである」（家永三郎『中世仏教思想史研究』法藏館、1947年）とか、「多くは順次の極楽往生を好餌として、現世的には全く去勢せられたる安全人物の羅列である」（野々村直太郎『浄土教

批判』中外日報社、1923年）などと批判されてきました。近代の歴史観にもとづく妙好人への否定的な評価です。

　たしかに江戸時代の『妙好人伝』に収録されている妙好人の多くは体制順応型の人です。政治権力に反抗した人や社会変革をめざす行動をした人物、たとえば農民一揆に参加した人などは収められていません。しかし、中には命を賭して藩令や君命に背いて信心を貫いた人もいます。僧純編『妙好人伝』第4編上巻の「九州千代」、第5編下巻の「尾州渡辺半蔵」がそうです。また積極的な活動を通して社会貢献を行った人もいます。先に述べた象王編『続妙好人伝』の「松前山田文右衛門」（蝦夷地場所請負人）がそうです。彼はさまざまな活動を通して社会に貢献しました。

　『妙好人伝』が版行された江戸時代後期は、幕藩権力によるきびしい思想統制・宗教統制下でした。出版物への検閲強化が進められた時代です。『妙好人伝』の出版に関しても、そうした時代の影響があったことは否定できません。それは江戸時代中期に仰誓が書いた「大和の清九郎」の話を、50年近く経った江戸時代後期に僧純が『妙好人伝』初編として再編し版行した際、内容をもとの信心強調の話から、江戸幕藩体制や門主の権威に従う文章に改めたことからも知られます。それはまた、象王が『続妙好人伝』の初版本に収めた「松前文右衛門」の話を、8年後に版行した改訂補刻本で、内容を幕藩権力に迎合する文章に書き改めていることからも知られます。江戸時代後期には、儒学者、国学者、経世論者たちの排仏論、新興宗教の出現などの社会状況があり、それに対処しようとする編者の意図も見えます。その点で、本書が当時の社会や教団の理想的人間像として社会を安定させる役割を担ってきたとする見方があることは否定できません。しかし、近代の価値観に照らして問題があるとの理由で妙好人の存在を軽視してきたことも問題だと思います。このような意味で、妙好人の本質を明らかにし、信仰の社会的側面を視野に入れつつ、現代における妙好人の果たす役割を考えていくことが大切ではないかと考えています。

＊

　近代に入って僧職者以外の人たちによって篤信者の言行録が編集版行されました。

　柳沢徳太郎編・花岡大仙筆『庄松ありのまゝの記』、柳宗悦編『妙好人因幡

の源左』、鈴木大拙編『妙好人』、『妙好人浅原才市集』、楠恭編『定本妙好人才市の歌』、片山専寛編『信者吉兵衛言行録』、三田源七言行録『信者めぐり』などには、政治権力や教団の権威にとらわれない自由な言行が記されています。それらには個人の宗教体験が記されており、宗教意識を考察する上で貴重です。

また、昭和11年（1936）から昭和16年（1941）にかけて編集版行された医学者（医学博士・文学博士）富士川游（1865-1940）編『新撰妙好人伝』全14冊（正信協会刊）には、仏教者・儒学者・石門心学者や文学・芸能関係の人たち、たとえば俳諧寺一茶・松尾芭蕉・阿佛尼・明恵上人・盤珪禅師・中江藤樹・石田梅岩なども収録されています。それは、編者が「心のはたらきが真に宗教の心をあらわした人」（序）を収録したからです。浄土真宗の枠をこえた『妙好人伝』でした。

妙好人の宗教心、宗教意識の研究の重要性を力説したのは鈴木大拙氏や柳宗悦氏、楠恭氏でしたが、そうした人たちの妙好人は世界的な宗教思想に立つものでした。たとえば鈴木大拙氏は、「ある意味で言えば、キリストもまた妙好人の一人である」「本質的には、彼もまた妙好人である」（鈴木大拙『妙好人』法藏館、21-22頁）と述べ、柳宗悦氏は、カルメル会の修道士で料理番や靴造りなどをしながら神の臨在を体験したブラザー・ローレンス（1611-1691）を「妙好人といってよいであろう」（寿岳文章編『柳宗悦妙好人論集』岩波文庫、「妙好人の存在」、157頁）と記しています。

このローレンスについては、鈴木大拙氏も「行者（あんじゃ）ローレンス」（鈴木大拙『百醜千拙』中外出版、1926年、『鈴木大拙全集』第17巻、岩波書店、1969年、『禅の見方・禅の修行』（鈴木大拙禅選集・第9巻、春秋社、1991年）という一文の中でかなり詳しく紹介しています。つねに神と共にあり、すべてを神の意志にゆだね、安らぎと喜びと感謝のうちに80年の生涯を送ったローレンスを、「大悟徹底の人」「他力の信心に決定した人」（鈴木大拙『禅の見方・禅の修行』春秋社、129頁）と呼んでその安心を高く評価し、「世界の平和も、人類の福祉も、皆こんな簡単な安心の中から出るものと、私は深く信じて疑わぬものである」（同書、135頁）と結んでいます。

真宗の学者の中にも妙好人を重視する人が少数ですが出てきました。現代の本願寺派の宗学者・梯實圓氏は、著書『妙好人のことば』（法藏館、1989年）

の「あとがき」の末尾に、6人の在家の篤信者と5人の学僧の言行を集録した理由について、「出家在家をえらばず、賢者愚者をへだてずに救うと仰せられた阿弥陀仏の本願のたしかさを、これらの人々をとおして味わってみたかったからです」（275頁）と記し、同じく本願寺派の真宗学者・林智康氏も、「真宗の伝統教学においても妙好人を真宗安心の典型とすることに抵抗を示し、正面から彼らと取り組み、その宗教的本質を追究することをほとんどしなかった。（中略）しかし今日、真宗学においてこの妙好人の研究を進め、真宗教学における妙好人の位置づけ及び妙好人の信体験とのかかわりを考察して行く必要がある」（『印度学仏教学研究』第29巻第2号、1981年、「妙好人の研究」）と述べて、篤信者の信体験の研究の必要性を指摘されています。

今後、「世界に広がる妙好人」を考えていく上で、世界的な宗教思想から妙好人を見ていくことが大切ではないでしょうか。

結　　び

妙好人にもさまざまなタイプがあります。「機鋒の烈しい人、穏和な人、思索にたけた人、自戒の念に厳しい人（柳宗悦氏）」（柳宗悦・衣笠一省編『妙好人因幡の源左』百華苑、1960年、序）、「愚直型、頓機型、詩人型（金子大榮氏）」（高下恵証編『妙好人源左讃仰』願正寺、1979年）、「思想家型、生活型（朝枝善照氏）」（朝枝善照『妙好人のかがやき』自照社出版、2001年）などと分類されていますが、妙好人には阿弥陀如来のおはたらきで自力のはからいや疑心が取られた安らぎとぬくもりが感じられます。源左は「お慈悲の力はぬくいでのう」と言っています。才市も「娑婆の浮世で極楽もろて　これがたのしみ　なむあみだぶつ」「ご恩うれしや　なむあみだぶつ」と詠んでいます。それは両人が実感した「なむあみだぶつ」のぬくもりでしょう。妙好人の言動は、他力の信心に裏打ちされているからこそ人々の心に響くのではないでしょうか。

妙好人に共通する点は、頭で教えを理解するのではなく、善知識の教えを真剣に聴聞しつづけることでまことのご信心をいただき、煩悩の濁りを輝きに変えた点でしょう。善悪浄穢のはからい、「分別」を離れ、如来の願力にまかせ、つねに阿弥陀様と共に在り、「なむあみだぶつ」のなかで生きることの意味を知らされ、歩むべき道にめざめた人たちでした。

妙好人には近代的理性にもとづく生命観や科学的生命観とは異なる超越的・普遍的な生命観が見られます。すべてのいのち、すべての存在を包む阿弥陀様のお慈悲への感謝と慚愧と報恩の思いが見られるのです。二元の対立を超えた「無対辞」（柳宗悦氏）の境地から、対立・抗争を避けるようにつとめ、すべての生きものに温かく接しています。それは人間中心のヒューマニズムとは異なる、すべてのいのち、すべての存在に阿弥陀様の本願力がはたらいているという、超越的・普遍的な生命観から生まれたものではないでしょうか。如来の智慧と慈悲の躍動である他力回向の信心から生まれた「いのち」のつながりであり、それこそ現代の対立・抗争を乗りこえさせるものでしょう。生命倫理や環境倫理にもかかわる思想だと私は思います。

＊

このような妙好人は近代以降にも登場しています。

見えないものを見、声なき声に耳を傾け、鳥や虫や魚、草木や花などの動植物はもとより、空や山や川など自然の事物にも「いのち」の輝きを見出して詩に詠んだ宗教的童謡詩人・金子みすゞ、多くの念仏の詩を詠み「下町の妙好詩人」と称された榎本栄一、苦悩・絶望を如来回向の信心によって生きる力に変えた中村久子、他力回向の信心によって子どもたちの「いのち」を豊かに育む教育実践に尽瘁した東井義雄らです。こうした人たちは、それぞれ煩悩を持ち、苦しみや悲しみを抱えながらお念仏に聞く生活の中で、如来の光明に照らされ、大悲のはたらきのうちに生かされている喜びと、慚愧と感謝・報恩の思いで生きた人たちでした。

妙好人の言動にはご信心、阿弥陀様の真実心をいただいた感動と喜びが溢れています。才市が「あさまし　あさまし」「うれし　うれし」「ありがたい　ありがたい」を数十回ノートに記し、「ごをんうれしや　なむあみだぶつ」と言ったのも、源左が「ようこそ　ようこそ」とつねに感謝の言葉を口にしたのも、他力の信心から出たものでした。つねに阿弥陀様「なむあみだぶつ」と共に在ったのです。親鸞聖人も『教行信証』の中で、「悲しきかな」「慶ばしいかな」「誠なるかな」と阿弥陀如来の本願力に出遇った感激を吐露され、『和讃』でも心から溢れ出る思いを詠んでおられます。先ほど佐々木先生がお話しくださったエラクルさんも「正信偈」を読んでいる時、「極重悪人唯称仏　我亦在彼摂

取中　煩悩障眼雖不見　大悲無倦常照我」のところで、「この私のためにお説きくださっている、有り難いことだ」と感激の涙を流しておられます。それは生きる喜びであり、生きる力でした。まさしく本願力が躍動している姿でしょう。

＊

　現代は、モノは豊かで便利になりましたが、人間の飽くなき欲望が自然環境の汚染破壊をもたらしました。高度に発達した科学技術は人類の福祉に貢献しましたが、反面、破壊してきたことも事実です。科学はしばしば我欲充足のための道具となり、ついには生命までもモノ化させました。物質的な豊かさこそが幸福であるとして追求され、宗教的な心情・情操は無視されています。

　科学の危険性については、かつて鈴木大拙氏が『宗教経験の事実』（大東出版社、1943年）の中で、「科学的にどんな大発見があっても、二元論に立って居る限り、そんな発見は人間を地獄に近づけなければ止まぬのである」（100頁）と述べましたが、科学者で篤信の念仏者で、「現代の妙好人」と称された東　昇氏（ひがしのぼる）（京都大学名誉教授、元日本ウイルス学会会長）は、著書『力の限界―自然科学と宗教―』（法藏館、1970年）で、「近代科学の一特色は、人間をより一層物質へと近づける傾向をおびている」「近代科学の精神は宗教否定、宗教疎外の精神である」と述べ、科学信仰の危険性について論じ、真実の宗教心の必要性を説いています。

　現代人は存在の深みに思いをめぐらすことなく、限りない欲望の充足―豊かさ、快適さ、便利さを求めてひた走り、結果として格差社会、無縁社会と呼ばれる状況を現出させました。社会は不安定に陥り、閉塞感に覆われています。人々は目指す方向を見失い、心の潤いを失って疎外感、孤独感、焦燥感のうちに漂っています。犯罪は増加し、カルトや占い・まじない、迷信のたぐいに依存する人も少なくありません。国家間においても、国家エゴ（そこには宗教エゴもあります）によって紛争を激化させています。

　信頼や連帯感、安心感を取り戻し、共に支え合って生きる和平実現のために、真如のはたらきである阿弥陀如来のお呼び声、「帰命」すなわち「本願招喚の勅命」（本願に帰せよとの阿弥陀如来の命。『教行信証』行巻、註釈版、170頁）を聞信して生死の迷い転じ、感謝報恩の思いで生きた妙好人の言行から学ぶも

のは多いと思います。

　妙好人を世界に紹介した鈴木大拙氏も、才市がしばしば口にした「親さま」（阿弥陀如来）について、『妙好人』（法藏館）の「11、くくり」の末尾に、「大悲の親さまを我一人の親さまにしないで、世界人類全体の親さまにまで守り育てなくてはならぬ。これがわれら仏教者の使命である」（199頁）と述べています。それは親鸞聖人が「弥陀の五劫思惟の願をよくよく案ずれば、ひとへに親鸞一人がためなりけり。さればそれほどの業をもちける身にてありけるを、たすけんとおぼしめしたちける本願のかたじけなさよ」（『歎異抄』後序、註釈版、853頁）と吐露された喜びから、「わが身の往生一定とおぼしめさんひとは、御恩報謝のために、御念仏こころにいれて申して、世のなか安穏なれ、仏法ひろまれとおぼしめすべし」（『親鸞聖人御消息』25、註釈版、784頁）の思いが生まれたように、妙好人たちも同じ思いで世の安穏を願い、お念仏申したことに通じるのではないでしょうか。

　阿弥陀如来の本願力は、時空を超えて全宇宙の、あらゆるいのち、あらゆる存在にはたらきかけていることに目覚めた真実信心の人・妙好人の世界からの光は、私たちの生き方、思考のありかたを転換させ、未来に向けて新たに歩み行く道に導いてくれるでしょう。対立・紛争が激化する現代において、いま私たちに求められているのは、親鸞聖人が示された阿弥陀如来の超世の悲願、他力回向の真実信心の意義を広く世界に提示することではないでしょうか。それこそが世を安穏ならしめ、すべての人々が真に安らげる道だと思うのです。

　以上で私の発表を終わらせていただきます。ご清聴ありがとうございました。

〈質疑応答〉

菊藤：ヨーロッパにはありがたい念仏者がたくさんおられるわけですが、佐々木先生が今ご紹介くださったヨーロッパの念仏者の方々は、一般に学識が高いということが一つ特徴として挙げられるように思います。また『歎異抄』を通してお念仏の道に入られた方が多いというのも注目されるところです。わが国の妙好人は学問・知識とは無縁の人が多く、読み書きのできない人もいました。しかし、よくお説教を聞き真剣に法を求めています。また少しでも字が読める人は蓮如上人の『御文章』をよく読んだようです。

そこで佐々木先生にお尋ねしたいのですが、ヨーロッパの念仏者の方々はどのようなお聖教を読んでおられるのでしょうか。『御文章』は読んでおられないのでしょうか。

佐々木：『歎異抄』を通してお念仏の教えが広まったというのは、『歎異抄』が翻訳されるのが早かったということが挙げられると思います。現在は『御文章』も英訳されております。ルーマニアの若い男性で浄土真宗を学び、日本へ来て得度した人がいます。この人は英語にも非常に精通していて、ルーマニア語の仏教関係の書物がありませんので、現在彼が翻訳作業をしています。英訳『御文章』をルーマニア語に訳しながら、蓮如上人との出遇いを慶んでいるようです。また、現在さまざまな言語で翻訳作業が進められています『御文章』を通して、お念仏が海外に広まっていくということはこれからであろうと思います。

佐々木：質問は特にありません。多くのことをお教えいただいたように思います。浄土教のことで言いましたら、鈴木大拙先生が妙好人について英語で海外にご紹介くださったということは、ヨーロッパの人々にもたいへん大きな影響を与えていると思います。

質問者Ａ：２つ質問させていただきます。

　１つは、同じ浄土真宗の中でも大谷派に所属しておられた曽我量深先生や金子大榮先生は、どのような理由であれほどまでに妙好人を批判されたのでしょうか。

　２つは、象王のことで蝦夷地（北海道）のことが話題になりました。質問の趣旨が異なるかもしれませんが、浄土真宗には平等の精神があると思います。ところが蝦夷地に入った真宗寺院が、先住民であるアイヌの人たちを支配し管理する側に立ちました。そのあたりの事情を教えていただければと思います。

菊藤：まず第１のご質問につきましては、妙好人の中でもとくに「讃岐の庄松」について大谷派の碩学・曽我量深氏や金子大榮氏が批判されています（『曽我量深対話集』彌生書房、1973年、「大拙先生をしのんで」、68-70頁）。曽我氏は、庄松について、「真宗の教法から見れば、妙好人というのは、一つの謀反人みたいなもんです。何か反逆心をもっている。普通の人間で

はない」と批判し、金子氏は「昔でよかった。今あんな人があると困るね」とまで語っています。庄松が行った門主や住職や代官に信心の大切さを説諭するなどの行為が、身分をわきまえない非常識で反抗的な人間と映ったからではないでしょうか。

それに対して、本願寺派の宗教哲学者で親鸞思想の研究をされた石田慶和氏（龍谷大学名誉教授）は、『これからの浄土真宗』（本願寺出版社、2004年）の「大拙さんの浄土教理解」において、他力回向の信心の面から両人の発言を批判されています。

この論議には、他力回向の信心にかかわる重要な問題があると私は思っています。庄松が懸命に信心の大切さを説いたことは、阿弥陀如来が大悲を行じておられるお姿のように私には思われます。何のわだかまりもない、まことの信心から出た言葉だからこそ、説諭を受けたご門主も住職も代官も、周囲の人々も喜び、感謝し、彼を心から慕ったのではないでしょうか。

次に第2のご質問ですが、北海道松前郡には現在も本願寺派の寺院は1か寺もありません。すべて大谷派の寺院で現在4か寺（松前町＝専念寺・西教寺、福島町＝専徳寺・専称寺）があります。それは歴史的な事情によるといわれています。専念寺（北海道進出第1号真宗寺院）の住職に松前藩の藩主がなり、西派（本願寺派）の寺院を入れなかったとのことです（専念寺前住職・福島憲俊師談）。現在も松前城を取り囲むように真宗大谷派（専念寺・西教寺）、曹洞宗（法幢寺・龍雲寺・法源寺）、真言宗（阿吽寺）、日蓮宗（法華寺）、浄土宗（光善寺・正行寺・光明寺）など10か寺ほどが点在しています。

松前藩は、最初はアイヌの人々と対等に交易していましたが、次第に武力で抑圧するようになりました。とくに寛文9年（1669）に起きたシャクシャインの乱（寛文蝦夷蜂起）以後、支配・搾取がきびしくなったようです。専念寺は室町時代の天文2年（1533）に能登の方から蝦夷地に入っており、江戸時代になって東本願寺派（現・真宗大谷派）に属しましたが、アイヌの人たちを抑圧・搾取したことは聞いておりません。明治初頭に東本願寺が政府の北海道開拓に協力して道路の開通（本願寺道路）に尽力し

たことはよく知られています。その際のアイヌの人たちへの態度が問題になっているようです。今後、更なる検証が必要ではないでしょうか。

　先にご紹介しました象王編『続妙好人伝』の初版本（嘉永4年〈1851〉刊）に収められている山田文右衛門（蝦夷地場所請負人）の話には、文右衛門は多くの蝦夷人を雇いましたが、たいへん親切にし、疱瘡がはやって多くの蝦夷人が罹った際、施薬看病して一人の死者も出さなかったことが記されています。彼は利他の精神に富み、人々に温かく接し、富を自占することなく、阿弥陀様からの賜り物として社会に還元するなど、報恩行としての社会的実践を行ったと言われています（蝦夷地場所請負人のなかには、アイヌの人々を酷使し搾取した者がいたことが報告されています）。

　ところが、8年後の安政6年（1859）に版行された改訂補刻版（この頃、出版物に対する検閲が強化されています）には、初版本にはなかった領主・守護・地頭への恭順を説く文が新たに挿入されています。幕藩体制への恭順が強調されているのです。教団が時の政治権力に随順し利用されたことは、その後の歴史からも窺えるところではないでしょうか。

　妙好人に学ぶということは、この私が、篤信者のうちにお念仏となって躍動する阿弥陀如来の本願力の確かさを味わい喜ばせていただくこと、喜びの助縁とさせていただくことだと思っています。人間を縦の関係、上下関係において見るのでなく、横の視点、すなわち阿弥陀如来がご本願で救いの対象を「十方衆生」と説かれているように、すべての人々、すべてのいのちに如来のご本願が懸けられているという、宗教的な「いのち」の平等観から見ていくことが大切ではないかと私は思います。如来回向の信心から生まれた聖人の「御同朋・御同行」「世々生々の父母兄弟なり」の思想こそ、浄土真宗の生命ではないでしょうか。

質問者A：私は親鸞聖人も妙好人も、体制側からすれば不都合なことがあったのではないかと思います。しかし、聖人や妙好人からすれば、それこそまさに真実であったということになるのだと思いますが……。

菊藤：私もそう思います。ですから、これまでの真宗学においては、妙好人についてほとんど触れてこなかったということがあったのではないかと思います。しかし、現代の真宗学者・梯實圓氏や林智康氏は、妙好人研究の重

要性を指摘されています。

　これまでも仏教学者や哲学者、心理学者のなかには妙好人の宗教意識の研究を行った方が何人かおられます。しかし、秩序や権威を重んじる人たちにとって、妙好人の言動には面白くない点もあったのではないでしょうか。讃岐の庄松のような、門主や住職に信心の大切さを意見するような言動は非常識であり、曽我氏や金子氏が「謀反人」「反逆者」「普通の人間ではない」と批判したような嫌悪感を生んだのではないかと思うのですが……。一方、布教の場ではしばしば妙好人の話が取り上げられています。真宗の学者のなかにも、講演や法話で妙好人の話をされる方がおられます。他力のご信心をいただいてお念仏に生きた篤信者の言動が、人々の心に安らぎと喜びを与えたことは間違いないでしょう。

質問者B：仰誓さんが生まれたのは明覚寺（めいかくじ）ですね。江戸時代の「本願寺大絵図」（1760年）には、明覚寺は醒ヶ井通りに面した所に描かれています。この明覚寺と現在の明覚寺とは同じでしょうか。

菊藤：現在の明覚寺は東本願寺の裏手に当たる京都市下京区平野町にあります。明覚寺の記録によりますと、明治29年（1896）に本願寺が門前地を拡張したとき、醒ヶ井通り（西本願寺の太鼓楼の前あたり）から現在地へ移ったそうです。

質問者C：先ほどご紹介いただいた3名の方々によってヨーロッパの浄土真宗の基盤が出来上がったわけですが、その後のヨーロッパにおける浄土真宗の状況を教えていただけないでしょうか。また、浄土真宗のヨーロッパ開教の今後の展望についてお教え願えないでしょうか。

佐々木：現在のヨーロッパの状況としましては、それぞれの地域に真宗協会を設立しています。スイスならばスイス真宗協会としてジュネーブ信楽寺に設置され、エラクル氏の後を引き継いだジェローム・デュコール氏が代表を務めています。信徒が信楽寺のそばに全員住んでいるわけではありませんから、朝夕のお勤めはわずかな方しかお参りしません。何か会合があれば信徒が集まってくるわけですが、その会員は100名以上おられるだろうと思います。

　また、アドリアン・ペル氏が中心となって開かれたベルギー・アントワ

ープの慈光寺に真宗協会「真宗センター」が設立され、現在フォンス・マルテンス氏が代表を務めておられます。

　ドイツは、ハリー・ピーパー氏が浄土真宗を開かれたわけですが、現在のドイツ真宗協会は、南ドイツ真宗協会「仏教道場」、中央のサンガ「安心堂」、ベルリン浄土真宗サンガなど、いくつかのグループが連携しながら活動しています。

　その他にも、オーストリア真宗協会、イギリス真宗協会、ポーランド真宗協会、ルーマニア真宗協会などがあります。これらの方々がどのようにして浄土真宗に触れていったのかというと、どうやらハリー・ピーパー氏に導かれて浄土真宗に入ったオーストリア・ザルツブルクのフリードリッヒ・フェンツル氏、そしてフェンツル氏が仏教機関紙に書いた文章に感化されて浄土真宗に入って行ったということのようです。

　これまでご紹介した人々と触れ合って少しずつ浄土真宗が知られるようになり、学びを深めたり、帰敬式を受けたりする方が増えてまいりました。

　いずれにせよ、まだまだ点在している状態ですので、このヨーロッパのお念仏の輪を途絶えさせないためにも、本願寺が中心となって援助をしていかなければならないと思います。

司会：まだまだいろんな質問があるとは思いますが、残念ながら時間が来てしまいました。人間とは何か、生きるとは何かという大きな問いが関わっていると思います。しかも、そこに宗教的な視点、人と人とのつながりを横の関係とするならば、そこに縦の視点、つまり超越というところからどう結びつくのかということが、「死生観と超越」という私たちがいま取り組んでいる大きな研究プロジェクトの意味ということになります。

　今日は「世界に広がる妙好人」と題しまして、さまざまな妙好人、さらに妙好人そのものだけでなく、多くの人が慕っていくような妙好人を通じて、どのような価値観が、どのような死生観が伝えられているのか、またそのような価値観を学んでいくことの意味について詳しくお話しをいただきました。

浄土仏教における出離生死の問題

川添　泰信

はじめに

　仏教は迷いを転じて悟りを開くことを目的とする教えであり、それゆえ迷いである生死の問題は、仏教の出発の時点から出離・生死として問題となっていた。それは、迷いである生死とはどのようなものであるか、の生死の本質の解明と同時に、その迷いである生死を出離するにはどのようにしたらよいか、という問題としてである。具体的にはそれはゴータマ・シッダールタが王子という社会的身分を捨て、王宮を出て出家した動機について、生老病死の問題が四門出遊の比喩的表現において示され、さらに後に釈尊の開悟の内容として、体系的教示として述べられる十二縁起においても「無明……生・老・死」として明かされ、さらには四諦八正道のように生死の実態と根源、そしてその出離の方法として八正道が明かされるのである。

　浄土仏教の正依の経典である『大無量寿経』には、「人、世間愛欲のなかにありて、独り生れ独り死し、独り去り独り来る」「代るものあることなし」（『七祖篇』56頁）と説示されるように、人は世間愛欲の中にあってひとり生まれ、またひとり死んでいくものであり、また人とは、代者のきかない単独者であることが極めて端的に明かされているのである。このように、出離生死の問題は、浄土仏教の歴史的展開のなかに一貫して問われてきた課題であるといわなければならない。また浄土仏教の究極的展開である親鸞においても、この出離生死の解決が大きな課題であったことは、『恵信尼消息』によって29歳のとき比叡山を下り法然の念仏門に入る動機について、「生死出づべき道」（『註釈版』811頁）として明かされている事実は広く知られていることである。

　では、親鸞の根本的課題であった出離生死の問題について、生死をどのよう

な意味において捉え、また出離についてどのように把握していたのであろうか。本論では親鸞の出離生死の背景、すなわち正依の三部経、および浄土七祖、ならびに親鸞の出離生死、さらにはその信仰の展開として親鸞の教えに生きた真宗の妙好人に見られる出離生死の問題について、以下、論考を進めたい。

1　三部経に見られる出離生死

　浄土仏教において『大経』『観経』『小経』は、浄土仏教の教えを明かす経典として、各浄土仏教の祖師たちも、それぞれの論書で用いてきたものであるが、その経典の成立については、「〈無量寿経〉と〈阿弥陀経〉の原初形態によって示される浄土思想は、ほぼ時を同じくして、世紀100年ころ成立したものであり、その地域は、恐らくは北西インドにおいてであろう」と言われるのである。

　ところで浄土仏教の展開の中において、浄土の教えを明かす経典を「浄土三部経」として定めたのは、『選択集』に「正しく往生浄土を明かす教といふは、いはく三経一論これなり。三経とは、一には無量寿経、二には観無量寿経、三には阿弥陀経なり。一論とは、天親の往生論これなり。あるいはこの三経を指して浄土の三部経と号す」(『七祖篇』1187頁)と規定されるように、法然によってであり、また親鸞も「教巻」において「それ真実の教を顕さば、すなはち大無量寿経これなり」(『註釈版』135頁)と示すように、『大経』を真実の教を明かす正依の経としている。では真実の教である『大経』においては、出離生死の問題はどのように説示されているのであろうか。以下、『大経』における出離生死に関する文を列挙すると次のようである。

1　願はくは、われ仏とならんに、聖法王に斉しく、生死を過度して、解脱せざることなからしめん。(『同』12頁)
2　願はくは仏、わがために広く経法を宣べたまへ。われまさに修行して仏国を摂取して、清浄に無量の妙土を荘厳すべし。われをして世においてすみやかに正覚を成りて、もろもろの生死勤苦の本を抜かしめたまへ。(『同』14頁)
3　神通と慧とを究達して、深法門に遊入し、功徳蔵を具足して、妙智、等倫なし。慧日、世間を照らして、生死の雲を消除したまふと。(『同』44

頁）

4 たとひ世界に満てらん火をもかならず過ぎて、要めて法を聞かば、かならずまさに仏道を成じて、広く生死の流れを済ふべし。（『同』47頁）

5 〔道理〕を教語し開導すれどもこれを信ずるものは少なし。ここをもつて生死流転し、休止することあることなし。（『同』57頁）

6 愛欲に痴惑せられて道徳を達らず、瞋怒に迷没し財・色を貪狼す。これによつて道を得ず、まさに悪趣の苦に更り、生死窮まりやむことなかるべし。（『同』57頁）

7 なんぢおよび十方の諸天・人民・一切の四衆、永劫よりこのかた五道に展転して、憂畏勤苦つぶさにいふべからず。乃至、今世まで生死絶えず。仏とあひ値うて経法を聴受し、またまた無量寿仏を聞くことを得たり。（『同』60-61頁）

8 長く道徳と合明して永く生死の根本を抜き、また貪・恚・愚痴の苦悩の患ひなく、寿一劫・百劫・千万億劫ならんと欲へば、自在に意に随ひてみなこれを得べし。（『同』61頁）

9 生死休まず、悪道絶えず。かくのごときの世人、つぶさに〔述べ〕尽すべきこと難し。ゆゑに自然に三塗の無量の苦悩あり。そのなかに展転して世々に劫を累ね、出づる期あることなく、解脱を得がたし。（『同』70-71頁）

と説示されるように、①仏の願いによる出離、②仏力による出離、③生死による三塗の苦悩、④生死の苦は休息がないこと、⑤流転するもの、⑥今世まで連続する、等の理解を見ることができるが、それは一般的な仏教思想として当然な理解である。ただ一点、以下に見る『観経』との相違を指摘するなら、生死の苦ならびに流転について、人間の理解を超えるような無限的時間の表現がないということである。このように明かされる『大経』の出離生死については、浄土仏教的理解で言えば、四十八願のなかの因願である18・19・20願に示される至心信心欲生の三心・乃至十念の念仏・発菩提心・修功徳・至心発願・臨終来迎・聞我名号・植諸徳本・至心回向によって出離がなされると言われているのである。

次に、『観経』についてであるが、『観経』の原典についてはサンスクリット本・チベット訳はなく、漢文から翻訳されたウイグル語訳はあるが、漢文としては畺良耶舎の訳のみ存在しているのである。この『観経』については、「大綱は、中央アジアのどこか、おそらくトゥルファン周辺で行われていた観法を中核として成立したものであろう。……『観経』は中央アジアで西域人の畺良耶舎が伝訳して、おそらく口誦で中国本土にもたらし、中国人の僧舎が筆受したと推定するのがもっとも順当ではないかと考えられる」と指摘されているのである。では『観経』における出離生死はどのように示されているのであろうか。以下、『観経』における出離生死に関する文を列挙する。

1　もしこの地を観ずるものは、八十億劫の生死の罪を除き、身を捨てて他世にかならず浄国に生ぜん。(『同』95頁)
2　この華座の想をなすべし。……この想成ずるものは、五万劫の生死の罪を滅除し、必定してまさに極楽世界に生ずべし。(『同』99頁)
3　これを像想とし、第八の観と名づく。この観をなすものは、無量億劫の生死の罪を除き、現身のなかにおいて念仏三昧を得ん。(『同』101頁)
4　もし観世音菩薩を観ぜんと欲することあらんものは、まさにこの観をなすべし。この観をなすものはもろもろの禍に遇わず、業障を浄除し、無数劫の生死の罪を除く。(『同』104頁)
5　これを大勢至の色身を観ずる想とし、第十一の観と名づく。この菩薩を観ずるものは、無数劫阿僧祇の生死の罪を除く。(『同』106頁)
6　下品上生といふは、……かくのごときの愚人、多く衆悪を造りて慚愧あることなけん。命終らんとするとき、善知識、ために大乗十二部経の首題名字を讃ずるに遇はん。かくのごときの諸経の名を聞くをもつてのゆゑに、千劫の極重の悪業を除却す。智者また教へて、合掌・叉手して南無阿弥陀仏と称せしむ。仏名を称するがゆゑに、五十億劫の生死の罪を除く。(『同』113頁)
7　下品中生といふは、……命終らんとするとき、地獄の衆火、一時にともに至る。善知識の、大慈悲をもつて、ために阿弥陀仏の十力威徳を説き、広くかの仏の光明神力を説き、また戒・定・慧・解脱・解脱知見を讃ず

るに遇はん。この人、聞きをはりて八十億劫の生死の罪を除く。(『同』114頁)
8　下品下生といふは、……かくのごときの愚人、命終らんとするときに臨みて、善知識の種々に安慰して、ために妙法を説き、教へて念仏せしむるに遇はん。この人、苦に逼められて念仏するに遑あらず。善友、告げていはく、なんぢもし念ずるあたはずは、まさに無量寿仏〔の名〕を称すべしと。かくのごとく心を至して、声をして絶えざらしめて、十念を具足して南無阿弥陀仏と称せしむ。仏名を称するがゆゑに、念々のなかにおいて八十億劫の生死の罪を除く。(『同』115頁)
9　もし善男子・善女人、ただ仏名・二菩薩名を聞くだに、無量劫の生死の罪を除く。(『同』117頁)

と示されているのである。その特徴は、①先にも指摘したが、生死について「八十億劫」「五万劫」「無量億劫」「無数劫」「無数劫阿僧祇」と示されるように、いかに生死の苦悩が大きいものであるかを、人間的理解では測りがたい数量で示している。②出離については、『観経』の主たる説示である浄土および聖衆を観相することによる生死の罪の出離が示されている。③さらに、臨終において善知識に遇い、仏名を称することによる滅除が示されている、ということができると思われる。なお、『小経』については、管見では出離生死についての理解は見ることができないのである。

以上のように三部経の内、『大経』『観経』の出離生死の理解を見ることができるが、それは『大経』に比して『観経』のほうが人間の出離生死の困難さを強調しているということができるであろう。このことは、『大経』、ならびに『観経』の成立事情にも関係しているとも推測されるのであるが、経典の教説の性格として、覚如が『口伝鈔』に、

大無量寿経は、法の真実なるところを説きあらはして対機はみな権機なり。観無量寿経は、機の真実なるところをあらはせり、これすなはち実機なり。いはゆる五障の女人韋提をもつて対機として、とほく末世の女人・悪人にひとしむるなり。小阿弥陀経は、さきの機法の真実をあらはす二経を合説

して、不可以少善根福徳因縁得生彼国と等説ける。(『註釈版』900-901頁)

と示すように、『大経』は「法」を開示し、『観経』は「機」を説示するという経典独自の性格の相違であるということができるであろう。

2　浄土七祖の出離生死

　親鸞浄土教の念仏相承の祖師としては広く言えば七祖に限定されるものではないが、しかし基本的な相承の祖師としては七祖に限定しているということができる。では、それぞれの祖師の出離生死についての理解はどのようなものであったのであろうか。浄土七祖の各々の思想は、インド・中国・日本のそれぞれの祖師の思想を受けて展開していると考えられる。それゆえ出離生死についても基本的な理解は、おのおのの祖師方を受けて展開していると考えられるので、七祖のそれぞれの特色的な出離生死の理解に着目して見ていくこととする。

　ではまずはじめに、龍樹（150〜250年頃）における出離生死についてはどのように示されているのであろうか。『易行品』によると、

1　西方に善世界あり、仏を無量明と号す。身光・智慧あきらかにして、照らすところ辺際なし。その名を聞くことあれば、すなはち不退転を得。われいま稽首し礼したてまつる。願はくは生死の際を尽したまへ。(『註釈版』11頁)
2　迦求村大仏は、阿耨多羅三藐三菩提を、尸利沙樹の下に得たまひて、大智慧を成就し、永く生死を脱したまふ。われいま第一無比尊を帰命し礼したてまつる。(『同』20-21頁)

と明かされるように、①仏の名を聞くことによって不退転を得、出離生死を願うということ、②迦求村大仏が智慧を成就することによって生死を脱したことが明かされ、それゆえ、③仏に稽首し帰命することによって生死の出離が願われているのである。

　さらに、天親（400〜480年頃）の『浄土論』においては、

1 出第五門とは、大慈悲をもつて一切苦悩の衆生を観察して、応化身を示して、生死の園、煩悩の林の中に回入して遊戯し、神通をもて教化地に至る。本願力の回向をもつてのゆゑなり。これを出第五門と名づく。（『同』42頁）

と示されるように、①本願力による回向成就の応化身として煩悩の生死の世界に入って、教化すると説かれているのである。このことは、②生死界が悟りを得たものの救済の対象として考えられているということである。
　次に、曇鸞（承明元年〈476〉～魏興和4年〈542〉）の『往生論註』では、

1 問ひていはく、大乗経論のなかに、処々に衆生は畢竟無生にして虚空のごとしと説けり。いかんが天親菩薩願生といふや。答へていはく、衆生は無生にして虚空のごとしと説くに二種あり。一には、凡夫の謂ふ所のごとき実の衆生、凡夫の見る所のごとき実の生死は、この所見の事、畢竟じて所有なきこと、亀毛のごとく、虚空のごとし。二には、いはく、諸法は因縁生のゆゑにすなはちこれ不生なり。所有なきこと虚空のごとし。天親菩薩の願ずるところの生は、これ因縁の義なり。因縁の義のゆゑに仮に生と名づく。凡夫の、実の衆生、実の生死ありと謂ふがごときにはあらず。（『同』54-55頁）

2 三界とは、一にはこれ欲界、いはゆる六欲天・四天下の人・畜生・餓鬼・地獄等これなり。二にはこれ色界、いはゆる初禅・二禅・三禅・四禅の天等これなり。三にはこれ無色界、いはゆる空処・識処・無所有処・非想非非想処の天等これなり。この三界はけだしこれ生死の凡夫の流転の闇宅なり。また苦楽小しく殊なり、修短しばらく異なりといへども、統べてこれを観ずるに有漏にあらざることなし。倚伏あひ乗じ、循環無際なり。雑生触受し、四倒長く拘はる。かつは因、かつは果、虚偽あひ襲ふ。（『同』58頁）

3 問ひていはく、ある論師、汎く衆生の名義を解するに、それ三有に輪転して衆多の生死を受くるをもつてのゆゑに衆生と名づくと。いま仏・菩薩を名づけて衆生となす。この義いかん。答へていはく、経にのたまは

く、一法に無量の名あり、一名に無量の義ありと。衆多の生死を受くるをもつてのゆゑに名づけて衆生となすがごときは、これはこれ小乗家の三界のなかの衆生の名義を釈するなり。大乗家の衆生の名義にはあらず。(『同』78頁)

4 　善友告げていはく、なんぢもし念ずることあたはずは無量寿仏と称すべしと。かくのごとく心を至して声をして絶えざらしめて、十念を具足して南無無量寿仏と称せん。仏の名を称するがゆゑに、念々のうちにおいて八十億劫の生死の罪を除き、命終の後に金蓮花のなほ日輪のごとくしてその人の前に住するを見、一念のあひだのごとくにすなはち極楽世界に往生を得ん。蓮花のなかにおいて十二大劫を満てて、蓮華まさに開けん。まさにこれをもつて五逆の罪を償ふべし。(『同』93頁)

5 　還相とは、かの土に生じはりて、奢摩他・毘婆舎那を得、方便力成就すれば、生死の稠林に回入して一切衆生を教化して、ともに仏道に向かふなり。もしは往、もしは還、みな衆生を抜きて生死海を渡せむがためなり。このゆゑに回向を首となす。大悲心を成就することを得んするがゆゑなりといへり。(『同』107-108頁)

6 　仏、法華経を説きたまひし時、眉間の光を放ちて東方万八千土を照らすにみな金色のごとく、阿鼻獄より上は有頂に至るまで、もろもろの世界のなかの六道の衆生の生死の趣くところ、善悪の業縁、受報の好醜、ここにことごとく見るがごとし。(『同』116頁)

7 　たとへば浄摩尼珠を、これを濁水に置けば、水すなはち清浄なるがごとし。もし人、無量生死の罪濁にありといへども、かの阿弥陀如来の至極無生清浄の宝珠の名号を聞きて、これを濁心に投ぐれば、念々のうちに罪滅して心浄まり、すなはち往生を得。(『同』126頁)

8 　経にのたまはく、十方の無礙人、一道より生死を出づと。一道とは一無礙道なり。無礙とは、いはく、生死すなはちこれ涅槃と知るなり。かくのごとき等の入不二の法門は、無礙の相なり。(『同』155頁)

と示されている。曇鸞において、出離生死が仏教の根本論理の因縁性において押さえる限り、①生死する凡夫は「仮」の存在であって実態としてあるもので

はないのである。それゆえ必然的に、迷うとされる衆生の存在自体が実態のない「仮」であり、迷うということはありえないことになり、したがって仏教の基本的原理の因縁性から、迷いとか悟りと言うこともないのであって、結果的に衆生の生死は涅槃でもあると言われるのである。しかし現に迷いの存在と見られる衆生が存在するのも事実であり、②迷いの衆生は、八十億の罪をもつものであり、また、③地獄に落ち、さらに、④三界、六道を輪廻するものでもあると見ているのである。そして具体的な行法としては、⑤阿弥陀仏の名号を称することによって凡夫の罪が滅除され心清浄となり往生ができ、また、⑥礼拝、讃歎、作願、観察、回向の五念門行を修することによって、回向門において迷いの生死界に救済のために回入すると説かれているのである。

それでは次に、道綽（天嘉3年〈562〉〜貞観19年〈645〉）の『安楽集』において見ることのできる出離生死の理解は、

1　前に生ずるものは後を導き、後に去かむものは前を訪ひ、連続無窮にして願はくは休止せざらしめむと欲す。無辺の生死海を尽さむがためのゆゑなり。（『同』185頁）

2　衆生見るものみな希有の心を生ずるがごとしと。仏、父の王に告げたまはく、一切衆生生死のなかにありて念仏の心もまたまたかくのごとし。（『同』189頁）

3　一には凡夫人の所見のごときは、実の衆生、実の生死等なり。……凡夫の実の衆生、実の生死ありと謂ふがごときにはあらず。（同』228-229頁）

4　たとへば人ありて生死を怖畏して、発心出家して定を修し、通を発して四天下に遊ぶがごときを名づけて自力となす。（『同』234頁）

5　なにによりてかいまに至るまで、なほみづから生死に輪廻して火宅を出でざる。答へていはく、大乗の聖教によるに、まことに二種の勝法を得て、もつて生死を排はざるによる。ここをもつて火宅を出でず。何者をか二となす。一にはいはく聖道、二にはいはく往生浄土なり。（『同』241頁）

6　もしいまだ発心せざる時は、生死に流転すること衆生と無別なり。ただ

すでに菩提心を発す時は、先づ願じて浄土に往生し、大悲の船を取りて無礙の弁才に乗じて生死の海に入り、衆生を済運すと。(『同』278頁)
7　善知識はこれなんぢが大船なり、なんぢらを運度して生死海を出すがゆゑなり。……よくなんぢらを挽き抜きて生死を出すがゆゑなりと(『同』287頁)

と説示されるように、①曇鸞の理解にも見ることのできた、人間の存在は縁起的生死であるから凡夫の見るような実の生死ではないとする、仏教の原理的把捉である縁起の理解が当然のように見られ、次には、②発菩提心による浄土往生、ならびに穢土の生死における衆生済度の還相回向の働きが言われ、さらに、③生死を恐れて往生を願うのは自力であること、また時代に即応した出離生死として、④聖浄二門の教判が明かされ、そして浄土門による念仏往生の重要性が述べられ、さらには、⑤現実的な法の相続として善知識の肝要性が述べられるのである。すなわち道綽における出離生死の把捉については、仏教的縁起の理解を踏まえながらも、一方では衆生の出離生死について現実的な具体的対応が明かされていると言うことができるであろう。

　それではさらに、善導(大業9年〈613〉～唐の永隆2年〈681〉)の出離生死について見ていきたい、まずはじめに『観経疏』において、

1　生死はなはだ厭ひがたく、仏法また欣ひがたし。(『同』297頁)
2　これらの菩薩を名づけて不退となす。身は生死に居して、生死のために染せられず。(『同』311頁)
3　ただ一行を知れり。いはゆる念仏三昧なりと。この文をもつて証するに、あに一行にあらずや。これ一行なりといへども、生死のなかにおいてすなはち成仏に至るまで永く退没せず。ゆゑに不堕と名づく。(『同』322頁)
4　問ひていはく、如来の戒法すなはちあること無量なるに、父の王ただ八戒のみを請じて余を請ぜずや。答へていはく、余戒はやや寛くして時節長遠なり。おそらくは中間に失念して生死に流転することを。(『同』356頁)

5　この娑婆生死の身の八苦・五苦・三悪道の苦等を捨つることを得んと欲して、聞きてすなはち信行するものには、身命を惜しまず、急にためにこれを説けといふことを明かす。もし一人も苦を捨てて生死を出づることを得れば、これを真に仏恩を報ずと名づく。(『同』410頁)

6　また真実心のうちの身業に、この生死三界等の自他の依正二報を軽慢し厭捨す。また真実心のうちの意業に、かの阿弥陀仏および依正二報を思想し観察し憶念して、目の前に現ずるがごとくす。また真実心のうちの意業に、この生死三界等の自他の依正二報を軽賤し厭捨す。(『同』456頁)

7　一には決定して深く、自身は現にこれ罪悪生死の凡夫、曠劫よりこのかたつねに没しつねに流転して、出離の縁あることなしと信ず。(『同』457頁)

8　あるいは諸法は一切みな空にして生死・無為もまた空なり。(『同』475頁)

9　余はすでにこれ生死の凡夫なり。(『同』502頁)

と示され、さらに『法事讃』では、

1　つねに一切の悪を起し、相続して一切の悪を起し、方便して一切の悪障・業障・報障・煩悩等の障、生死の罪障、仏法僧を見聞することを得ざる障を起す。(『同』535頁)

2　この無明のために六道に繋がれ、愛憎高下していづれの時にか平らかならん。すでに善業の生死を排ふなし。(『同』563頁)

と述べられ、さらには『観念法門』においては、

1　観仏三昧経に説きたまふがごとし。もし人ありて一須臾のあひだも白毫相を観ずれば、もしは見、もしは見ざるも、すなはち九十六億那由他恒河沙微塵数劫の生死の重罪を除却すと。(『同』600頁)

2　その人病を得て死せんと欲するに、善知識の、教へて弥陀仏を称するこ

と一声せしむるに遇ふ。すなはち五十億劫の生死の重罪を除滅す。すなはちこれ現生滅罪増上縁なり。(『同』616頁)
3 　観経等によりて浄土荘厳の変を画造して、日夜に宝地を観想すれば、現生に念々に八十億劫の生死の罪を除滅す。(『同』617頁)

と示されている。さらに『往生礼讃』においては、

1 　またかの国に到りをはりて六神通を得て生死に回入して、衆生を教化すること後際を徹窮して心に厭足なく、すなはち成仏に至るまでまた回向門と名づく。(『同』656頁)
2 　また菩薩すでに生死を免れて、所作の善法回して仏果を求むるは、すなはちこれ自利なり。衆生を教化して未来際を尽すは、すなはちこれ利他なり。(『同』657頁)
3 　前念に命終して後念にすなはち彼の国に生じ、長時永劫につねに無為の法楽を受く。すなはち成仏に至るまで生死を経ず。(『同』660-661頁)
4 　無始に身を受けてよりこのかた、つねに十悪をもつて衆生に加ふ。父母に孝せず三宝を謗り、五逆・不善業を造作す。この衆罪の因縁をもつてのゆゑに、妄想顛倒して纏縛を生じ、無量の生死の苦を受くべし。頂礼し懺悔したてまつる。願はくは滅除せしめたまへ。(『同』682頁)
5 　弟子　其甲　現にこれ生死の凡夫、罪障深重にして六道に淪みて、苦つぶさにいふべからず。今日善知識に遇ひて、弥陀の本願名号を聞くを得たり。一心に称念して往生を求願せよ。(『同』709-710頁)

と明かされ、また『般舟讃』においては、

1 　三界・六道は苦にして停まりがたし　無量楽　曠劫よりこのかたつねに没々たり　願往生　到るところただ生死の声のみを聞く(『同』717頁)
2 　凡夫の生死は貪るべからざれども厭はず、弥陀の浄土は軽んずべからざれども忻はず。(『同』792頁)

と述べられるように、曇鸞、道綽の明かした仏教の縁起による、①生死の空性が示されるのであるが、それにもかかわらず人間の実相として、②流転の迷いの存在であり、それゆえ、③三宝や仏恩に対する生死の重罪性が言われ、さらに、④その出離として、観相や戒が説かれながらも、最も重要なのは善知識に出会い本願を聞名することの重要性が説かれ、そしてさらには、⑤浄土往生後において六神通を得て衆生済度を行う自利利他の働きがあることが説かれているのである。しかしながら、善導において何と言っても注目されるのは、生死の存在としての衆生であり、なかでも自身がまさに生死の存在であるとする自覚である。それは二種深信で明かされる「自身は現に罪悪生死の凡夫」と言われ、また「余はすでにこれ生死の凡夫」なりと明かされるように、自己が生死的存在であることの自覚である。この点、善導においては生死的凡夫としての自覚がきわめて顕著に示されていると言うことができるであろう。

　さて次に、源信（天慶5年〈942〉～寛仁元年〈1017〉）の『往生要集』における出離生死の理解については、

1　かくのごとく無量生死のなかには、人身を得ることはなはだ難し。たとひ人身を得たれども、もろもろの根を具することまた難し。たとひ諸根を具すれども、仏教に遇ふことまた難し。たとひ仏教に遇ふとも、信心を生すことまた難し。（『同』841頁）
2　一色・一香も中道にあらずといふことなし。生死即涅槃、煩悩即菩提なり。一々の塵労門を翻ずれば、すなはちこれ八万四千の諸波羅蜜なり。無明変じて明となる、氷融けて水となるがごとし。さらに遠き物にあらず。余処より来るにもあらず。ただ一念の心にあまねくみな具足せること。（『同』904頁）
3　なんぢ、もし煩悩即菩提なるがゆゑに欣ひて煩悩・悪業を起さば、また生死即涅槃なるがゆゑに欣ひて生死の猛苦を受くべし。なんがゆゑぞ、刹那の苦果においては、なほ堪へがたきことを厭ひ、永劫の苦因においては、みづからほしいままに作ることを欣ふや。このゆゑに、まさに知るべし、煩悩・菩提、体これ一なりといへども、時・用異なるがゆゑに染・浄不同なり。水と氷とのごとく、また種と菓とのごとし。その体こ

れ一なれども、時に随ひて用異なるなり。これによりて、道を修するものは本有の仏性を顕せども、道を修せざるものはつひに理を顕すことなし。(『同』909頁)

4 観仏三昧経にのたまはく、この好を観ずるものは、八十劫の生死の罪を滅し、後世につねに陀羅尼の人と眷属たりと云云。下去もろもろの利益、みなまた観仏三昧経によりて注す。五には、額広く平正にして、形相殊妙なり。この好の業因ならびに利益は勘ふべし。六には、面輪円満して光沢熙怡なり。端正皎潔なること、なお秋の月のごとし。双べる眉の皎浄なること、天帝の弓に似たり。その色比なくして、紺琉璃の光あり。来り求むるものを見て歓喜を生ずるゆゑに、面輪円満なり。この相を観ずるものは億劫の生死の罪を除却して、後身の生処に、まのあたり諸仏を見たてまつる。(『同』937-938頁)

5 往、煩悩によりて善心を壊乱し、福智の珍財、ならびにみな散失せり。久しく生死に沈みて制すること自由ならず。つねに魔王のためにしかも僕使となりて、六道に駆馳せられ、身心を苦切す。(『同』968頁)

6 無量清浄覚経にのたまはく、阿弥陀仏、観世音・大勢至と、大願の船に乗りて生死の海に汎びて、この娑婆世界につきて、衆生を呼喚して大願の船に上せて、西方に送り着けしめたまふ。もし衆生の、あへて大願の船に上らば、ならびにみな去ること得。これはこれ往きやすきなり。心地観経の偈にのたまはく、衆生生死海に没在して、五趣に輪廻して出づる期なし。(『同』974-975頁)

7 中論の第一の偈にいはく、諸法は自より生ぜず、また他よりも生ぜず。共ならず無因ならず。このゆゑに無生なりといふことを知りぬと。この偈によりて、多くの四句を用ゐるべし。三には、念ずべし、いまわが惑心に具足せる八万四千の塵労門と、かの弥陀仏の具足したまへる八万四千の波羅蜜門とは、本来空寂にして、一体無礙なり。貪欲はすなはちこれ道なり。恚・痴またかくのごとし。水と氷との、性の異なる処にあらざるがごとし。ゆゑに経にのたまはく、煩悩・菩提は体無二なり。生死・涅槃は異処にあらずと。われいま、いまだ智火の分あらざるがゆゑに、煩悩の氷を解きて功徳の水となすことあたはず。(『同』1017-1018

頁）

8 かくのごとくして、一日もしは七日に至らば、百千劫の煩悩の重障を除きてん。あるいは須臾のあひだも、坐禅入定して仏の白毫を念じ、心して了々ならしめ、謬乱の想なく、分明にまさしく住して意に注けて息まざれば、九十六億那由他等の劫の生死の罪を除却す。(『同』1019-1020頁)

9 まさに知るべし、生死即涅槃なり、煩悩即菩提なり、円融無礙にして無二無別なり。しかるを一念の妄心によりて、生死の界に入りにしよりこのかた、無明の病に盲ひられて、久しく本覚の道を忘れたり。ただ諸法はもとよりこのかた、つねにおのづから寂滅の相なり。幻のごとくして定まれる性なし。心に随ひて転変す。(『同』1049頁)

10 いまこの娑婆世界は、これ悪業の所感なり、衆苦の本源なり。生老病死は輪転して際なし。三界は極縛にして一も楽しむべきことなし。もしこの時においてこれを厭離せずは、まさにいづれの生にか輪回を離るべけんや。しかも阿弥陀仏には不可思議の威力まします。もし一心に名を称すれば、念々のうちに、八十億劫の生死の重罪を滅したまふ。このゆえに、いままさに一心にかの仏を念じて、この苦界を離るべし。この念をなすべし、願はくは阿弥陀仏、決定してわれを抜済したまへと。(『同』1050頁)

と示されるように、衆生は、①煩悩によって生死に沈淪するのであって、その、②生死界においては、仏教との値遇、および信心を生ずることの困難性が指摘されるのである。このような生死は仏教の原理的見解として、③龍樹の『中論』等によって、真実界は本来空寂であって、それは水と氷のように本質としては変わることがないものであり、それゆえ迷いの生死と悟りの涅槃は本質的には体は無二であり、すべては中なるものなのである。したがって生死即涅槃、煩悩即菩提であり、また真実の世界は円融無礙にして無二無別である、と示し、さらには、④生死即涅槃、煩悩即菩提と説きながらも、行者の修道の重要性が説かれるのである。そして、⑤生死の迷いについては観相による滅除、出離生死が説かれ、さらに、⑥阿弥陀仏および菩薩による生死界からの救済、また、

⑦娑婆世界の実相と称名念仏による出離生死が説かれているということができるのである。

そして最後に、法然（長承2年〈1133〉～建暦2年〈1212〉）の『選択集』においては、

1　まさに知るべし、生死の家には疑をもつて所止となし、涅槃の城には信をもつて能入となす。（『同』1248頁）
2　それすみやかに生死を離れむと欲はば、二種の勝法のなかに、しばらく聖道門を閣きて選びて浄土門に入るべし。（『同』1285頁）

と説示されるように、上来見てきた浄土教の祖師の理解を踏まえながら、①信疑決判の信心による出離生死、また、②道綽の聖浄二門判による出離生死が示されるのである。

以上、三部経ならびに七祖の出離生死についての把捉を見てきたのであるが、それぞれの説示については、おのおのの説示の傾向の相違はあるが、基本的には、生死は縁起的見解による生死即涅槃の理解と、さらには具体的な人間の実相としての迷いの生死のあり方、そしてその迷いの出離生死の方法として、観相および称名念仏の重要性、さらには往生後の還相の働きとしての出離生死のありようが説かれていると言うことができるのである。

3　親鸞における出離生死

親鸞において出離生死はどのような意味において捉えられていたのであろうか。出離生死の課題は親鸞の生死観の把捉と基本的には同一の問題であろうと思われる。このことについては、すでに生死観について考察した拙稿[3]を参考にして、以下、具体的な親鸞の出離生死について見ていきたい。

まず第一には「生死の無常」性である。親鸞自身の言葉ではないが、「証巻」に引用された善導の『観経疏』「定善義」の文である「曠劫よりこのかた六道に流転して、ことごとくみな経たり。到るところに余の楽しみなし。ただ愁歎の声を聞く」（『註釈版』312頁）に見ることができるのではないであろうか。それはただ六道を輪廻する人間の生死的存在について「ただ愁歎の声を聞く」

と示されているのである。人間の生死が無常であり、うつろいゆくものであるということは、いちいち挙げるまでもないほど経論に明かされていることであり、人間にとってそのはかなさを愁い歎くという感傷的・詠歎的心情が起ってくることは、人間的感情から必然のことと言わなければならない。しかし、親鸞において他に感傷的・詠歎的表現をみることができないところから言えば、親鸞において、単純な生死の無常性を歎くということはなかったと考えねばならないであろう。しかし晩年の老いた親鸞において、死を予期させる無常の想いが脳裏に去来したことは間違いのないことであり、その最も端的な例を、文応元年（1260）、親鸞88歳の時の消息に見ることができる。すなわち、

　なによりも、去年・今年、老少男女おほくのひとびとの、死にあひて候ふらんことこそ、あはれに候へ。ただし生死無常のことわり、くはしく如来の説きおかせおはしまして候ふうへは、おどろきおぼしめすべからず候ふ。（『同』770-771頁）

である。ここには、去年、今年にわたって多くの人々が死に直面したことに触れて、そのことを「生死無常のことわり」といい、それは、すでに如来の説示されたことがらであり、ことさらおどろくべきことではないと明かしているのである。ここに人間の生死を現実のものとして捉えているということが言えるのであるが、ただここで述べられる生死無常は「如来のときをかせおはします」「ことわり」として捉えられているのであり、それはきわめて知的論理的な生死無常の把握であるといわなければならないのである。しかし、親鸞において、出離生死の生死はただ単に知的論理的無常性として捉えられるものではなく、さらに知的論理的把握を基底として、親鸞の宗教的信思想の内実にまで展開する生死観であることはいうまでもないことである。

　さらに第二としては、「生死の輪廻」性である。すなわち、「髙僧和讃」龍樹讃には「恩愛はなはだたちがたく　生死はなはだつきがたし」（『同』580頁）と示され、恩愛と生死を同列にあげ、人間にとって恩愛も生死も共に、人間の迷いとして見ているのである。さらには「信巻」引用の『涅槃経』には「一切衆生みな余業あり。業縁をもつてのゆゑにしばしば生死を受く」（『同』271頁）

と明かされるように、生死は迷いであるがゆえに、その迷いの業縁によってくりかえし何度も生死するものとしている。またさらには「行巻」に引用される『往生礼讃』の「現にこれ生死の凡夫、罪障深重にして六道に輪廻せり」(『同』166頁)や、自釈の文において「すでに六趣・四生、因亡じ果滅す。ゆゑにすなはち頓に三有の生死を断絶す」(『同』255頁)と述べられるように、生死は仏教の迷界としてあらわされる、三界、六道、四生の仏教的世界観に属するものとして捉えられているのである。このことを最も端的に明かしているものは『尊号真像銘文』において、法然の『選択集』第八「三心章」に示される「当知　生死之家以疑為所止」の文を解釈するなか「以疑為所止」について、

　　大願業力の不思議を疑ふこころをもつて、六道・四生・二十五有・十二類
　　生　類生といふは一、卵生　二、胎生　三、湿生　四、化生　五、有色生
　　六、無色生　七、有相生　八、無相生　九、非有色生　十、非無色生　十
　　一、非有相生　十二、非無相生　にとどまるなりとなり、いまにひさしく
　　世に迷ふとしるべしとなり。(『同』666頁)

と疑いによる迷いについて詳細に述べているのである。このように親鸞は出離生死を人間的実感に即して、「すてがたく」「たちがたい」迷いとして捉えているのであり、しかも単に人間の実感的世界のみでなく、仏教の明かす六道・四生・三界・二十五有の迷界そのものとして捉えているということができるのである。
　また第三には、「生死の罪業」性である。先に述べた「生死の無常」性、「生死の輪廻」性は、親鸞の出離生死の基底となるべきものであるが、「生死の罪業」性は、一般的に説示される仏教思想としての、無常性や輪廻性の問題でなく、それは親鸞の把捉した信心そのものに直接関わって明かされるものであり、どのようにしても己の力では開悟することができない自己の罪業として見出されるものである。このような生死が罪業であるということは、善導が『観経疏』「散善義」に七深信として示すなか、いわゆる二種深信として明かされる文について「信巻」に、

自身は現にこれ罪悪生死の凡夫、曠劫よりこのかたつねに没し、つねに流転して、出離の縁あることなしと信ず。二つには、決定して深く、かの阿弥陀仏の四十八願は衆生を摂受して、疑なく慮りなくかの願力に乗じて、さだめて往生を得と信ず。(『同』217-218頁)

と示し、また「証巻」の「煩悩成就の凡夫、生死罪濁の群萌」(『同』307頁)において見ることができる。人間はどのようにしても流転する生死から出離することはできないのであるが、その生死の世界にあるということ、そのことが「罪悪生死」なのである。それは、凡夫そのものを罪業として捉えるものであり、親鸞においては、現にある自身の存在そのものが罪業的存在であるとして捉えているということである。しかもそれは、「凡夫」「群萌」と明かされるように、人間に共通する空間的拡がりをもっていわれ、また、「曠劫」「流転」に示されるように、時間的、永遠性においても、人間は「出離之縁」なき生死の罪業的存在として把握されているのである。
　しかし、親鸞において、自身が罪悪生死ということは、単にそれだけであるのではなく、信心が二種一具として語られるように、機の深信は法の深信と一具なるものであり、そのことは「証巻」の「煩悩成就の凡夫、生死罪濁の群萌、往相回向の心行を獲れば、即の時に大乗正定聚之数に入るなり。正定聚に住するが故に必ず滅度に至る」(『同』307頁)に見ることができる。それは煩悩成就の凡夫、生死罪濁の群萌が、信心獲得の一念において滅度に至る正定聚位につくと把捉しているということである。
　次に第四には、「生死即涅槃」性という把握である。親鸞は迷いである生死はそのまま涅槃の悟りであり、そのことを証知するのであると明かしている。即ち、「行巻」に曇鸞の『論註』を引用して、「无碍は、いはく、生死すなはちこれ涅槃なりと知るなり。かくのごときらの入不二の法門は無碍の相なり」(『同』192頁)と示しているのである。その意は、浄土願生の菩薩が五念門を修して得る無上正遍道が、十方諸仏の絶対無智と同じものであり、それは生死即涅槃としての迷悟不二の入不二の法門を知ることであると述べるものである。このような曇鸞の見解を受けて親鸞は「正信偈」に「惑染の凡夫、信心発すれば、生死すなはち涅槃なりと証知せしむ」(『同』206頁)と示し、また『文類聚

鈔』には「煩悩成就の凡夫人、信心開発すればすなはち忍を獲、生死すなはち涅槃なりと証知す」（『同』487頁）と明かし、さらには「高僧和讃」曇鸞讃において、「悲願の信行えしむれば　生死すなはち涅槃なり（『同』584頁）と述べられるように、生死について「生死即涅槃」と明かしているのである。それは親鸞が「信心発すれば」「信心開発すれば」「信心えしむれば」と示すように、信心の場においてこのことを明かしているということである。このことは親鸞思想において「如来とひとし」「弥勒等同」というような能動的表現もあり、また「即得往生」の語を正定聚に重ねて用いられたことなどから考えるなら、「生死即涅槃」は、念仏行者、信心の人の正定聚位の立場を明かされたものと見ることができるであろう。

　そして最後の第五では、「生死の利他教化」性である。親鸞の教義体系は「教巻」冒頭に述べられるように、往相、還相の二回向の構造から成っている。往相については「証巻」に、

> 　それ真宗の教行信証を案ずれば、如来の大悲回向の利益なり。ゆゑに、もしは因、もしは果、一事として阿弥陀如来の清浄願心の回向成就したまへるところにあらざることあることなし。因、浄なるがゆゑに果また浄なり。知るべしとなり。
> 　　二つに還相の回向といふは、すなはちこれ利他教化地の益なり。すなはちこれ必至補処の願より出でたり。また一生補処の願と名づく。また還相回向の願と名づくべきなり。註論に顕れたり。ゆゑに願文を出さず。論の註を披くべし。（『同』312-313頁）

と明かされるように、真宗の教行信証は如来大悲の回向の利益であり、因も果も阿弥陀如来の回向成就であることを明かし、さらに引き続き、還相回向の利他教化地の益は第二十二願必至補処之願より出だされるとしているのである。このような理解は『論』『論註』によっているのであるが、天親や曇鸞においては、五念門を修する菩薩の行者が利他教化をなすものとして説かれていたのであるが、親鸞においては、それは法蔵菩薩の所修であり、その法蔵の所修によるがゆゑに、一切の願生者もまた還相の利他行の働きがあるとするのである。

そして親鸞は「証巻」において、この還相回向の利他教化の働きは、『論』『論註』の指示によって穢土の生死の園、煩悩の林においてなされると明かしているのである。

このような理解はその著述のうえにおいて随所に見ることができるが、そのなかの讃偈の例文を挙げると、「行巻」の「正信念仏偈」に、「蓮華蔵世界に至ることを得れば、すなはち真如法性の身を証せしむと。煩悩の林に遊んで神通を現じ、生死の園に入りて応化を示すといへり」（『同』205頁）と示され、また『浄土文類聚鈔』の「念仏正信偈」には、「蓮華蔵世界に至ることを得れば、すなはち寂滅平等身を証せしむ。煩悩の林に遊びて神通を現じ、生死の園に入て応化を示す」（『同』487頁）と明かされているのである。それは蓮華蔵世界である浄土に往生すれば、そこにおいて涅槃の真実の悟りを得るのであり、真如法性、寂滅平等の身を得たならば、その悟りの境界に安住するのではなく、ただちに、煩悩、生死の迷界に帰って利他教化の働きをすると明かすのである。

親鸞は『唯信鈔文意』で「自来迎」の「来」に親鸞独自の理解を示し、そしてさらに、「このさとりをうれば、すなはち大慈大悲きはまりて生死海にかへり入りてよろづの有情をたすくるを普賢の徳に帰せしむと申す」（『同』702頁）と述べているのである。この生死の世界はただ単に迷いとして厭捨させるべき世界ではなく、どこまでも浄土から帰って苦悩の有情を救わなければならない世界なのであり、如来の利他教化の究極的世界でもあるのである。それゆえ「高僧和讃」善導讃に「弥陀の心光摂護して　ながく生死をへだてける」（『同』591頁）と示し、さらに『尊号真像銘文』に「弥陀の願力は生死大海のおほきなる船・筏なり」（『同』670頁）と明かすように、如来の働きを光明、願力として捉え、この現実の生死海の迷いを「へだて」、そして「船・筏」として渡す働き、すなわち願力を活動体として捉えているのである。すなわち如来の働きを示す光明・願力はこの迷いの生死界のただ中において、如来の具体的な活動態として見られているということである。かくして、親鸞においては「御消息」に、

　　　来迎は諸行往生にあり、自力の行者なるがゆゑに。臨終といふことは、諸行往生のひとにいふべし、いまだ真実の信心をえざるがゆゑなり。また十

悪・五逆の罪人のはじめて善知識にあうて、すすめらるるときにいふことなり。真実信心の行人は、摂取不捨のゆゑに正定聚の位に住す。このゆゑに臨終まつことなし、来迎たのむことなし。信心の定まるとき往生また定まるなり。来迎の儀則をまたず。(『同』735頁)

と示し、さらには、

御同行の臨終を期してと仰せられ候ふらんは、ちからおよばぬことなり。信心まことにならせたまひて候ふひとは、誓願の利益にて候ふうへに、摂取して捨てずと候へば、来迎臨終を期せさせたまふべからずとこそおぼえ候へ。いまだ信心定まらざらんひとは、臨終をも期し来迎をもまたせたまふべし。(『同』803頁)

と明かすように、第十九願の臨終来迎の願が仮とされることによって、臨終の様相が問題にならなくなり、逆に信心の立場が強調され、その信心において現に正定聚不退転の立場となり、さらに往生は即成仏である主張によって、出離生死が把捉されているということができるのである。

4　真宗妙好人の出離生死

（1）妙好人の意味

　親鸞が開示した真宗念仏の篤信者を「妙好人」と呼び習わしている。「妙好人」とは『観経』に「もし念仏するものは、まさに知るべし、この人はこれ人中の分陀利華なり。観世音菩薩・大勢至菩薩、その勝友となる」(『註釈版』117頁)と明かされるように、念仏者は分陀利華、すなわち白い蓮華のような存在であり、また観音、勢至の勝れた友であると示されている。この意を受けて善導は『観経四帖疏』「散善義」において、

もしよく相続して念仏するものは、この人はなはだ希有なりとなす、さらに物としてもつてこれに方ぶべきなし。ゆゑに分陀利を引きて喩へとなすことを明かす。分陀利といふは、人中の好華と名づけ、また希有華と名づ

け、また人中の上上華と名づけ、また人中の妙好華と名づく。この華相伝して蔡華と名づくるこれなり。もし念仏するものは、すなはちこれ人中の好人なり、人中の妙好人なり、人中の上上人なり、人中の希有人なり、人中の最勝人なり。(『七祖篇』499-500頁)

と述べ、「分陀利」を、好人、上上人、希有人、最勝人である念仏者の比喩的表現としているのである。これらを受けて親鸞は『愚禿鈔』に、

龍樹大士十住毘婆沙論にいはく、即時入必定となり。曇鸞菩薩の論には入正定聚之数といへり。善導和尚は、希有人なり、最勝人なり、妙好人なり、好人なり、上上人なり、真仏弟子なりといへり。(『註釈版』538-539頁)

と明かすように、念仏者は正定聚の人であり、妙好人でり、真の仏弟子であると示しているのである。篤信の念仏者を意味する妙好人の伝記は、石見（島根県）の仰誓（1721-1794）によって編集され、さらに美濃（岐阜県）の僧純（1791-1872）によって、天保13年（1842）から安政5年（1858）にかけて発刊された。その後、明治時代以降になっても多くの妙好人伝が編纂されるが、そこにみられる妙好人については、いくつかの類型が考えられるのである。すなわち、1) 生活の姿勢によって、①内面的法悦型、②外面的伝道型、また、2) 信仰意識によって、①無我型、②智慧型、③内省型、④道徳型、⑤融合型、さらには、3) 人格・性格によって、①厳格型、②温和型、③禅型、④聡明型、などに類型化される(4)が、それは各々の視点によって妙好人はさまざまに見ることができるということでもある。ここでは鈴木大拙氏によって見出された、最も代表的な妙好人の一人である浅原才市における出離生死に関わる問題について見ていきたい。

(2) 才市の略歴

　浅原才市は嘉永3年（1850）2月20日、島根県邇摩郡大浜小浜（現在の同郡温泉津町字小浜）に生まれた。才市の父は大浜村小浜の浅原要四郎であり、同じ小浜の原田屋の娘スギと結婚し、その間に誕生した子供が才市である。その

後、万延元年（1860）、才市が11歳の時に両親は離婚したのであるが、父の要四郎は離婚後まもなく涅槃寺で出家し、法名を西教と号し小浜の安楽寺の墓地近くに一庵を結んで住した。また母スギは、少年才市を連れ実家に戻ったが、数年後、縁があって再婚したのである。母の実家に残された才市は、父要四郎の母の実家である江津の元道鉄五郎のもとに船大工として、年季奉公にやられた。そこで才市のその後の船大工の職人としての生涯が始まったのである。

明治7年（1874）、25歳になると、才市は温泉津の竹内常右衛門の娘であるセツと結婚し、小浜に家を構えた。同11年（1878）、29歳には娘サキが生まれ、この前後には、県下の各方面、また遠くは九州の直方にまで船大工として出稼ぎに行っているのである。同15年（1882）、33歳の時に京都の要願寺に参って帰敬式を受け、法名、釈秀素を授けられている。同27年（1894）、45歳の時、父西教が83歳で亡くなり、同28年（1895）、46歳の時には妻セツが帰敬式を受け、法名、釈幸流を授っている。同41年（1908）、59歳において、母親のサキが83歳で亡くなった。「才市が最も真剣に法を求めた時期は45歳頃から60歳頃までであっ」て、また「彼が思索の末に決定的安心を得たのは50代の終わり、60歳に近い頃だったと推測される」と言われているのである。

才市は晩年下駄職人となるが、大正2年（1913）64歳、9月頃からノートに歌を清書し始めたのである。大正9年2月には、浄土真宗本願寺から六字名号が下付されたのであるが、その翌月に、画工に頼んで頭に二本の角のある自分の肖像を描いてもらい、そしてその肖像の余白に安楽寺の勧学、梅田謙敬師に賛を書いてもらったのである。その賛には、「角ある者は機なり　合掌する者は法なり　法よく機をおさめて　柔軟なり三業　火車因って滅し　甘露心にあきたる　未だ終焉に到らずして　華台迎接す」と記されているのである。才市がその生涯を閉じたのは、昭和7年（1932）1月17日、83歳であった。

「浅原才市は八十三歳で亡くなるまでの約二十年間に、いまわかっているだけでも六千首ぐらいの信心歌を残していった。焼失散逸したものを勘定に入れると一万首に近い歌を書いたものと想像される」と言われるように、長い信仰探求の後、親鸞が晩年聖教等の執筆生活を送ったように、才市も同じように晩年は、ただひたすらに法文歌である口アイ製作の人生を過ごしたのである。

（3）才市の出離生死

　才市の出離生死については、いくつかの項目に分けて見ることができると思われるが、本論では、1）娑婆、2）後生、3）臨終、4）浄土、5）無碍に分類して見ていきたい。

　まずはじめに才市の娑婆としての現実世界観について見ていきたい。すなわち、

　1）娑婆の理解については、親鸞はこの世の出離について「末法第五の五百年　この世の一切有情の　如来の悲願を信ぜずば　出離その期はなかるべし」（「正像末和讃」三時讃『註釈版』602頁）と阿弥陀仏への信心がなければ出離のないことを示し、それゆえ阿弥陀仏の教法との出遇いについて、『教行証文類』の「総序」に、

　　ここに愚禿釈の親鸞、慶ばしいかな、西蕃・月支の聖典、東夏・日域の師釈に、遇ひがたくしていま遇ふことを得たり、聞きがたくしてすでに聞くことを得たり。真宗の教行証を敬信して、ことに如来の恩徳の深きことを知んぬ。ここをもって聞くところを慶び、獲るところを嘆ずるなりと。（『同』132頁）

と、教法との値遇について言葉を極めて慶嘆しているのである。では、親鸞にとって如来の本願を信ずる以外に出離のない娑婆世界について、才市はどのように捉えていたのであろうか。

1　わ太しやじごく仁をちるじやないよ　じごくわげん仁すみかすみかこれがじごくのすみかぞかし（鈴木大拙編著『妙好人浅原才市集』18頁）
2　さいちがごくらくどこ仁ある　さいちがごくらくここ仁ある　しやばでごくらくさかゑわどこか　しやばでごくらくめがさかい（『同』29頁）
3　しんでまいるじやない　しぬまであくをつくりて　しなず二まいるをやのさと　しなず二もをす　み太のねんぶつ　なむあ太ぶつ　なむあ太ぶつ（『同』135頁）

Ⅳ　妙好人における死生観と超越　349

4　しぬことあじよてみま正　しぬるじやのをていきること　なむあみ太ぶ二いきること　なむあみ太ぶ　なむあみ太ぶ（『同』146頁）
　　　　（死ぬる）　　　　（ましょう）　　　　　　　　　　　　（なくて）（生きる）

5　しやばのうきよわ　を上ど二まいることのさ太まる　うきよであります（『同』436頁）
　　（娑婆）　（浮世）（は）（御浄土）　　（参る）　　　（定まる）

と歌うように、親鸞が『一念多念文意』において、

　凡夫といふは、無明煩悩われらが身にみちみちて、欲もおほく、いかり、はらだち、そねみ、ねたむこころおほくひまなくして、臨終の一念にいたるまでとどまらず、きえず、たえず（『註釈版』693頁）

と明かしたように、才市にとってもこの世は死ぬまで悪を作る世界であり、また今、現にいる世界が地獄なのである。しかしまた同時にこの世は死すことなく浄土に行く念仏に出会う世界なのであり、そしてこの世で念仏に値遇するということは、浄土で生きることであると把握しているのである。それゆえこの世界は、仏の願いである念仏に生きる以外にない世界でもあるということである。逆に言えば、「ほをぎないひと　しびととひとつ　いつも　つべ太いいやらしさ……」（『妙好人浅原才市集』113頁）と、仏法のない人は死者と同じだというように、人間の実体的な生・死が問題なのではなく、才市にとって人間の生と死は、念仏の法があるか否かによるものであったのである。さらに言うなら、才市にとってこの世界は念仏がある限り、迷いの娑婆世界が浄土でもあったのである。次に、
　　　　　　　　　　　　　　　　　　　　　　　　（法義）　　（死人）　　　　　　　　（冷たい）

2）後生については、蓮如がつくったとされる（『註釈版』1226頁）「領解文」には、「一心に阿弥陀如来、われらが今度の一大事の後生、御たすけ候へとたのみまうして候ふ」（『同』1227頁）と示され、真宗においては日常的に拝読される文である。この後生について才市は、

1　ご正をのせとをこゑさせて　く太さるじひがなむあみ太ぶつ（『妙好人浅原才市集』41頁）
　　（後生）　（瀬戸）（越えさせて）　　　　（慈悲）

2　わしのご正を わちしきじやしれの　み太のちしきでしれるご正をよ
　　　　（後生）（は）（知識）　　　（知れぬ）　　（弥陀）

なむあみ太ぶともをすちしきで」（申す）（『同』152頁）

と明かすように、死後の後生は人間の知恵才覚の知識で理解できるものではなく、人間を超えた仏の智慧によって知ることができるのであり、その智慧は実感としてある念仏によってわかるのであって、才市にとって念仏は智慧の具体的、実感的な慈悲としての活動相なのである。さらに、

　3）臨終については、平安から鎌倉にかけてさかんに願われた仏の来迎は、人間の死に対する恐れをあらわすものでもあった。それは臨終に際して、死の恐怖のために心が転倒し、仏の世界に行くことができないという恐れであった。しかし親鸞にとって出離生死である臨終については、先にみたように、平生の信の決定によって往生が決定することによって、死態そのものが問題にならなかったのである。その臨終については才市は、

1　さいちがりん十（臨終）　しぬるこころが（死ぬる）　しなのこころ仁してもらう（死なぬ）　なむあみ太ぶ仁してもらう（『同』19頁）

2　りん十わ（臨終は）　しなんがりん十（死なん）　なむあみ太ぶ仁なるりん十（成る）（『同』19頁）

3　さいちや　りん十うすんで（済んで）　そおしきすんで（葬式）　みやこ仁こころすませて（都）もろて　なむあみ太ぶと　うきよすごすよ（浮世）（『同』106頁）

4　わ太しや　りん十すんで（臨終）（済んで）　そをしきすんで（葬式）　上をど二こころすませてもろて　なむあみ太ぶとうきよ二をるよ（浮世）（居る）（『同』106-107頁）

5　りん十（臨終）　太んまつなんでこす（断末）（何）（越す）　つみでこすかやむくいでこすか（罪）（報）　つみもむくいもみなとられ（は）　いまわをじひ二のせてとられて（御慈悲）（乗せて）　なむあみ太ぶつ　なむあみ太ぶつ（『同』136頁）

6　わ太しやごくらく太太もろて（極楽）　りん十すんでまつばかり（臨終）（済んで）　ごをんうれしや（御恩）なむあみだぶつ（『同』182頁）

と述べるように、才市にとって人間が最も恐れる臨終について、自身の罪や行いの報いによってなされるものではなく、そのような自身の悪業はすべて仏によって取られており、それゆえ臨終および葬式はすでに終わっていることなのである。今生における「死ぬ」ということは「死なないこころになっている」

と領解しているのであり、今現在の自身のありようは仏の慈悲の世界にあることを感謝する以外にはないのである。またさらに、
　4）浄土について、親鸞は真仏・真土について「真仏土巻」において、

　　真仏といふは、大経には無辺光仏・無碍光仏とのたまへり、また諸仏中の王なり、光明中の極尊なりとのたまへり。以上 論には帰命尽十方無碍光如来といへり。真土といふは、大経には無量光明土とのたまへり、あるいは諸智土とのたまへり。以上 論には究竟して虚空のごとし、広大にして辺際なしといふなり。(『註釈版』371-372頁)

と明かすように、真実の仏・土は、光明であり、智土であり、虚空なる世界として示しているのである。このように明かされた浄土について才市は、

　1　ありが太いな　さき仁まい太ひとわ　なずかしい　さいちも　そのみ仁ならせてもらう　ごをんうれしや　なむあみ太ぶつ　なむあみ太ぶつ（『妙好人浅原才市集』49頁）
　2　わしやまん太ごくらくをしらんが　ごくらく わどこかな　こんなばかをどりやまん太　ごくらくをしらんか　太いぶばか太の　ごくらくわなむあみ太ぶがごくらく太やふんそをかいそりやそりや　ありが太いのありが太い（『同』147-148頁）
　3　わたしや　幸せ、死なずにまいる。生きさせてまいる　お浄土が　なむあみだぶつ（川上清吉『才市さんとその歌』34-35頁）
　4　貧乏すりや　また楽しみや深い　弥陀の浄土を、ここで楽しみ、なむあみだぶつ（『同』37頁）

と示しているのである。阿弥陀仏の浄土は死んでから行くのではなく、生きたまま参るのであって、浄土をここで楽しむと言っているのである。それは浄土が南無阿弥陀仏として今ここで現成しているからであり、その弥陀の現成は「なむあみ太ぶがごくらく」と言われるように、ここにある念仏が才市にとっては極楽だったのである。そしてさらには先に往生した人が懐かしいとも言っ

ている。それは親鸞が浄土は「かならずかならず一つところへまゐりあふべく候ふ」(『註釈版』770頁)として、念仏者が再び出会う世界として明かしていることと同質の理解であるということができる。しかもその仏の浄土は、単に往生し人と人が再会する場であるだけでなく、「ままならの(ぬ)機に、ままにさするぞ、極楽で、衆生済度を、ままにするぞ」(川上清吉『才市さんとその歌』39頁)と言うように、還相回向の活動の場としても捉えているのである。そして最後に、

　5)無碍ついては、『歎異抄』に「念仏者は無碍の一道なり。そのいはれいかんとならば、信心の行者には天神・地祇も敬伏し、魔界・外道も障碍することなし。罪悪も業報を感ずることあたはず、諸善もおよぶことなきゆゑなり」(『註釈版』836頁)と述べられるように、罪悪による業の報いも感じる必要がないことが明かされるのであるが、才市は無碍のありようについて、

1 　ご正ひとつわあな太のをてで　わ太しやどをもすることいらの　わ太しやねんぶつあじやうばかりごをんうれしや　なむあみ太ぶつ　なむあみ太ぶつ(『妙好人浅原才市集』65-66頁)
2 　うろのゑしんわをこらばをこれ　わしわわれ二　わとらりやせんまちいとわれがはよこんからよ　ひとあしちがいであみ太ほとけ二みなとられごをんうれしや　なむあみ太ぶつ　なむあみ太ぶつ(『同』146頁)
3 　わ太しやらく二なりまし太いそぐご正を　あな太二とられいまわゆうらくなむあみ太ぶつ(『同』156頁)

と述べているのである。それは有漏の煩悩が起こるのであれば、起こっても少しもかまわないのであり、しかも煩悩を滅して往生するのではないから、煩悩をなくす必要はないのであって、今は阿弥陀の救いの中にある私であり、それゆえただただ弥陀の救いに対して感謝し、喜ばせてもらう以外にないというのである。才市にとって念仏するということは、「わ太しやどをもすることいら」ない存在であって、凡夫は生涯にわたって煩悩の生活であることは間違いのないことではあるが、自らの罪業煩悩にとらわれないのが念仏であると言ってい

るのである。

　このような才市のありようは、「わ太しや　ごくらくみ太こ太ないが　こゑで太のしむなむあみ太ぶつ」（『同』439頁）と歌われるように、念仏のなかに阿弥陀仏を見ていたのであり、この宗教的情趣は同じく妙好人である山口、六連島のお軽が「鮎は瀬に住む小鳥は森　わたしや六字の内にすむ」と讃歎したように、私が念仏を称えるということは、私は私が称える念仏のなかにいる、ということである。それは衆生の信心と救いの法が一つである「機法一体」ということであり、それゆへ念仏者は、いかなる意味においてもさわりのない無碍なるものであったということができるのである。このような意味において妙好人は、源信が「境界と自体と当生との三種の愛」（『往生要集』1054頁）として示した、穢土における出離生死がなされていると見ることができるのである。

まとめ

　以上、浄土三部経、および浄土仏教における七高僧、さらには親鸞思想、および親鸞の教えである浄土真宗の信仰に生きた浅原才市について見てきたのであるが、そこにおける出離生死については、原理としての仏教的縁起の把捉による生死即涅槃の理解を踏まえながらも、浄土仏教における人間的理解である迷いとしての凡夫の把握がなされていると言うことができるのである。このことは天親・曇鸞によって、回向理解による往生後の働きとして衆生救済の働きのあることが明かされ、さらに善導においては、凡夫の存在として、信における自己の生死性の存在が強調され、とくに自身がまさに出離の縁なき罪業深重の存在であるという、凡夫の内省的主張が見られると言うことができる。そしてこのような凡夫としての立場から、出離生死の方法として観相や称名念仏が説かれるのである。また浄土仏教を浄土宗として独立した法然にいたると、専修念仏による称名の出離生死が主張されるのである。

　さらに親鸞においては、上述のような七祖の教えを受けながら、出離生死について、平安・鎌倉時代において一般的であった臨終来迎について、念仏者は信において往生が決定した正定聚に住するがゆえに、臨終における来迎そのものの必要性がないということになるのである。またその親鸞の教えに生きた妙好人、浅原才市は「機法一体」による念仏理解であり、その信心のありようは、

念仏に生きるということは、念仏のなかに才市があるという領解であり、それゆえ凡夫としての迷いの出離生死の事実が変わるわけではないが、しかし出離生死そのものが障礙とならなくなり、念仏者は喜びとともに無碍なる世界に生きるものとして捉えられていると言うことができるのである。

註

（１）藤田宏達『原始浄土思想の研究』、257頁。
（２）同『浄土三部経の研究』、202-203頁。
（３）「親鸞における出離生死」については、拙稿「親鸞の基点―生死観について―」の「四生死について」（『真宗学』第69号、30頁以下）に加筆、修正を加えたものである。
（４）神子上恵龍「真宗の人間像―妙好人伝を中心として―」『真宗学』29・30合併号、94頁。
（５）楠恭編『定本妙好人才市の歌』、242-243頁。
（６）同、245頁。
（７）原漢文、同、255-256頁。
（８）同、329頁。
（９）鈴木大拙編著『妙好人浅原才市集』、462-463頁に、才市の略年譜が記されている。
（10）大洲彰然『お軽同行物語』、73頁。
（11）「機法一体」については、『真宗叢書』1巻、真宗百論題集上、414頁以下参照。
（12）「真宗妙好人の出離生死」については、田中教照『現代日本と仏教』第1巻、生死観と仏教「妙好人の死の風景―浅原才市と鈴木章子―」、185頁以下、および、川上清吉『才市さんとその歌』「5・この世とあの世」、33頁以下を参考にした。

讃岐の妙好人 庄松の言行にみる死生観と超越
—"いのち"の地平の物語—

北岑　大至

はじめに

　讃岐の妙好人として知られる谷口庄松は、寛政11年（1799）、讃岐国大内郡壬生村字土居（東かがわ市）の小作農家であった谷口清七の子として生まれた。小作農家であったため家は貧しく、雇われ農夫や藁細工をして暮らし、その間に子守りや寺男としても働いていたと伝えられる。性格は直情径行で、無学文盲、銭勘定が苦手であったといわれ、檀那寺であった京都興正寺末・勝覚寺（東かがわ市）住職赤澤融海（不明－1895）[1]は、生涯独身であった庄松を我が子のように可愛がったという。

　初め庄松は、自力的色彩の強い教えのため異安心とされていた三業帰命派の講に所属していた[2]。そんな庄松を正当な他力法義へと熱心に導いたのは、勝覚寺の役僧である天野周天（生没不明）であった。そのため庄松は、周天を生涯にわたり「周天如来」と合掌し敬慕したといわれる。以来、阿弥陀仏の本願を「親から下されるを戴々したこゝろぢゃ」と頂いた念仏信心の信仰生活を送った庄松は、その特異な言行動作によって人々に強烈な印象を残しつつ、讃岐国内だけにとどまらず多くの人々に讃岐の庄松さんと親しまれながら、明治4年（1871）3月に73歳でその生涯を終えたのである。

　庄松の言行が初めてまとめられたのは、庄松の篤信ぶりを聞き慕って、はるか松前函館から讃岐へと尋ねてきた柳沢徳太郎（生没不明）によってであった。徳太郎が庄松の言行を友同行に伝聞して書きまとめた『徳太郎聞書ありのまゝ』は、明治14年（1881）に華皐大僊（1836-1895）[3]によって33話が書き流され、『讃岐庄松ありのまゝの記』（新居活版所）と改題し、12名の賛助を得て

250部が摺刷された。すぐに品切れとなったため、明治22年（1889）、先の33話以外の伝承説話7、80話の中から26話を集め、挿し絵を加えて新版改訂された西村九郎右衛門編『讃岐妙好人庄松ありのまゝの記』（護法館）が出版された。これも絶版となったため、次にまとまった形で庄松の言行が紹介されたのは、大正12年（1923）に刊行された清水順保編『庄松ありのまゝの記』（興教書院）であった。これは、『明治22年本』26話を正編とし、『明治14年本』33話を含む57話を続編として、正続83話を収録しており、活字本としては最も普及したものである。その後、鈴木大拙（1870-1966）が『宗教経験の事実』（大東出版社、1943年）を著して、『大正12年本』収録83話、宇野最勝編『信者めぐり　三田老人求道物語』（興教書院、1922年）収録17話、楠正康『染香録』（『仏徳』1941年4月号）収録1話を取りまとめ『庄松言行録』91話として紹介し、ここに今日見ることのできる一通りの庄松の言行が出揃ったことになる。[4]

　さて、明治22年の『讃岐妙好人庄松ありのまゝの記』の「まへがき」には、庄松の人となりに関する次のような一文が記されている。

　　庄松同行は世に名高く、我讃〔岐〕真宗の信者なり。其の人と為り、頑愚無欲にて、娶らず世を見ず。涯生東西に意行して、能く人を諭せり。その諭ぶり、質朴、ありのまゝにして、皆能く自ら御法義に適ふて、面白くかつ難在し。[5]

　ここに記された「頑愚無欲にて、娶らず世を見ず」との一節からは、世間の喧噪に振り回されず、通念から超脱した庄松の暮らしぶりが察せられる。また一方、「質朴、ありのまゝにして」「能く人を諭せり」との一節からは、闊達自在のうちに独自な個性を表現しつつ、そのありのままが自然と人々を導いていった庄松の姿を想像することができるであろう。

　これまで人々に強烈な印象を残した庄松の言行は、とかく常識からはずれ、単なる奇行の人と理解されがちであった。真宗大谷派の金子大栄（1881-1976）、曽我量深（1875-1971）なども、庄松の言行が普通の人間とは異なるとの理由から、社会通念から逸脱した「謀反人」であり、「反逆者」であるとの評価を与えている。[6] しかし、庄松の言行は、どこまでも社会通念から超越的であった

としても逸脱ではない。彼の言葉を借りるならば、如来より「戴々したこゝろ」の境位から自然に溢れ、娑婆世界において躍動する言行であったといえる。この小論では、個性豊かに躍動する庄松の言行録を手がかりとしながら、「戴々したこゝろ」の境位から見つめられた彼の"いのち"の地平を探ってみたい。

1　庄松の根底にあるもの

　鈴木大拙は『仏教の大意』(法藏館、1947) の中で庄松の信仰生活を「純な霊性的直覚の境地に入ったもの」と語り、その境地から溢れ出る言行は「一層高次の情性から出てゐるもの」であって、「物理的現実や知性的象徴化の圏外へ出たところから現前するもの」と語っている。ここで大拙の言う「霊性的直覚の境地」とは、主客分別を超えた無分別智（万物を一如とみていく智慧）の直覚された境地を指し、「情性から出てゐるもの」とは、絶対者の無縁の大悲を指している。大拙は、庄松の宗教的世界の根底には主客分別を超えた無分別知を本体とする如来の慈悲が流れていることを指摘する。さらに大拙は、触れる者の肺腑を突き刺すような鋭角性をもったその論ぶりが、「突差に吐却せられる片言隻語の親切にして能く肯綮に中ること、多年苦修の禅匠も企及すべからざるもの」であり、「禅者の雄なるものである」と評価していくのである。

　さて、このように大拙が語る庄松の言行は、すでに明治22年『庄松ありのまゝの記』冒頭説話からも垣間見ることができる。

〈御本尊へ「ばあ、ばあ」〉
　　右の段は、庄松、平常縄をなひ、或は草履を造り抔致し居て、ふと御慈悲の事を思出すと所作拋ち、座上に飛びあがり、立ながら、仏壇の御障子をおし開き、御本尊に向ひて曰く、「ばあばあ」。

　一見、奇行の人とも受け止められるこの言行であるが、原編者は、「これは大慈悲の御尊容、御なつかしく思ひ立なり、所謂親は子供の寝面に見とれ、問はず言行の体にて、独言に喜ばれたるの体なり」と解説している。確かに、原編者が語るような、慈悲によって我が子を包み込む親の姿に喩えられる阿弥陀

如来の無縁の慈悲を思い出し、子供のごとく庄松が喜んだ場面と理解することは一応もっともな解説である。しかし、この言行が持つ本領は他にもある。この言行で注目したい点は、「ばあばあ」と喜びを語った庄松の表現そのものである。「信心正因・称名報恩」を据わりとする蓮如教学が主流であった時代的背景において、この場面で念仏者が発するであろう信仰表現は、「ありがたい」「かたじけない」「勿体ない」という心情の吐露であろう。だが庄松は違った。如来に対して「ばあばあ」と語った庄松の信仰表現は、型としての真宗的信仰表現から解放され、言葉という分別世界のしがらみを超えた境界において、如来の慈悲と直接対話をする庄松の姿であったといえる。このような言葉のしがらみを超えた境界において、自らの信仰表現を個性的に表現した庄松の言行には次のようなものもある。

〈親様も涼しかろう〉
　庄松、夏の頃田の草を取り、昼休みに吾が内へ戻り、御仏前の御障子をひらきて、御本尊様をはづし出し、竹の先へゆひつけて、「やれやれ親様も御涼しかろふ」と云はれた。

　ここには夏の暑さを如来と共感している庄松の姿がある。庄松にとって如来は異なった世界の存在ではない。庄松の生死する世界がそのまま如来の「生きとる」世界であり、如来の「生きとる」世界がそのまま庄松の生死する世界であった。庄松と如来の隔たりを超えた、共生する世界のうちに庄松はいたのである。それは、彼の別の表現で言うならば、「親の内じゃ遠慮には及ばぬ」と語られるような、如来と共に住まう世界であった。
　また、次のような言行もある。

〈己らがのを拝んだ〉
　庄松が其同行達に、「部落の人々が沢山己らを拝みに出た」と話されるを、友同行が聞き、「何んぼ部落の人達でも、お前を拝む者があるか」と云へば、庄松、「それは己がのを拝んだのぢや」と云はれた……。

庄松が「己らの如来」ではなく「己らがの如来」と表現するそこには、庄松の言行が如来の言わしめたまへるものとして一体となり躍動しているという庄松自身の自覚がある。庄松の一挙手一投足は、如来と庄松の垣根が外され、如来が自らのうちに全領された宗教経験から発露されたものであったといえる。これらの信仰表現は、庄松の"いのち"の根底に如来と「一」となった仏凡一体の世界が開かれていたことを示す、一つの証左ともなるであろう。

2　庄松の根底を開くもの

庄松はどのようにして如来と共に住まう「一」なる世界を実現していったのか。そのことを知らせてくれる、次のような言行がある。

〈如来の真実を受取れ〉
　　三木郡比地村字草滝三郎の話に、庄松或同行に「往生は云何」と尋ぬれば、同行答て曰く、「疑ひなく本願を信じて念仏を称へてよろこんで居ます」と答ふ。庄松曰く、「或女が吾が息子を、下関に奉公につかはしておいた、母真実をつくして、袷衣を早くこしらへて、幸便に送りたれば、息子は袷衣ばかりを受取て、母のまことをうけとらなんだと云ふことがある。是ではなさけなひ。弥陀の本願を疑ひなくたのんだ喜びはよひが、如来の御真実をたしかに受取つて、よろこんで居られます哉」と申候。
　　註　三田老人の『信者めぐり』庄松の条下に、左の子守唄あり、此処に添加せらる。
　　　「其意を何時も子守唄にして、子供を負ひしとき〔庄松唄ふ〕、
　　　「寒むい寒むい、国が変れば、下の関は猶寒い、袷衣こしらへ、慈悲までそへて、慈悲を取らずに袷衣取る、其処聞け其処聞け」[18]

この言行の中で、同行の「疑ひなく本願を信じて念仏を称へてよろこんで居ます」との返答は、真宗的信仰表現として全く間違いではない。故に庄松は「弥陀の本願を疑ひなくたのんだ喜びはよひ」と一応は首肯する。しかし、すぐさま「如来の御真実をたしかに受取つて、よろこんで居られます哉」と同行の内懐を鋭く問うていくのである。庄松は、袷衣を通してそこに託された母親

の願いを受け取ることが大切であるように、教説を受け取りながらもそこに添えられた如来の慈悲を頂戴していくことこそが肝要であると語るのである。
　次の言行も同様である。

〈剣を把れ鞘をつかむな〉
　或同行の曰く、「一心に弥陀如来を頼み奉り、昼夜念仏を称へてをります、是で往生は云何でありましょう」と申せば、庄松曰く、「刃ぢや刃ぢやと鞘つかむ、さやは木ぢやもの間にあわぬ、表て通りはかたじけなひが、善知識の教へをにぎり、弥陀如来の御実を貰わんのではなひか」と申候。(19)

　教説とは、指月の喩えの如く真実を指し示す指である。月は指によって明らかとなり、指は月を間違いなく指し示すことでその役目を全うする。われわれは指にのみとらわれてしまえば真実を発見することはできない。いくら善知識の教説を知識として身に付けたとしても、表向きは有り難く頂いているように見えるが、それは鞘に収まった刀を振り回しているようなもので全く役に立たない。ここでも庄松は教説に内含する如来の慈悲を頂戴すべきことを強調するのである。(20)

〈庄松を助くると書いてある〉
　勝覚寺の先代住職は、庄松同行を非常に愛撫せられ居りしが、役僧の一人がそれをうらやましく思ひ、一つ庄松を困らせて恥ぢしめんとて、三部経の中の下巻を取り出し、庄松に向ひ、「お前は有難い同行さんぢやが、此大無量寿経の下巻の、此処の御文を読んでみよ」と云へば、庄松の答に、「庄松を助くるぞよ助くるぞよとかいてある」と云はれたと。(21)

　そもそも文字を持たなかった庄松にとって、善知識の教説や経典の文字はどこまでも指であって真実ではない。『蓮如上人御一代聞書』には、

　　蓮如上人仰せられ候ふ。聖教よみの聖教よまずあり、聖教よまずの聖教よみあり。一文字もしらねども、人に聖教をよませ聴聞させて信をとらする

は、聖教よまずの聖教よみなり。[22]

とあるが、庄松はまさしく「聖教よまずの聖教よみ」であった。庄松にとっての真実とは、教説に添えられた「庄松を助くるぞよ」と生きて働く如来の慈悲である。その生きて働く如来の慈悲を庄松は、「彼方にも南無阿弥陀仏、此方にも南無阿弥陀仏」[23]と表現し、ただ南無阿弥陀仏の世界として語っていく。生死を超えた世界より「庄松たすくるぞよ」と至り届いた如来の慈悲の言葉、すなわち南無阿弥陀仏を頂戴していくところにこそ、如来と庄松が「一」となる"いのち"の根源が開けてくるのである。

3　庄松の信仰態度

　如来の慈悲を頂戴していく庄松の信仰態度は、至って単純なものである。

〈たいたいしたこゝろぢや〉
　　庄松、津田郡神野の田中半九郎方にて、長々世話になりてありし時、主人の半九郎氏、庄松に向ひて、「第十八願の御心を一口に云うて聞せて下され」と云へば、庄松、「親から下されるを戴々したこゝろぢや」と云われた。[24]

　「親から下される」ものとは、南無阿弥陀仏という言葉となって「庄松を助くるぞよ」と生きて働く如来の慈悲である。すでに「親の内じゃ遠慮には及ばぬ」の世界に生きる庄松にとって、その信仰態度は親様の慈悲をただ頂戴するばかりである。そこに庄松からの要求もなければ、善し悪しの選びもない。庄松の信仰態度は、すべては親様におまかせするという全分受け身の態度であり、「其儘助くるぞ」[25]と語られるような「其儘」の救われる態であって、それは至って単純なものである。

　しかし、われわれがこの至って単純な「其儘」まかせきるという信仰態度を日常的常態において実現しようとすることは、なかなか容易ではない。

〈そこともそことも〉

　或人、「庄松はん、たのむ一念一口聴かせて」と云へば、「何に己れが知るものか」と御内仏を指さゝれた。其人、「さうであつたか、私のする仕事でなくて、たのむ一念は仏仕事であつたか、嬉いのう」と云はれたら、庄松、「そことも、そことも」と云はれた。

　或人の問いの胸奥には、「聖人（親鸞）の御流はたのむ一念のところ肝要なり」と幾度となく聴聞しても、やはり「たのむ一念のところ」で救われるのか、救われないのかという安心しきれない心持ちがあったと見える。それはどちらか一方に白黒をつけようとする計らいを交えた、相対的な分別知の立場からの問いである。そのような問いに対して庄松は、「己らが知るものか」と即答するのである。一見、突き放したようにも聞こえる庄松の態度は、実は『歎異抄』第二条に説かれる親鸞の態度にも見られる。

　念仏は、まことに浄土に生るゝたねにてやはんべらん、また地獄におつべき業にてやはんべるらん。総じてもつて存知せざるなり。たとひ法然聖人にすかされまゐらせて、念仏して地獄におちたりとも、さらに後悔すべからず候ふ。そのゆゑは、自余の行もはげみて仏に成るべかりける身が、念仏を申して地獄にもおちて候はばこそ、すかされたてまつりてといふ後悔も候はめ。いづれの行もおよびがたき身なれば、とても地獄は一定すみかぞかし。

　親鸞にとっては、念仏が往生の正因であるか否かは存知しないという。これは、親鸞が自らの知識では及ばないとか、単に知らないといった次元の話ではない。いずれの行もおよび難く、地獄しか行き場のない煩悩具足の凡夫であるという自覚の中から生まれた宗教的態度である。またそれは、だからこそ一切衆生を救わんとする阿弥陀如来の本願の念仏に、よき人の仰せに従ってすべてをまかせるほかないという覚悟の言葉でもある。「其儘」まかせきると覚悟された親鸞にとっては、相対的な分別知をもって、念仏が往生の正因か否かを問うような打算された問題は全く存知せざる事柄であった。

庄松もまた同様である。庄松は、罪を犯した人間でも浄土へ参れるだろうかと質問されたとき、「参れる参れる。己らさへ参れる」と語っている。「己らさえ参れる」と応答したそこには、五逆・十悪以上の罪を庄松自身が犯しているという、罪悪深重なる煩悩具足の凡夫たる自己への内省が見て取れる。煩悩具足の凡夫と自覚された庄松にとって、「御浄土を持ちてござる、仏の仰せに順ふより、外に手はないない」である。庄松の「己らが知るものか」との返答は、煩悩具足の凡夫との自覚から生まれた如来の慈悲に「其儘」まかせきる覚悟の言葉に他ならない。庄松の「其儘」まかせきるという信仰態度は、肺腑を突き刺すような鋭角性をもった論ぶりとして、分別知の世界に生きる者にその根底から「さうであつたか」という逆転の気づきを促す。と同時に、「其儘」まかせきるという如来と共に住む「一」なる"いのち"の世界が開かれてくるのである。

4　庄松の言行にみる"いのち"の地平の物語

「庄松助くるぞよ」と生きて働く如来の慈悲に「其儘」まかせきった信仰態度の中で、如来と「一」となる根底を開いていった庄松にとって、"いのち"ということはどのように表現されてくるのであろうか。ここでは"いのち"、"つながり"、"よろこび"という３つの観点をもって庄松の言行を尋ねていきたい。

（１）庄松の言行にみる"いのち"

庄松が"いのち"について直接的に言及している物語はないが、次に挙げる言行などは、私たちに"いのち"を考える上で一つの方向性を与えてくれる。

ある時、山本良助という人物が、自らの一大事の後生を解決するため、はるばる金沢から庄松を尋ねてきた。しかし、一向に応答しようとしない庄松に対して、「此のまま帰って、きかぬじまいで、死んだら何としましやう」と帰り支度を始めた。それを見た庄松は、次のように語っている。

〈仏の云ふこと、己れは知らぬ〉
　其時庄松始めて口を開き、「阿弥陀様に任せてしまへ」。

良助今こそと思ひ、「死んでから任すのか」と尋ねた。
　　庄松それをきゝ、宿善のあるものと思ふたか、むつくり起き出た。
　　良助また改めて御尋ねした、「たのむ一念を一口に御聞かせ下さい」。
　　庄松曰く、「それは仏の云ふことぢや。俺は知らぬ(32)」。

　臨終往生か現生往生かの確約がなければ死んでも死にきれないと訴える良助の問いの根底には、現生（生）と臨終（死）を相対化した分別知の眼が見て取れる。生死を分別する良助の問いに対して庄松は、例のごとく「阿弥陀様に任せてしまへ」「それは仏の云ふことぢや。俺は知らぬ」と返答するのだが、かかる庄松の返答からは、本来、生死する"いのち"が人間の分別知を超えた事態であることを教えてくれる。故に庄松は、計らいを超えた生死する"いのち"の全分を、親様である如来に「其儘」まかせきっていくのである。
　また、次のような言行がある。

　〈寝て居るところが極楽の次の間〉
　　右の段は、庄松は、香川郡笠居村佐料にて病むを、庄松の眷属及び同行等が、庄松を駕に乗て、十里ばかりの道を、庄松の在所土居村まで送りて、皆々庄松に向て曰く、「最早我が内へ戻たり、安心をして御慈悲を喜べ」と云へば、庄松の曰く、「どこに居ても、寝て居る処が、極楽の次の間ぢや次の間ぢや(33)」。

　同行にとって如来の慈悲は、家の仏壇に安置されている如来と相対する中で頂戴するものであった。それは、如来の世界とわれわれの世界が棲み分けされた分別知からの見方であり、両者の間には懸隔がある。しかし、すでに「生きとる」如来の慈悲に住まい、如来に「其儘」まかせきっている庄松にとって、「ここを去ること十万億利なり(34)」と語られる畢竟彼岸の浄土は、ただ今の"いのち"に直結し現出している。だからこそ「どこに居ても、寝て居る処が、極楽の次の間ぢや」と語れる大安心が庄松にはあったのである。
　また、庄松の大安心の様相は次の言行からも窺い知れる。

Ⅳ　妙好人における死生観と超越　365

〈此処はまだ娑婆か〉

　庄松、京都の本山へ沢山の同行と共に参詣せられしが、其帰りに大阪より商船にて出発せしが、播磨灘へかゝりし時、思ひ掛けなき暴風雨となり、船は木の葉の如く浮きつ沈みつ、今や海の藻屑とならんとする勢いなりしが、多くの人々は日頃の信心も何処へやら、「南無金比羅大権現、今暫し波を穏かになしたまへ」と柏手打つて救ひを求め、上を下への大混乱中、庄松一人は舟底にて鼾高々寝てあれば、余りの度胸に不審を懐き、庄松をゆすり起し、「同行起きんか九死一生の場面ぢや、大胆にも程がある」と云へば、庄松、「此処はまだ娑婆か」と申された。(35)

生に執着すれば死を恐れ、死に執着すれば生を恐れる。生死を超えたさとりの領分である如来の"いのち"に連なる庄松にとっては、九死に一生の場面でさえも「生死海に入りて沈没せず」(36)の心持ちであった。

〈石の下にはおらぬ〉

　右の段は、石田村の市蔵同行が見舞にきて曰く、「同行が死んだら墓を立てゝ遣しましよ」と云へば、庄松曰く、「石の下には居らぬぞ居らぬぞ」(37)。

　死を迎える病臥にあって、死後の居場所を心配する市蔵同行の言葉も、「その心すでにつねに浄土に居す」(38)大安心の庄松にとってはどこ吹く風である。親鸞が「閉眼せば、賀茂河にいれて魚にあたふべし」(39)と語られたというが、庄松にとって死後の居場所や供養などはとっくに縁が切れているのである。

　『教行信証』行巻・正信偈には、

　　よく一念喜愛の心を発すれば、煩悩を断ぜずして涅槃を得るなり。
　　凡聖・逆謗斉しく回入すれば、衆水海に入りて一味なるがごとし。(40)

と語られている。如来の慈悲に「其儘」まかせきった庄松にとって"いのち"は、ただ今この娑婆世界において畢竟彼岸の浄土と直結した"いのち"であった。娑婆の"いのち"が浄土の"いのち"となり、浄土の"いのち"が娑婆の

"いのち"ともなる、「衆水海に入りて一味なるが如」き"いのち"を庄松は生きていたのである。

（２）庄松の言行にみる"つながり"

次に庄松の言行から"つながり"あう"いのち"ということを尋ねてみたい。

〈己らさへ参れる〉

津田町神野に田中半九郎と云へる人、庄松に向つて曰く、「隣村の鉄造は罪を犯して牢屋へ行き、終に牢死したのぢやが、今は何処へ行つたであらふ。あんなものでも御浄土へ参られようか」。庄松答に、「参れる参れる。己らさへ参れる」と云はれた。[41]

先にも触れたが、庄松がここで語る「己らさへ参れる」という言葉の奥には、鉄造の犯したであろう五逆・十悪以上の罪を庄松自身が犯しているという、罪悪深重、煩悩具足の凡夫たる自己への内省が見て取れる。煩悩具足の凡夫である庄松にとって如来の慈悲は、「庄松助くるぞよ」と表現されたように、個としての「己ら」に、生死を超えたさとりの領分から「摂取不捨」と働きかけてくる生きた如来の慈悲である。それはまさしく、親鸞が語った「弥陀の五劫思惟の願をよくよく案ずれば、ひとへに親鸞一人がためなりけり」[42]と同じ宗教的自覚でもあろう。一方、「さへ参れる」との表現からは、庄松でさえ「摂取不捨」という如来の慈悲がかけられているのであるから、鉄造にかけられていないはずはないという、如来の本願に誓われた「十方衆生」なる御同朋の地平が開かれている。庄松にとって、生死の分別を超えた如来の慈悲の中にあっては、庄松の"いのち"も鉄造の"いのち"も一味平等であった。庄松のこの言行からは、「一人がため」という宗教的自覚が、「十方衆生」という"つながり"あう"いのち"の地平を開いてくることを教えてくれる。かかる地平においては、もはや娑婆世界における罪の軽重、善悪の有無などは問題とならないのである。

また、次のような言行がある。

〈御の字沢山つけてもよい〉

　或人庄松に向ひ、「御開山が、こんな浅間敷奴に、御同行御同朋などとは勿体ない」と云へば、庄松、「何が勿体ない、御の字まだまだ沢山つけてもよいわい。己らにつけたのなら勿体ないが、如来の御誓につけたのなら、なんぼつけてもよいわい」と云われた。

　『歎異抄』第九条には親鸞の言葉として、「しかるに仏かねてしろしめして、煩悩具足の凡夫と仰せられたることなれば、他力の悲願はかくのごとし、われらがためなりけりとしられて、いよいよたのもしくおぼゆるなり」と語られている。或人の言葉には、自らの浅間敷さのみ自覚され、だからこそ如来の慈悲がかけられてあることを知らない。庄松にとって、娑婆世界に住む煩悩具足の凡夫の"いのち"は、「十方衆生」と誓われた如来の慈悲が届いていることにおいて、如来の"いのち"に連なっていることを教えてくれる。

　また、庄松にとって娑婆世界における"つながり"あう"いのち"の地平は人間だけにとどまらない。

〈犬には敬礼はせぬ〉

　木田郡田中村を、庄松、或る僧と道連になり通りし時、犬の前を「御免」と云うて通る故、道連の僧が「お前何を云ふ、犬に礼するものがあるか」と云へば、庄松、「己らは犬に云やせぬ」。道連の僧、「今云ふたではないか、それぢやで、お前を人が馬鹿といふのぢや」と云へば、庄松、「お前何を聞いて居る、己らは犬に云はぬ、犬も十方衆生の中、それぢやで弥陀の誓がかかりてあると思ふたら、思はず御誓に御免をいふたのぢや」と。

　庄松の信仰態度は徹底している。一見、社会通念から逸脱しているように見える言行であるが、庄松は、常に如来の慈悲の懐から娑婆の"いのち"の世界を眺めていたのである。宿業によって六道に経回るすべての存在は、庄松にとって、如来の慈悲がかけられていることにおいて「十方衆生」という"つながり"あう"いのち"の御同行御同朋であった。

(3) 庄松の言行にみる"よろこび"

　次に庄松の言行から"いのち"の"よろこび"ということを尋ねてみたい。
　『歎異抄』第九条の中で、念仏申しても踊躍歓喜する心の沸き起こらない唯円の不安に対して、親鸞は「よくよく案じてみれば、天にをどり地にをどるほどによろこぶべきことをよろこばぬにて、いよいよ往生は一定とおもひたまふなり」[46]と諭すように、"よろこび"という事態が往生の体ではない。しかし、親鸞が「信心をうるを慶喜といふなり」[47]と語るように、生死を超えた領分から働きかけてくる如来の慈悲に「其儘」まかせきった者は、「うべきことをえてのちに、身にもこころにもよろこぶこころ」[48]が沸き起こってくるという。
　庄松の次の言行などからは、そのことが端的に語られている。

　〈寒さがつよいと酔いがまはらぬ〉
　　或同行が庄松に向つて、「私はどうも喜ばれぬ、如何すればよかろう」と云へば、庄松の答に、「飯を食はずに腹がふくれるか、酒をのまずに酔ふものか。信心をいたゞかずに、有難ふなられるか。あまり寒さがつよいと酔がまわらぬわい」[49]と。

　信心を得ない者には"よろこび"は生まれないと語るこの言行からは、"よろこび"が、如来の慈悲に「其儘」まかせきるという大安心から沸き起こってくる態であることを物語っている。しかし、"よろこび"が往生の体であるかというとそうではないと庄松も語る。

　〈愧かしからうぢや〉
　　或人庄松に尋ねて曰へるに、「喜ばいでも御浄土へ参られるだろうか」。庄松が答に、「参られる参られる」と。又暫くして曰く、「喜ばんのに御浄土へ参られたら、阿弥陀様に愧かしかろふぢや」[50]。

　或人の心配事は、"よろこび"が往生の体であるか否かであった。もちろん往生の体は、「其儘」まかせきるという信心を得るか否かであるから、庄松は一先ず「参られる参られる」と即答する。しかし、暫くして庄松は、「喜ばん

のに御浄土へ参られたら、阿弥陀様に愧かしかろふぢや」と応えるのである。"よろこび"が往生の体ではないが、如来の慈悲に「其儘」まかせきった者には必然として具わる"よろこび"のあることを、庄松は独自の言い回しで明かしているのである。

　次の言行は、"よろこび"と"つながり"の関係を連想させるものである。

〈人が拾うて喜ぶ〉
　　或時勝覚寺の先代住職が、庄松に「往相廻向の御利益を知つて居るか」と問ふたれば、庄松の答に、「彼方の御仕事を己らが知つたことか」。住職、「それでは還相廻向の御利益は」と云へば、庄松の答に、「それは己らが喜ぶと、人が拾うて喜ぶのぢや」と云はれた。[51]

　往相回向の利益について「己らの知つたことか」と返答する庄松の言葉は、先にも触れたように、「己ら」に「摂取不捨」と働きかけてくる生きた如来の慈悲に「其儘」まかせきった庄松の覚悟の言葉である。すでに如来にまかせきっている庄松にとっては、浄土へ往こうが地獄へ往こうが存知せざることである。では還相回向の利益とは何か。庄松は、自らの"よろこび"の相を通して、他人が"よろこび"の相を得ていくことであるという。それは具体的に言うならば、庄松の"よろこび"の一挙手一投足が、生死を超えたさとりの領分から働く如来の慈悲と仏凡一体（南無阿弥陀仏）となって娑婆世界の内に躍動し、触れるものに逆転の気づきを促しながら、「其儘」まかせきるという"よろこび"の世界を開いていくことである。そして、この事態は同時に、如来の本願に誓われた「十方衆生」という"つながり"あう"いのち"の地平が娑婆世界において開かれてくることでもあった。如来の真実に出遇った人の"よろこび"の相を介して、"つながり"あう"いのち"の地平が開けてくる。それを庄松は還相回向と語っていったのである。

おわりに

　以上、庄松言行録を手がかりに庄松の見つめる"いのち"の地平を探ってきた。娑婆世界の生死する"いのち"は、われわれの分別や計らいを超えた事態

である。生死する"いのち"を分別し迷う煩悩具足の庄松にとって、生死を超える道は、生死の分別を超えたさとりの領分から南無阿弥陀仏という言葉となって「庄松助くるぞよ」と働きかけてくる如来の慈悲（南無阿弥陀仏）に、「其儘」まかせきるという「戴々したこゝろ」において初めて開かれてくるものであった。故に庄松は、生きとる如来と絶えず直接相談しながら生死を超える道を生きていたのである。庄松の「其儘」まかせきる"よろこび"の相は、如来の慈悲と「一」となって個性豊かな諭ぶりとして発露され、触れるものに逆転の気づきを促すと同時に、「十方衆生」という一味平等な"つながり"あう"いのち"の地平を娑婆世界に開いてくるのである。

　庄松の言行は、現代に生きる娑婆世界のわれわれにも肺腑を突き刺すような鋭角性をもった諭ぶりとして、"いのち"の地平を開く物語として迫ってくる。その意味において庄松の言行録は、過去の一念仏者の信仰告白書でもなければ、信仰生活の記録書でもない。生死を超えた"つながり"あう"いのち"の地平を、時代を超え、場所を超えて、われわれの娑婆世界に開いてくる物語的宗教書としてある。そこにこそ妙好人と呼ばれる庄松の言行録が示す、真の諭ぶりが垣間見られるといえよう。

註

（１）　赤澤融海（不明 -1895）は、興正寺末勝覚寺第20世住職を務め、明治９年（1876）の興正寺別派独立の際には、興正寺執事として本願寺派赤松連城や教務部宍戸璣と会談している。

（２）　三業帰命とは、身に阿弥陀仏を礼拝し、口に阿弥陀仏の名を称え、心に阿弥陀仏を念じるというように、身口意の三業をそろえて浄土を願生するという自力的色彩の強い教えであり、異安心とされていた。

（３）　華皋大僊（旧姓細川）は、讃岐国川東村にあった大谷派立善寺の細川知隆の三男として生まれた。長じて京都に上り勉学した後、縁あって讃岐国山田郡六条村の佛光寺派長専寺の院代となり、その功によって佛光寺派より法輪寺の寺号を下附された。明治５年（1872）に法輪寺を譲った後は、「真宗聖恩講」を設立し後進の育成に当たるとともに、多くの著述を残している。『庄松ありのまゝの記』以外の主な著述には、『国史撮覧』（明治13年）、『家譜』（明治15年）、『各宗説教習練抄』（明治15年）などがある。大僊の墓は、長専寺境内に建立されている。

(4) ここに挙げた以外にも庄松言行を取り扱う書物は多く、時代や書物の性格によって収録説話数が異なり、内容の改変も行われている。このあたりの事情については、『庄松ありのまゝ記』成立史研究として別の機会に譲りたい。
(5) 鈴木大拙『宗教経験の事実』(大東出版社、1990年〔初版1943年〕)、107-108頁。以下、庄松言行の引文は、特に断りがない限り『庄松言行録』(『宗教経験の事実』所収) を用いることにする。
(6) 津曲淳三編『曽我量深対話集』(弥生書房、1973年)、68-70頁。このような金子や曽我の評価に対して、石田慶和は『これからの浄土真宗』(同朋舎、2004年) の中で反論を加えている (191-196頁)。
(7) 『鈴木大拙全集』第7巻 (岩波書店、1968年)、72-76頁、(『仏教の大意』)。
(8) 鈴木大拙『日本的霊性』(岩波文庫、1972年)、16-18頁。
(9) 前掲『日本的霊性』、24-25頁。
(10) 前掲『宗教経験の事実』、107頁。
(11) 前掲『宗教経験の事実』、55頁。
(12) 前掲『宗教経験の事実』、119頁
(13) 源了圓「〈学術講演〉晩年の蓮如上人の思想・信仰と妙好人の形成」(『行信学報』〈11〉、1998年) 参照。
(14) 前掲『宗教経験の事実』、145頁。
(15) 前掲『宗教経験の事実』、145頁。
(16) 前掲『宗教経験の事実』、126頁。
(17) 前掲『宗教経験の事実』、142頁。この引用文中における表現は、原典資料からの引用であるためそのままとした。
(18) 前掲『宗教経験の事実』、131頁。
(19) 前掲『宗教経験の事実』、132頁。
(20) 「指月の喩え」は、『大智度論』巻九には、「語以得義、義非語也。如人以指指月以示惑者、惑者視指而不視月。人語之語、我以指指月、令汝知之。汝何看指而不視指。此亦如是語為義指語非義也」(『大正蔵』25巻、125頁中) とあり、巻九五には、「如人以指指月、不知者但観其指而不視月。是故仏説諸法平等相亦如是皆是世諦」(『大正蔵』25巻、726頁上) とある。
(21) 前掲『宗教経験の事実』、141頁。
(22) 『蓮如上人御一代聞書』本、『浄土真宗聖典―註釈版 第二版―』(以下『註釈版』)、1261頁。

(23) 前掲『宗教経験の事実』、158頁。
(24) 前掲『宗教経験の事実』、146頁。
(25) 前掲『宗教経験の事実』、168頁。
(26) 前掲『宗教経験の事実』、156頁。
(27) 『蓮如上人御一代聞書』末、『註釈版』、1290頁。
(28) 『歎異抄』(二)、『註釈版』、832頁。
(29) 前掲『宗教経験の事実』、138頁。
(30) 前掲『宗教経験の事実』、122頁。
(31) ここで挙げた"いのち"、"つながり"、"よろこび"という３つの観点は、庄松の所属していた真宗興正派興正寺が、平成23年「宗祖親鸞聖人750回大遠忌法要」の際に法要テーマとして掲げたものである。庄松の"いのち"の地平を考える上で一つの視座になると考え援用させて頂いた。
(32) 前掲『宗教経験の事実』、169頁。
(33) 前掲『宗教経験の事実』、129頁。
(34) 『仏説無量寿経』巻上・弥陀果徳、『註釈版』、28頁。
(35) 前掲『宗教経験の事実』、143頁。
(36) 『教行信証』信巻・大信釈、『註釈版』、229頁。
(37) 前掲『宗教経験の事実』、130頁。
(38) 『親鸞聖人御消息』(二)、『註釈版』、759頁。
(39) 『改邪鈔』(一六)、『註釈版』、937頁。
(40) 『教行信証』行巻・正信偈、『註釈版』、203頁。
(41) 前掲『宗教経験の事実』、138頁。
(42) 『歎異抄』(五)、『註釈版』、853頁。
(43) 前掲『宗教経験の事実』、157頁。
(44) 『歎異抄』(九)、『註釈版』、836-837頁。
(45) 前掲『宗教経験の事実』、154頁。
(46) 『歎異抄』(九)、『註釈版』、836頁。
(47) 『唯信鈔文意』、『註釈版』、712頁。
(48) 『唯信鈔文意』、『註釈版』、712頁。
(49) 前掲『宗教経験の事実』、152頁。
(50) 前掲『宗教経験の事実』、140頁。
(51) 前掲『宗教経験の事実』、140頁。

執筆者紹介（掲載順）

大田利生（おおた　としお）
龍谷大学名誉教授、文学博士。専門分野は、真宗学、浄土教理史を中心とする。主な著書に『漢訳五本梵本蔵訳対照―無量寿経』（永田文昌堂）、『増訂無量寿経の研究―思想とその展開』（永田文昌堂）、『観経正宗分散善義講讃』（永田文昌堂）、「法然と浄土三部経」『龍谷大学善本叢書』（永田文昌堂）『譬喩に学ぶ―仏典の言葉より』（自照社出版）など。

藤丸　要（ふじまる　かなめ）
龍谷大学経済学部教授、龍谷大学人間・科学・宗教オープン・リサーチ・センターユニット３研究員。専門分野は、印度哲学、仏教学、華厳学。主な論文に「凝然と東大寺」（『龍谷紀要』28〈１〉）、「龍谷大学図書館蔵仏教古文献の研究：龍谷大学図書館蔵『探玄記肝要抄』について」（『佛教文化研究所紀要』47）、「華厳教学における善悪の問題（仏教における善と悪）」（『日本仏教学会年報』65）など。

小南一郎（こみなみ　いちろう）
泉屋博古館館長、京都大学名誉教授、龍谷大学非常勤講師、文学博士。専門分野は、中国古代伝承文化、民間宗教文芸。主な著書に『『詩経』―歌の原始（書物誕生　あたらしい古典入門）』（岩波書店）、『古代中国　天命と青銅器―諸文明の起源〈５〉（学術選書）』（京都大学学術出版会）、『楚辞とその注釈者たち』（朋友書店）など。

都築晶子（つづき　あきこ）
龍谷大学文学部教授、龍谷大学人間・科学・宗教オープン・リサーチ・センターユニット３研究員。専門分野は、中国社会史、道教史。主な論文に「中国中世の道教と女性―求道と『家』」（竹村和子・義江明子『ジェンダー史叢書３　思想と文化』、明石書店）、「道観における戒律の成立」（麥谷邦夫編『中国中世社会と道教』、道氣社）、「六朝時代の個人と「家」―六朝道教経典を通して―」（名

古屋大学東洋史研究報告』16)、「道教の科戒に見る仏教の影響―『洞玄霊宝千真科』と『四分律刪繁補闕行事鈔』―」(『佛教史學研究』47〈2〉)など。

Richard K. Payne（リチャード K. ペイン）
米国仏教大学院（The Institute of Buddhist Studies）学部長、沼田恵範日本仏教学講座教授。神学大学院連合（Graduate Theological Union）、博士課程担当教授。Ph. D.。専門分野は、日本仏教史、真言密教。主な著書に、*Esoteric Buddhism and the Tantras in East Asia* ［東アジアの密教］、(Handbook of Oriental Studies, Brill 社、共著)、*Discourse and Ideology in Medieval Japanese Buddhism* ［中世日本仏教の言説とイデオロギー］(Routledge Critical Studies in Buddhism, Routledge 社、共著)など。

福原隆善（ふくはら　りゅうぜん）
元佛教大学学長、文学博士。専門分野は、仏教学、天台学。主な著書に、『往生要集研究』(編著、永田文昌堂)、『現代語訳一切経2　智者大師別伝・不空三蔵行状・唐大和上東征伝』(共著、大東出版社)、『弁長・隆寛　浄土仏教の思想10』(講談社)、『選択集論集』(共著、知恩院浄土宗学研究所)、『觀念と稱名』上・下(佛教大学通信教育部)など。

高田文英（たかだ　ぶんえい）
龍谷大学准教授、龍谷大学人間・科学・宗教オープン・リサーチ・センターユニット3研究員。博士（文学）。専門分野は、真宗学、とくに浄土教理史。主な論文に「懈慢界の解釈―『群疑論』とその後の展開」(『真宗学』123・124合併号)、「『菩薩處胎經』の懈慢界」(『東洋の思想と宗教』28)、「須弥山説と現代」(『龍谷大学仏教文化研究所紀要』50)、「『略論安楽浄土義』の思想背景―仏智疑惑論について」(『真宗学』122)など。

神　英雄（じん　ひでお）
浜田市世界こども美術館学芸課長。専門分野は、歴史地理学。主な著書に『斎王の道』共著（向陽書房）、『石正美術館と石見の人―その八つの物語―』『柿

本人麻呂の石見』（以上、自照社出版）など。主な論文に「門部王「飫宇の海」歌の景観論的考察」（『人文社会科学論叢』20）、「柿本人麻呂と人丸神社」（『石見美術』7）など。

菊藤明道（きくふじ あきみち）
京都短期大学（現、成美大学）名誉教授、博士（文学）。専門分野は、宗教学、真宗学、仏教学。主な著書に『倫理的世界と宗教的世界』（永田文昌堂）、『妙好人伝の研究』（法藏館）、『妙好人の詩』（法藏館）、『親鸞聖人・京都の御旧跡誌』（探究社）、『真の仏弟子・妙好人』（探究社）、『増補版　妙好人伝の研究』（法藏館）、『大系真宗史料』伝記編8「妙好人伝」（法藏館）など。

龍口明生（たつぐち みょうせい）
龍谷大学名誉教授。専門分野は、印度哲学、仏教学。主な著書に『宗教と実践―ダルマとヨーガによる解脱への道』（共著、ナカニシヤ出版）など。主な論文に「妙好人の伝記採録の意図―妙好人伝［五巻本］を中心に」（『印度學佛教學研究』60〈1〉）、「僧樸における真宗門信徒のあり方」（『印度學佛教學研究』58〈2〉）など。

万波寿子（まんなみ ひさこ）
龍谷大学非常勤講師。博士（文学）。専門分野は、情報出版学（版本書誌学）。主な論文に「興正寺の聖教出版活動」（『書物・出版と社会変容』13）、「江戸時代の西本願寺と出版」（『アジア遊学』155）、「『真宗法彙及夏中勧諭消息開版一件』翻刻と解題」（『古典文藝論叢』4）、「近世後期における公家鑑の出版」（『近世文藝』94）など。

佐々木惠精（ささき えしょう）
浄土真宗本願寺派総合研究所長、財団法人国際仏教文化協会理事長、元京都女子大学教授。専門分野は、仏教学（インド初期大乗思想研究）、浄土教思想（曇鸞思想研究）。主な著書に『香りに染まりて』（探究社）など。主な論文に「こころの教育への視点―仏教サンガに学ぶ」（『日本仏教教育学研究』15）、

「自力・他力についての再考」(『眞宗研究』51)、「「普賢之徳」についての一考察―三願的証に関連して」(『眞宗研究』49) など。

川添泰信 (かわそえ たいしん)

龍谷大学文学部教授、龍谷大学人間・科学・宗教オープン・リサーチ・センターユニット3研究員。専門分野は、真宗教義学、浄土教理史。主な著書に『髙僧和讚講讚』(永田文昌堂)、『親鸞浄土教と祖師観』(自照社出版) など。主な論文に「真宗歴代における祖師観の問題―存覚を中心として―」(『真宗学』123・124)、「真宗歴代における祖師観の問題―蓮如を中心として―」(『真宗学』126) など。

林　智康 (はやし ともやす)

龍谷大学文学部教授、中央仏教学院講師、龍谷大学人間・科学・宗教オープン・リサーチ・センターユニット3代表。専門分野は、真宗教義学、真宗教学史。主な著書に『蓮如教学の研究』『顕浄土真実信文類(本)講讚』(以上、永田文昌堂)、『親鸞読み解き事典』編著 (柏書房)。主な論文に「真宗における信心と救済」(『宗教研究』82〈4〉)、「宗教心理と浄土真宗」(『宗教研究』83〈4〉) など。

井上善幸 (いのうえ よしゆき)

龍谷大学法学部准教授、龍谷大学人間・科学・宗教オープン・リサーチ・センター副センター長。専門分野は、真宗学。主な著書に『地球と人間のつながり―仏教の共生観―』『問答と論争の宗教―宗教的コミュニケーションの射程―』(以上共編、法藏館)。主な論文に「『入出二門偈』における五念門行の主体について」(真宗学122)、「「行文類」における『安楽集』の引用意図について」(真宗学123) など。

北岑大至 (きたみね ひろし)

龍谷大学非常勤講師、龍谷大学人間・科学・宗教オープン・リサーチ・センターユニット3リサーチ・アシスタント。専門分野は、真宗教義学、真宗教学史。主

な論文に「親鸞浄土教における救済の構造（上）」（『真宗研究会紀要』38）、「大麟『真宗安心正偽編』成立の一考察」（『龍谷大学大学院文学研究科紀要』29）、「三業惑乱期における興正寺関係資料の研究」（『真宗学』116）など。

東アジア思想における死生観と超越
龍谷大学 人間・科学・宗教オープン・リサーチ・センター研究叢書

2013年12月20日　初版第2刷発行

編　　者	林 智康　井上善幸　北岑大至
研究機関	龍谷大学人間・科学・宗教オープン・リサーチ・センター
発 行 者	光本　稔
発　　行	株式会社 方丈堂出版
	本　社　〒601-1422　京都市伏見区日野不動講町38-25
	電話　075-572-7508　FAX　075-571-4373
発　　売	株式会社 オクターブ
	〒606-8156　京都市左京区一乗寺松原町31-2
	電話　075-708-7168　FAX　075-571-4373
装　　幀	小林　元

印刷・製本　亜細亜印刷㈱

本書は、平成22年度～24年度の文部科学省私立大学戦略的研究基盤形成支援事業・龍谷大学人間・科学・宗教オープン・リサーチ・センターの「死生観と超越—仏教と諸科学の学際的研究」の研究成果である。

Ⓒ2013　Center for Humanities, Science and Religion, Ryukoku University
Printed in Japan
ISBN 978-4-89231-108-6 C3015
乱丁・落丁はお取替えいたします。